教育部哲学社会科学研究重大课题攻关项目（15JZD021）
国家社科基金国家应急管理体系建设研究专项（20VYJ026）

京津冀城市群
协同创新与绿色发展

李健 等◎编著

中国社会科学出版社

图书在版编目（CIP）数据

京津冀城市群协同创新与绿色发展 / 李健等编著 . —北京：中国社会科学出版社，2022.7
ISBN 978 – 7 – 5203 – 9056 – 9

Ⅰ.①京… Ⅱ.①李… Ⅲ.①城市群—绿色经济—经济发展—研究—华北地区 Ⅳ.①F299.272

中国版本图书馆 CIP 数据核字（2021）第 176314 号

出 版 人	赵剑英
策划编辑	周　佳
责任编辑	刘凯琳
责任校对	郝阳洋
责任印制	王　超

出　　版	中国社会科学出版社
社　　址	北京鼓楼西大街甲 158 号
邮　　编	100720
网　　址	http://www.csspw.cn
发 行 部	010 – 84083685
门 市 部	010 – 84029450
经　　销	新华书店及其他书店
印　　刷	北京明恒达印务有限公司
装　　订	廊坊市广阳区广增装订厂
版　　次	2022 年 7 月第 1 版
印　　次	2022 年 7 月第 1 次印刷
开　　本	710 × 1000　1/16
印　　张	22
字　　数	373 千字
定　　价	119.00 元

凡购买中国社会科学出版社图书，如有质量问题请与本社营销中心联系调换
电话：010 – 84083683
版权所有　侵权必究

主要编著者简介

李健

男，1963年出生，博士，现任天津理工大学管理学院教授、管理科学与工程学科带头人、博士生导师，天津大学管理与经济学部兼职博士生导师，天津理工大学循环经济研究院院长，天津市循环经济促进中心主任，中国生态工业与循环经济研究会常务理事，天津市科学学研究会理事长，天津市优秀共产党员，天津市宣传文化"五个一批"人才，天津市高校学科领军人才。长期从事工业工程领域的教学科研工作，主要研究方向为生态工业工程与循环经济。先后主持国家和省部级项目20余项，并获得天津市哲学社会科学优秀成果一、二、三等奖。出版教材和专著多部：《企业资源计划（ERP）及其应用》（电子工业出版社，国家"十一五"规划教材，天津市"十五"规划教材，ISBN9787121402654），《城市环境危机管理》（科学出版社，中文版ISBN9787030201775，英文版ISBN9787030255471），《先进制造技术与管理》（天津大学出版社，ISBN9787561828359），《生态工业系统理论与实践：兼论生态宜居城市和产业低碳发展》（科学出版社，ISBN9787030516626），发表相关学术论文90余篇。

赵涛

男，1960年出生，博士，现任天津大学管理与经济学部教授、博士生导师。长期从事低碳经济与能源可持续发展、工业工程与物流、人力资源与社会保障等方面的研究。先后主持完成国家自然科学基金项目在内的国家级、省部级项目20余项，并获得内蒙古自治区科学技术进步二等奖、河南省科学技术进步二等奖等奖项，主持编写《管理学》《设备维护管理》《现代管理学》《人力资源开发与管理》《循环经济概论》等专业教材多部，在SCI/CSSCI等核心期刊发表论文百余篇。

苑清敏

女，1965年出生，博士，现任天津理工大学管理学院/循环经济研究院教授、硕士生导师，天津市运筹学会常务理事。长期致力于循环经济、生态工业工程、区域可持续发展、城市群联动等研究，主持完成国家级、省部级项目20余项。参与编写并出版《企业资源计划（ERP）原理及应用》《运筹学》《物流组织管理》《先进制造技术及管理》等优秀教材。在国内外核心期刊及学报发表70余篇科研论文。

石娟

女，1978年出生，博士，教授、博士生导师，曾任天津理工大学管理学院副院长，中国技术经济学会神经经济管理专业委员会委员，天津市精益管理创新学会理事，中国神经管理与神经工程研究会理事。长期从事管理科学与工程领域的研究工作，主要研究方向为区域经济管理、危机管理、风险预测与治理、行为预测与管理，立足于国家治理能力现代化建设、以满足国家和天津市战略需求为出发点开展学术研究。先后主持完成国家和省部级项目20余项，并获得天津市高校智库优秀决策咨询研究成果三等奖，天津市第十四届优秀调研成果三等奖，天津市第十六届社会科学优秀成果三等奖，出版专著两部、教材两部，发表相关学术论文50余篇。

王军锋

男，1977年出生，博士，现任南开大学循环经济与低碳发展中心教授。长期从事环境管理政策研究，主要研究方向为环境经济与政策、产业生态管理与政策、资源循环利用科学与管理。先后参与完成国家自然科学基金项目1项、国家社科基金重大项目2项、国家发改委试点课题多项，相关成果获得教育部人文社会科学二等奖、天津市社会科学一等奖、南开大学一等奖，撰写《循环经济与物质代谢分析》《环境政策评估方法与实验研究》两部学术专著。发表论文60余篇，其中两篇被《新华文摘》全文和论点摘录。

李素梅

女，1966年出生，博士，曾任天津财经大学经济学院党委书记、院长，天津财经大学金融与保险研究中心学术带头人、教授、硕士生导师，中国博士后科学基金项目评审专家，天津市政府决策咨询专家，天津市高校"中青年骨干创新人才"，天津市"五个一批"人才（理论类），美国高级访问学者，被优选入"U. S.-China Business Education Foundation"项目并获得认证,获得北美"金融证券与保险投资顾问"(Financial Security Advisor and Investment Representative)资格认证。长期从事金融领域的教学科研工作,主要研究方向为银行管理、金融市场及投融资管理。先后主持国家和省部级项目12项,出版教材和专著多部:《中国产业投资基金综合绩效及发展战略研究》《金融市场与证券投资》《金融学》《证券投资教程》《货币银行学》《欧元发展趋势与中国》,发表论文20余篇。

前　言

京津冀协同发展是党和国家的一项重大战略决策。京津冀创新能力强、吸纳人口多，是全国经济发展的重要引擎。京津冀在产业、科技、教育、生态及自然资源禀赋等方面有较强的互补性，是继长三角和珠三角之后中国经济的第三大增长极。京津冀协同发展的一个重要目标是将北京市、天津市及河北省的石家庄市、唐山市、秦皇岛市、邯郸市、邢台市、保定市、张家口市、承德市、沧州市、廊坊市、衡水市等打造成世界级城市群，进而带动环渤海乃至中国北方地区经济社会的发展。

实现京津冀协同发展是一项重大国家战略，要坚持优势互补、互利共赢、扎实推进，加快走出一条科学持续的协同发展路子。近年来，随着京津冀协同发展战略的逐步推进，京津冀在交通互联互通、生态共建共享、产业协同发展、要素市场有序流动、公共服务均衡化等方面取得了较大成就。但是北京市在非首都功能有效疏解、体制机制深化改革、公共服务一体化等方面仍面临重大挑战，京津冀协同发展进入爬坡过坎、攻坚克难的阶段，而京津冀城市群协同创新与绿色发展对京津冀协同发展战略目标的实现具有关键作用，将引领京津冀协同发展战略的深入推进。本书作者作为首席专家主持完成了教育部哲学社会科学研究重大课题攻关项目：京津冀协同发展战略实施中若干重大问题研究，本书是在该项目研究成果的基础上编纂而成。

本书梳理了国内外典型城市群协同发展的经验，辨析了京津冀协同发展中面临的问题、主要任务、协同创新、绿色发展、政策措施等，并提出了编者独到的见解，因地制宜、因城施策、以史为鉴，构建科学合理、公平有效、和谐共生的区域城市共生体系，扩展和丰富了区域可持续发展理论的研究。

本书共十二章内容。第一章为战略目标，主要回顾京津冀协同发展战略提出的背景、意义及目标，分析了京津冀协同创新与绿色发展取得的成就。第二章梳理了国内外城市群协同发展的经验。第三章分析了京津冀城市群发展的现状。第四章和第五章主要阐释了京津冀协同发展中面临的问题及重要任务。第六至第九章分别从北京非首都功能疏解、京津冀产业协同、生态补偿和资源共享等中微观角度分析了京津冀协同发展中的重点问题。第十章和第十一章分别对京津冀城市群协同创新、绿色发展进行定量评价与分析。第十二章提出京津冀城市群协同发展的政策措施与实现路径，并对京津冀城市群协同创新与绿色发展进行了展望。

本书得到天津理工大学李健、苑清敏、石娟等教授所指导的博士研究生和硕士研究生的大力支持，同时也得到了天津大学赵涛教授、南开大学王军锋教授、天津财经大学李素梅教授及其研究生的大力帮助，在此深表谢意。由于本书涉及的学科范围较广，在写作过程中借鉴参考了本领域相关专家学者公开发表的学术研究成果、研究报告及文献资料，在此向相关作者表示感谢并在本书参考文献中已列出，对于极个别由于笔者疏忽没有注释的，在此表示诚挚的歉意。另外，本书所涉及的一些问题尚处于探索和完善阶段，加之笔者自身学识和水平所限，书中存在的不足之处在所难免，欢迎相关专家、同行和广大读者批评指正。

李　健

2021 年 7 月于天津

目　录

第一章　战略目标：京津冀城市群协同发展战略背景、意义
**　　　　与目标** ………………………………………………………… (1)
　　第一节　京津冀城市群协同发展战略背景与意义 ……………… (1)
　　第二节　京津冀城市群协同发展战略定位与目标 ……………… (4)
　　第三节　京津冀城市群协同发展主要成就 …………………… (14)

第二章　区域协同：国内外区域协同发展综述 ………………… (17)
　　第一节　区域协同发展内涵与目标 …………………………… (17)
　　第二节　国内外区域协同发展典型案例分析 ………………… (20)
　　第三节　区域协同发展相关理论与研究综述 ………………… (32)

第三章　区域现状：京津冀城市群发展沿革与现状分析 ……… (44)
　　第一节　京津冀城市群发展历程 ……………………………… (44)
　　第二节　京津冀城市群经济社会发展现状 …………………… (53)
　　第三节　京津冀城市群产业发展现状 ………………………… (61)
　　第四节　京津冀城市群生态环境发展现状 …………………… (76)
　　第五节　京津冀城市群交通体系发展现状 …………………… (88)

第四章　面临问题：京津冀城市群协同发展面临的主要问题 ……… (95)
　　第一节　京津冀城市群协同发展的体制机制障碍 …………… (95)
　　第二节　京津冀城市群大中小城市发展不协调 ……………… (101)
　　第三节　京津冀城市群产业布局问题 ………………………… (108)
　　第四节　京津冀城市群生态环境问题 ………………………… (111)
　　第五节　京津冀城市群交通网络建设问题 …………………… (119)

第六节　京津冀城市群公共服务体系不均衡 …………………（121）

第五章　重要任务：京津冀城市群重点领域率先突破 …………（128）
　　第一节　突破京津冀城市群协同发展体制机制障碍 ……………（128）
　　第二节　优化京津冀城市群大中小城市空间布局 ………………（132）
　　第三节　构建京津冀城市群产业协同发展新格局 ………………（137）
　　第四节　推进京津冀城市群绿色低碳循环发展 …………………（142）
　　第五节　构建京津冀城市群现代化交通网络体系 ………………（144）
　　第六节　促进京津冀城市群公共服务均等化 ……………………（149）

第六章　功能疏解：北京非首都功能疏解分析 …………………（154）
　　第一节　北京非首都功能疏解需求与目标 ………………………（154）
　　第二节　北京非首都功能疏解现状与问题 ………………………（157）
　　第三节　北京非首都功能疏解思路与对策 ………………………（162）

第七章　产业协同：京津冀产业协同发展评价与分析 …………（173）
　　第一节　京津冀产业协同发展现状 ………………………………（173）
　　第二节　京津冀产业协同发展测度与评价方法 …………………（182）
　　第三节　京津冀产业协同发展路径与对策 ………………………（197）

第八章　生态补偿：京津冀生态补偿机制及合作路径 …………（206）
　　第一节　生态补偿理论与方法 ……………………………………（206）
　　第二节　京津冀生态补偿额度及主客体分析 ……………………（217）
　　第三节　京津冀生态补偿合作路径与措施 ………………………（224）

第九章　资源共享：京津冀要素资源共享机制与路径 …………（231）
　　第一节　京津冀要素资源共享现状与目标 ………………………（231）
　　第二节　京津冀要素资源共享机制与问题 ………………………（241）
　　第三节　京津冀城市群要素资源共享实施路径与对策建议 ……（246）

第十章　协同创新：京津冀协同创新评价与分析 ………………（251）
　　第一节　京津冀协同创新的意义与目标 …………………………（251）

第二节　京津冀协同发展度测算及评价 …………………………（253）
　　第三节　京津冀协同创新能力测度及评价 ………………………（267）
　　第四节　京津冀协同创新典型示范 ………………………………（275）

第十一章　绿色发展：京津冀城市群绿色发展评价与分析 …………（283）
　　第一节　京津冀城市群绿色发展意义与目标 ……………………（283）
　　第二节　京津冀城市群绿色发展评价指标体系 …………………（285）
　　第三节　京津冀城市群绿色发展水平测算与分析 ………………（288）

第十二章　政策措施：京津冀城市群协同发展政策措施与实施
　　　　　路径 ………………………………………………………（299）
　　第一节　京津冀城市群协同发展政策措施 ………………………（299）
　　第二节　京津冀城市群协同发展实施路径 ………………………（315）
　　第三节　京津冀城市群协同创新与绿色发展展望 ………………（324）

参考文献 ……………………………………………………………（330）

第一章

战略目标：京津冀城市群协同发展战略背景、意义与目标

第一节　京津冀城市群协同发展战略背景与意义

一　战略背景

京津冀协同发展是一项重大国家战略。2014年2月，习近平总书记在听取京津冀协同发展工作汇报时强调，京津冀协同发展意义重大。2015年2月，习近平总书记在中央财经领导小组会议上，针对疏解北京非首都功能这一问题做出了更明确的指示，通过疏解北京非首都功能，调整经济结构和空间结构，走出一条内涵集约发展的新路子，探索出一种人口经济密集地区优化开发的模式，促进区域协调发展，形成新增长极。2015年6月，中共中央、国务院印发《京津冀协同发展规划纲要》，指出推动京津冀协同发展作为一项重大国家战略，核心是有序疏解北京非首都功能，要在京津冀交通一体化、生态环境保护、产业升级转移等重点领域率先取得突破。2019年1月，习近平总书记在京津冀协同发展座谈会上发表重要讲话，指出要从全局的高度和更长远的考虑来认识和做好京津冀协同发展工作，增强协同发展的自觉性、主动性、创造性，保持历史耐心和战略定力，稳扎稳打，勇于担当，敢于创新，善作善成，下更大气力推动京津冀协同发展取得更大进展。多年来，在宏观政策指引下，京津冀城市群协同发展从"谋思路、打基础、寻突破"的蓝图绘制期，进入了"滚石上山、爬坡过坎、攻坚克难"的实质性推进阶段，京津冀协同发展取得丰硕成果。

京津冀濒临渤海，背靠太岳，携揽"三北"，战略地位重要，是我国

经济最具活力、开放程度最高、创新能力最强、吸纳人口最多的地区之一。但从城市群经济一体化发展质量，内部城市间经济联系、均衡水平与功能分工等维度审视，京津冀城市群仍存在较大发展空间。首先，城市群内部各城市发展不平衡，彼此间经济鸿沟较大：北京市凭借首都定位优势，占据资本、人才、高新技术等经济发展要素及公共服务、文化科技等资源优势，但北京市也日益面临交通拥挤、人口过度集中、人均公共服务资源短缺、生态环境恶化等"大城市病"；其次，公共资源配置失衡，市场机制作用发挥不充分：京津冀的居民可支配收入及医疗教育等水平存在一定落差，城市群高精尖人才过度扎堆北京市，因此天津市、河北省出现人才流失严重、创新产业发展乏力等问题；最后，资源环境承载超限，自然生态系统退化：京津冀水资源短缺，地下水超采，环境污染问题突出。

推动京津冀协同发展，是适应我国经济发展进入新常态，应对资源环境压力与区域发展不平衡矛盾日益突出等挑战，加快转变经济发展方式，培育增长新动力和新的增长极，优化区域发展格局的现实需要。既可以推动京津冀一体化发展进程，有力提升京津冀均衡发展水平，又可以增强京津冀发展凝聚力，带动周边地区共同发展。在政策引领下，立足亟待解决的现实问题，锚定《京津冀协同发展规划纲要》2030年远期目标，持续优化首都功能，完善京津冀区域一体化格局，不断提升区域生态环境质量，均衡发展公共服务，发挥京津冀城市群的引领与支撑作用，推动京津冀城市群向世界级城市群标准迈进。

二 战略意义

（一）有利于城市群合理布局

北京市和天津市作为两个特大型城市，规模较大、优势突出，人口均已超过千万人，是城市群的双中心。由于各种因素的影响，京津间的城市功能转换步履缓慢，两市在城市定位、现代制造业乃至科技研发等领域多有重叠，天津市作为北方重要经济中心的作用还未完全发挥。此外，河北省内尚缺乏集聚能力和扩散能力强的大城市，尤其是缺乏跨省、跨地区的经济中心大城市，生产要素聚集程度不高，城市极化效应不够，尚未形成对经济有较大拉动力的城市集群。

推动京津冀协同发展，使北京市在减轻一定负重的前提下腾出空间进行自身城市功能的存量调整、城市空间格局的重塑，有效促使资源要素在区域内部加速流动，通过区域内部重组带动要素空间布局动态优化，缩小区域之间的发展差距。优化城市群规模和空间结构，在改善基础设施与公共服务的基础上合理规划产业布局，增强城市发展动力。留足生态空间，改善城市人居环境，发挥各类城市优势，形成良好的产业分工格局。实施京津冀协同发展战略的同时，京津冀的城市交通、要素市场、公共服务、生态保护和产业一体化发展速度也随之加快，在很大程度上提高了经济承载力、资源承载力、生态承载力、交通承载力和公共服务承载力。京津冀城市群综合竞争优势的提高，推动京津冀城市群以北京市科研优势为轴心，不断完善区域产业链系统，在自主创新型产业群带动下打造具有全球竞争优势的顶级城市群。

（二）有利于加快生态环境保护

良好的生态环境是经济社会可持续发展的重要条件，京津冀生态环境污染已影响了区域内正常的生产生活，从根本上解决生态环境问题，构建环境友好型经济发展模式是当前和未来亟须解决的重大问题。一方面，京津冀协同发展有利于从产业层面推动生态环境治理，《京津冀协同发展规划纲要》指出，推进交通、生态环保、产业三个重点领域率先突破。另一方面，生态环境保护作为京津冀协同发展的一个重要目标，京津冀在协同发展过程中可从体制机制创新层面推动生态环境治理。

（三）有利于疏解北京非首都功能

推进国家治理体系和治理能力现代化，是全面深化改革的总目标。面向新时代，加强首都治理是国家治理体系和治理能力现代化发展的重要内容。北京市正面临着"大城市病"问题，主要表现为人口集聚、交通拥堵、生态恶化、资源紧张等，已影响了北京市的可持续发展与首都的国际形象建设。京津冀协同发展的关键是疏解北京非首都功能，即在北京市的发展规划里构建疏堵结合政策，推动各类经济要素在北京市合理配置，一定程度上解决北京市"大城市病"问题。通过有序调整和疏解非首都功能，有序控制人口规模，引导部分功能、产业和人口等向外疏解。进一步优化城市功能和空间结构布局，有效减轻北京市城市运行压力、治理"大城市病"，为京津冀周边地区发展创造更多的机会，提供更多的可能。此外，北京市治理"大城市病"也将在创新治理理念和治理模式方面寻求突破，遵循大城市发展规律，率先探索出具有中国特色的"大城市病"治理模式，提升京津冀区域治理水平，为其他区域治理能力现代化建设起到示范和引领作用。

（四）有利于引领经济发展进入新常态

我国经济进入新常态发展阶段，在经济发展换挡期，转变增长方式与优化经济结构是推动经济持续增长的新动力，同时以此为基础打造新增长极对我国经济发展具有重要的战略意义。在京津冀协同发展背景下，京津冀将克服区域行政壁垒、经济增长方式粗放与产业结构失衡等问题，突破"一亩三分地"的思想局限，有效整合区域优势资源，创造条件支持和引导企业在区域内配置资源，产业对接能力将大幅提高，逐步形成合理的产业分工，形成以产业链为纽带的区域性产业集群，提升发展水平，实现产业转型升级。此外，京津冀协同发展也将对打造创新型区域经济体产生正向作用，协同发展将打破科技资源分布不均的格局，促使科技资源赋能京津冀发展，形成以科技资源为核心的高新技术产业。北京市将重点提升原始创新和技术服务能力，打造技术创新总部聚集地、科技成果交易区、全球高端创新中心及创新型人才聚集中心。天津市将重点提高应用研究与工程技术研发转化能力，打造产业创新中心、高水平现代制造研发转化基地和科技型中小企业创新创业示范区。河北省将重点强化科技创新成果应用和示范推广能力，建设科技成果孵化转化中心、重点产业技术研发基地、科技支撑产业结构调整和转型升级试验区。

第二节　京津冀城市群协同发展战略定位与目标

一　战略定位

功能定位是科学推动京津冀协同发展的重要前提和基本遵循。区域整体定位体现了三省市"一盘棋"的思想，突出了功能互补、错位发展、相辅相成；三省市定位服从和服务于区域整体定位，增强整体性，符合京津冀协同发展的战略需要。

（一）总定位：以首都为核心的世界级城市群

《京津冀协同发展规划纲要》指出，京津冀整体定位是以首都为核心的世界级城市群、区域整体协同发展改革引领区、全国创新驱动经济增长新引擎、生态修复环境改善示范区。

(二) 北京市定位：四个中心

《北京城市总体规划（2016年—2035年）》明确北京城市战略定位是全国政治中心、文化中心、国际交往中心、科技创新中心。[①]

1. 政治中心

政治中心建设要为中央党政军领导机关提供优质服务，全力维护首都政治安全，保障国家政务活动安全、高效、有序运行。严格规划高度管控，治理安全隐患，以更大范围的空间布局支撑国家政务活动。

2. 文化中心

文化中心建设要充分利用北京市文脉底蕴深厚和文化资源集聚的优势，发挥首都凝聚荟萃、辐射带动、创新引领、传播交流和服务保障功能，把北京市建设成为社会主义物质文明与精神文明协调发展，传统文化与现代文明交相辉映，历史文脉与时尚创意相得益彰，具有高度包容性和亲和力，充满人文关怀、人文风采和文化魅力的中国特色社会主义先进文化之都。

实施中华优秀传统文化传承发展工程，更加精心保护好北京市历史文化遗产这张中华文明的金名片，构建涵盖老城、中心城区、市域和京津冀的历史文化名城保护体系。建设一批世界一流大学和一流学科，培育世界一流文化团体，培养世界一流人才，提升文化软实力和国际影响力。完善公共文化服务设施网络和服务体系，提高市民文明素质和城市文明程度，营造和谐优美的城市环境和向上向善、诚信互助的社会风尚。激发全社会文化创新创造活力，建设具有首都特色的文化创意产业体系，打造具有核心竞争力的知名文化品牌。

3. 国际交往中心

国际交往中心建设要着眼承担重大外交外事活动的重要舞台，服务国家开放大局，持续优化为国际交往服务的软硬件环境，不断拓展对外开放的广度和深度，积极培育国际合作竞争新优势，发挥向世界展示我国改革开放和现代化建设成就的首要窗口作用，努力打造国际交往活跃、国际化服务完善、国际影响力凸显的重大国际活动聚集之都。优化9类国际交往功能的空间布局，规划建设好重大外交外事活动区、国际会议会展区、国

[①] 《北京城市总体规划（2016年—2035年）》，2017年9月29日，北京市人民政府，http://www.beijing.gov.cn/gongkai/guihua/wngh/cqgh/201907/t20190701_100008.html。

际体育文化交流区、国际交通枢纽、外国驻华使馆区、国际商务金融功能区、国际科技文化交流区、国际旅游区、国际组织集聚区。

4. 科技创新中心

科技创新中心建设要充分发挥丰富的科技资源优势，不断提高自主创新能力，在基础研究和战略高技术领域抢占全球科技制高点，加快建设具有全球影响力的全国科技创新中心，努力打造世界高端企业总部聚集之都、世界高端人才聚集之都。坚持提升中关村国家自主创新示范区的创新引领辐射能力，规划建设好中关村科学城、怀柔科学城、未来科学城、创新型产业集群和《中国制造2025》创新引领示范区，形成以三城一区为重点，辐射带动多元优化发展的科技创新中心空间格局，构筑北京市发展新高地，推进更具活力的世界级创新型城市建设，使北京市成为全球科技创新引领者、高端经济增长极、创新人才首选地。

（三）天津市定位：一基地三区

《天津市贯彻落实〈京津冀协同发展规划纲要〉实施方案（2015—2020年）》中明确了天津市贯彻落实《京津冀协同发展规划纲要》的功能定位。[①]

1. 全国先进制造研发基地

发挥国家自主创新示范区的引领作用，承接首都产业转移，支持河北转型升级，构建结构优化、布局合理、特色鲜明的产业体系，打造研发制造能力强大、占据产业链高端、辐射带动作用显著的先进制造研发基地。

2. 北方国际航运核心区

充分发挥中蒙俄经济走廊重要节点、亚欧大陆桥桥头堡等的区位优势，提升海空两港枢纽功能，构建海陆空立体化交通网络，建设现代化集疏运体系和航运服务体系，打造航运基础设施完善、航运服务功能优良、全球配置资源能力突出的国际航运核心区。

3. 金融创新运营示范区

借助首都优质金融资源，依托自贸试验区金融创新实践，集聚金融机构，创新传统金融，大力发展新型金融，做大做强要素市场和运营平台，集成全球先进金融产品、工具和服务模式先行先试，服务京津冀实体经济

[①] 《就〈天津市贯彻落实《京津冀协同发展规划纲要》实施方案〉答记者问》，《天津日报》2015年9月15日第1版。

发展，打造创新活跃、运营高效、环境优越的金融创新运营示范区。

4. 改革开放先行区

大力建设自贸试验区，全面推进滨海新区开发开放，深度融入"一带一路"建设，以开放促改革、促发展、促转型，着力构建开放型经济新体制，增创对外开放新优势，打造营商环境与国际接轨、投资贸易高度便利、示范引领作用强劲的改革开放先行区。

（四）河北省定位：三区一基地

《京津冀协同发展规划纲要》确定河北省"三区一基地"功能定位后，河北省立足区域发展大局，围绕落实四大功能定位，科学编制了"三区一基地"4个专项规划，分别是《河北省建设全国现代商贸物流重要基地规划》《河北省全国产业转型升级试验区规划》《河北省建设新型城镇化与城乡统筹示范区规划》《河北省建设京津冀生态环境支撑区规划》。[①]

1. 全国现代商贸物流重要基地

把现代商贸物流业打造成河北省重要支柱产业，培育世界级商贸物流产业集群。打造"一环、两通道、多节点"商贸物流空间结构，"一环"即环首都商贸物流产业聚集带，"两通道"即东西向大宗商品物流通道和南北向综合物流通道，"多节点"包括各区市重要物流枢纽、100个县域特色物流市场和100个商贸交易中心。围绕河北省商贸物流业发展重点领域，谋划实施空港海港、大宗商品、制造业、农产品、传统商贸提升、电子商务、快递、多式联运、物流品牌化、绿色商贸十大商贸物流工程。

2. 产业转型升级试验区

实现去产能调存量优化供给结构，积极稳妥化解过剩产能，运用经济、法律手段和市场机制淘汰一批，通过整合重组和布局优化整合一批，扩大国内市场需求消化一批，依法处置"僵尸企业"退出一批，加强国际产能合作转移一批。推动产业集约发展，打造环京津核心功能区、沿海率先发展区、冀中南功能拓展区和冀西北生态涵养区四个战略功能区。推进石家庄市、保定市和廊坊市全面开展创新改革和政策先行先试，着力破除体制机制障碍，使石保廊全面创新改革试验区成为全省转型升级的重要突

---

① 《河北省"三区一基地"功能定位专项规划编制完成》，2016年3月1日，河北新闻网，http://hebei.hebnews.cn/m/2016-03/01/content_5366845.htm。

破口和经济增长新引擎,与京津共建协同发展示范园区。加快建设河北·京南国家科技成果转移转化示范区,探索形成具有地方特色的科技成果转化机制和模式,做大做强新区园区,全力提升特色产业园区。

3. 新型城镇化与城乡统筹示范区

明确省会、区域性中心城市、重要节点城市、县城的建设重点和目标要求,多城联动、协同发展,构建布局合理、梯次有序的城乡空间发展格局,与京津共同打造世界级城市群。聚焦产业发展、公共服务建设、水资源保障三大短板,精准持续发力,力争尽快缩小与京津的差距,弥补发展短板。县城建设谋划产城教融合、园林城市创建、建筑能效升级等8个攻坚行动,美丽乡村建设谋划民居改造、安全饮水、清洁能源利用等12个专项行动,将20个行动作为该定位目标的重点并着手实施。

4. 京津冀生态环境支撑区

坚守"一条红线",即资源环境生态红线,划定森林、湿地、草原、海洋、河湖等生态保护红线,划定空气、水、土壤等环境质量底线,划定控制能源、水资源和耕地消耗上限。将全省划分为"五大分区",即京津保中心区生态过渡带、坝上高原生态防护区、燕山—太行山生态涵养区、低平原生态修复区和海岸海域生态防护区五个区域,构建"一核四区"生态安全格局。强力实施大气污染防治攻坚、强化区域水安全保障、加快建设区域生态屏障、积极改善土壤和城乡环境、强化资源节约和综合利用、推进京津冀生态建设联动六大攻坚行动。大力实施山水林田湖生态整体修复,落实好河北省大气污染防治、水污染防治和土壤污染防治三个"五十条"措施,确保生态环境质量大幅改善。

(五) 雄安新区定位:北京非首都功能疏解集中承载地

《河北雄安新区规划纲要》中明确了雄安新区的发展定位。雄安新区作为北京非首都功能疏解集中承载地,要建设成为高水平社会主义现代化城市、京津冀世界级城市群的重要一极、现代化经济体系的新引擎、推动高质量发展的全国样板。[①]

1. 绿色生态宜居新城区

坚持把绿色作为高质量发展的普遍形态,充分体现生态文明建设要

---

① 《河北雄安新区规划纲要》,2018年4月23日,河北省人民政府,http://www.hebei.gov.cn/hebei/14462058/14471802/14471750/14227946aa/index.html。

求,坚持生态优先、绿色发展,贯彻"绿水青山就是金山银山"理念,划定生态保护红线、永久基本农田和城镇开发边界,合理确定新区建设规模,完善生态功能,统筹绿色廊道和景观建设,构建蓝绿交织、清新明亮、水城共融、集约发展的生态城市布局,创造优良人居环境,实现人与自然和谐共生,建设天蓝、地绿、水秀美丽家园。

2. 创新驱动发展引领区

坚持把创新作为高质量发展的第一动力,实施创新驱动发展战略,推进以科技创新为核心的全面创新,积极吸纳和集聚京津及国内外创新要素资源,发展高端高新产业,推动产学研深度融合,建设创新发展引领区和综合改革试验区,布局一批国家级创新平台,打造体制机制新高地和京津冀协同创新重要平台,建设现代化经济体系。

3. 协调发展示范区

坚持把协调作为高质量发展的内生特点,通过集中承接北京非首都功能疏解,有效缓解北京"大城市病",发挥对河北省乃至京津冀地区的辐射带动作用,推动城乡、区域、经济社会和资源环境协调发展,提升区域公共服务整体水平,打造要素有序自由流动、主体功能约束有效、基本公共服务均等、资源环境可承载的区域协调发展示范区,为建设京津冀世界级城市群提供支撑。

4. 开放发展先行区

坚持把开放作为高质量发展的必由之路,顺应经济全球化潮流,积极融入"一带一路"建设,加快政府职能转变,促进投资贸易便利化,形成与国际投资贸易通行规则相衔接的制度创新体系;主动服务北京国际交往中心功能,培育区域开放合作竞争新优势,加强与京津、境内其他区域及港澳台地区的合作交流,打造扩大开放新高地和对外合作新平台,为提升京津冀开放型经济水平作出重要贡献。

二 发展目标

京津冀协同发展以来,《北京市国民经济和社会发展第十四个五年规划和二〇三五年远景目标纲要》《天津市北京市国民经济和社会发展第十四个五年规划和二〇三五年远景目标纲要》《河北省国民经济和社会发展第十四个五年规划和二〇三五年远景目标纲要》《河北雄安新区规划纲要》等一系列重要文件陆续发布,努力切实贯彻落实新发展理念,不断开拓创新，把京津冀打造为新时代新的区域经济增长极。

（一）北京市发展目标

《北京市国民经济和社会发展第十四个五年规划和二〇三五年远景目标纲要》阐明了北京市的发展目标。①

1. 2025年发展目标

"四个中心"首都战略定位加速彰显，推动以首都为核心的世界级城市群主干构架基本形成，国际一流的和谐宜居之都建设取得重大进展，落实新发展格局取得实效，在全面建设社会主义现代化国家新征程中走在全国前列。

（1）首都功能明显提升。

（2）京津冀协同发展水平明显提升。

（3）经济发展质量效益明显提升。

（4）生态文明明显提升。

（5）民生福祉明显提升。

（6）首都治理体系和治理能力现代化水平明显提升。

2. 2035年发展目标

率先基本实现社会主义现代化，努力建设好迈向中华民族伟大复兴的大国首都、国际一流的和谐宜居之都。"四个中心"功能显著增强，"四个服务"水平大幅提升。更加适应党和国家工作大局需要，成为拥有优质政务保障能力和国际交往环境的大国首都。历史文化名城保护体系健全完善，市民素质和社会文明程度达到新高度，文化软实力显著增强，成为彰显文化自信与多元包容魅力的世界文化名城。创新体系更加完善，关键核心技术实现重大突破，每万人口高价值发明专利拥有量达到90件，国际科技创新中心创新力、竞争力、辐射力全球领先。具有首都特点的现代化经济体系更加成熟。经济总量和城乡居民人均收入迈上新的大台阶，实现地区生产总值比2020年翻一番，全员劳动生产率达到45万元/人左右，人均地区生产总值达到32万元以上，城市综合竞争力位居世界前列。推动京津冀世界级城市群构架基本形成。"一核"辐射带动作用明显增强，城市副

---

① 《北京市国民经济和社会发展第十四个五年规划和二〇三五年远景目标纲要》，2021年4月1日，北京市发展和改革委员会，http://fgw.beijing.gov.cn/fgwzwgk/ghjh/wngh/ssiwsq/202104/t20210401_2341992.htm。

中心初步建成国际一流的和谐宜居现代化城区。首都治理体系和治理能力现代化基本实现。人民平等参与、平等发展权利得到充分保障,法治中国首善之区基本建成,平安北京建设持续巩固拓展,韧性城市取得重大进展。生态环境根本好转。优质生态产品供给更加充足,绿色生产生活方式成为社会广泛自觉,碳排放率先达峰后持续下降,碳中和实现明显进展,天蓝、水清、森林环绕的生态城市基本建成。市民"七有""五性"需求在更高水平上有效满足。城乡区域发展差距明显缩小,基本公共服务实现均等化,健康北京建设取得长足进展,中等收入群体显著扩大,人的全面发展和共同富裕取得更为明显的实质性进展。

(二)天津市发展目标

《天津市国民经济和社会发展第十四个五年规划和二〇三五年远景目标纲要》阐明了天津市的发展目标。①

1. 2025 年发展目标

综合考虑天津市发展的机遇、优势、条件,坚持目标导向、问题导向、结果导向相统一,2021—2025 年经济社会发展要努力实现以下主要目标。

(1)"一基地三区"功能定位基本实现。

(2)"津城""滨城"双城发展格局初步形成。

(3)经济高质量发展迈上新台阶。

(4)城市文明程度得到新提高。

(5)生态文明建设取得新成效。

(6)民生福祉达到新水平。

(7)治理效能得到新提升。

2. 2035 年发展目标

按照党的十九届五中全会确定的基本实现社会主义现代化的远景目标要求,2035 年,天津市将基本建成创新发展、开放包容、生态宜居、民主法治、文明幸福的社会主义现代化大都市。城市经济实力、科技实力、综合实力大幅跃升,经济总量和城乡居民人均收入迈上新的大台阶。"一基

---

① 《天津市人民政府关于印发天津市国民经济和社会发展第十四个五年规划和二〇三五年远景目标纲要的通知》,2021 年 2 月 7 日,天津市人民政府,http://www.tj.gov.cn/zwgk/szfwj/tjs-rmzf/202102/t20210208_5353467.html。

地三区"城市功能和优势更加凸显,"津城""滨城"双城格局全面形成。自主创新能力显著提升,核心产业竞争力处于国内第一方阵,建成现代化经济体系。城市治理体系和治理能力现代化基本实现,法治天津基本建成,平安天津建设达到更高水平。城市文明程度达到新高度,文化软实力显著增强。绿色生产生活方式广泛形成,生态环境根本好转。公共服务体系优质均衡,城乡居民生活质量显著提高。

(三)河北省发展目标

《河北省国民经济和社会发展第十四个五年规划和二〇三五年远景目标纲要》阐明了河北省的发展目标。[1]

1. 2025 年发展目标

围绕建设现代化经济强省、美丽河北,"十四五"时期努力实现经济实力更强、创新动力更强、发展活力更强、生态环境更美、城乡面貌更美、人民生活更美的发展。

(1)经济发展取得新成效。
(2)改革开放迈出新步伐。
(3)社会文明程度得到新提高。
(4)生态文明建设实现新进步。
(5)民生福祉达到新水平。
(6)社会治理效能得到新提升。

2. 2035 年发展目标

2035 年,河北省将与伟大祖国同步基本实现社会主义现代化,全面建成新时代经济强省、美丽河北。全面构建新发展格局,重大国家战略和国家大事取得历史性成就,雄安新区基本建成高水平社会主义现代化城市和贯彻新发展理念创新发展示范区,"三区一基地"功能定位全面落实,有效承接北京非首都功能取得重大成效,形成京津冀协同发展新的增长极。经济实力、科技实力大幅跃升,经济总量和城乡居民人均收入迈上新的大台阶,跻身创新型省份前列。现代化建设全面推进,基本实现新型工业化、信息化、城镇化、农业现代化,建成现代化经济体系。各方面制度更加完善,基本实现治理体系和治理能力现代化,建成更高水平法治河北、

---

[1] 《河北省国民经济和社会发展第十四个五年规划和二〇三五年远景目标纲要》,2021 年 2 月 22 日,河北新闻网,http://hbrb.hebnews.cn/pc/paper/c/202105/29/content_ 86825.html。

平安河北。社会事业全面进步，建成文化强省、教育强省、人才强省、体育强省、健康河北，全民素质和社会文明程度达到新高度。生态环境建设取得重大成效，广泛形成绿色生产生活方式，碳排放达峰后稳中有降，基本建成天蓝地绿水秀的美丽河北。全面深化改革和发展深度融合、高效联动，沿海经济带和海洋经济发展实现新突破，形成高水平开放型经济新体制，河北国际化程度、知名度和影响力明显提升。基本公共服务实现均等化，城乡区域发展差距和居民生活水平差距显著缩小，人民生活更加美好，人的全面发展、全体人民共同富裕取得新成效，为全面建设社会主义现代化国家贡献河北力量。

（四）雄安新区发展目标

《河北雄安新区规划纲要》是指导雄安新区规划建设的基本依据。规划期限至2035年，并展望21世纪中叶发展远景。[①]

1. 2035年发展目标

（1）基本建成绿色低碳、信息智能、宜居宜业、具有较强竞争力和影响力、人与自然和谐共生的高水平社会主义现代化城市。

（2）城市功能趋于完善，雄安新区交通网络便捷高效，现代化基础设施系统完备，高端高新产业引领发展，优质公共服务体系基本形成，白洋淀生态环境根本改善。

（3）有效承接北京非首都功能，对外开放水平和国际影响力不断提高，实现城市治理能力和社会管理现代化，"雄安质量"引领全国高质量发展作用明显，成为现代化经济体系的新引擎。

2. 21世纪中叶发展目标

全面建成高质量高水平的社会主义现代化城市，成为京津冀世界级城市群的重要一极。集中承接北京非首都功能成效显著，为解决"大城市病"问题提供中国方案。雄安新区各项经济社会发展指标达到国际领先水平，治理体系和治理能力实现现代化，成为新时代高质量发展的全国样板。彰显中国特色社会主义制度优越性，努力建设人类发展史上的典范城市，为实现中华民族伟大复兴贡献力量。

[①]《河北雄安新区规划纲要》，2018年4月23日，河北省人民政府，http://www.hebei.gov.cn/hebei/14462058/14471802/14471750/14227946aa/index.html。

第三节 京津冀城市群协同发展主要成就

一 北京非首都功能有序疏解

有序疏解北京非首都功能是京津冀协同发展战略的关键环节，是推动京津冀协同发展的先导力量。北京市功能庞杂，引发了人口膨胀、交通拥堵、环境污染等一系列问题，受"大城市病"困扰。基于政府引导与市场机制相结合、集中疏解与分散疏解相结合、严控增量与疏解存量相结合、统筹谋划与分类施策相结合的疏解原则，北京市在疏解非首都功能方面取得以下成就。第一，规划建设北京城市副中心。建设城市副中心能有效优化北京市城市空间格局、疏解中心区过多功能、治理"大城市病"、拓展城市新空间、推动京津冀协同发展。北京城市副中心作为北京市新添两翼的一翼，将着力打造成为国际一流的和谐宜居之都示范区、新型城镇化示范区、京津冀区域协同发展示范区。第二，启动一批疏解示范项目。北京市稳步推进一批条件成熟的区域性批发市场、一般性制造业企业、学校、医院等有序向外疏解转移。截至2020年年底，北京市累计疏解提升区域性专业市场和物流中心985个，清理淘汰一般性制造企业3000余家。第三，缓解北京市人口压力。2019年年末，北京市常住人口为2153.6万人，同比2018年年末减少0.6万人，常住外来人口745.6万人，同比2018年减少19万人。北京市第七次全国人口普查数据显示，2020年全市常住人口为2189.3万人，符合中期目标提出的到2020年北京市常住人口控制在2300万人以内。

二 交通一体化初步实现

在交通一体化方面，京津冀构建以轨道交通为骨干的多节点、网格状、全覆盖的交通网络。按照网络化布局、智能化管理和一体化服务的要求，提升交通运输组织和服务现代化水平，建立统一开放的区域运输市场格局。2019年9月，北京大兴国际机场正式投入运营，缓解了首都机场航运压力，大兴国际机场与首都国际机场共同打造"一市两场"双枢纽运营格局，并与京津冀周边机场一道建设世界级机场群。2019年12月，北京市至张家口市高速铁路开通运营，京沈高速（京承段）已于2020年年底通车。截至 2020 年年底，河北省与京津两市联手打通或拓宽对接路 32 条段、2005 千米，实行公共交通"一卡通"，惠及广大群众，全省铁路运营里程、高速公路通车里程分别达到 7870 千米、7809 千米，加快构建现代化交通体系，初步形成轨道、空港、海港一体化的大交通格局。当前，京津冀一体化交通网络已经全面铺开，京津城际延长线、石济高铁、津保铁路、张唐铁路、京张高铁等开通运营，京哈高铁全线贯通，大兴国际机场北线高速东延路段通车，京唐城际、京滨城际等骨干城际铁路正在加快建设，环首都一小时交通圈逐步扩大。展望 2025 年，京津冀"四纵四横一环"综合运输通道将更趋完善，将逐步形成京津与周边河北省市县"半小时通勤圈"、京雄津保唐"一小时交通圈"，基本建成安全、便捷、高效、绿色、经济的京津冀一体化综合交通运输体系。

三 产业疏解与产业转移同步进行

京津冀积极开展产业疏解和产业转移行动。北京市发挥首都的核心辐射带动作用，以雄安新区中关村科技园、天津滨海中关村科技园、保定中关村创新中心等重点产业合作平台为支撑，集聚效应逐步显现，区域产业链加快形成。在产业疏解方面，坚持"严控增量"和"调整存量"双管齐下，确保禁限项目"零准入"，制定发布了《北京市新增产业的禁止和限制目录》和《北京市工业污染行业、生产工艺调整退出及设备淘汰目录》，发布实施工业企业调整退出奖励资金管理办法、差别电价、污染扰民企业搬迁等政策措施，健全市区统筹工作机制，统筹推进一般制造业疏解退出、"散乱污"企业治理和镇村产业小区和工业大院清理整治工作，淘汰和疏解低端、污染产业，释放出更多的空间资源。在天津市落户的中国电信京津冀大数据基地项目正在加紧推进，未来在满足承接国家部委和京津冀电子政务类重点项目安全需求的同时，还将带动京津冀区块链、人工智能、大数据产业、5G、车联网等上下游产业集聚，吸引三地及周边地区互联网、金融科技、智能制造等大批头部优质企业落户。河北省积极承接北京非首都功能疏解，推动产业转移对接，坚持功能互补融合互动。在产业升级转移方面，着力提升"2+4+46"产业合作格局，推动政策协同和机制创新。目前曹妃甸示范区累计签约北京项目已达 371 个，协议总投资 4802.46 亿元，张北云计算产业基地累计签约项目达 21 个；天津滨海—中关村科技园自挂牌以来，新增注册企业达 1423 家，注册资金 135.3 亿元。

在重大产业合作项目带动下，2015—2018 年北京市到津冀投资的认缴出资额也已累计超过 7000 亿元。京津冀产业疏解与产业转移推动北京市加快朝着更加符合政治中心、文化中心、国际交往中心、科技创新中心的方向发展。

四 区域污染联防联控机制逐渐完善

京津冀在协同发展背景下，基于绿色发展理念，以山水林田湖草生态保护修复为契机，协同开展生态保护，改善群众生活环境。2015 年 11 月，北京市与天津市、河北省环保厅（局）正式签署了《京津冀区域环境保护率先突破合作框架协议》。京津风沙源治理、张承地区生态清洁小流域治理等生态工程持续推进。京津冀正在实现从资源能耗型向资源节约型、环境友好型可持续发展的重大转变。在大气治理方面，京津冀各省区市严格落实《京津冀协同发展规划纲要》，并实施压减燃煤、控车节油、清洁能源改造等各项减排措施，2019 年京津冀及周边地区"2+26"城市 PM2.5 年均浓度为 70 微克/立方米，同比下降 13.6%。在联合治水方面，京津冀统筹推进永定河流域的综合治理与生态修复，签署包括《密云水库上游潮白河流域水源涵养区横向生态保护补偿协议》在内的系列文件，截至 2018 年，已累计支持张家口、承德两市生态补偿金 19.8 亿元，112 项水环境治理与生态修复等项目正在逐步实施。实施密云水库上游横向生态保护补偿机制，实现入境总氮浓度持续下降。实施万家寨引黄向永定河生态补水，实现了境内 170 千米河段 25 年来首次全线通水，进而基本实现了永定河京津冀段水流贯通的阶段性目标。

第二章

区域协同：国内外区域协同发展综述

第一节 区域协同发展内涵与目标

中华人民共和国成立以来，我国经济社会大致经历了平均化发展、特区重点发展以及区域协同发展三个阶段，这一历史演变推动着中国经济社会走向更加均衡、科学、合理的发展道路。从中华人民共和国成立之初到改革开放前期，我国一直将平衡区域工业布局与维护国家安全为基本目的的区域均衡发展理论作为指导思想，追求国民经济在较短时间内快速恢复与发展，却没有站在自身国情和区域差异的角度考虑问题。改革开放政策的提出使人们的思想观念发生了翻天覆地的变化，将关注的重点由公平转向了效率，开始实行经济特区重点发展战略。经济特区重点发展战略的实施在一定程度上扩大了我国的对外开放水平，提高了经济发展速度；但由于优先发展东部沿海地区，拉大了我国东西部间的发展差距，区域发展不平衡问题日益凸显出来。近年来，学术界提出通过区域协同发展来缩小地区间的发展差距。其核心理念是将国家作为一个经济社会大系统，各区域在发展过程中既要保持自身的特色，又要根据自身的发展情况进行内外部协调，在经济增长的同时平衡与其他区域的经济发展差距，促进各区域的共同进步。[①] 此外，协同发展不仅指经济上的协同，还应该深入到社会、文化、生态等各个方面，多个维度推动区域从不协调发展走向均衡化协作的发展道路。协同发展不仅有利于刺激经济落后区域的发展，而且有助于

---

① 王郁、赵一航：《区域协同发展政策能否提高公共服务供给效率？——以京津冀地区为例的研究》，《中国人口·资源与环境》2020年第8期。

发挥我国产业集群的比较优势，将看得见的手（政府）和看不见的手（市场）有机结合，既发挥了政府推动生产力发展的积极因素，也最大限度避免了政府资金投入的无序扩张。

一 区域协同发展内涵

区域协同发展是指通过资源调整的方式促进区域间协同发展，缩小区域间差距，提高整体发展水平。[①] 1994 年，国务院发展研究中心课题组编写的《中国区域协同发展战略》一书中提到的区域协同发展的内涵被普遍认为是我国相对较早、较官方、较正式的相关概念。但有关区域协同发展的内涵，学术界尚未形成一个完整、统一的定义，不同领域的学者从不同侧重点对区域协同发展的内涵给出不同定义。

从协同发展角度出发，区域协同发展是一个从不均衡走向均衡的过程，同时也是在发展中寻求相对均衡的过程。应充分利用协调好各区域的比较优势，明确各地的经济特色并对区域实体行业链条进行合理的划分，协调好各方在实际发展中的利益，建立更加合理有效的区域分工协作体系。

从相互作用角度出发，犹如相对论所言，世界上没有一个事物是完全独立存在的，城市作为发展的个体也是一样，发展中的个体间都存在不同程度的内在联系。[②] 因此，有必要通过一定的政策规划、法律法规及协同发展战略来进一步促进区域个体间的合作，使区域内各合作主体间形成互惠互利的良性循环。

从公平发展角度出发，区域协同发展并不是要实现各区域发展水平的绝对一致，而是追求区域间发展的相对均衡。区域协同发展允许区域间存在一定的差异，但这种差异应稳定在合理的范围内。此外，进一步完善公共服务，使不同区域人民享受到大体相当的文化、教育、医疗等基础服务设施，实现基础设施均等化。

从效率角度出发，GDP 增长率是衡量经济增长速度的重要指标。通过比较 GDP 增长情况可以看出，目前我国中部和西部地区经济增速相较于东

---

① 曾刚、王丰龙：《长三角区域城市一体化发展能力评价及其提升策略》，《改革》2018 年第 12 期。

② 孙鹏、姜雨萌：《中国地级市生态承载力的环境效应研究》，《地理与地理信息科学》2020 年第 6 期。

部沿海地区仍有一定差距。区域经济协同发展旨在逐步加深区域各子系统间经济的互相扶持作用，在保持经济整体高效发展的同时，促进各区域的经济发展，最终实现区域间共同繁荣。

从综合因素角度出发，区域协同发展的影响因素涵盖经济、政治、人文、社会、生态等，主要体现在四方面：一是使得区域内的各个体发挥自身比较优势，取长补短，协调发展；二是实现生产要素跨区域自由流动，进而优化资源配置；三是促使区域内各子系统在市场经济方面实现跨区域发展，形成新型经济关系；四是将区域内人口、经济、生态三者统筹规划，实现自然生态资源的合理有效开发，且在开发和利用自然资源的过程中既要保持当前资源空间的配置效率，又能保持长期内资源可持续利用，实现当前利益与长远目标的统一。[1]

二 区域协同发展目标

从区域协同发展的内涵出发，基于运筹学的协同理论和战略学的战略协同理论，从资源协同、服务协同和管理协同三个方面提出区域协同发展的目标。其中，资源协同是指区域间人、财、物等有形资源的协同，服务协同是指区域间公共基础服务均等化，管理协同是指区域间各类公共事务管理主体的协同。

（一）资源协同

资源协同主要体现在两方面：一是产业资源协同。立足于各区域的自身发展基础和资源禀赋，因地制宜对产业链进行合理化分工，加强创新资源的跨区域流动，使得区域间对于高投入、高产出产业资源的竞争，转变为关于资源友好型产业的合作共享，从而形成产业集聚、资源集约、共同发展的区域关系新格局。二是科技资源协同。科技资源作为重要的战略性资源，通过区域间协同合作，发达地区为科技资源匮乏地区提供先进的科技资源，使得物力资源价值最大化；通过区域间人才沟通，对落后地区企业在技术创新过程中的特性问题提供针对性指导，解决其发展过程中的瓶颈问题。[2]

---

[1] 程芳芳、傅京燕：《区域联防联控环境治理政策对企业生产规模的影响研究》，《中国人口·资源与环境》2020年第9期。

[2] 郑玉雯、薛伟贤：《丝绸之路经济带沿线国家协同发展的驱动因素——基于哈肯模型的分阶段研究》，《中国软科学》2019年第2期。

(二) 服务协同

服务协同应以促进公共基础服务均等化为重点，同时也是实现区域协同发展的重要手段。公共基础服务均等化有利于保障落后地区居民最基本的生存权和发展权。使居民享受到与发达地区居民在教育、医疗、社会保障等方面的质量和水平大体相当的基础服务。从而提高落后地区居民素质，提高其长期发展能力。

(三) 管理协同

管理协同强调各类公共事务管理主体的协同，根据整体、协调、平衡的发展原则，强化政府的沟通和协调职能，促进具有不同管理职能的相关部门协同发展。具体而言，各区域政府从整体视角制定统一的经济可持续发展目标，完善相关政策和措施，突出政府的沟通和协调能力，从而使市场在资源配置中的作用得到发挥。从体制上消除区域间的贸易保护和壁垒，加强区域间的贸易联系，扩大区域间的开放程度，使得区域间市场融为一体。[①]

第二节 国内外区域协同发展典型案例分析

随着工业化和城市化进程的加快，各国在参与激烈的国际竞争的同时也越来越意识到分工合作的重要性，提出了区域经济协同发展新理念。目前我国工业化程度日益加深，区域协同发展成为城市未来发展的主要方向，同时也是区域经济发展及其格局演变的主要实现形式。发达国家区域协同发展实施较早，其中五大城市群已发展到成熟阶段，取得了一系列值得借鉴的成功经验。长三角城市群，也有人称其为世界第六大城市群，该城市群具有较强的创新能力和较高的开放程度，吸引了国内外优秀人才在此聚集。长三角城市群在推动我国区域经济发展，形成全方位开放格局中占据着重要的地位；珠三角城市群作为我国最具经济发展活力的城市群之一，近年来经济发展势头迅猛。因此，以上城市群可以作为研究区域协同发展的案例典范，为京津冀协同发展提供指导和借鉴。

---

① 周麟等：《2006—2018年中国区域创新结构演变》，《经济地理》2021年第5期。

一 国外典型案例分析

(一) 美国东北部大西洋沿岸城市群

美国东北部大西洋沿岸城市群也称为"波士顿—华盛顿走廊",以波士顿、纽约、费城、巴尔的摩、华盛顿5大城市为核心,涵盖了其周围40个10万人以上的中小城市。该城市群占地面积约占美国总面积的1.5%,城市化水平达到90%以上。

产业特征:目前世界上最大、发展最好的城市群,金融业方面发展较好。作为美国最大的商业中心,同时也是世界上金融业发展最好的地区。包含了美国首都、联合国总部、纽交所和纳斯达克交易所,是许多世界著名投行、金融机构的总部所在地。该城市群内有近1/3的世界五百强企业的总部。

协同机制和管理模式:实行城市政府机构和民间团体协同治理新模式,其中商会团体是城市群协同治理中的主要民间团体力量。

协同发展情况:美国东北部大西洋沿岸城市群在发展的过程中共经历了三次重要的调整与规划。其中,第三次调整是核心城市通过在科技、资本及产业等方面发挥领导作用的同时带动周围中小城市发展,进而带动城市群内部协调发展。此外,城市群内的五大核心城市充分发挥自身的优势产业,其中纽约聚集了世界各国知名的金融机构,作为城市群的金融中心,在自身发展的同时带动周边地区金融的发展;波士顿以发展高新技术和科技研发产业为主;华盛顿是区域政治中心;费城以电子科技和国防军工为主导产业;巴尔的摩充分利用当地的资源以及地理优势,主要发展矿产和运输产业。城市群内各个核心城市优势互补,在自身发展的同时也带动着周边中小城市的发展,使得城市群的整体功能大于各城市功能之和。

(二) 五大湖区城市群

五大湖区城市群位于五大湖沿岸,以芝加哥、底特律、克利夫兰、匹兹堡、明尼阿波里斯市、圣路易斯、印第安纳波利斯七大城市为核心,此外还包括加拿大的多伦多、魁北克和蒙特利尔等地。五大湖区城市群面积达244106平方英里,所蓄淡水占世界地表淡水总量的1/5,是世界最大的淡水湖。拥有丰富的资源和便利的航道,港口城市发展迅速,港口地区工业产业较为发达。

产业特征:城市群以发展制造业和运输业为主。与美国东北部大西洋沿岸城市群共同构成了一个特大工业化区域，又称北美制造业带。五大湖区凭借自身发达的交通运输系统，逐步转型为美国商品运输和货物集散的重要中心。

协同机制和管理模式：五大湖区城市群与美国东北部大西洋沿岸城市群的协同治理模式基本相同，均采用政府机构和民间团体协同治理模式，基本呈现出以民间组织为主、政府为辅的特点。例如1955年成立的跨国组织"大湖委（联盟）"，2000年成立的"芝加哥大都市2020"组织，均是在区域规划和协调方面扮演重要角色的民间团体组织。

协同发展情况：五大湖区发展初期凭借着自身的资源优势以及地理优势，形成了较为发达的水网交通体系。工业化时代的到来使其自身的资源优势进一步凸显，丰富的矿产资源和水资源使得五大湖区的工业产业得到迅速发展，并依托港口工业形成了巨大的都市圈，在20世纪初达到繁荣鼎盛时期，成为了世界级的城市群。五大湖区各城市的发展主要依靠的是自身的资源优势，城市群内各城市之间的协同主要指各利益主体在资源、水质、生态环境以及海洋管理等问题上达成共识。相较于其他城市群，五大湖城市群的发展水平还较低，各城市之间的联系不是十分紧密，中心城市的辐射带动作用未得到充分的发挥，城市功能也相对单一，仅达到了空间上的城市聚集，还没有实现真正的整体协同发展。

（三）英伦城市群

英伦城市群是世界级城市群中面积最小、发展最早、城市密度最大的城市群。由伦敦、利物浦等一线城市构成，包括伯明翰、利兹、曼彻斯特等大城市及周边中小城市。1965—1986年，曾设立"大伦敦议会"，主要负责区域总体的管理与协调，对大伦敦区域的协同发展发挥过重要的作用。

产业特征：英伦城市群是英国最大的制造业基地，也是英国的产业密集带和经济区。其中核心城市伦敦不仅是英国最大的生产基地，也是世界三大金融中心之一。曼彻斯特是英国传统的工业重镇，历经多次产业结构调整，发展成为以金融与专业服务业为特色的英国的第二大经济体。

协同机制和管理模式：英伦城市群主要通过政府行政力量进行协调，利用行政手段从城市群可持续发展的角度制定长远发展目标，实行一体化的组织管理模式。

协同发展情况：英伦城市群的核心城市——伦敦市凭借自身的气候以

及区位优势,吸引了大量的人才和资本,经济发展迅速,在城市群发展中拥有举足轻重的地位。中心城区人口的聚集造成了城市交通的拥挤,人均资源拥有量也随之减少。为减轻交通以及资源对城市发展造成的压力,地方政府将伦敦城市群向外扩张,规划为四个同心圆。1971年,进一步规划形成以内伦敦为最内圈层、大伦敦区域为次外层、劳务区为由内而外的第三层、城市群外围为最外层的圈层结构。

(四) 欧洲西北部城市群

欧洲西北部城市群包括法国、德国和荷兰3个国家,是一个结构相对较为松散的多核心城市群,主要城市包括巴黎、科隆、波恩、埃森、阿姆斯特丹、鹿特丹、海牙等。20世纪60年代,各地区为了在基础设施、科教文卫、产业结构、城镇规划、生态保护等方面实现更好的协调,自发地组成了市政联合体,并于2009年提出"大巴黎计划"(Grand Paris),在2016年成立了"大巴黎大都会"(Metropole du Grand Paris),使城市群协调机制得到进一步完善。

产业特征:欧洲西北部城市群以发展港口贸易、工商业和制造业为主。欧洲西北部城市群最重要的交通中心在法国的经济中心巴黎,最大的海港在荷兰的鹿特丹。

协同机制和管理模式:欧洲西北部城市群的管理模式采用市镇联合体一体化协调模式,该模式是20世纪60年代由城市群内各城市自发自愿形成的,由联合协调机构进行规划和协调,政府不干预规划的具体内容。

协同发展情况:20世纪30年代,法国首次提出构建并打造跨越国界的欧洲西北部城市群。20世纪中期法国政府制定的巴黎的国土开发计划中强调要形成市区优势互补的城市体系来促进区域的均衡发展。20世纪60年代,《巴黎地区整治规划管理纲要》把向外疏解中心城市人口、完善交通运输体系、发展核心城市近郊、构建多中心城市结构作为重点。1994年,《巴黎大区总体规划》是在政府引导下进行的,强调要进行区域协调发展,各核心城市在发展各自优势产业的同时要带动周边中小城市发展;要求城市群内各城市根据自身的经济发展状况、地域文化以及地理位置状况,进行产业的跨地区转移和疏散;各城区之间分工协作,形成相对完整的产业链;空间分布结构日趋合理,促进了城市群的全面协调发展。

(五) 日本太平洋沿岸城市群

日本太平洋沿岸城市群以东京、名古屋、大阪三大都市圈为核心,同时涵盖横滨、川崎、神户、京都等周边城市。城市群面积仅占日本国土面积的1/4，但人口总量达到日本总人口数的一半以上。规划法案的制定和实施促进了日本太平洋沿岸城市群的规划和发展，1956年日本国会提出重点规划发展首都圈，并成立首都圈整备委员会，制定首都圈整备法。1958出台了第一份规划法案《首都圈建设规划》，指导区域协调发展，并规定每十年对该法案进行一次修订。

产业特征：日本太平洋沿岸城市群是日本经济最发达的地带，以发展制造业、电子产业和金融业为主。城市群内的工业产值占到日本工业总产值的75%，同时集聚了索尼、松下、佳能、夏普、东芝、日立等日本的著名电子产业和高科技制造商。

协同机制和管理模式：日本太平洋沿岸城市群以东京为核心城市，在管理模式上采取政府特设机构、企业、民间团体组织等多元主体共同参与的混合协调模式。

协同发展情况：日本太平洋沿岸城市群五次规划之间紧密联系，从第一次到第五次，日本太平洋沿岸城市群的空间协同发展模式由最初的以东京为中心的单核心城市群，转变为多中心多级化圈层结构，最后演变为网络化空间结构。东京是城市群的政治中心、金融中心、科技中心，在城市群经济社会发展方面发挥着重要的作用；埼玉县作为日本的副都，具有政治、居住、商务的职能；神奈川县是城市群的贸易中心和重工业聚集地；千叶县在物流、商业等领域具备一定的优势。目前日本太平洋沿岸城市群内部各城市功能相对单一，但每个城市都有自己的优势产业，各城市在产业发展上分工明确、协作紧密、优势互补，实现了区域的协同发展。[①]

二 国内典型案例分析

（一）长三角城市群

长三角城市群以上海为核心，涵盖江苏省、浙江省、安徽省的26个城市。长三角城市群区域面积占中国国土面积的2.2%、人口占总人口的11%，2019年生产总值约占全国生产总值的23%，是目前我国经济实力最强的地带之一，也被称为世界第六大城市群。

---

① 肖德、于凡：《中国城市群经济高质量发展测算及差异比较分析》，《宏观质量研究》2021年第3期。

产业特征：长三角城市群以发展航运业、金融业、制造业和电子商务为主。具有较强的社会经济竞争力及科技创新能力，是"一带一路"倡议与长江经济带的枢纽地带，在我国经济社会发展中占据举足轻重的战略地位。[①]

协同机制和管理模式：长三角城市群还尚未设立领导协调机构，在从全局出发调节和控制经济发展方向方面存在劣势。长三角城市群为实现城市间协调可持续发展，各城市根据自身的需求与意愿进行自发协调，逐步在科技、金融、交通、服务等领域形成了相应的协调机制。

协同发展情况：目前长三角区域市场一体化已经基本形成，区域间逐渐打破行政区域划分的约束，协同发展速度加快，进一步扩大了协同的领域，区域间的差异不断缩小，区域内各城市间联系更加紧密。发展模式正逐渐由多中心、多极化结构向网络化结构转变，各城市之间发展方向与分工明确。目前，长三角城市群协同发展的目标：发挥上海在国际经济、金融、贸易、航运中心等领域的龙头作用；南京市、杭州市等中心城市在自身发展的同时带动周边中小城市发展；通过构建发达的交通运输网络推动以南京市、杭州市、合肥市、宁波市和苏锡常为中心的都市圈的同城化发展；推动促进沿海、沿江发展带、沪宁合杭甬发展带、沪杭金发展带之间的合作化发展，努力打造"一核五圈四带"的网络化空间发展新格局。

(二) 珠三角城市群

珠三角城市群以广东省的广州、深圳、珠海等九个地级市为主体，同时包含周边小型城市。是我国早期实行改革开放的地区之一，在我国的经济社会发展中发挥着十分重要的作用。目前，国家大力支持粤港澳区域融合发展，推动各城市间互补发展优势产业，形成区域经济社会良性发展新格局。

产业特征：电子产业、先进制造业和现代服务业是珠三角城市群的优势产业，珠三角城市群是我国经济对外开放程度最高的区域，深圳自 1980 年建立经济特区以来发展迅速，并在 2019 年成为中国最具竞争力的城市之一。

协同机制和管理模式：珠三角城市群的协同治理模式与长三角城市群

---

① 崔学海、王崇举：《协作视域下长江经济带创新绩效评价与治理研究》，《华东经济管理》2018 年第 11 期。

类似，城市群内部主要通过自发协调方式推进区域一体化发展。城市群内部各城市分工明确，充分发挥自身的优势产业，初步形成产业间互补发展的格局。

协同发展情况：现阶段珠三角城市群在人口、面积、交通、城镇化水平等指标上基本达到大城市群的水平，但在经济发展水平上与一些世界级城市群之间还有一定差距。虽然目前珠三角城市群的产业结构为"三二一"结构，但第三产业占比还远远小于世界级城市群，且城市群内部产业分布不均匀，如中国的香港、澳门等经济较发达的城市第三产业占比达到80%以上，惠州仅占33%。

三　国内外城市群协同发展经验对京津冀的启示

（一）坚持交通先导先行

交通一体化发展是京津冀协同发展中三个重点协同领域之一，并且强调要集中力量率先启动并实现突破。通过观察与研究国内外城市群的发展历程可以发现，交通基础设施建设既是城市群协同发展的基础，同时也是实现区域协同发展的重要保障。

世界级的城市群在地理位置上基本都沿海或者围湖分布，拥有便利的航运条件。由此可见，发达的交通体系是城市群发展的重要条件。其中，东京城市群拥有六大港口、两大国际机场、发达的陆路交通网络干线，交通十分便捷，为人口的高效率流通提供有力的支撑，同时降低物流成本，吸引更多的人力、物力资源向东京城市群聚集，带动城市群的进一步发展。与东京城市群形成对比，京津冀城市群初期交通基础设施分布不均匀，北京市、天津市及周边地区交通较为发达，且主要以高速网络为主，[①]但京津冀内部交通网络密集度较差。天津港是京津冀最大的港口，但发展状况并不理想，没有充分发挥出自身的区位优势。东京湾的年货物进口量达到日本货物进口量的38%以上，而天津港货物进口量不足全国的10%。

《京津冀协同发展规划纲要》明确提出了要将天津市打造成为北方国际航运核心区，同时加快推进建设覆盖京津冀全区域的海陆空交通网络体系，形成京津冀一小时交通圈，使京津冀城市群具备世界级城市群的交通

[①] 赵莉琴、刘敬严：《京津冀交通运输系统协同发展程度的 DEA 评价》，《北京交通大学学报》2016 年第 1 期。

运输能力。

（二）加强产业协同发展

京津冀作为我国经济的第三大增长极，地理位置优越，拥有丰富的人力、科技、信息等资源，产业结构分布密集，总体发展态势较好。但与长三角和珠三角相比仍有一定差距，起步阶段的京津冀城市群存在许多发展问题，京津冀城市群与国外五大世界级城市群和国内长三角、珠三角城市群发展状况的比较见表2-1。

表2-1　　　　2017年京津冀城市群与国内外城市群的比较

	人口（万人）	人口占全国比例（%）	面积（万平方千米）	GDP（亿美元）	GDP占全国比例（%）	人均GDP（美元/人）
美国东北部大西洋沿岸城市群	6500	20.14	13.8	40320	20.79	62030
五大湖区城市群	5000	15.49	24.5	33600	17.33	67200
英伦城市群	3650	56.12	4.5	20186	76.98	55305
欧洲西北部城市群	4600	—	14.5	21000	—	45652
日本太平洋沿岸城市群	7000	55.2	3.5	33820	69.42	48315
长三角城市群	15033	10.7	21.2	20652	16.88	13737
珠三角城市群	6957	4.95	5.43	12000	12.00	17249
京津冀城市群	11248	8.00	21.8	12378	10.11	11004

资料来源：美国数据来自于美国统计局，长三角、珠三角、京津冀数据来自于《中国统计年鉴》与各省（自治区、直辖市）的《统计年鉴》。

人均GDP指标是用来衡量一个国家或地区经济发展水平的重要指标。从表2-1中可以看出，2017年，京津冀城市群的发展水平与其他城市群相比差距还很大。此外，北京市、天津市、河北省人均GDP相差悬殊，说明京津冀城市群内部各地区之间发展水平差异显著，从侧面反映出京津冀的协同发展水平还不够，存在规划不合理、产业分工不明确等问题，北京市作为核心城市的辐射带动作用较弱。[①] 而欧洲西北部城市群则充分发挥

---

① 赵弘：《京津冀协同发展的核心和关键问题》，《中国流通经济》2014年第12期。

核心城区的辐射带动作用,将自身的部分功能合理的疏解到周边其他的中小城市,使各城市间既有区别又有联系,形成交错式的发展格局,促进区域协同发展。日本太平洋沿岸城市群向东、西方向发展分别形成了全球著名的京滨工业带和京业工业带,使区域辐射带动作用得到了充分的发挥。①

总体来看,京津冀整体发展水平较高,但区域内部经济发展水平差距较大,各地区产业发展关联性较差,没有形成良好的空间集聚效应及健康有序的竞争合作关系,导致京津冀经济总体发展缓慢。②目前来看,京津冀协同发展战略实施亟待解决的问题是如何通过顶层设计规划制定出适合三地产业协同发展的策略,并构建科学的指标体系,采用合理的产业协同发展水平测度方法,评估和指导三地产业的协同发展。

(三) 推动要素市场一体化

打破地区间的行政壁垒,实现多地区协同发展,首先要解决的是地区间要素自由流动的问题。③从交通先行角度出发,通过改善交通基础设施,使生产要素跨区域流通更加方便快捷,同时降低生产要素的交易成本,加强各地生产要素方面的交易与往来,更好的满足各地的发展需求,进而拉动京津冀经济的发展。便利的交通条件不仅有助于实现生产要素的跨区域自由流通,同时使教育、文化、金融、医疗等服务要素的共享成为可能,在加强各地之间交流的同时,降低城市群内各城市居民在生活保障以及社会福利方面的差距。④

(四) 构建现代区域协同治理模式

城市群规划理论要求区域内各城市跳出自身管辖范围,打破行政壁垒,进行区域的整体规划。从发展经验来看,国内外世界级城市群均具有相对完善的协调机构,治理模式上强调政府与市场的协调治理,具体的管理形式随着城市群的发展不断进行优化完善,由此可以看出高效的组织协

---

① 鄢波、杜军、潘虹:《珠三角区域科技协同创新的现状、问题及对策》,《科技管理研究》2019年第1期。

② 冯怡康、王雅洁:《基于DEA的京津冀区域协同发展动态效度评价》,《河北大学学报》(哲学社会科学版) 2016年第2期。

③ 刘海云:《以自贸试验区建设为契机推动京津冀协同发展——2020京津冀协同发展参事研讨会综述》,《经济与管理》2020年第6期。

④ 孙虎、乔标:《京津冀产业协同发展的问题与建议》,《中国软科学》2015年第7期。

调机构与治理模式对城市群的规划发展尤为重要。[1]

世界典型城市群在协调治理模式上大致可分为三种：一是由政府主导进行协调，如以伦敦为核心的英伦城市群和以东京为核心的日本太平洋沿岸城市群；二是通过地方组织进行协调，以欧州西北部城市群为代表；三是民间组织为主导、政府辅助的协调模式，主要集中在美国东北部大西洋沿岸城市群和五大湖区城市群。[2]

京津冀具有地理位置优势与资源优势，但是由于三地间存在跨省级的行政区规划限制，京津冀在政治、经济发展方面差距悬殊。京津冀协同发展的首要工作是打破三地行政壁垒，从区域发展的整体利益出发进行统筹规划，更好地实现资源的配置与协调。[3] 因此，成立更高级别的区域协调机构来推动三地之间的交流融合显得尤为重要。

（五）充分发挥我国的制度优势

国外城市群发展规划过程中在如何打破行政壁垒、推动区域协调发展问题上也遇到了很大的困难和挑战。区域协同涉及区域各利益主体的权益问题，各利益主体考虑协同为自身带来的短期利益与长期利益，容易引发利益博弈。针对这一问题，国外典型城市群通常通过协定税收政策、合作成立项目基金等方式进行区域间的自发协调。[4] 但应该保证地区发展管理模式与发展的需要相适应。例如，伦敦大议会在维持23年之后最终于1986年因各党派之间意见无法达成统一而宣告失败，说明建立高层次的区域协调领导机构的协调方式并不适合英伦城市群发展的需要。与之相反的是，我国自《"十三五"时期京津冀国民经济和社会发展规划》印发并实施以来，京津城际等跨省市的高铁线路建设工作迅速落实并成效显著，这很大程度上得益于我国的社会主义制度。因此，做好京津冀协同工作应从顶层设计出发，充分利用我国的制度优势，打破行政藩篱，实现京津冀协同一体化发展。

---

[1] 翟爱梅、马芳原、罗伟卿：《区域金融一体化的阶段水平与发展轨迹的测度方法》，《数理统计与管理》2013年第5期。

[2] 李国平、宋昌耀：《"一核两翼"协同发展与现代化大国首都建设》，《行政管理改革》2021年第2期。

[3] 韩若楠：《改革开放以来城市绿色高质量发展之路——新时代公园城市理念的历史逻辑与发展路径》，《城市发展研究》2021年第5期。

[4] 连玉明：《试论京津冀协同发展的顶层设计》，《中国特色社会主义研究》2014年第4期。

（六）统筹协调民间团体及行业协会的力量

逐渐加深的市场化程度使民间组织在区域协调中的作用逐渐加强。以美国的区域规划协会（RPA）为例，该组织为美国东北部大西洋沿岸城市群规划做出了较大的贡献，包括编制大都市圈规划方案、为都市圈规划建设提供建议、出版相关著作以及调研报告等。类似的还有五大湖区城市群的五大湖区行政首长联席会，通过协调解决城市群内各利益主体共同关注的问题，有效地解决了五大湖区城市群环境保护与经济发展间的问题，使民间组织在美国的城市群建设中发挥重要作用。

促进京津冀协同发展，既要从大局角度出发，发挥政府的主导作用，还要激发民间组织（如行业协会、研究机构、大学等）的力量，鼓励他们发挥自身在知识与资源方面的优势，举办学术论坛、研讨会等活动，关注并深入研究区域协同发展问题，为京津冀协同发展提供智力支持。

（七）加强区域协同发展规划引领作用

针对城市群发展过程中遇到的一系列问题，可以通过区域个体进行会议协商解决，然而要实现区域长期协调可持续发展，仍然需要制定完善的区域发展规划。目前世界级城市群基本上制订了完整的法律体系，为区域规划提供有力支持。日本太平洋沿岸城市群在区域协调发展的过程中先后颁布并实施了《东京城市震灾复兴规划》《地方自治法》《首都整备法》《首都圈建设规划》等规划法案，并随着发展进程的推进对法案进行持续不断地调整与修订。英伦城市群同样重视规划法案的制定与实施，为了更好的推进城市群的规划发展，使城市群内部发展更为协调，先后制定了《绿带法》《新城法》《地方政府法案》《规划与强制收购法》等相关法案。与世界级城市群相比，京津冀城市群在规划方面仍存在不足。因此需要制定相关法案，通过法律的约束可以为区域规划的实施提供有力的保障。

提高城市群综合承载力，重要的是突出中心城市的辐射引领作用。以美国纽约和日本东京为例，纽约在城市群产业调整中发挥着先导创新的作用，通过科学合理的产业调整，既加强了纽约自身的经济实力和地位，又为其他城市提供了发展契机。东京被认为是集"纽约＋华盛顿＋硅谷＋底特律"多种功能于一体的世界型城市，其一举一动左右着日本的经济、证券、政治文化等。京津冀应通过完善中心城市集聚产业、区位吸引、健全服务的功能，增强中心城市辐射带动能力，使其成为京津冀高质量发展的领跑者。

(八) 疏解与提升并举缓解城市问题

随着城市群经济发展水平的不断提高，越来越多的人口向城市群聚集，聚集效应的出现推动了城市群服务业与知识经济的发展，但资源浪费、环境破坏等"大城市病"问题凸显。目前，各大城市群都存在人口密集度过高的问题：东京作为日本太平洋沿岸城市群的中心区，人口密度达到每平方千米1.4万人，美国东北部大西洋沿岸城市群部分发达地区人口密度高达每平方千米2.8万人，京津冀城市群的核心区域人口密度也达到了每平方千米2.5万人。针对北京市人口密集度过高的问题，可以借鉴日本太平洋沿岸城市群的人口控制经验，为有效缓解京津冀城市群人口密集问题提供思路。

日本东京都市圈人口达到2000万人时，"大城市病"问题凸显，但随着人口数量的持续增加，"大城市病"问题反而得到解决。这是由于当地政府把交通基础设施建设作为城市规划的关键环节。高质量的城市规划，交通设施网络的适度加密是提高城市空间利用率、提高城市服务水平的有效途径。由此可以看出，京津冀城市群发展过程中面临的北京市人口密度较高的问题，可以通过人口向外疏解、加密交通基础设施网络两种途径解决。

(九) 联防联控保护生态环境

经济发展的同时也会带来一系列问题。五大湖区城市群在工业化和城市化发展的同时也带来了很多环境方面的问题，如大气污染和水污染等，造成大量物种濒临灭绝，也对人类的健康造成了严重的损害。但值得注意的是，五大湖区城市群在意识到环境污染带来的严峻问题之后，采取了相应的措施进行水污染的治理，并开展生态环境保护工作。经过三十年的控制与治理，五大湖区的环境污染问题得到有效缓解。

其治理经验是一方面通过政府与民间组织的合作协议，共同协商资源利用与环境治理问题，通过联防联控来治标；另一方面，加快推动产业结构升级转型，从源头上减少污染来实现治本。京津冀在发展的过程中也遇到了很多环境方面的问题，如空气污染、水污染等，这与五大湖区城市群的环境污染问题十分类似。因此，可以借鉴该城市群的治理经验。一方面加强各省市之间在环境保护与污染物控制方面的合作，如严格控制污染物排放增量、制定合理的碳排放交易机制、完善生态保护机制等；另一方面加大力度鼓励各地进行产业结构的优化升级，通过产业转型从源头上降低污染物的排放总量，使京津冀城市群逐渐走上绿色可持续的发展道路。

第三节　区域协同发展相关理论与研究综述

一　区域协同发展相关理论

（一）协同论

协同论由德国科学家哈肯（Hermann Haken）于20世纪70年代首次提出。协同论是系统论的衍化理论，最早用于研究激光系统内无数原子之间的相互作用，后逐渐应用到各个领域的研究。协同论主要研究存在物质和能量交换的外界环境中，非封闭且远离平衡状态的系统如何通过形态各异的系统之间相互影响、系统内部之间的协同作用，进而保持非均衡的稳定结构。[①] 协同论的核心概念由序参量、非线性作用、自组织和参量涨落四部分构成。其中，序参量指的是系统中各主体间的协同作用，作为整个系统由无序向有序发展的参考标准；非线性作用指的是在主体间相互联系的过程中形成的不平衡、不对称关系；自组织是指当系统没有受到外界物质和能量变化的影响下，在其内部自发地形成一定结构的功能；参量涨落是指系统内各序参量通过围绕某一临界值波动，从而达到新的稳定状态。刘雪芹和张贵在协同论的基础上，结合京津冀产业发展基础和特征，提出京津冀协同发展应以"强点、成群、组链、结网成系统"为建设标准。[②] 协同效应和役使原理是协同论中的重要内容。

1. 协同效应

复杂的非封闭系统内各子系统通过协同作用实现效益最大化，即1+1>2。在外界环境和能量发生变化时，子系统内物质集聚水平状态达到临界点，即由量变转为质变的关键点，各子系统为推动物质发生质变，主动产生协同作用。[③] 京津冀协同发展过程中存在体制机制障碍，不利于京津冀协同发展，京津冀各级政府应自发协同，联动重组原有体制，建立资源

[①] 哈肯、郭治安：《协同学的基本思想》，《科学》1990年第1期。

[②] 刘雪芹、张贵：《京津冀产业协同创新路径与策略》，《中国流通经济》2015年第9期。

[③] 戴艳萍、胡冰：《基于协同创新理论的文化产业科技创新能力构建》，《经济体制改革》2018年第2期。

第二章 区域协同:国内外区域协同发展综述

优化配置、利益合理分配的行政管理联动机制。

2. 役使原理

事物变迁依赖于快变量和慢变量。其中,快变量较容易实现目标;慢变量则相反,需要耗费一定时间达到目标。因此,决定事物变迁的根本因素不是快变量而是慢变量。具体来说,交通属于快变量,京津冀交通运输行业作为京津冀协同发展过程中的先行产业,建设一体化交通体系和完善现有交通基础设施时间较短;环境属于慢变量,改善环境污染,提高环境生态保护建设中资金、土地、技术、劳动力等资源利用率需要一定时间,不是一蹴而就的。我国为完善京津冀绿色低碳循环体制机制,常从以下几个方面着手:联防联控环境污染、构建环境补偿机制、建立生态信息共享机制、大力发展循环经济等。产业介于快变量和慢变量之间,属于中间变量,同时作为市场的导向。京津冀产业发展应围绕产业链,通过产业园区内点、群结合,以重大项目带动,融合区域间的技术、知识等优势元素,实现京津冀产业协同发展。[①] 协同论提出后,因其普适性且与多学科紧密联系的特点,被广泛应用于社会科学的研究中并取得了丰硕的研究成果,由此产生了新兴的跨学科架构,协同发展机制框架见图2-1。[②]

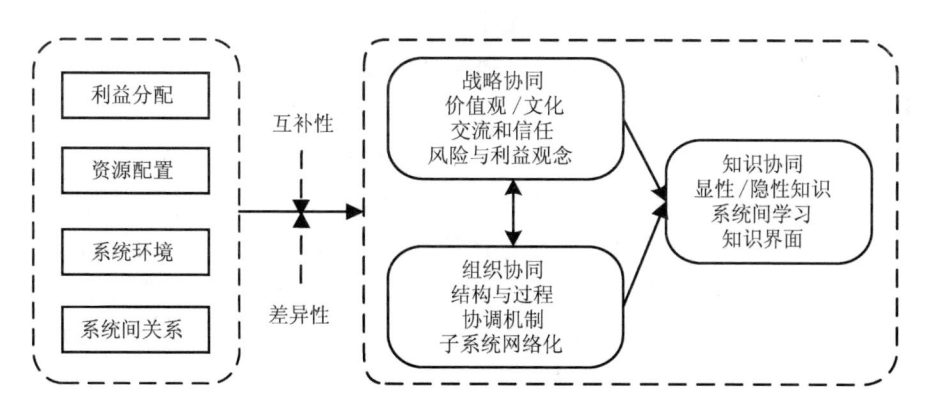

图2-1 协同发展机制框架

资料来源:戴艳萍、胡冰:《基于协同创新理论的文化产业科技创新能力构建》,《经济体制改革》2018年第2期。

[①] 朱公先:《役使原理的探讨》,《北京师范学院学报》(自然科学版)1990年第3期。
[②] 戴艳萍、胡冰《基于协同创新理论的文化产业科技创新能力构建》,《经济体制改革》2018年第2期。

(二) 空间结构理论

空间结构相关的理论最早在欧洲提出。美国学者邓恩（E. S. Dunn）和德国学者奥特伦巴（E. Otremba）于 20 世纪 50 年代将空间经济理论发展为空间结构理论。其内涵是研究在一定区域范围内各种社会经济活动的组成部分的位置特征、演化规律以及组成部分之间的空间相互关系和区域分布关系。空间结构相关理论主要包括中心地理论、增长极理论、核心—边缘理论、点—轴渐进式理论等。

1. 中心地理论

中心地理论的概念最早由德国地理学家沃尔特·克里斯塔勒（Walter Christaller）于 1933 年在《德国南部的中心地原理》一书中提出。[①] 该理论的研究对象是城市与城市的相互关系、城市在区域的空间布局，运用演绎法分析中心地的空间结构，认为中心地的定位由人口、文化和技术共同决定。中心地空间布局由市场、交通、行政三大因素决定，呈三角形的空间布局结构；市场结构呈正六边形的空间布局结构。该理论仅适用于农业区、城市稀疏区，而不适用于城市集聚区。但对当今城市空间发展、城市腹地关系、城市空间经济模型均有积极引导作用。[②] 城市功能与人口密切相关，北京市作为京津冀的中心城市，拥有较为完善的城市空间布局、多种产业类型，吸引大量人才，属于强人口流入城市。

2. 增长极理论

在 20 世纪 50 年代初，法国经济学家佩鲁（F. Perroux）在《经济空间：理论与运用》一书中提出增长极理论。[③] 该理论作为不平衡发展理论的依据之一，是西方区域经济学中区域观念的基石。在增长极形成初期，以极化（集聚）作用为主，各地区呈空间不平衡发展特征；在增长极后期演化期，则转变为以扩散作用为主，各地区发展水平趋于平衡。直到 20 世纪 50 年代末，法国地理学家布德维尔将增长极理论进行拓展，引入并应用到空间关系的研究，进而突破经济空间，提出了增长中心的概念，对增长

[①] 张贞冰等：《基于中心地理论的中国城市群空间自组织演化解析》，《经济地理》2014 年第 7 期。

[②] 王士君等：《中心地理论创新与发展的基本视角和框架》，《地理科学进展》2012 年第 10 期。

[③] 张立球：《增长极理论及其应用》，《湖湘论坛》1990 年第 3 期。

极赋予新的内涵。① 目前,增长极理论已被许多国家作为区域规划和政策制定的理论依据。但该理论忽视了在培育区域或产业增长极的过程中,可能导致区域增长极与周边地区的贫富差距扩大、产业增长极与其他产业不配套,不利于周边地区和其他产业的发展。发挥科技研发创新产业的引领带动作用,推动经济快速增长。充分利用北京市创新资源丰富、天津市突出的研发转换能力、河北省产业良好的转型升级势头,发挥不同区域优势,以自主创新为内驱力,走科技内生型发展道路,将京津冀城市群打造成世界级城市群。立足于各省市比较优势,确定各省市功能定位,服从和服务于区域整体功能定位。

3. 核心—边缘理论

美国城市规划学家弗里德曼于 1966 年在《区域发展政策——委瑞内拉案例研究》一书中,首次提出了用来解释经济空间演变模式的核心—边缘理论。该理论作为增长极和地理空间理论的综合体,研究对象是城市和其腹地、核心城市和边缘城市、发达城市和边缘城市。该理论认为核心和边缘是社会地域组织的两个基本要素,任何区域均可由一个或若干个核心区和边缘区构成。核心—边缘理论作为城市区域空间发展的重要理论之一,主要适用于研究区域从一开始的孤立发展到彼此联系、从不平衡发展到均衡发展的过程,对于区域发展规划、区域政策制定及区域空间中心区、边缘地区等发展问题具有较好的指导价值。②《京津冀协同发展规划纲要》提出的微中心战略,即围绕北京市周围地区 40—90 千米处构建特色各异的微中心。微中心是指与大都市中心城区保持适度的空间距离,通过承担某种特色城市功能,形成既具有一定自身集聚能力,又与中心城形成功能互补关系的空间特征,为加速提升北京非首都功能承接地吸引力的重要抓手。

4. 点—轴渐进式理论

在中心地理论和增长极理论的基础上,波兰经济学家萨伦巴和马利士提出了将据点与轴线相结合的区域规划发展模式。随后,我国区域地理研

---

① 白义霞:《区域经济非均衡发展理论的演变与创新研究——从增长极理论到产业集群》,《经济问题探索》2008 年第 4 期。
② 万红莲等:《基于核心—边缘理论的关天经济区旅游圈构建研究》,《地域研究与开发》2019 年第 5 期。

究者陆大道通过深入研究宏观区域发展战略,提出了点—轴渐进式理论。[①]该理论核心思想是在区域发展过程中,由各级居民点和中心城市组成点,后由点之间的交通干线、能源基础设施构成轴,通过点的集聚和轴线的扩散,进而带动区域空间的整体发展。目前,该理论已被广泛应用于国土开发、区域宏观战略及政策研究等领域,成为一种典型的规避区域不平衡发展、促进均衡布局的理论与方法。京津冀城市群规划过程中遵循"功能互补、区域联动、轴向集聚、节点支撑"的思路,以"一核、双城、三轴、四区、多节点"为骨架,推动疏解北京市的非首都功能,构建以重要城市为支点,以战略性功能区平台为载体,以交通干线、生态廊道为纽带的网络型空间格局(见图2-2)。[②]

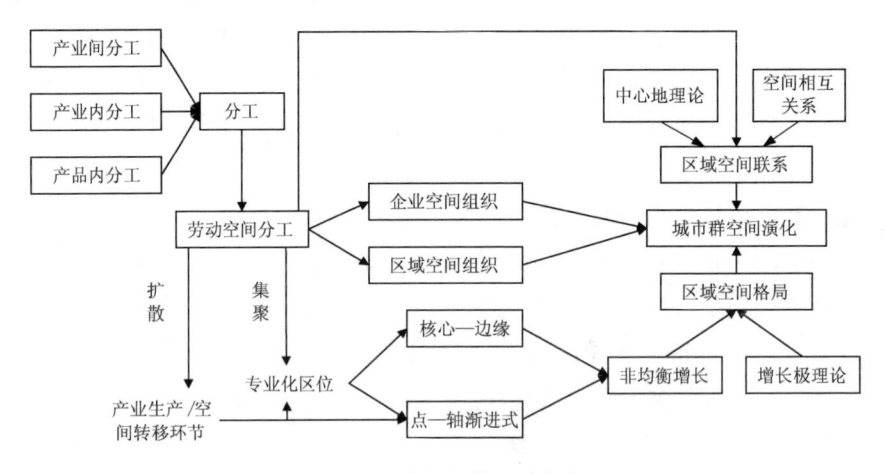

图2-2 空间结构理论框架

资料来源:张贞冰等:《基于中心地理论的中国城市群空间自组织演化解析》,《经济地理》2014年第7期。

二 区域绿色发展理论

(一)可持续发展理论

1980年,联合国大会在《世界保护策略中》首次提出可持续发展一词,但此时对可持续发展的概念较模糊。1981年,环境与资源委员会在其发表的《我们共同的未来》中正式提出可持续发展一词。1992年,联合国

---

① 陆大道:《关于"点—轴"空间结构系统的形成机理分析》,《地理科学》2002年第1期。
② 张贞冰等:《基于中心地理论的中国城市群空间自组织演化解析》,《经济地理》2014年第7期。

环境与发展大会将可持续发展定义为既满足当代人需求,又不会对后代人满足其需求造成影响的发展。这个理念得到世界各国的普遍认可。可持续发展理论见图2-3。

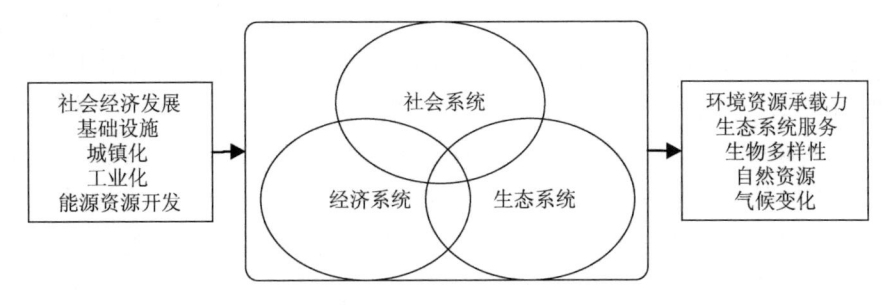

图2-3 可持续发展理论

资料来源:笔者自绘。

随着工业革命在全球的迅速扩散与持续深化,物质财富空前丰富、人口规模持续壮大,生态环境问题亟须解决。生态环境问题正逐步由一个国家的区域问题转变为打破国界的全球性问题,如果不适时转变发展理念,人类社会发展将难以持续。可持续发展理论中生态可持续发展是基础,经济可持续发展是条件,社会可持续发展是最终目的。[1] 为实现区域可持续发展,必须做到资源的低消耗与循环利用,综合考虑区域环保、生态、循环、低碳、健康、持续等因素进而发展经济。[2] 京津冀结合自身的区位优势协同推进农业循环经济,以发展循环经济的方式推动生态环境保护。三地始终坚持可持续发展,对农业区进行规划和整改,出台相关政策突破区域间的行政壁垒,利用专业化方案整合同构类型,采用优化调度方案对异构类型进行整合。

(二)种间相互作用理论

种间相互作用理论是种群生态学两大核心理论之一,旨在描述不同种群之间的相互影响效果,影响效果可分为正、中、负三种相互作用。正相互作用即正向影响,指种群间通过协作互利,促进双方或多方成长。此外,根据互利程度可分为兼性共生和专性共生。其中,兼性共生的种群分

---

[1] 牛文元:《可持续发展理论内涵的三元素》,《中国科学院院刊》2014年第4期。
[2] 李龙熙:《对可持续发展理论的诠释与解析》,《行政与法》2005年第1期。

开亦可生存，而专性共生则彼此相依。负相互作用即负向影响，种群间相互作用只能促进一方种群的成长，对另一方的成长起到抑制作用。[①] 中性相互作用即种群间互不相关，不产生作用。京津冀作为不同的种群，采用开展跨区域协同治理的方式推动种群间的协作，建立完整的跨区域生态补偿模式对三地进行环境保护。具体来说，积极推动三地在环境生态保护方面的沟通与协商，多方位开展生态环境评价调研，结合三地经济发展水平、环境治理投入水平等指标，因地制宜展开合作。如北京市存在水资源匮乏的情况，为解决这一问题，充分发挥河北省张承地区作为京津冀水源涵养地的作用，加快建设水源保护林等合作工程，为京津冀水资源保护提供有力基础，以创建生态保护屏障的方式加强跨界生态合作的效果。此外，建立京津冀产业协同创新生态系统。北京市作为系统中的研发群落，拥有丰富的人才、技术、知识等创新资源；但由于发展空间范围较小，科研成果难以转化为市场生产力。天津市作为系统中的开发群落，依靠区位优势和完备的基础设施，将北京市科研成果转换为有效产品并流通于市场。河北省资源丰富，地域幅员辽阔，但缺乏生产基础设备，产业基础薄弱，难以将先进科研成果转化至市场，因此将河北省作为系统中的应用群落，负责承接京津两地的产业转移。种间相互作用机制见图2-4。

(三) 循环经济理论

美国经济学家肯尼斯·鲍尔丁于1960年首次提出"循环经济"一词，其提出的"宇宙飞船经济理论"是循环经济理论的早期代表。[②] 循环经济的核心观点是不得以破坏资源、浪费资源为代价追求经济高速增长，而是应建立一种良性循环、有益于社会的生态经济。以减少资源使用、减少和避免废物产生、提高资源利用率为循环经济的根本目的，即"减量化""资源化""再利用"。循环经济体系见图2-5。目前，京津冀经济发展不断提升，城市化进程步入高速发展阶段，各领域产业均取得突破性进步；但在快速发展的背景下，城市废弃物处理水平落后，不利于城市的可持续

---

① 闫卫阳、王发曾、秦耀辰：《城市空间相互作用理论模型的演进与机理》，《地理科学进展》2009年第4期。

② 王丹等：《循环经济理论下的中国创新创业生态体系的发展研究》，《科学学研究》2019年第10期。

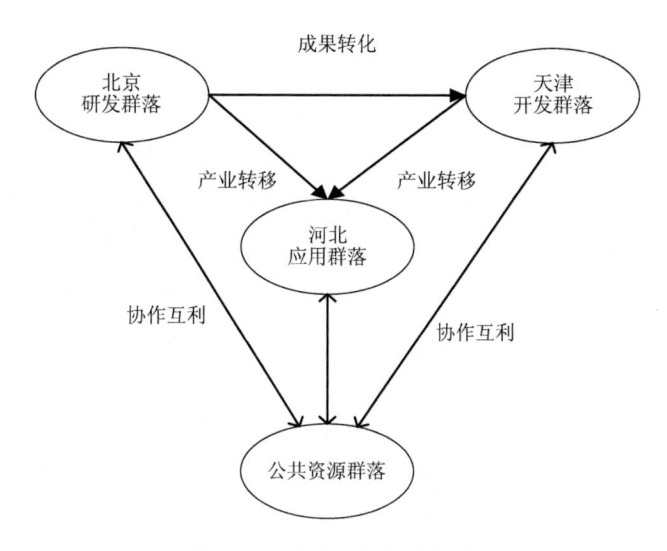

第二章 区域协同:国内外区域协同发展综述　　39

图 2-4　种间相互作用机制

资料来源:笔者自绘。

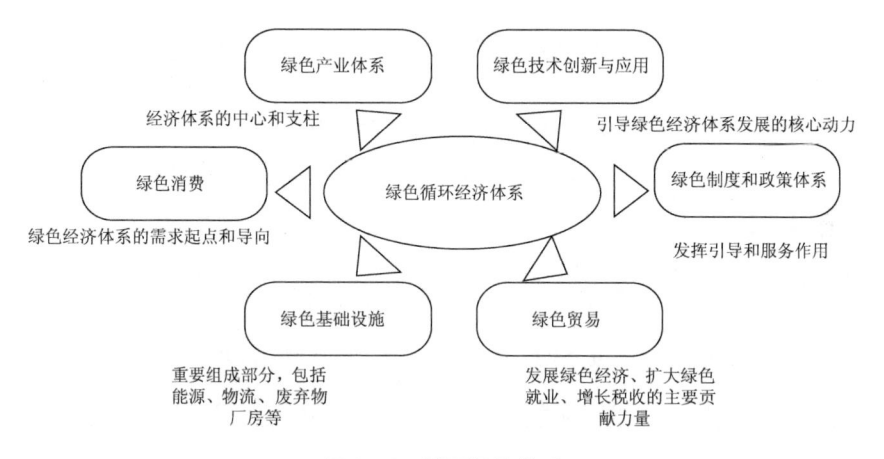

图 2-5　循环经济体系

资料来源:诸大建、朱远:《生态文明背景下循环经济理论的深化研究》,《中国科学院院刊》2013 年第 2 期。

发展。① 京津冀为实现循环经济发展,应注重对再生资源的合理配置与利用,加快完善再生资源利用体系,制定完善政策规定,有效监管各领域再

---

① 诸大建、朱远:《生态文明背景下循环经济理论的深化研究》,《中国科学院院刊》2013 年第 2 期。

生资源。如对生产制造废弃物、报废车辆、废旧家电等可利用再生资源进行整合统计，制定相关回收再利用方案。对区域内各类废弃资源回收公司、回收机构等进行统一管理，促进京津冀再生资源利用同步进行，如推行统一化的废弃回收管理模式，对回收工作人员进行统一指导培训，对回收设备器械使用识别度高的相同标志。以规范化、制度化的再生资源回收利用管理推动产业可持续发展，加快区域发展循环经济的进程。

三 相关研究综述

（一）区域协同创新

区域协同创新是当前区域发展中很广泛的理念，其定义有广义和狭义之分。目前，学术界还没有对区域协同创新的概念给予官方的界定。[①] 纵观现有关于区域协同创新的研究可以发现，现有关于区域协同创新的研究主要集中于区域协同创新能力评价指标体系构成要素、区域协同创新能力测度与评价、协同创新能力评价方法三个方面。在评价指标构成方面，仵凤清等从创新投入、创新环境、创新产出、区域协同四个方面构建区域协同创新能力评价指标体系，并运用粒子群优化算法构建了区域协同创新能力预测模型。[②] 尹彦将区域协同创新能力总结为知识吸收能力、创新流程协同、创新资源协同、创新协同保障能力四个方面，并通过聚类分析对区域协同创新能力成熟度进行评价。[③] 郑文江等从驱动因素、合作层次和创新模式三个视角构建了区域科技协同创新体系的三维分析框架，对长三角和中国香港地区的科技协同发展现状和未来发展趋势进行深入分析。[④] 袁旭梅等对中国高技术产业区域协同创新能力及波动情况进行了研究，发现中国高技术产业区域协同创新能力及波动情况呈现空间差异性。[⑤] 区域协同创新能力的评价作为典型多准则评价问题，通常涉及多种评价方法，学

[①] Hugo Pinto, Joao Guerreiro, "Innovation Regional Planning and Latent Dimensions: the Case of the Algarve Region", *Annals of Regional ence*, Vol. 44, No. 2, 2010, p. 315.

[②] 仵凤清、徐雅静:《基于粒子群优化算法的区域协同创新能力预测模型构建及验证》,《统计与决策》2018年第23期。

[③] 尹彦:《区域协同创新能力成熟度评价》,《统计与决策》2017年第4期。

[④] 郑文江等:《区域科技协同创新体系分析框架研究——以珠江三角洲地区与香港的区域合作为例》,《科技管理研究》2019年第24期。

[⑤] 袁旭梅、张旭、王亚娜:《中国高新技术产业区域协同创新能力评价与分类》,《中国科技论坛》2018年第9期。

者们常用的评价方法有层次分析法、熵权法、灰色系统理论、动态评价法、组合评价法等。

(二) 绿色发展

近年来，随着国家经济发展方式不断转变与坚持走绿色发展道路，绿色发展问题成为当前国家经济社会发展过程中的热门问题。目前，关于绿色发展的研究主要集中于三个方面。一是绿色发展影响因素的研究。主要聚焦于经济发展状况、区域资源禀赋、环境规制、产业结构、教育投入等影响因素对绿色发展绩效的影响。[①] 二是绿色发展绩效评价指标体系的构建。[②] 张董敏等从产业、人居、文化、保障四个方面构建了农村生态文明评价指标体系。[③] 三是绿色发展绩效的时空异质性问题，中国区域绿色发展绩效在东部、中部、西部呈阶梯状递减趋势，从时间维度对绿色发展绩效进行动态分析，研究发现我国绿色发展绩效随时间呈波动上升的趋势。与此同时，绿色发展的驱动机制也逐渐成为关注热点。由于产业集聚是资源配置的主要表现形式，因此，产业集聚与绿色发展之间存在着密切关系。郭艳花等研究发现产业集聚与绿色发展之间存在着先抑制后促进的倒"U"形关系，但多数学者是从细分行业产业集聚角度验证其与绿色发展之间的关系。[④] 薛蕾等基于 SBM – Undesirable 模型，研究发现农业产业在地理空间上的集聚对绿色创新效率所产生的空间溢出效应是直接效应的 4 倍。[⑤] 姬志恒等研究认为高技术产业专业化集聚和多样化集聚分别对绿色发展绩效存在正向和逆向作用。[⑥]

(三) 都市圈发展

自 1910 年美国首次提出大都市区 (Metropolitan District) 概念到

---

① 李雪松、曾宇航：《中国区域创新型绿色发展效率测度及其影响因素》，《科技进步与对策》2020 年第 3 期。

② 张国俊等：《广东省产业绿色发展的空间格局及影响因素分析》，《自然资源学报》2019 年第 8 期。

③ 张董敏、齐振宏：《农村生态文明水平评价指标体系构建与实证》，《统计与决策》2020 年第 1 期。

④ 郭艳花、梅林、佟连军：《产业集聚对绿色发展效率的影响机制——以吉林省限制开发区为例》，《地理科学》2020 年第 9 期。

⑤ 薛蕾、申云、徐承红：《农业产业集聚与农业绿色发展：效率测度及影响效应》，《经济经纬》2020 年第 3 期。

⑥ 姬志恒、于伟、张鹏：《高技术产业空间集聚、技术创新与区域绿色发展效率——基于 PVAR 模型的经验证据》，《宏观经济研究》2020 年第 9 期。

1960年日本提出大都市圈（Metropolitan Area）概念，都市圈的概念被定义为一个大型的人口中心及与该中心有较高经济、社会、空间整合联系的区域空间。经过多年的发展，国外对于都市圈发展规律的研究已较为成熟完善。R. Cybriwsky对比了纽约都市圈和东京都市圈的城市公共空间开发利用模式，包括新的公园和其他开放空间，景观广场和新办公楼，购物中心和其他大型商业开发相关的公共广场，以及各种流行的节日场所，如娱乐滨水区等。研究认为这两个都市圈都有相当多的新公共空间，可以提高城市生活质量，增加审美吸引力，但这也反映了某些社会问题和分歧，并在此基础上提出可以通过对城市公共空间的利用解决城市生活质量问题。① M. J. Burger通过分析1981—2001年英国和威尔士城市地区的相关数据，从通勤的角度研究了大都市圈多中心结构的特征和城市网络的发展，指出并非所有都市圈都在向多中心空间结构转变，有些都市圈变得更加单中心。此外，多中心结构也可以采用不同的空间形式，表明大都市空间结构的发展可以表征为异质的空间过程。② C. Longhi等提出都市圈的专业化模式对于欧洲经济一体化发展至关重要，并通过实证分析了一体化发展是如何影响都市圈产业部门的专业化程度及相似程度。③ M. H. Yudhistira等研究了雅加达都市圈交通网络和城市结构的交互作用，结果证实无论是在发达国家还是在发展中国家的城市，以交通为主导的郊区化是一种普遍现象。④ R. Carli等对意大利四个大都市圈（Bari, Bitonto, Mola, Molfetta）的能源指标进行分析，指出应根据城市的现状特别设计以改善具体维度，从而最大限度提高整个都市圈的能源利用效率以及水和环境系统的可持续发展水平。⑤ C. Mitsakou等针对欧洲城市地区面临的一系列环境

---

① R. Cybriwsky, "Changing Patterns of Urban Public Space", *Cities*, Vol. 16, No. 4, 1999, p. 223.

② M. J. Burger et al., "Heterogeneous Development of Metropolitan Spatial Structure: Evidence from Commuting Patterns in English and Welsh City - Regions, 1981 – 2001", *Cities*, Vol. 28, No. 2, 2010, p. 160.

③ C. Longhi et al., "Modeling Structural Change in the European Metropolitan Areas During the Process of Economic Integration", *Economic Modelling*, Vol. 37, No. 2, 2014, p. 395.

④ Muhammad Halley Yudhistira et al., "Transportation Network and Changes in Urban Structure: Evidence from the Jakarta Metropolitan Area", *Research in Transportation Economics*, Vol. 74, No. 5, 2019, p. 52.

⑤ R. Carli et al., "Multi – Criteria Decision – Making for Sustainable Metropolitan Cities Assessment", *Journal of Environmental Management*, Vol. 226, No. 1, 2018, p. 46.

公共卫生挑战，提出降低研究所涵盖的欧洲大都市区的环境公共卫生风险的对策建议。[1] 从国外都市圈发展的先进经验来看，京津冀城市群协同发展应重点关注城市空间布局、产业部门、交通、环境、生态等方面的发展。

（四）京津冀区域协同

自京津冀协同发展上升为国家战略以来，京津冀协同在交通一体化、生态环境环保、产业结构升级等方面取得了重大的进展。[2] 目前，学术界对于京津冀协同发展的研究可划分为定性和定量研究两个方面，其中定性研究主要围绕京津冀协同发展存在的问题及原因，并根据存在的问题提出政策建议等。刘洁等认为制约京津冀协同发展的主要原因是各省市间体制机制存在障碍。[3] 王金杰等提出京津冀协同和北京非首都功能疏散之间存在辩证关系，即完善非首都功能疏散的顶层设计和构建北京市与周边承接地之间的对接机制是实现京津冀协同发展的核心和关键。[4] 多数定性研究仍停留在理论分析层面，缺乏数据的支撑。近年来从定量分析的视角，采用数理经济学分析方法对京津冀协同发展进行研究成为热点。[5] 相关研究主要集中于以下方面：一是京津冀协同发展影响因素的研究，栾江认为地方分权、地区间产业结构差异是影响京津冀协同发展的关键因素；二是对京津冀协同发展评价指标体系的构建。张满银等从经济、社会、生态三个角度构建了京津冀协同发展的综合评价指标体系。[6] 赵琳琳等以新常态下的绿色发展理论为指导，提出以经济系统、生态系统、环境协同、社会系统相结合的生态协同评价指标系统。[7]

---

[1] C. Mitsakou et al., "Environmental Public Health Risks in European Metropolitan Areas Within the EURO-HEALTHY Project", *Science of the Total Environment*, Vol. 658, No. 1, 2019, p. 1630.

[2] 刘法、苏杨、段正：《京津冀城市群一体化发展应成为国家战略》，《中国发展观察》2014年第2期。

[3] 刘洁、姜丰、钱春丽：《京津冀协调发展的系统研究》，《中国软科学》2020年第4期。

[4] 王金杰、周立群：《非首都功能疏解与津冀承接平台的完善思路——京津冀协同发展战略实施五周年系列研究之一》，《天津社会科学》2019年第1期。

[5] 栾江、马瑞：《京津冀地区经济协同发展程度的统计测度》，《统计与决策》2020年第16期。

[6] 张满银、全荣：《京津冀区域协同发展评估》，《统计与决策》2020年第4期。

[7] 赵琳琳、张贵祥：《京津冀生态协同发展评测与福利效应》，《中国人口·资源与环境》2020年第10期。

第三章

区域现状：京津冀城市群发展沿革与现状分析

第一节 京津冀城市群发展历程

一 京津冀城市群概况

《京津冀协同发展规划纲要》指出，京津冀城市群包括北京市、天津市2个直辖市以及河北省的11个地级市（保定市、廊坊市、唐山市、张家口市、承德市、秦皇岛市、沧州市、衡水市、邢台市、邯郸市、石家庄市），城市群土地面积约21.6万平方千米，占全国土地面积的2.24%。

依据1952—2019年《统计年鉴》数据，计算京津冀近70年地区生产总值占国内生产总值（GDP）的比例见图3-1，京津冀近70年的平均占比为9.60%。2019年，京津冀城市群地区生产总值为84476.00亿元，全年国内生产总值为983751.2亿元，约占全国GDP的8.59%；常住人口达到10995.56万人，占全国总人口的7.85%。

党的十八大以来，我国高度重视区域协调发展、区域发展格局优化，并对此进行了一系列部署。截至目前，长三角区域一体化发展、京津冀协同发展、长江经济带发展、粤港澳大湾区发展已完成布局，在我国经济高质量发展进程中，该四大区域扮演关键角色。京津冀城市群作为我国三大城市群之一，是继珠三角和长三角后的中国经济第三增长极，区域资源禀赋互补性强且具有较长协同发展历史。

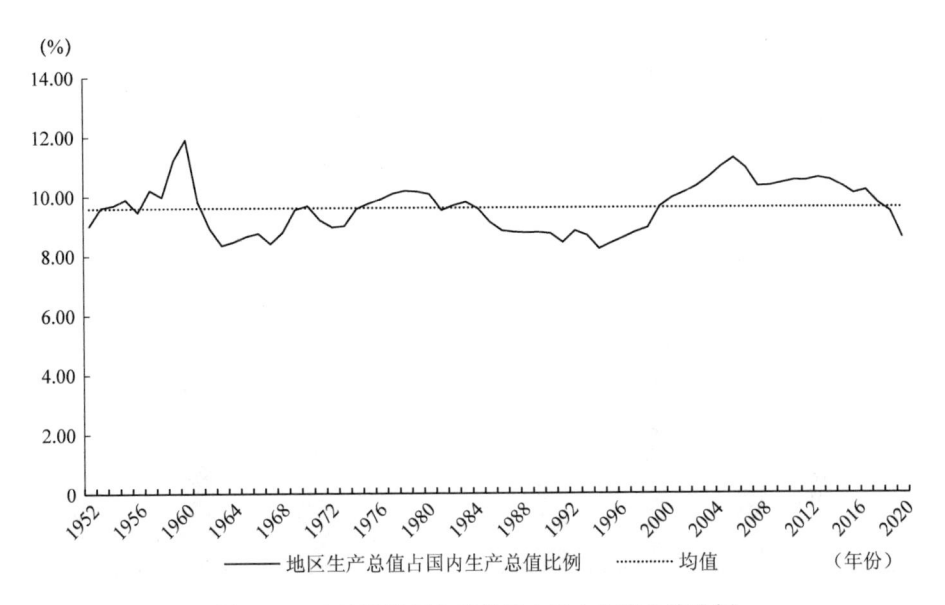

图 3-1　京津冀地区生产总值占国内生产总值比例

资料来源：对应年份的《北京统计年鉴》《天津统计年鉴》《河北经济年鉴》。

基于京津冀城市群、长三角城市群、珠三角城市群 53 个城市的统计数据，① 从 GDP 总量、常住人口、人均 GDP 和城镇化率四个指标对比三大城市群发展情况，进而对比分析出京津冀城市群经济社会发展差距（见图 3-2）。三大城市群 2019 年 GDP 总量为 374796 亿元，占全国 38.10% 左右；常住人口总量为 34507.93 万人，占全国的 24.65% 左右。三大城市群以 24.65% 的人口数量创造 38.10% 的经济规模，城市群逐渐成为各大区域经济发展的新动能。人均 GDP 方面，三大城市群平均为 87609 元，全国为 70328 元，三大城市群的人均 GDP 是全国的 1.25 倍。其中，长三角、珠三角城市群人均 GDP 分别是全国人均 GDP 的 1.60 倍和 1.30 倍；与此同时，京津冀城市群人均 GDP 仅为全国 83.72%。2019 年，北京市人均 GDP 为

---

① 三大城市群界定：京津冀城市群包括北京、天津、石家庄、承德、张家口、秦皇岛、唐山、廊坊、保定、沧州、衡水、邢台、邯郸 13 个城市；长三角城市群包括上海、南京、无锡、常州、苏州、南通、扬州、镇江、泰州、盐城、杭州、宁波、嘉兴、湖州、绍兴、舟山、台州、金华、合肥、芜湖、滁州、马鞍山、铜陵、池州、安庆、宣城 26 个城市；珠三角城市群包括广州、深圳、珠海、佛山、东莞、中山、江门、肇庆、惠州、清远、云浮、阳江、河源、汕尾 14 个城市。

164220 元，天津市为 90371 元，而河北省仅为 45100 元，区域差距明显。此外，通过城镇化率可以看出，三大城市群的城镇化率虽均高于全国 60.6% 的水平，但相较长三角城市群和珠三角城市群，京津冀城市群的城镇化率落后约 6%，需进一步通过政策推动及相关措施提升京津冀城市群的城镇化率。①

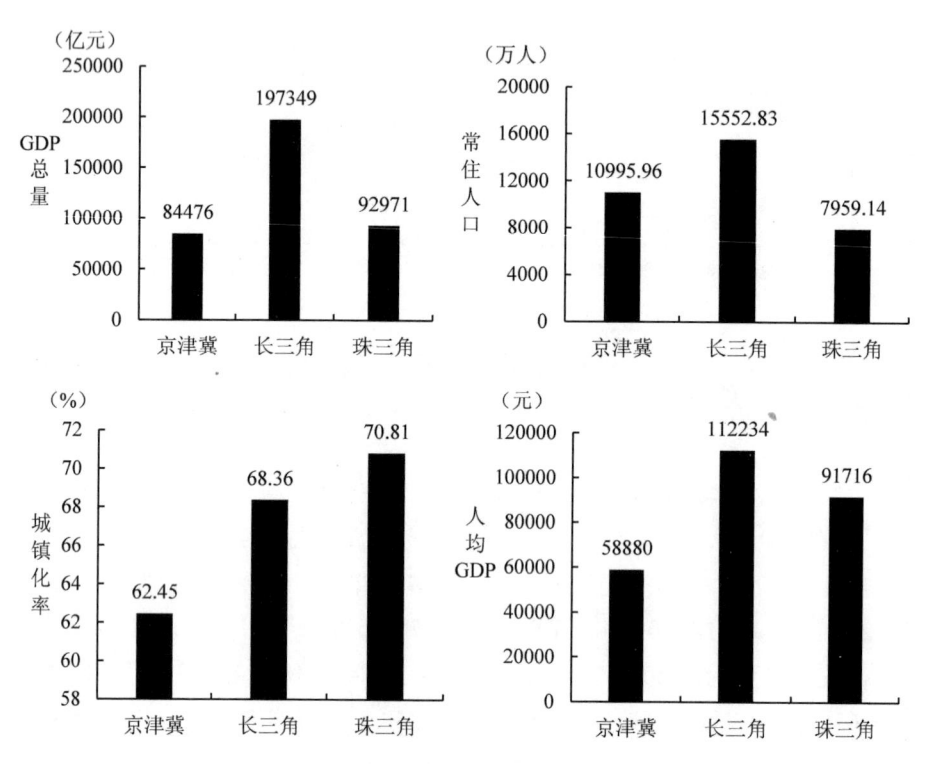

图 3-2　京津冀、长三角、珠三角三大城市群对比

资料来源：2019 年《国民经济和社会发展统计公报》。

二　京津冀城市群发展阶段

1949 年以来，京津冀在行政区域规划、产业结构调整等方面存在密切联系。改革开放后，区域经济一体化发展理念在世界范围内逐渐发酵，京津冀经济一体化随之逐步发展起来。回溯 40 余年的改革开放历程，京津冀

---

① 冯冬：《京津冀城市群碳排放：效率、影响因素及协同减排效应》，博士学位论文，天津大学，2020 年。

一体化发展在政府层面与学术层面均投入大量精力。但是,区域经济发展进程中仍存在一些问题,京津冀经济一体化在过去一段时间内处于自发状态,其"分散化"大于"一体化","分割"大于"依存","竞争"多于"合作"。直到京津冀协同发展正式上升为重大国家战略,才正式拉开了京津冀区域一体化发展的新篇章。[①]

以下内容将全面系统地梳理京津冀城市群发展历程,有利于深刻把握区域经济演进的历史阶段性特征,努力将京津冀城市群发展成为世界级城市群。

(一)调整期(1949—1979 年)

1949—1979 年为中华人民共和国成立后到改革开放初期,这一阶段的历史特征最突出表现就是行政区划的变动。1949 年,河北省有唐山、石家庄、保定、秦皇岛 4 个市区、10 个专区、10 个镇、132 个县,人口 3100 万人。1949 年 9 月,北平更名为北京。1949 年 10 月,中华人民共和国成立,天津被划定为直辖市。1952 年 7 月,河北省宛平县和房山、良乡 2 县部分地区划归于北京市。1956—1958 年,河北省的昌平、良乡、房山、大兴、通县、顺义、平谷、密云、怀柔、延庆等县划归于北京市,成为现在的北京市行政区域。1958 年 2 月,天津改为河北省省辖市。1958 年 4 月,河北省省会由保定迁到天津。1966 年 5 月,河北省省会再迁保定。1967 年 1 月,天津恢复为直辖市。至此,北京市、天津市、河北省三个独立的行政区域形成。

在此阶段,京津冀以重工业为核心,经济增长主要依靠大量资金和劳动力投入,属于粗放型增长阶段。三次产业占比处于不稳定状态,受政策环境影响较大。1952—1979 年,京津冀人均 GDP 处于波动状态,北京市、天津市和河北省人均 GDP 见图 3-3。1960—1962 年,北京市和天津市人均 GDP 大幅下降;1966—1976 年,经济增长缓慢。

(二)萌芽期(1980—1995 年)

1980—1995 年为改革开放初期到"八五"末期,这一阶段的历史特征最突出表现就是京津冀一体化雏形再现。1982 年的《北京城市建设总体规划方案》中最早出现了首都圈的概念,是首都经济圈发展规划的最早版

[①] 魏丽华:《建国以来京津冀协同发展的历史脉络与阶段性特征》,《深圳大学学报》(人文社会科学版)2016 年第 6 期。

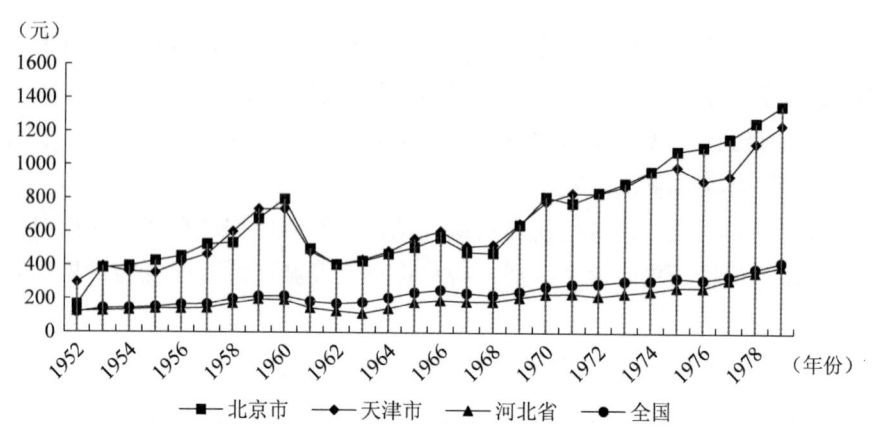

图 3 - 3　1952—1979 年京津冀人均 GDP

资料来源：对应年份的《北京统计年鉴》《天津统计年鉴》《河北经济年鉴》。

本。1986 年，京津冀一体化雏形初现，环渤海区域合作市长联席会召开，环渤海经济圈的概念得到官方认可。1988 年，北京市与河北省的保定市、廊坊市、唐山市、秦皇岛市、张家口市、承德市组建"环京经济协作区"。20 世纪 80 年代后期，中国科学院聚焦"京津渤地区"，从理论与实践上开展一系列研究，揭示了京津冀发展中的问题。

在此阶段，北京市、天津市、河北省的三次产业都处于增长期，但是第三产业相对增长迅速，并且在 1995 年第三产业占比与第二产业占比持平，实现产业结构由"二三一"向"三二一"转变。由图 3 - 4 可以看出，此阶段三地人均 GDP 均处于持续增长期。北京市、天津市于 1994 年、1995 年相继突破 1 万元，分别为 10265 元、10281 元，约为全国的 2 倍。与此同时，河北省人均 GDP 于 1995 年增长至 4444 元，与全国人均 GDP 差距由 1980 年的 41 元逐步扩大至 1995 年的 647 元。

（三）探索推进期（1996—2013 年）

1996—2013 年为社会主义市场经济体制确立并快速发展期，这一阶段的历史特征最突出表现就是对京津冀区域经济一体化做深入探索与快速推进。以 1992 年邓小平同志南方谈话和党的十四大为标志，我国开始建立社会主义市场经济体制，集中精力加大经济建设。2001 年，吴良镛院士提出"大北京"规划，旨在统筹规划"京津唐"和"京津保"两区域城乡布局，在交通、生态环境、水和土地开发利用、产业结构调整等方面打破现

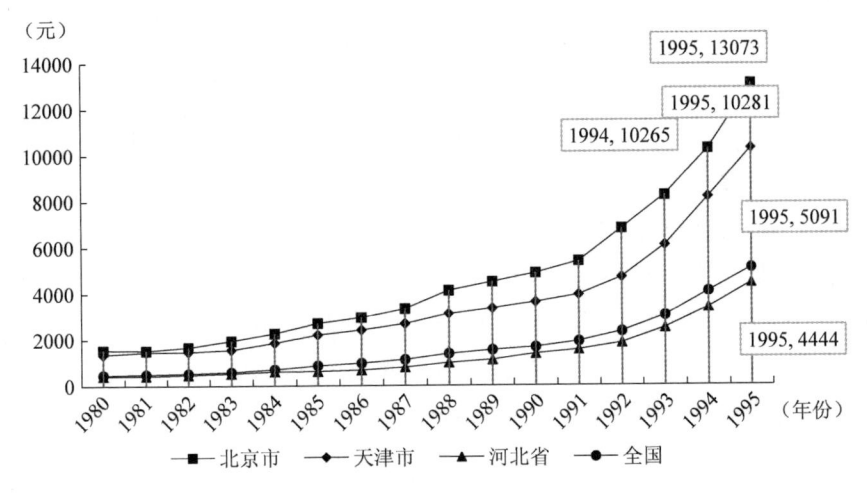

图 3-4　1980—1995 年京津冀人均 GDP

资料来源：对应年份的《北京统计年鉴》《天津统计年鉴》《河北经济年鉴》。

有行政分割，站在区域视角下合理布局，从而使得北京市真正成为 21 世纪的世界城市之一，同时带动周边地区迅速发展。2004 年，京津冀经济发展战略研讨会召开，各地发展和改革委员会共同签署《廊坊共识》，京津冀一体化发展提上日程。[①] 从交通设施建设领域入手，逐步启动京津冀区域发展总体规划编制工作，强调产业布局的整体协调。2004 年 6 月，河北省廊坊市顺利召开环渤海合作机制会议，会议就环渤海合作 2004 年的主要工作进行安排，标志着环渤海地区合作机制全面启动。2005 年 1 月，国务院通过《北京城市总体规划（2004—2020）》，建设以北京市、天津市为中心的两小时交通圈。2005 年 6 月，国家发展和改革委员会（以下简称发改委）在河北省唐山市召开京津冀区域规划工作座谈会，京津冀都市圈区域规划工作正式启动，进入实质运作阶段。2011 年 3 月，国家"十二五"规划提出打造首都经济圈，推进河北沿海地区发展。2011 年 5 月，首届京津冀区域合作高端会议召开，围绕首都经济圈和京津冀一体化问题开展深入交流，标志京津冀合作开启新时代。

20 世纪 90 年代，尽管京津冀第三产业总产值超过第二产业总产值，

---

① 何晏、关桂峰：《协同发展京津冀——京津冀一体化：中国经济第三增长极》，《中国外资》2014 年第 9 期。

但第三产业仍存在较大发展空间。此外,区域经济结构有待进一步优化。1997年,北京市第八次党代会提出首都经济战略,旨在统一首都服务功能与经济建设,并厘清北京市下一阶段的发展思路。其根本在于以知识经济为本质、以高科技产业为核心,探索匹配首都发展特点的经济发展路线,并进一步构建以高新技术为先导、第三产业为主体、产业结构合理的适合首都特点的首都经济。1998年,北京市、天津市第一产业生产总值首次出现下降态势,使得1999年京津冀第三产业占比首次超过50%,并且一直到2013年都处于波动上升状态。由图3-5可以看出,2003年河北省人均GDP首度突破万元大关,并在接下来三年(2004—2006年)超过全国人均GDP,但是从2007年开始与全国差距逐步扩大,2011年天津市人均GDP(82513元)首度超过北京市(80394元)。[1]

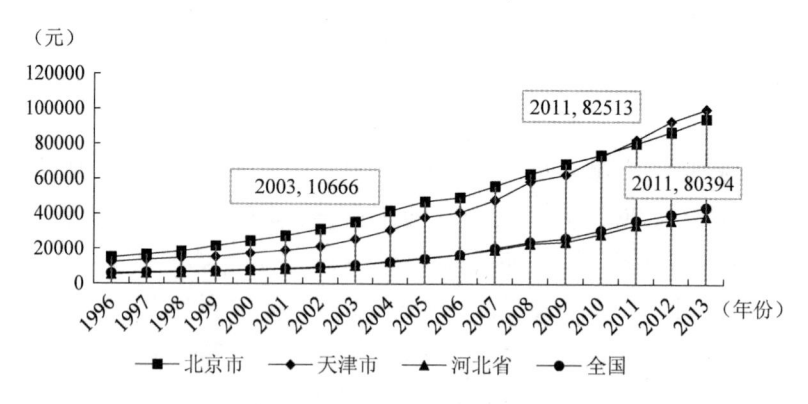

图3-5 1996—2013年京津冀人均GDP

资料来源:对应年份的《北京统计年鉴》《天津统计年鉴》《河北经济年鉴》。

(四)重大机遇期(2014年至今)

这一阶段的历史特征最突出表现就是将京津冀协同发展正式上升为重大国家战略。2014年2月,习近平总书记对京津冀一体化发展做出重要指示。2015年4月,《京津冀协同发展规划纲要》指出要在京津冀交通一体化、生态环境保护、产业升级转移等重点领域率先取得突破。2016年3月,国家发改委发布《关于2016年深化经济体制改革重点工作的意见》,强调要加强区域协调发展体制保障。2016年5月,中共中央政治局召开会

---

[1] 冯冬:《京津冀城市群碳排放:效率、影响因素及协同减排效应》,博士学位论文,天津大学,2020年。

议，研究建设北京城市副中心和深层次推动京津冀协同发展的相关规划工作。2016年6月，河北省唐山市举办京津冀产业创新协同发展高端会议，以"协同发展、合作共赢、转型升级、绿色崛起"为会议主题，对京津冀的产业创新协同发展、产业升级转移等内容进行研究讨论。2017年4月，河北省雄安新区设立，以疏解北京非首都功能为"牛鼻子"推动京津冀协同发展，高起点规划、高标准建设雄安新区。2018年4月，国务院正式批复《河北雄安新区总体规划（2018—2035年）》。2019年2月，习近平总书记深入雄安新区、天津市、北京市进行为期三天的考察，召开京津冀协同发展座谈会。

2014年以来，京津冀整体产业结构继续向"三二一"迈进。相较第一产业产值，京津冀第三产业产值占地区总产值比重均较低，北京市由2014年的158.99亿元逐步降至2019年的113.19亿元；天津市由2014年的199.9亿元上升至2020年的220.22亿元；河北省由2014年的3490.81亿元逐步降至2018年的3338.00亿元，2019年小幅上升至3520.10亿元。就第二产业产值来看，京津冀第二产业产值占地区总产值比重均呈现逐年递减趋势，北京市第二产业占比在区域内最低，并由2014年的21.31%下降至2019年的16.16%；天津市第二产业占比与河北省第二产业占比相近，在2014—2019年以年均6%左右的降幅逐年下降，2019年占比仅35.23%；河北省第二产业占比由2014年的51.03%逐步下降至2019年的38.83%。

由图3-6可知，2016年，北京市人均GDP反超天津市，并在2017—2019年把差距逐渐拉大。表明北京市在疏解非首都功能过程中，通过疏解部分低端产业后，依托高端产业高质量发展，经济并未受到影响。而天津市由于环保要求，部分企业停产，经济急速下滑。

三 京津冀协同发展大事记

推进京津冀协同发展，是以习近平同志为核心的党中央在新的发展趋势和历史条件下做出的重大决策部署。近年来，京津冀立足当下，着眼未来，强化优势互补，进一步推动京津冀协同发展。[①] 表3-1所梳理的京津冀协同发展大事件表明京津冀协同发展意义重大。

---

① 冯冬：《京津冀城市群碳排放：效率、影响因素及协同减排效应》，博士学位论文，天津大学，2020年。

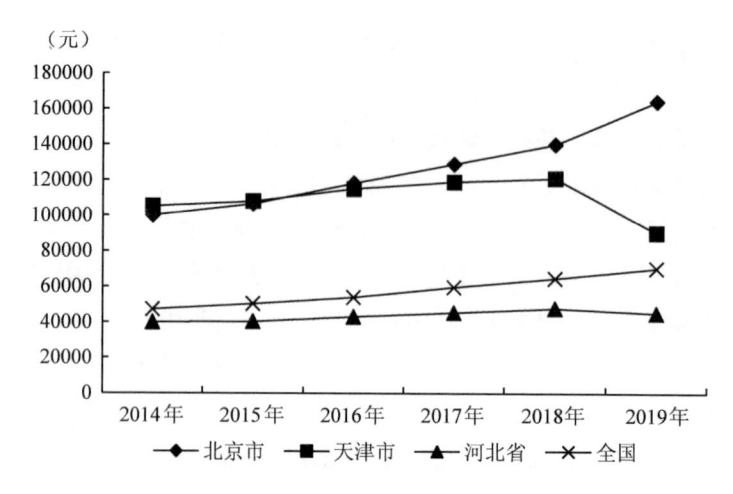

图 3-6　2014—2019 年京津冀人均 GDP

资料来源：对应年份的《北京统计年鉴》《天津统计年鉴》《河北经济年鉴》。

表 3-1　　　　　　　　　　京津冀协同发展大事记

	重大事件	牵头部门/代表人物	取得成果
1986 年	环渤海区域合作市长联席会召开	天津市长李瑞环	提出环渤海经济圈概念
1996 年	《北京市经济发展战略研究报告》	北京市发改委	提出"首都经济圈"概念
2001 年	"大北京"规划	吴良镛院士	京津冀一体化合作的开始
2004 年	京津冀经济发展战略研讨会召开	京津冀发改委	"廊坊共识"
2005 年	京津冀区域规划工作座谈会召开	京津冀发改委	京津冀都市圈区域规划工作正式启动
2008 年	第一次京津冀发改委区域工作联席会召开	京津冀发改委	签署《北京、天津、河北省发改委建立"促进京津冀都市圈发展协调沟通机制"的意见》
2011 年	国家"十二五"规划	国家发改委	正式提出打造"首都经济圈"
2014 年	习近平总书记视察北京并发表重要讲话	习近平总书记	强调实现京津冀协同发展是重大国家战略
2015 年	中央政治局会议召开	中央政治局	会议通过《京津冀协同发展规划纲要》
2017 年	中共中央、国务院印发通知，决定设立河北雄安新区	中共中央、国务院	设立雄安新区，是一项重大历史性战略选择，是千年大计、国家大事

续表

重大事件	牵头部门/代表人物	取得成果
2018年	国务院正式批复《河北雄安新区总体规划（2018—2035年）》	国务院	以疏解北京非首都功能为"牛鼻子"推动京津冀协同发展，高起点规划、高标准建设雄安新区
2018年	国务院发布《关于建立更加有效的区域协调发展新机制的意见》	中共中央、国务院	实施区域协调发展战略是新时代国家重大战略之一，是贯彻新发展理念、建设现代化经济体系的重要组成部分
2019年	习近平总书记深入雄安新区、天津、北京三地开展为期三天的实地考察，并主持召开京津冀协同发展座谈会	习近平总书记	习近平总书记强调，京津冀协同发展是一个系统工程，不可能一蹴而就，要做好长期作战的思想准备

资料来源：北京市、天津市和河北省人民政府官方网站（http://www.beijing.gov.cn/，http://www.tj.gov.cn/，http://www.hebei.gov.cn/）。

第二节　京津冀城市群经济社会发展现状

一　京津冀城市群经济发展现状

本部分主要分析区域经济发展规模、速度及综合水平，基于对区域经济发展现状的分析，剖析经济发展薄弱环节与区域间差异，从而实现为决策提供支撑的目标。本书选取地区生产总值（GDP）、人均GDP和GDP增长率三个指标来分析京津冀城市群的经济发展现状。

（一）地区生产总值

地区生产总值（GDP）描述的是一个地区的经济整体规模，2013—2018年京津冀各城市GDP及增长幅度见表3-2。

京津冀城市群GDP整体上均处于增长态势，并且总量越大的城市增长幅度越高。整体来看，各城市间GDP总量差距显著。其中，2017年北京市GDP是秦皇岛市GDP的近20倍。局部来看，统计时间区间内河北省经济增幅为5971亿元，显著低于北京市增幅。与此同时，河北省各市的增幅均缓慢。其中，衡水市、承德市、秦皇岛市、张家口市五年经济增长幅度不足500亿元。由此可知,京津冀协同发展面临的主要问题之一是区域内部经济发展严重失衡。

表3-2　　　　　　2013—2018年京津冀城市群GDP　　　　　（单位:亿元）

	2013年	2014年	2015年	2016年	2017年	2018年	增幅
北京市	19501	21331	23015	24899	28000	30320	10819
天津市	14370	15727	16538	17885	18595	18810	4440
石家庄市	4864	5170	5441	5858	6461	6083	1219
唐山市	6121	6225	6103	6354	7106	6300	179
秦皇岛市	1169	1200	1250	1349	1506	1636	467
邯郸市	3062	3080	3145	3361	3666	3455	393
邢台市	1605	1647	1765	1975	2236	2151	546
保定市	2651	2758	3000	3110	3227	3071	420
张家口市	1317	1349	1364	1461	1556	1537	220
承德市	1272	1343	1359	1433	1619	1482	210
沧州市	3013	3133	3321	3545	3816	3676	663
廊坊市	1943	2176	2474	2720	2880	3108	1165
衡水市	1070	1149	1220	1420	1550	1559	489

资料来源:对应年份的《北京统计年鉴》《天津统计年鉴》《河北经济年鉴》。

(二) 人均GDP

人均GDP旨在衡量经济发展状况,是将一个核算期内的GDP与该地区的常住人口相比而得到的数据。由京津冀城市群各城市的GDP总量除以各市的常住人口数量,得到京津冀城市群的人均GDP(见表3-3和图3-7)。

表3-3　　　　　　2013—2018年京津冀城市群人均GDP　　　　　（单位:万元）

	2013年	2014年	2015年	2016年	2017年	2018年	均值
北京市	9.22	9.91	10.60	11.50	12.90	14.00	12.08
天津市	9.76	10.37	10.69	11.50	11.89	12.10	10.76
石家庄市	4.63	4.87	5.08	5.45	5.96	5.59	5.27
唐山市	7.94	8.01	7.82	8.06	9.02	8.81	8.34
秦皇岛市	3.84	3.92	4.07	4.36	4.85	5.23	4.49
邯郸市	3.03	2.99	3.00	3.53	3.86	3.63	3.39

续表

	2013年	2014年	2015年	2016年	2017年	2018年	均值
邢台市	2.22	2.27	2.42	2.68	3.05	2.92	2.63
保定市	2.84	2.95	2.90	3.00	3.09	3.07	2.98
张家口市	2.98	3.05	3.08	3.30	3.51	3.43	3.26
承德市	3.62	3.81	3.85	4.06	4.20	4.14	3.97
沧州市	4.12	4.25	4.46	4.75	5.09	4.87	4.61
廊坊市	4.35	4.81	5.42	5.93	6.24	6.90	5.77
衡水市	2.43	2.6	2.75	3.19	4.87	3.47	3.24
全国	4.37	4.71	4.99	5.37	5.92	6.45	5.56

资料来源：对应年份的《北京统计年鉴》《天津统计年鉴》《河北经济年鉴》。

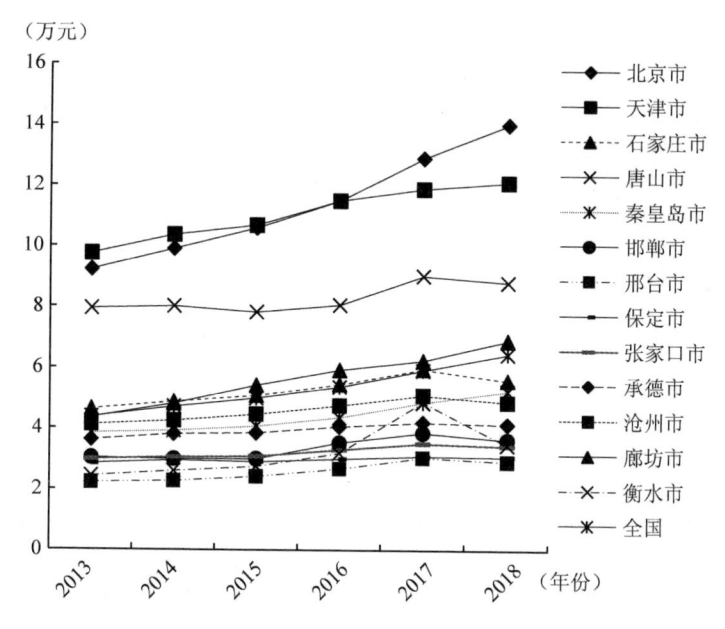

图3-7 2013—2018年京津冀城市群人均GDP变化

资料来源：对应年份的《北京统计年鉴》《天津统计年鉴》《河北经济年鉴》。

从表3-3可以看出，北京市、天津市、唐山市和廊坊市4个城市的五年人均GDP均值高于全国水平，其余9个城市均低于全国水平。其中石家庄市、沧州市、秦皇岛市人均GDP为4.49万—5.27万元，邯郸市、张家口市、保定市、衡水市、邢台市和承德市人均GDP为2万—4万元，有较大的提升空间。2018年，邢台市人均GDP为2.92万元，处于京津冀城市群的最末位。从图3-7可以看出，北京市、秦皇岛市人均GDP增长较为迅速，其余城市增长较为平缓。

(三) GDP增长率

GDP增长率是用来描述一定时期经济发展水平变化程度的动态指标。本部分所指的GDP增长率为名义GDP增长率，所谓名义GDP增长率是指名义GDP增量占上年GDP的百分比。2013—2018年京津冀城市群GDP增长率和GDP增长率变化情况见表3-4和图3-8。

表3-4　　　　2013—2018年京津冀城市群GDP增长率　　　　（单位:%）

	2013年	2014年	2015年	2016年	2017年	2018年
北京市	9.07	9.38	7.89	8.19	12.45	8.29
天津市	11.45	9.44	5.16	8.14	3.97	1.16
石家庄市	8.09	6.29	5.24	7.66	10.29	-5.85
唐山市	4.42	1.70	-1.96	4.11	11.84	-11.34
秦皇岛市	2.63	2.65	4.17	7.92	11.64	8.63
邯郸市	1.26	0.59	2.11	6.87	9.07	-5.76
邢台市	4.77	2.62	7.16	11.90	13.22	-3.80
保定市	-2.57	4.04	8.77	3.67	3.76	-4.83
张家口市	6.73	2.43	1.11	7.11	6.50	-1.22
承德市	7.61	5.58	1.19	5.45	12.98	-8.46
沧州市	7.15	3.98	6.00	6.74	7.64	-3.67
廊坊市	8.31	11.99	13.69	9.94	5.88	7.92
衡水市	5.84	7.38	6.18	16.39	9.15	0.58
全国	10.16	8.19	7.00	7.91	11.23	8.29

资料来源：对应年份的《北京统计年鉴》《天津统计年鉴》《河北经济年鉴》。

从表3-4和图3-8可以看出，2013—2018年，京津冀城市群GDP增长率处于波动状态。2018年，仅北京市和秦皇岛市GDP增长率超过全国平均水平，部分城市出现负增长。其中，唐山市和承德市GDP负增长现象在城市群内较为明显。[1]

---

[1] 冯冬：《京津冀城市群碳排放：效率、影响因素及协同减排效应》，博士学位论文，天津大学，2020年。

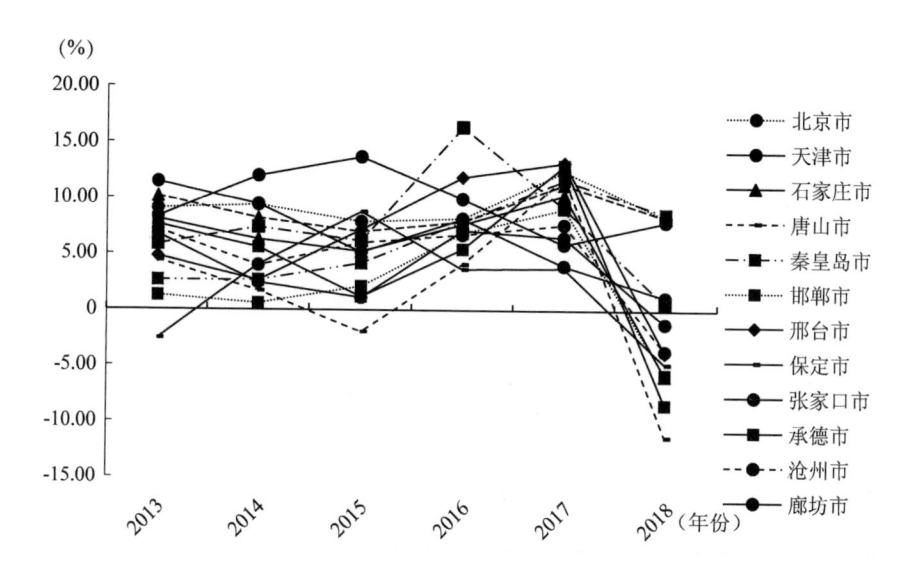

第三章 区域现状:京津冀城市群发展沿革与现状分析　　57

图 3-8　2013—2018 年京津冀城市群 GDP 增长率变化

资料来源:对应年份的《北京统计年鉴》《天津统计年鉴》《河北经济年鉴》。

二　京津冀城市群公共服务发展现状

(一) 科技创新现状

公共服务能够满足公民生活、生存与发展需求,可以通过科技、教育、文化、卫生四个方面体现。其中,科技创新现状可用每万人专利申请授权量表示,每万人专利申请授权量是指城市专利申请授权量(件)与城市常住人口(万人)的比值,体现了城市的科技创新能力,京津冀城市群及全国的每万人专利申请授权量见表 3-5。

表 3-5　　2013—2019 年京津冀城市群每万人专利申请授权量　　(单位:件)

	2013 年	2014 年	2015 年	2016 年	2017 年	2018 年	2019 年
北京市	29.63	34.70	43.32	47.09	49.27	57.33	61.16
天津市	16.88	17.37	24.14	25.44	26.77	35.06	37.01
石家庄市	3.28	4.18	5.41	6.49	6.89	11.10	12.79
承德市	0.80	0.85	1.40	1.68	2.17	3.51	3.63
张家口市	0.59	1.19	1.78	1.89	2.22	3.04	3.63
秦皇岛市	3.94	4.27	9.87	10.40	9.71	9.20	10.09
唐山市	2.33	3.39	4.11	4.18	4.66	6.69	8.92

续表

	2013 年	2014 年	2015 年	2016 年	2017 年	2018 年	2019 年
廊坊市	3.30	4.77	6.49	6.62	7.37	11.47	12.07
保定市	2.38	2.95	3.70	4.11	4.71	8.66	7.34
沧州市	1.44	2.09	3.01	3.58	4.03	6.52	6.59
衡水市	2.17	2.40	3.44	3.67	4.68	5.78	6.73
邢台市	1.35	1.77	3.46	3.59	3.85	6.24	6.31
邯郸市	1.25	1.60	3.50	2.22	2.56	4.10	4.24
全国	9.65	9.52	12.50	12.68	13.21	17.50	18.51

资料来源：对应年份的《北京统计年鉴》《天津统计年鉴》《河北经济年鉴》。

由表 3-5 可知，北京市的每万人专利申请授权量在京津冀城市群中位居首列，2019 年是全国平均水平的 3.3 倍；天津市的每万人专利申请授权量位居第二，2019 年是全国平均水平的 2.0 倍；河北省每万人专利申请授权量呈上升态势，但始终小于全国平均水平。2019 年，河北省每万人专利申请授权量最高的城市为石家庄市，数量为 12.79 件，为全国平均水平的 69.10%，仅为北京市的 20.91%。从整体来看，京津冀城市群专利申请授权量差距较大，河北省与北京市、天津市的差距尤为悬殊，提高河北省科技创新支持力度，鼓励河北省科技创新发展迫在眉睫。

（二）教育培养现状

选取每万人普通中学在校学生数代表城市教育培养现状，每万人普通中学在校学生数是指城市普通中学在校学生数（人）与城市常住人口（万人）的比值，体现了城市对教育事业的投入力度和对人才培养的重视程度。京津冀城市群及全国的每万人普通中学在校生数见表 3-6。

表 3-6　　2013—2019 年京津冀城市群每万人普通中学在校学生数　　（单位：人）

	2013 年	2014 年	2015 年	2016 年	2017 年	2018 年	2019 年
北京市	334.17	302.77	270.50	254.25	240.78	243.91	249.86
天津市	296.05	287.99	276.05	269.09	273.53	351.12	359.58
石家庄市	455.52	432.92	446.68	457.65	473.19	441.46	517.21
承德市	950.52	449.14	466.88	469.58	498.75	533.92	535.91
张家口市	292.34	436.00	454.72	458.15	475.28	434.13	488.13
秦皇岛市	1563.26	414.49	410.71	409.88	425.57	354.39	448.65

第三章 区域现状:京津冀城市群发展沿革与现状分析　　59

续表

	2013 年	2014 年	2015 年	2016 年	2017 年	2018 年	2019 年
唐山市	448.59	411.40	427.26	432.22	451.09	446.89	470.32
廊坊市	1091.54	416.83	461.42	471.27	477.50	473.46	495.22
保定市	182.58	430.46	482.37	494.68	529.13	632.92	708.33
沧州市	226.82	384.87	432.44	458.49	488.59	496.18	536.68
衡水市	664.13	498.82	569.94	614.51	697.66	700.94	770.86
邢台市	287.55	426.54	482.77	500.36	523.50	543.27	554.19
邯郸市	241.28	455.28	552.95	573.16	620.33	570.82	665.16
全国	651.00	628.85	609.87	602.26	606.13	616.51	630.86

资料来源:对应年份的《北京统计年鉴》《天津统计年鉴》《河北经济年鉴》。

由表3-6可知,北京市每万人普通中学在校学生数在经历几年下降后,2018—2019年呈现小幅上升趋势。2019年,北京市每万人普通中学在校学生数为249.86人,处于京津冀城市群的最末位。天津市每万人普通中学在校学生数在2013—2016年逐步下降,2017—2019年明显上升。近年来,河北省11个城市每万人普通中学在校学生数总体处于上升态势。2019年,保定市、衡水市、邯郸市每万人普通中学在校学生数超过全国平均水平,教育质量稳步有升。

(三) 文化建设现状

选取人均公共图书馆图书藏量代表城市文化建设现状,人均公共图书馆图书藏量是指城市公共图书藏量(册)与城市常住人口(人)的比值,体现了城市的文化建设水平。京津冀城市群及全国的人均公共图书馆图书藏量趋势变化见图3-9。

北京市作为历史悠久的文化之都,文化底蕴深厚,其图书总藏量和人均图书拥有量都遥遥领先,2015—2019年人均公共图书馆图书藏量为3.01册,并且处于高速发展中。2019年,天津市的人均公共图书馆图书藏量为1.34册,虽达不到北京市的一半,但在京津冀城市群内仍属于较高水平,可以满足居民日常阅读的需求。河北省各城市的人均公共图书馆图书藏量未超过0.7册,公共图书资源较为贫乏,且变化幅度较小,需加大其投入。

(四) 医疗卫生现状

选取每万人卫生机构床位数代表城市医疗卫生现状,每万人卫生机构

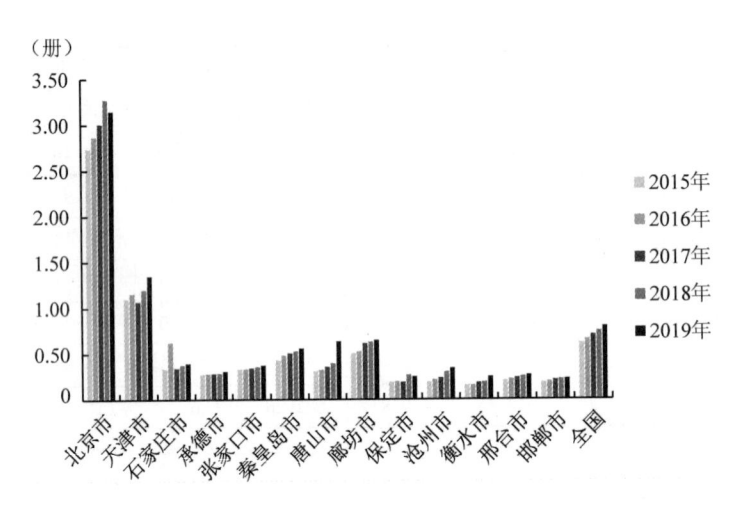

图 3-9　2015—2019 年京津冀城市群人均公共图书馆图书藏量

资料来源：对应年份的《北京统计年鉴》《天津统计年鉴》《河北经济年鉴》。

床位数是指城市卫生机构床位数（张）与城市常住人口（万人）的比值，体现了城市的医疗卫生水平。京津冀城市群及全国的每万人卫生机构床位数情况见图 3-10。

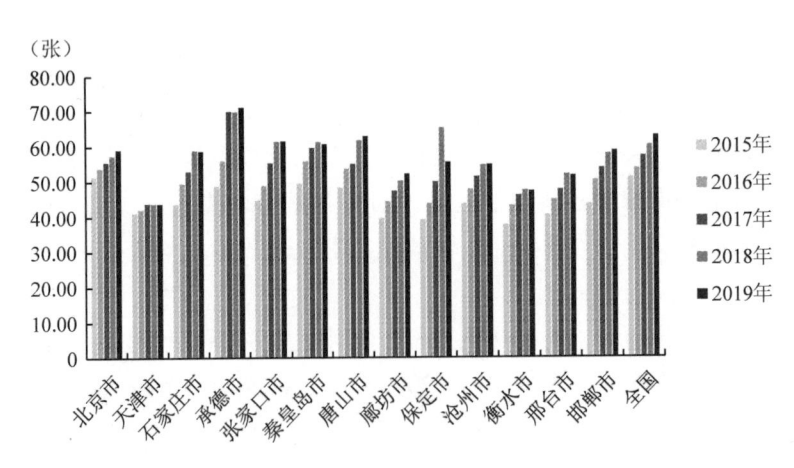

图 3-10　2015—2019 年京津冀城市群每万人卫生机构床位数

资料来源：对应年份的《北京统计年鉴》《天津统计年鉴》《河北经济年鉴》。

从图 3-10 可知，京津冀 13 个城市每万人卫生机构床位数相差不大，整体来看 2015—2019 年京津冀每万人卫生机构床位数为 51.87 张，全国平均为 56.98 张。其中承德市、秦皇岛市高于全省平均值。尤其是承德市，2019 年承德市每万人卫生机构床位数为 71.11 张，位居京津冀城市群首位，医疗卫生水平发展迅速。而廊坊市、保定市等城市 2015—2019 年每万人卫生机构床位数均值明显低于全国平均水平，医疗卫生水平还有较大的提升空间。

第三节 京津冀城市群产业发展现状

一 京津冀产业整体发展现状

改革开放以来，我国经济迅速崛起。与此同时，首都北京市充分发挥了其自身优势，实现飞跃发展的同时逐步形成集政治、经济、文化、科技、人才与产业为一体的国际化大都市。然而，北京市的急剧发展带来人口膨胀、交通拥堵、房价持续高涨、环境资源承载超限等"大城市病"，给北京市的经济、社会环境、生态资源等带来负面影响，也严重制约着北京市的进一步发展。伴随人们对美好生活和生态环境需求的不断提升，追求高质量的经济发展逐步成为当今时代的主旋律。2014 年 2 月，习近平总书记在京津冀协同发展座谈会上，提出要面向未来打造新的首都经济圈，打破"一亩三分地"的发展思想，并正式确立京津冀协同发展为国家重大战略。产业协同发展作为京津冀协同发展的核心内容，对于推动京津冀协同发展战略的有序实施起到关键作用。近年来，京津冀在产业格局发展方面不断优化，以下分别对京津冀三次产业情况进行分析（见图 3-11 至图 3-13）。[①]

由图 3-11 可以看出，京津冀第一产业占比均在 15% 以下，总体而言处于较低水平，这说明第一产业对经济的拉动作用不大。其中，北京市第一产业占比在三地中最少，天津市略高于北京市。相比而言，河北省第一产业占比在三地中处于较高水平。

由图 3-12 可以看出，北京市第二产业占比在三地中最少，天津市和河北省占比趋同。2008 年，天津市第二产业占比达到最高点，约为 60.13%。此后，天津市第二产业占比持续下降，2019 年，占比为

---

① 李鹏飞：《京津冀制造业转移路径及调控研究》，硕士学位论文，天津理工大学，2019 年。

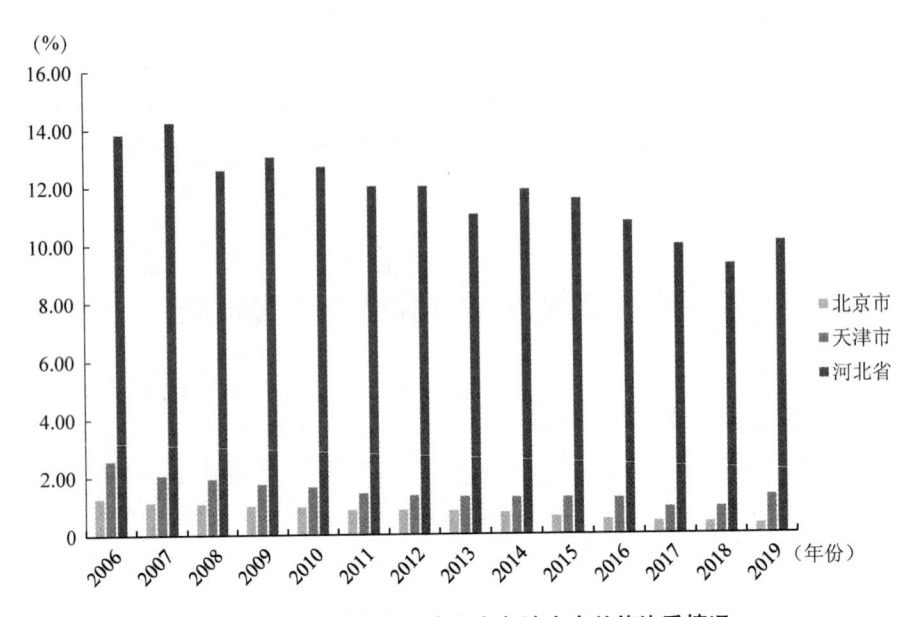

图 3-11　京津冀第一产业占各地生产总值比重情况

资料来源：对应年份的《北京统计年鉴》《天津统计年鉴》《河北经济年鉴》。

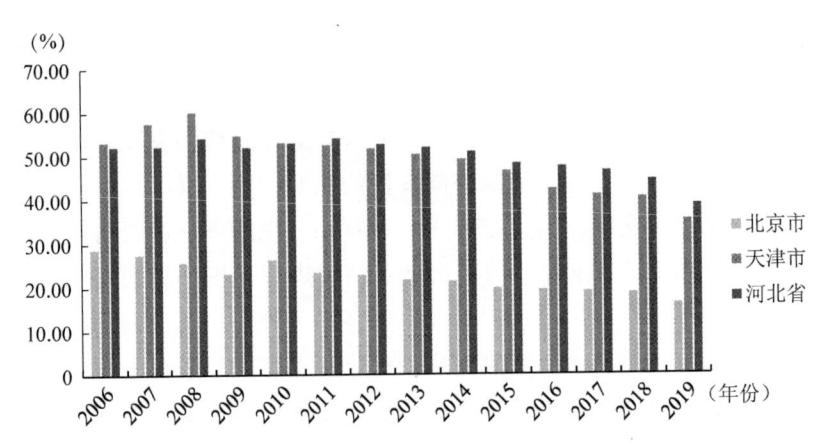

图 3-12　京津冀第二产业占各地生产总值比重情况

资料来源：对应年份的《北京统计年鉴》《天津统计年鉴》《河北经济年鉴》。

35.23%。近年，河北省第二产业占比总体在45%左右。2011年，河北省第二产业占比超过天津市，达到54.06%，此后处于逐年下降态势。2019年，河北省第二产业占比为38.83%。第二产业是前期发展的重要依靠，对经济增长的贡献不言而喻。随着城市的进一步发展，产业结构调整势在必行，经济增长支柱产业逐渐由高消耗、高污染向环保、可持续的发展方向转变。

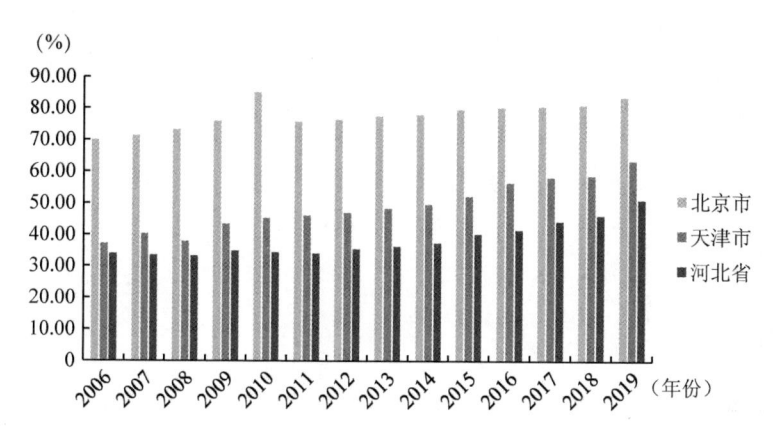

图 3-13 京津冀第三产业占各地生产总值比重情况

资料来源：对应年份的《北京统计年鉴》《天津统计年鉴》《河北经济年鉴》。

从图 3-13 来看，北京市第三产业占比远大于第二产业占比。作为国家科技创新中心，北京市的高端化产业集聚特征明显，属于第三产业支撑型城市。对比而言，天津市和河北省第三产业占比尽管处于上升趋势，但显著低于北京市的整体水平。2006—2019 年，河北省第三产业占比增长缓慢，并伴随波动现象。这一情况表明河北省产业结构调整尚需完善，第三产业尚未达到支柱产业地位。究其根本，主要在于河北省以钢铁、装备制造、纺织等高能耗产业为主导，其中钢铁行业产能过剩严重，医药行业、纺织行业多将精力投放于低附加值的初级产品中。

二　京津冀三地产业发展现状

（一）北京市产业发展概况

北京市在《京津冀协同发展规划纲要》中的定位是全国政治中心、文化中心、国际交往中心、科技创新中心，依据定位北京市应以第三产业发展为主。[①] 从总产值来看，2001—2019 年，北京市第三产业占比逐年提升，与此同时，第一、第二产业比重逐年下降，总体来看，第三产业优势明

---

① 冯冬：《京津冀城市群碳排放：效率、影响因素及协同减排效应》，博士学位论文，天津大学，2020 年。

显。从贡献率和拉动作用来看，第一产业对北京市 GDP 的贡献和拉动为负向效应；第二产业的贡献率下降至 20% 以下，拉动作用下降至 1% 左右，拉动效应不明显；而第三产业贡献率均值在 80% 以上，对经济增长具有明显的拉动作用。由此可知，北京市已经转向主要依托第三产业发展的高阶经济发展模式。①

表 3-7　2003—2019 年北京市三次产业比重、贡献率及拉动作用　　（单位:%）

	GDP增速	第一产业			第二产业			第三产业		
		比重	贡献率	增长拉动	比重	贡献率	增长拉动	比重	贡献率	增长拉动
2001 年	11.7	2.1	0.7	0.1	30.4	23.8	3.0	67.4	75.5	8.7
2002 年	11.5	1.9	0.6	0.1	28.6	20.2	2.8	69.5	79.2	9.0
2003 年	11.0	1.6	-0.3	—	29.3	27.0	3.7	69.0	73.3	7.5
2004 年	14.1	1.4	—	—	30.3	33.7	5.3	68.3	66.4	9.0
2005 年	11.8	1.2	-0.2	—	28.6	23.3	3.2	70.1	76.9	9.1
2006 年	12.0	1.0	0.1	—	26.7	20.7	3.0	72.3	79.2	9.8
2007 年	14.5	1.0	0.2	—	25.2	21.5	3.5	73.9	78.3	10.9
2008 年	9.1	1.0	0.2	—	23.2	0.8	0.1	75.8	99.0	8.9
2009 年	10.2	0.9	0.4	—	23.0	23.4	2.5	76.1	76.2	7.5
2010 年	10.3	0.9	-0.1	—	23.5	30.2	3.4	75.7	70.0	7.0
2011 年	8.1	0.8	0.1	—	22.6	17.6	1.5	76.6	82.3	6.5
2012 年	7.7	0.8	0.3	—	22.1	18.7	1.7	77.1	81.0	6.3
2013 年	7.7	0.8	0.3	—	21.6	21.0	1.7	77.6	78.7	5.9
2014 年	7.3	0.7			21.3	19.4	1.6	78.0	80.6	5.8
2015 年	6.9	0.6	-1.0	-0.1	19.7	8.5	0.7	79.7	92.6	6.2
2016 年	6.8	0.5	-0.7	-0.1	19.3	13.8	1.2	80.2	86.9	5.6
2017 年	6.7	0.4	-0.3	—	19.0	10.8	0.9	80.6	89.5	0.9
2018 年	10.7	0.4	-0.1	—	18.6	10.0	1.1	81.0	90.2	9.7
2019 年	6.8	0.3	-0.2	—	16.2	12.4	0.8	83.5	87.8	6.0

注：由于部分数值太小，可以估计为零，表中用"—"表示。
资料来源：对应年份的《北京统计年鉴》。

由表 3-8 可知，2005—2019 年，北京市第一产业的能源消耗（ES）、

---

① 李鹏飞：《京津冀制造业转移路径及调控研究》，硕士学位论文，天津理工大学，2019 年。

全社会固定资产投资（FAI）呈现先升后降的发展态势；与此同时，从业人数（LP）则处于下降状态。具体来看，2005—2012年，北京市第一产业 ES 和 FAI 呈上升趋势。2012年以后，第一产业所有指标呈现下降趋势，说明北京市第一产业正在进行转移。2005—2019年，北京市第二产业的 ES 和 LP 呈现绝对下降态势；2005—2010年，FAI 指标在400亿元左右。2010年之后上升为700亿元左右。此外，规模以上单位数（EADS）在2010年出现断崖式缩减，其根本原因在于自2011年起，规模以上企业界定方式由原来年主营业务收入在500万元及以上的法人工业企业变为年主营业务收入在2000万元及以上的法人工业企业。2011年后，结合 EADS 持续下降、产值持续上升、FAI 上升为700亿元进行分析，北京市在进行第二产业中的传统产业转移，同时也在保留并大力发展以医药、电子和汽车业为主导的现代制造业。2005—2019年，北京市第三产业的 ES、LP、FAI 均处于上升状态，EADS 在2005—2012年为增加趋势，此后呈波动增长态势。ES、LP、FAI 的持续增长表明北京市第三产业处于蓬勃发展阶段。[①]

表3-8　　　　　　2005—2019年北京市三次产业主要指标

	第一产业				第二产业				第三产业			
	ES（万吨标准煤）	LP（万人）	FAI（亿元）	EADS（个）	ES（万吨标准煤）	LP（万人）	FAI（亿元）	EADS（个）	ES（万吨标准煤）	LP（万人）	FAI（亿元）	EADS（个）
2005年	86.3	62.2	11.9	—	2702.5	231.1	409.7	6301	1918.7	584.7	2405.6	23661
2006年	92.3	60.3	14.5	—	2773.1	225.4	363.2	6400	2129.3	634.0	2993.8	24921
2007年	96.4	60.9	16.7	—	2793.8	228.1	484.1	6398	2389.5	653.7	3465.8	25651
2008年	96.9	63.0	28.1	—	2550.5	207.4	386.0	7206	2610.5	710.5	3434.4	34820
2009年	99.0	62.2	57.4	—	2544.2	199.6	411.4	6891	2760.3	736.5	4389.5	36177
2010年	100.3	61.4	43.2	—	2726.7	202.7	528.1	6885	2897.4	767.5	4922.3	36064
2011年	100.3	59.1	47.2	—	2488.5	219.2	762.2	3740	3100.5	791.4	5101.3	36102
2012年	100.8	57.3	145.4	—	2426.1	212.6	719.8	3692	3252.1	837.4	5597.5	36616
2013年	97.3	55.4	175.5	—	2079.2	210.9	755.0	3641	3109.1	874.7	6101.7	36504
2014年	91.7	52.4	163.9	—	1998.4	209.9	716.8	3686	3236.5	894.4	6681.6	36361

---

① 李鹏飞：《京津冀制造业转移路径及调控研究》，硕士学位论文，天津理工大学，2019年。

续表

	第一产业				第二产业				第三产业			
	ES（万吨标准煤）	LP（万人）	FAI（亿元）	EADS（个）	ES（万吨标准煤）	LP（万人）	FAI（亿元）	EADS（个）	ES（万吨标准煤）	LP（万人）	FAI（亿元）	EADS（个）
2015年	84.6	50.3	111.0	—	1902.7	200.8	677.1	3548	3312.6	935.0	7202.8	32698
2016年	80.4	49.6	99.8	—	1870.8	193.0	722.9	3340	3414.4	977.5	7639.0	33308
2017年	72.0	48.8	95.9	—	1844.2	192.8	893.8	3231	3519.3	1005.2	7958.4	34055
2018年	60.7	45.4	—	—	1835.2	182.2	—	—	3681.4	1010.2	—	32747
2019年	55.8	42.4	—	—	1850.7	172.5	—	—	3762.5	1058.1	—	39736

资料来源：对应年份的《北京统计年鉴》。

综上所述，北京市的第一产业已经实现了绝对转出，第二产业则将医药、电子和汽车业等高端产业进行了保留，将传统工业合理转出，第三产业中将不符合北京市功能定位的产业也部分转出，从产业转移角度推动了北京市合理高效的发展。

（二）天津市产业发展概况

天津市在《京津冀协同发展规划纲要》中的定位是全国先进制造研发基地、北方国际航运核心区、金融创新运营示范区、改革开放先行区。[①] 天津市应着力发展智能制造业，提升天津市优势产业的发展质量。从表3-9中可以看出，天津市第一产业比重在2001—2019年持续下降，贡献率由2001年的2.3%降低至2019年的1.3%。整体来看，天津市第一产业对全市产值增长的拉动作用较低。就第二产业来看，比重于2008年达到最高之后呈持续下降态势。就第三产业来看，比重逐年上升并于2015年实现对第二产业的首次超越，这一定程度上表明天津市正逐步进行产业结构调整。具体来看，2016年之前，天津市第二产业贡献了全市产业产值增长的50%以上，其拉动效应显著高于第三产业。2017—2019年，天津市第三产业与第二产业比重差距进一步扩大，第三产业对全市产业产值贡献率均在80%以上，拉动作用均在3.1%以上，超越第二产业成为拉动天津市经

---

① 靳泽凡：《京津冀经济增长与空气质量的关联性研究》，硕士学位论文，天津理工大学，2019年。

济增长的主要动力。因此，天津市正处于产业发展模式由依靠第二产业转向依靠第三产业的过渡时期。[①]

表3-9　2001—2019年天津市三次产业比重、贡献率及拉动作用　　（单位:%）

	第一产业			第二产业			第三产业		
	比重	贡献率	增长拉动	比重	贡献率	增长拉动	比重	贡献率	增长拉动
2001年	4.1	2.3	0.3	50.0	54.2	6.5	45.9	43.5	5.2
2002年	3.9	2.0	0.2	49.7	57.8	7.4	46.4	40.2	5.1
2003年	3.5	1.5	0.2	51.9	63.1	9.3	44.6	35.4	5.3
2004年	3.3	1.1	0.2	54.4	67.0	10.6	42.3	31.9	5.0
2005年	2.8	0.9	0.1	54.9	65.6	9.9	42.3	33.5	5.1
2006年	2.3	0.6	0.1	55.3	60.3	8.9	42.4	39.1	5.8
2007年	2.0	0.2	—	55.3	59.5	9.3	42.7	40.3	6.3
2008年	1.7	0.4	0.1	55.5	61.3	10.2	42.8	38.3	6.4
2009年	1.6	0.4	0.1	53.3	62.0	10.3	45.1	37.6	6.2
2010年	1.4	0.3	0.1	52.8	66.7	11.1	45.8	33.0	5.8
2011年	1.2	0.4	0.1	52.9	58.9	9.8	45.9	40.7	6.7
2012年	1.1	0.3	—	52.2	59.2	8.3	46.7	40.5	5.7
2013年	1.1	0.3	—	50.9	52.9	6.6	48.0	46.8	5.9
2014年	1.8	0.3	—	49.7	53.5	5.4	49.3	46.2	4.7
2015年	1.0	0.3	—	47.1	53.3	5.0	51.9	46.4	4.4
2016年	0.9	0.4	—	42.4	43.2	3.9	56.7	56.4	5.2
2017年	0.9	0.7	—	40.9	13.8	0.5	58.2	85.5	3.1
2018年	0.9	—	—	40.5	12.8	0.5	58.6	87.2	3.1
2019年	1.3	1.3	—	35.2	18.1	0.8	63.5	80.6	3.7

资料来源：对应年份的《天津统计年鉴》。

从表3-10中给出的三次产业主要指标可以看出，2005—2017年天津市第一产业ES、FAI呈持续上升态势，LP呈逐年下降趋势。基于天津市主要农产品产量和生产总值持续上升的客观情况进行分析，天津市第一产业属于高资本投入、高产出、低人力的机械化农业发展模式。此外，天津市常用耕地面积并未出现变化，因此，天津市第一产业并未展现出向外转移

[①] 李鹏飞：《京津冀制造业转移路径及调控研究》，硕士学位论文，天津理工大学，2019年。

的态势。第二产业作为天津市经济增长的主要动力，其 ES、LP、FAI、EADS 在 2016 年之前保持着绝对的上升态势，而 2016 年天津市第二产业的全社会固定资产投资出现大幅度下降，降幅达 35.82%，其他指标也出现不同程度的缩减，这表明天津市第二产业正在配合《京津冀协同发展规划纲要》定位转移部分产业。2005—2019 年，天津市第三产业保持稳步增长，2015 年，天津市第三产业活动单位同比增长 51.2%，2016 年，全社会固定资产投资为 7684.4 亿元，超过北京市，这表明天津市发展第三产业的态势强劲。[①]

表 3-10　　　　　　　　2005—2019 年天津市三次产业主要指标

	第一产业				第二产业				第三产业			
	ES（万吨标准煤）	LP（万人）	FAI（亿元）	EADS（个）	ES（万吨标准煤）	LP（万人）	FAI（亿元）	EADS（个）	ES（万吨标准煤）	LP（万人）	FAI（亿元）	EADS（个）
2005 年	62.8	81.8	13.7	—	2387.2	227.4	614.6	7252	585.5	233.4	888.4	12575
2006 年	65.7	81.1	16.0	—	2705.1	234.9	765.4	7404	619.0	247.0	1068.2	14992
2007 年	68.0	77.0	15.8	—	2968.1	261.4	1051	7474	660.2	275.6	1321.7	17591
2008 年	67.1	76.3	37.2	—	3227.7	271.9	1506.4	7363	733.2	299.1	1860.3	15825
2009 年	71.9	75.7	77.1	—	3484.9	281.0	2216.6	9697	797.3	320.4	2712.5	16256
2010 年	78.2	73.9	101.1	—	4229.2	302.3	2922.2	9394	881.8	352.5	3487.9	16732
2011 年	87.4	73.2	150.3	—	4834.5	316.0	3229.7	6507	932.9	374.0	4130.6	16277
2012 年	94.2	71.2	147.2	—	5161.3	330.9	3777.7	6990	1016.8	401.2	4946.3	16750
2013 年	99.2	69.0	185.4	—	5647.5	353.9	4297.9	7242	1104.0	424.6	5637.8	17352
2014 年	101.4	68.0	175.6	—	5794.6	341.5	5052.9	7275	1163.8	467.7	6425.5	19218
2015 年	105.1	66.2	235.8	—	5721.5	320.2	5134.0	7299	1237.9	510.5	7695.3	29053
2016 年	109.7	65.1	243.9	—	5562.6	306.4	3295.2	6943	1309.1	530.9	7684.4	33153
2017 年	116.0	62.7	262.2	—	5244.0	290.9	3475.8	6126	1354.4	541.2	7536.0	29284
2018 年	107.8	60.1	238.3	—	5263.2	285.0	3256.8	—	1355.0	551.5	7137.3	—
2019 年	107.0	58.3	262.8	—	5538.9	272.6	3823.2	—	1413.4	565.7	8050.8	—

资料来源：对应年份的《天津统计年鉴》。

综上，天津市第二产业表现出一定程度的产业转移现象。对于第一产

[①] 李鹏飞：《京津冀制造业转移路径及调控研究》，硕士学位论文，天津理工大学，2019 年。

业而言，天津市以发展现代化农业为主，并未呈现出第一产业转移的态势。第二产业实现了部分低能耗、低污染产业的有效转移，但多数高能耗产业仍然保留。天津市第三产业成为经济增长的主要动力，第三产业集聚现象会压制转移现象，因此不会呈现出转移态势。

（三）河北省产业发展概况

河北省在发展过程中支撑北京市、天津市发展的同时，也承接着两地的转出产业，并满足自身发展。[①] 2001—2019 年河北省第一产业比重明显高于北京市和天津市两地第一产业比重（见表 3 - 11）。2011 年后，河北省第二产业比重逐年下降，第三产业比重逐年上升，二者差距逐渐缩小，并在 2018 年首次实现第三产业比重超过第二产业。从增长拉动来看，2005—2013 年河北省第二产业拉动作用明显高于第三产业，是河北省经济增长的主要动力，而 2013 年后第三产业拉动作用超过第二产业成为河北省经济增长的主要动力，这一定程度上说明河北省经济增长模式正在向依靠第三产业发展转变。2014—2019 年，河北省第二产业出现高比重、低拉动的现象，高比重不仅与河北省不断进行技术创新提升和改造传统产业有关，还与传统产业基数大有较大的联系，低拉动的主要原因是经济新常态下传统产业经济增长空间小。因此，河北省经济发展在依靠第一、第二产业支撑的同时，也要积极向依靠第三产业发展的高阶模式转变。[②]

表 3 - 11　　2001—2019 年河北省三次产业比重、贡献率及拉动作用　　（单位:%）

	第一产业			第二产业			第三产业		
	比重	贡献率	增长拉动	比重	贡献率	增长拉动	比重	贡献率	增长拉动
2001 年	16.56	8.40	0.70	48.88	48.10	4.20	34.56	43.50	3.80
2002 年	15.90	6.60	0.60	48.38	55.80	5.40	35.72	37.60	3.60
2003 年	15.37	6.60	0.80	49.38	62.90	7.30	35.25	30.50	3.50
2004 年	16.12	6.50	0.80	50.83	59.70	7.70	33.05	33.80	4.40
2005 年	13.93	6.50	0.90	52.75	60.30	8.10	33.32	33.20	4.40
2006 年	12.70	5.10	0.70	53.39	59.40	8.00	33.91	35.50	4.70
2007 年	13.21	4.00	0.50	53.04	59.00	7.60	33.75	37.00	4.70
2008 年	12.65	5.80	0.60	54.45	56.80	5.70	32.89	37.40	3.80

---

① 骆晓:《京津冀城市群可持续发展评价研究》，硕士学位论文，天津理工大学，2018 年。
② 李鹏飞:《京津冀制造业转移路径及调控研究》，硕士学位论文，天津理工大学，2019 年。

续表

	第一产业			第二产业			第三产业		
	比重	贡献率	增长拉动	比重	贡献率	增长拉动	比重	贡献率	增长拉动
2009年	12.74	3.70	0.40	52.12	57.30	5.80	35.13	39.00	3.90
2010年	12.51	3.10	0.40	52.62	59.60	7.20	34.88	37.30	4.60
2011年	11.79	4.60	0.50	53.69	63.00	7.10	34.52	32.40	3.70
2012年	11.92	4.80	0.50	52.87	64.30	6.20	35.21	30.90	3.00
2013年	11.81	4.40	0.40	52.18	60.20	4.90	36.01	35.40	2.90
2014年	11.64	5.80	0.40	51.26	42.60	2.70	37.11	51.60	3.40
2015年	11.46	3.70	0.30	48.52	37.60	2.50	40.03	58.70	4.00
2016年	10.89	5.40	0.40	47.57	34.70	2.30	41.54	59.90	4.10
2017年	9.21	6.00	0.40	46.58	21.90	1.40	44.21	72.10	4.80
2018年	9.30	5.10	0.31	44.50	21.10	1.28	46.20	73.80	4.46
2019年	10.00	2.50	0.17	38.70	28.90	1.97	51.20	68.60	4.66

资料来源：对应年份的《河北经济年鉴》。

由表3-12知，河北省第一产业ES小幅上升，LP逐年下降，FAI持续增长。第一产业的贡献率和增长拉动作用说明河北省正在从高人力、高能耗、低投入的传统发展模式向低人力、高能耗、高投入的工业化和专业化发展模式转变。而此时第一产业的集聚效应强于扩散效应，因此不会发生大规模转移。河北省第二产业中FAI和EADS在2005—2017年保持绝对上升的态势，表明河北省第二产业的规模正在扩大。而ES和LP在2005—2013年保持较大幅度上升，在2013年以后基本保持稳定，说明第二产业发展模式正在从传统的多耗多产向低耗好产转变。在河北省第三产业发展进程中，ES、LP、FAI、EADS均保持了大幅度上升趋势。综合来看，河北省经济增长方式正在由主要依靠第二产业向依靠第三产业过渡。

综上，河北省三次产业的规模均在扩大，集聚态势明显。第一产业对经济发展仍具有明显作用，且在向工业化和专业化转变。第二产业比重最高，在扩大规模的同时产业发展模式也在逐步转变。第三产业替代第二产业成为经济增长的主要动力，且表现出强劲的发展态势，因此更多发挥的是承接作用。

表 3-12　　　　　2005—2017 年河北省三次产业主要指标

	第一产业				第二产业				第三产业			
	ES（万吨标准煤）	LP（万人）	FAI（亿元）	EADS（个）	ES（万吨标准煤）	LP（万人）	FAI（亿元）	EADS（个）	ES（万吨标准煤）	LP（万人）	FAI（亿元）	EADS（个）
2005 年	532.0	1564.7	224.2	1766	13976.2	1043.6	1971.8	76074	1379.0	960.7	2014.1	149265
2006 年	559.6	1524.9	239.1	2276	15859.4	1082.7	2791.0	84408	1531.2	1002.4	2470.7	157766
2007 年	582.5	1481.5	261.24	2759	16991.3	1134.5	3596.3	88215	1663.2	1048.9	3027.0	164901
2008 年	612.4	1481.4	386.7	7017	16683.8	1170.1	4735.2	92174	1751.4	1074.2	3744.5	186395
2009 年	644.8	1479.2	514.36	9116	17159.6	1203.4	5929.8	103134	1836.2	1109.9	5867.6	211619
2010 年	686.8	1464.2	559.6	11797	18117.6	1250.9	6630.5	107121	2041.8	1150.1	7893.1	226904
2011 年	703.9	1439.6	590.3	13822	19996.3	1319.8	7462.5	110412	2227.0	1203.0	8336.4	241401
2012 年	707.5	1426.3	804.4	17922	20457.3	1400.8	9387.0	112686	2384.4	1258.7	9469.8	248441
2013 年	648.4	1404.5	901.3	27382	20895.7	1438.1	11060.7	115360	2587.8	1341.4	11232.1	320694
2014 年	625.0	1398.9	1204.2	34108	20343.2	1437.8	13115.7	135976	2659.0	1366.4	12351.8	360865
2015 年	642.0	1387.8	1499.0	47100	20269.6	1437.4	14650.5	158300	2881.5	1387.2	13298.7	424996
2016 年	648.0	1380.3	1628.5	62413	20544.0	1439.7	15763.2	198382	3192.0	1403.9	14358.4	524463
2017 年	675.0	1366.9	1725.0	90060	20292.1	1396.6	16168.1	290629	3084.0	1443.2	15513.7	766725

资料来源：对应年份的《河北经济年鉴》。

三　京津冀城市群三次产业发展现状

（一）第一产业发展概况

整体而言，京津冀城市群第一产业占比处于较低水平（见表 3-13）。北京市、天津市、沧州市、邢台市、承德市第一产业占比变化趋势相似，均呈现稳定的波动下降趋势。其中，在京津冀城市群中第一产业占比最少的是北京市，第一产业处于较高水平的城市包括邯郸市、保定市、秦皇岛市、张家口市。具体而言，2013 年，邯郸市第一产业占比为 0.9%，2019 年为 6.66%，上升明显。唐山市、衡水市、石家庄市、廊坊市第一产业占比呈现较快的下降趋势。其中廊坊市下降速度最快，由 2013 年的 5.46% 下降到 2019 年的 2.69%，下降了 2.77 个百分点。[1]

---

[1] 冯冬：《京津冀城市群碳排放：效率、影响因素及协同减排效应》，博士学位论文，天津大学，2020 年。

表3-13　　　2013—2019年京津冀城市群第一产业占GDP比重　　　（单位:%）

	2013年	2014年	2015年	2016年	2017年	2018年	2019年	均值
北京市	0.68	0.63	0.61	0.51	0.43	0.39	0.32	0.51
天津市	0.84	0.82	1.26	1.23	0.91	0.92	1.31	1.04
石家庄市	0.56	4.63	4.65	4.19	2.17	2.26	2.30	2.97
唐山市	6.21	5.10	5.36	5.42	4.27	4.10	4.16	4.95
秦皇岛市	1.41	1.83	7.29	7.43	6.29	6.20	6.68	5.30
邯郸市	0.90	1.16	1.02	10.42	6.47	6.20	6.66	4.69
邢台市	1.95	1.96	2.10	1.69	1.05	0.96	0.78	1.50
保定市	1.23	1.65	9.03	8.30	5.56	5.83	5.31	5.27
张家口市	2.74	2.60	6.69	8.57	7.01	7.41	7.36	6.05
承德市	2.11	1.86	1.80	1.70	1.00	1.13	1.18	1.54
沧州市	0.88	0.92	1.20	1.34	1.22	1.42	1.51	1.21
廊坊市	5.46	4.39	3.50	2.69	2.18	1.70	2.69	3.23
衡水市	6.27	5.44	4.62	5.64	3.98	4.13	4.46	4.93

资料来源：对应年份的《中国城市统计年鉴》。

由图3-14第一产业比重变化趋势来看，北京市、天津市、沧州市、邢台市、承德市呈现平稳的变化趋势，并且处于较低水平。而廊坊市、石家庄市整体上呈现波动下降趋势；衡水市和唐山市呈现"下降—上升—下

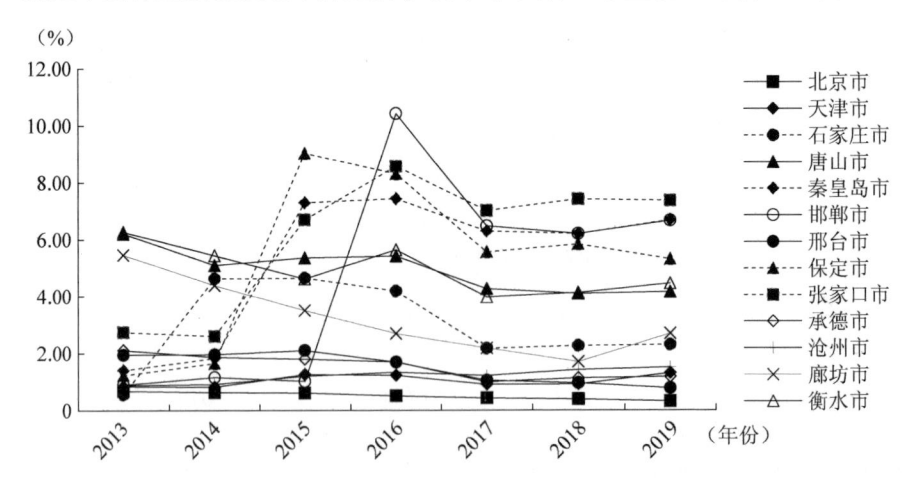

图3-14　2013—2019年京津冀城市群内各市第一产业占其地区总产值情况变化

资料来源：对应年份的《中国城市统计年鉴》。

降"的变化趋势,拐点分别出现在 2014 年、2015 年;邯郸市、保定市、张家口市、秦皇岛市呈现动荡型变化趋势。邯郸市在 2016 年大幅度上升,之后呈现下降趋势;而其余三个城市则在 2015 年大幅度上升,之后呈现缓慢下降趋势。

(二) 第二产业发展概况

2013—2019 年,京津冀城市群大部分城市第二产业比重均值在 50% 左右(见表 3-14)。这一情况表明,京津冀城市群多数城市经济增长的主要动力源于第二产业。此外,也反映出我国仍处于工业化发展阶段。[①] 其中,北京市第二产业比重在京津冀城市群中处于最低水平,2013—2019 年均值仅达到 19.49%,而第三产业占比均值达到 80.0%(见表 3-15),这一数据充分表明北京市已发展为以服务业为主导的城市,迈入了后工业化时代,产业结构呈现"三二一"的发展格局。2013—2019 年天津市、邯郸市、邢台市、张家口市、沧州市、承德市第二产业均值为 40%—50%,处于中等水平。其中,邢台市 2013 年第二产业比重为 53.81%,但在 2019 年第二产业比重仅为 38.49%,下降了 15.32 个百分点,降幅最大。这表明邢台市近几年在产业结构升级转型中取得了显著成效。唐山市、保定市、衡水市第二产业比重处于较高水平,意味着其经济发展依靠第二产业拉动。其中,唐山市的第二产业比重在 2013—2019 年变化幅度最小,基本稳定在 58% 左右,这一定程度上表明唐山市在产业结构升级转型方面存在问题,在今后应给予足够的重视。[②]

表 3-14　　2013—2019 年京津冀城市群第二产业占 GDP 比重　　(单位:%)

	2013 年	2014 年	2015 年	2016 年	2017 年	2018 年	2019 年	均值
北京市	22.05	21.55	19.74	19.26	19.01	18.63	16.16	19.49
天津市	50.40	49.50	46.58	42.33	40.94	40.46	35.23	43.63
石家庄市	26.02	39.72	37.89	38.79	38.88	35.34	27.15	34.83
唐山市	61.18	57.92	55.83	54.75	62.10	61.55	49.61	57.56
秦皇岛市	38.72	33.52	38.00	37.21	35.33	33.64	22.09	34.07
邯郸市	53.43	51.83	49.22	45.72	43.22	41.19	40.72	46.48

---

① 李鹏飞:《京津冀制造业转移路径及调控研究》,硕士学位论文,天津理工大学,2019 年。
② 冯冬:《京津冀城市群碳排放:效率、影响因素及协同减排效应》,博士学位论文,天津大学,2020 年。

续表

	2013年	2014年	2015年	2016年	2017年	2018年	2019年	均值
邢台市	53.81	44.26	39.36	39.86	35.77	37.60	38.49	41.31
保定市	64.81	60.74	56.11	56.63	49.05	48.59	42.51	54.06
张家口市	50.20	49.63	44.75	41.60	38.92	36.29	29.51	41.56
承德市	56.03	53.56	51.41	50.89	45.97	46.65	43.97	49.78
沧州市	50.70	50.01	46.43	47.72	50.01	51.15	48.73	49.25
廊坊市	34.57	25.79	37.90	38.81	38.63	34.77	30.69	34.45
衡水市	61.52	59.29	59.96	56.78	48.02	40.03	38.01	51.94

资料来源：对应年份的《中国城市统计年鉴》。

从图3-15第二产业比重变化趋势来看，北京市的变化趋势平稳，并且处于较低水平；而天津市、邯郸市、张家口市、沧州市、承德市、保定市、衡水市整体上呈现波动下降趋势；唐山市、秦皇岛市、廊坊市基本呈现"下降—上升—下降"的变化趋势；石家庄市则呈现"上升—下降"的变化趋势，拐点出现在2014年。

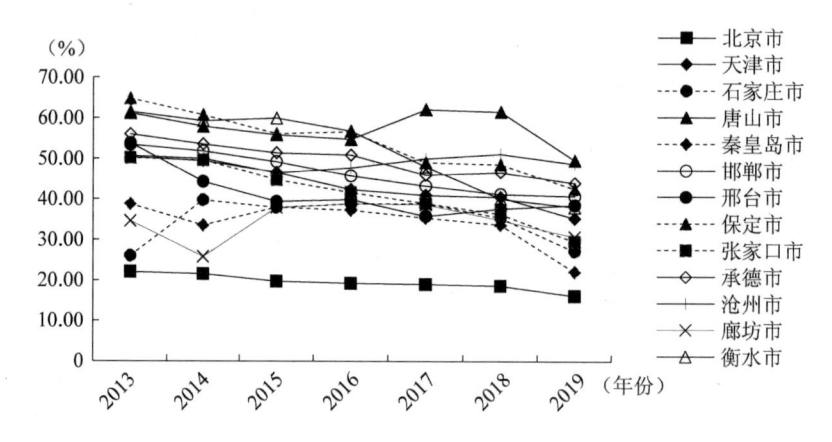

图3-15 2013—2019年京津冀城市群内各市第二产业占其地区总产值变化情况

资料来源：对应年份的《中国城市统计年鉴》。

（三）第三产业发展概况

京津冀城市群13个城市第三产业比重存在显著差异（见表3-15）。北京市第三产业占比在京津冀城市群中处于最高水平，2013—2019年均值达到80.00%，远远大于第二产业占比，这表明北京市经济主要是靠第三产业拉动。石家庄市、秦皇岛市、廊坊市 2013—2019 年第三产业均值基本在 60% 左右，处于较高水平。其中，廊坊市第三产业比重呈现较稳定的变化趋势，2013 年第三产业比重为 59.97%，2019 年为 66.55%，仅上升 6.58 个百分点。2013—2019 年天津市、邯郸市、邢台市、张家口市、沧州市、承德市第三产业均值基本处在 50% 左右，处于中等水平。其中，邢台市第三产业比重由 2013 年的 44.25% 上涨至 2019 年的 60.63%，涨幅显著，表明了邢台市第三产业发展势头良好。此外，唐山市、保定市、衡水市 2013—2019 年第三产业比重均值均处于较低水平。[1]

表 3-15　　2013—2019 年京津冀城市群第三产业占 GDP 比重　　（单位:%）

	2013 年	2014 年	2015 年	2016 年	2017 年	2018 年	2019 年	均值
北京市	77.26	77.82	79.65	80.23	80.56	80.98	83.52	80.00
天津市	48.76	49.68	52.15	56.44	58.15	58.62	63.46	55.32
石家庄市	73.42	55.66	57.47	57.02	58.95	62.4	70.54	62.21
唐山市	32.6	36.98	38.81	39.83	33.63	34.35	46.23	37.49
秦皇岛市	59.87	64.65	54.71	55.36	58.37	60.17	71.18	60.62
邯郸市	45.67	47.01	49.76	43.85	50.31	52.61	52.63	48.83
邢台市	44.25	53.78	58.54	58.45	63.18	64.09	60.63	57.56
保定市	33.95	37.61	34.86	35.07	45.38	45.58	52.2	40.66
张家口市	47.06	47.77	48.56	49.83	54.07	56.3	63.13	52.39
承德市	41.86	44.58	46.78	47.4	53.03	52.22	54.86	48.68
沧州市	48.42	49.07	52.37	50.94	48.77	47.43	49.73	49.53
廊坊市	59.97	69.81	58.6	58.5	59.19	63.52	66.55	62.31
衡水市	32.21	35.27	35.42	37.58	47.99	55.84	57.59	43.13

资料来源：对应年份的《中国城市统计年鉴》。

从图 3-16 第三产业比重变化趋势来看，北京市的变化趋势平稳，并且处于较高水平；天津市、邯郸市、张家口市、沧州市、承德市、保定市、衡水市整体上呈现波动上升趋势；邢台市、秦皇岛市、廊坊市 2013—2019 年基本呈现"上升—下降—上升"的变化趋势，拐点分别出现在

---

[1] 冯冬：《京津冀城市群碳排放：效率、影响因素及协同减排效应》，博士学位论文，天津大学，2020 年。

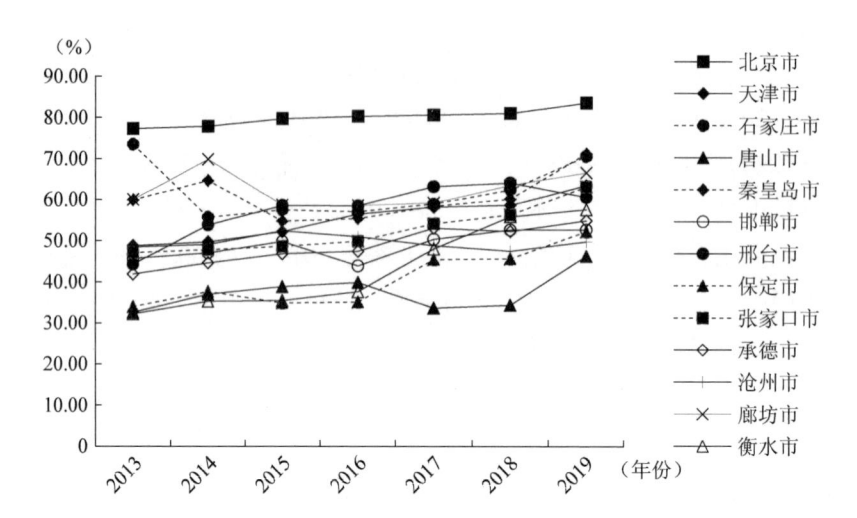

图3-16 2013—2019年京津冀城市群内各市第三产业占其地区总产值情况变化

资料来源：对应年份的《中国城市统计年鉴》。

2014年、2015年，2015年之后基本呈现稳定的上升趋势；石家庄市则呈现"下降—上升"的变化趋势，拐点出现在2014年。值得注意的是，京津冀城市群13个城市第三产业变化趋势正好与第二产业变化趋势相反。

综上，北京市的产业结构基本上呈现"三二一"的发展格局；石家庄市、秦皇岛市、廊坊市的发展格局逐步呈现"三二一"的发展格局；天津市、邯郸市、邢台市、张家口市、沧州市、承德市的发展由第二产业、第三产业共同拉动，且第二产业略高于第三产业。①

第四节 京津冀城市群生态环境发展现状

一 京津冀生态环境治理成效

《京津冀协同发展规划纲要》明确指出京津冀生态协同保护是推进京津冀协同发展需要率先突破的重点领域之一，以推动京津冀生态环境协同保护来促进区域绿色发展，京津冀城市群应起模范带头作用。因此，把生

---

① 冯冬：《京津冀城市群碳排放：效率、影响因素及协同减排效应》，博士学位论文，天津大学，2020年。

态环境协同保护作为切入点，完善和建立生态环境保护机制是推进京津冀生态环境协同发展的重要途径之一，也是京津冀实现优势互补、互利共赢的关键环节。表3-16通过梳理京津冀生态环境保护相关文件来回顾京津冀生态环境政策制定历程。

表3-16　　　　　　　　京津冀生态保护相关文件

	内容与结果	相关文件与会议纪要
2013年5月	京津"双城记"	习近平总书记在天津调研
2013年8月	推动京津冀协同发展	习近平总书记在北戴河主持研究河北发展问题
2014年2月	强调京津冀协同发展认识要上升到国家战略层面	习近平总书记在北京主持召开座谈会
2014年8月	京津生态环保联防联控深化	《关于进一步加强环境保护合作的协议》
2014年8月	津冀生态环保联防联控深化	《加强生态环境建设合作框架协议》
2015年4月	京津冀生态环境协同保护	《京津冀协同发展规划纲要》
2015年8月	京津冀大气污染防治	《党政领导干部生态环境损害责任追究方法（试行）》
2015年11月	生态环境联防联控	《京津冀区域环境保护率先突破合作框架协议》《水污染突发事件联防联控机制合作协议》
2015年12月	京津冀生态问题落实到实处	《京津冀协同发展生态保护规划》
2016年5月	健全京津冀生态补偿机制	《关于健全生态保护补偿机制的意见》
2016年3月	疏解北京非首都功能集中承载地	《关于北京市行政副中心和疏解北京非首都功能集中承载地有关情况的汇报》
2017年6月	京津冀水源涵养区补偿试点	《关于引滦入津上下游横向生态补偿的协议》
2017年12月	保障地区湿地发展	《天津市湿地生态补偿办法（试行）》
2018年3月	加快促进区域产业协调发展	《京津冀区域产业对接及协调发展的对策建议》
2019年1月	强化生态环境联建联防联治	习近平总书记主持召开京津冀协同发展座谈会

资料来源：北京市、天津市和河北省人民政府官方网站（http://www.beijing.gov.cn/，http://www.tj.gov.cn/，http://www.hebei.gov.cn/）。

通过对京津冀有关生态环境政策的梳理可知，近年京津冀生态问题逐渐得到重视，三地为改善区域生态环境质量做了大量工作，并且取得了显著的成效。

通过实行《北京2013—2017年清洁空气行动计划》，北京市有效发挥了环保工作的监督检查作用。具体而言，燃煤总量由每年2270万吨降低至每年600万吨；老旧机动车淘汰处理达216.7万辆；治理"散乱污"型企业约1.1万家。此外，2017年，北京市PM2.5（细颗粒物）浓度年均值为每立方米58毫克，顺利完成国家要求的第一阶段大气环境治理任务。2018年以来，北京市施行缓解交通拥堵专项行动计划，新增加轨道交通166千米，总里程数达到608千米，公共交通专用道总里程数已经达到907千米。顺利完成"城六区"次支路建设114条、"堵、乱"治理达到240个，并且规范约束共享单车的投放和管理，中心城区绿色公共出行比例已经达到72%。为应对污水处理现状，北京市在全市范围内推行"河长制"，并综合实行《北京市加快污水处理和再生水利用设施建设三年行动方案（2013—2015）》《北京市进一步加快污水处理和再生水利用设施建设三年行动方案》，促使城市污水处理率提高至92%，再生水利用量达每年10.5亿立方米。与此同时，北京市推动节约用水理念，要求由"南水北调"获得的水资源要安全高效使用。在垃圾处理方面，通过实施《北京市生活垃圾处理设施建设三年实施方案（2011—2015）》，北京市生活垃圾处理量达到每日2.4万吨，资源转化能力达到57%。此外，超额完成平原百万亩植树造林任务，新增加城市绿地4000公顷，北京市森林覆盖率由2012年的38.6%提升至43%，城市生态空间增加迅速。[①]

2017年7月，天津市依据中央环保检查人员的反馈意见，全力推进整改措施的落实，以绝对的勇气、力度和前所未有的决心治理生态环境。其中包括，天津市累计压减燃煤1000万吨，关闭、停业整顿以及取缔"散、乱、污"型企业达到9081家，顺利并且高质量完成"煤改电"用户约17.6万户、"煤改气"用户约14.8万户，河道综合完善治理达到688千米，改造污水处理厂共105个，为改善农村面貌，完成"美丽村庄"建设765个、"美丽社区"建设791个，植树造林高达215万亩，PM2.5（细颗粒物）浓度年均值2017年比2013年下降35.4个百分点。

河北省作为京津冀生态支撑区，在环境治理上积极补齐短板，推动区域生态环境改善。2013年以来，河北省在大气环境治理中积极补齐短板，重点调整以重工业为主的产业结构、以燃煤消费为主的能源结构和以公路运输为主的交通运输结构。截至2018年，河北省累计压减炼钢产能8223

[①] 周永恺：《京津冀城市生态环境竞争力评价及空间效应研究》，硕士学位论文，天津理工大学，2020年。

万吨、炼铁产能7529万吨、煤炭产能5801万吨、焦炭产能2604万吨、水泥产能7370万吨，推进214家企业退城搬迁。为治理燃煤污染，河北省在廊坊市、保定市两地20个县划定11880平方千米禁煤区，实现散煤清零。全省累计完成清洁取暖改造535万余户，减少煤炭消费约1330万吨。河北省对"散乱污"企业进行分类治理，2017年以来排查整治10万家，有效降低区域二氧化硫、氮氧化物等的排放。2018年，河北省第三产业服务业占比已经超过第二产业，成为河北省经济第一大产业。这意味着河北省经济发展格局发生了新的变化，形成由工业主导向服务业主导转变的经济高质量发展新格局。

二　京津冀城市群生态环境系统分析

本部分基于"P—S—R"概念模型，从生态环境压力（P）、状态（S）和响应（R）三部分分析京津冀城市群生态环境发展现状。[①] 其中压力子系统描述的是工业废物排放量，用来反映各城市大气环境污染的原因，包含万元GDP工业SO_2排放量（废气）、万元GDP工业废水排放量（废水）、万元GDP工业烟尘排放量（废渣）三个评价指标。状态子系统描述的是大气中污染物浓度，用来反映各城市大气环境的状态，包含环境空气质量优良率、PM2.5浓度年均值两个评价指标。响应子系统描述的是环境整治状况，用来反映各城市环境治理的能力，包含森林覆盖率，建成区绿化覆盖率，水利、环境和公共设施管理业投资占比三个评价指标。[②]

（一）压力子系统分析

北京市因第三产业为经济发展的主导产业，工业在三大产业中占比较低，故"工业三废"的排放量较低，工业排放废物对于北京市生态环境质量影响较小（见图3-17至图3-19）。2013—2019年天津市工业废气、废水排放量一直处于高排放、高污染状态，远高于其他12个城市，工业烟尘排放量位居前列，致使天津市大气环境质量受到了猛烈地冲击。2016年，天津市工业废气的排放量骤降，较2015年下降65%，但是工业废水依然处于高排放状态。河北省11个城市工业废气、废水排放量

[①] 郭姣、李健：《中国三大城市群节能减排效率的变化及测度》，《城市问题》2018年第12期。

[②] 周永恺、李健：《京津冀城市大气环境竞争力评价》，《城市问题》2020年第2期。

2007—2009年都处于明显的下降状态，产业转型升级初见成效，但是工业烟尘排放量并未得到有效治理，邯郸市、邢台市和衡水市排放量位居全省前列。

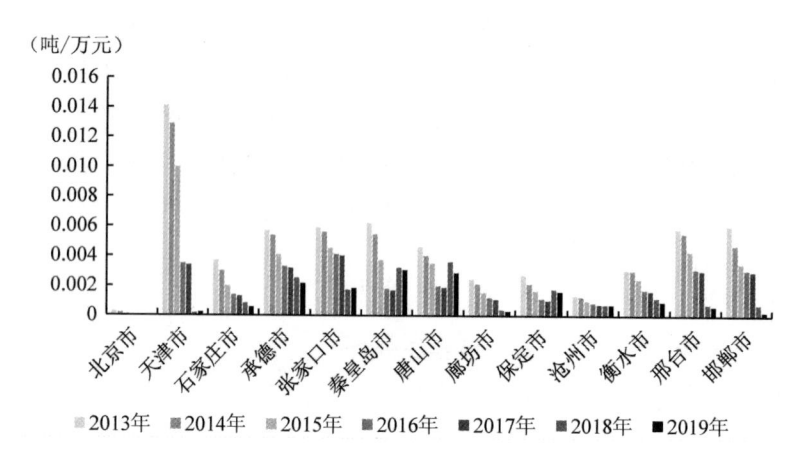

图 3-17 2013—2019 年京津冀城市群万元 GDP 工业 SO₂ 排放量变化
资料来源：对应年份的《北京统计年鉴》《天津统计年鉴》《河北经济年鉴》。

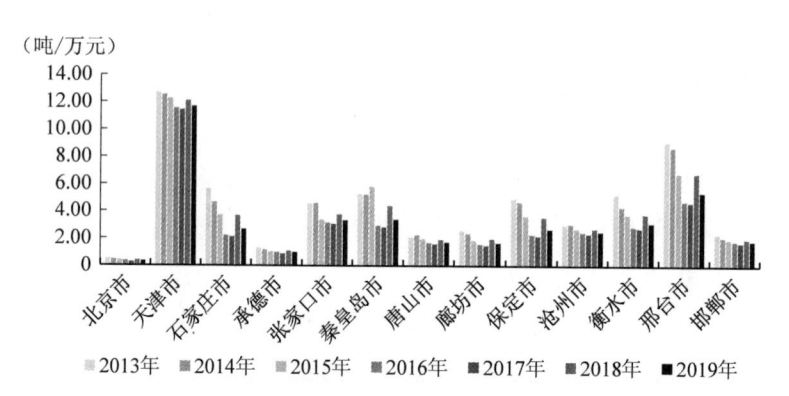

图 3-18 2013—2019 年京津冀城市群万元 GDP 工业废水排放量变化
资料来源：对应年份的《北京统计年鉴》《天津统计年鉴》《河北经济年鉴》。

（二）状态子系统分析

自 2013 年以来，京津冀环境质量总体呈上升态势，张家口市、承德市和秦皇岛市处于前三位，而邢台市、衡水市和保定市处于末三位（见图 3-20）。其中，唐山市、廊坊市、保定市和衡水市 2013—2019 年一直处于上升态势，天津市、石家庄市、秦皇岛市、沧州市、邢台市和邯郸市

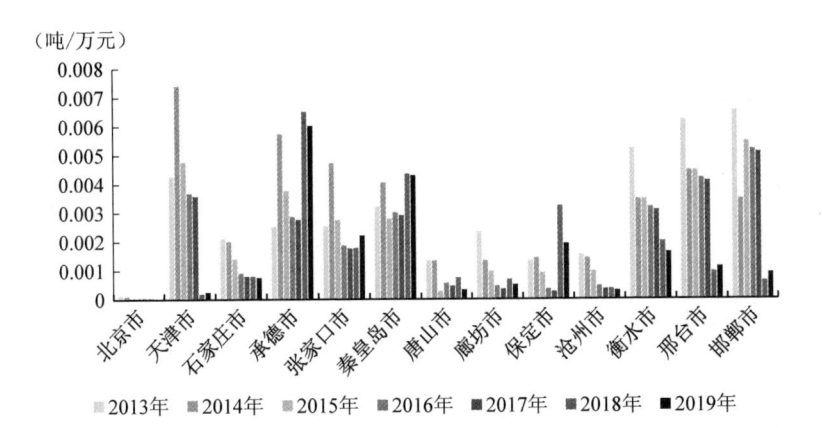

第三章 区域现状：京津冀城市群发展沿革与现状分析　　81

图 3-19　2013—2019 年京津冀城市群万元 GDP 工业烟尘排放量变化

资料来源：对应年份的《北京统计年鉴》《天津统计年鉴》《河北经济年鉴》。

2017 年环境空气质量状况出现下滑，北京市环境质量在波动中处于上升状态，承德市在 2014 年环境空气质量最低，张家口市自 2014 年环境空气质量逐年下降，需要引起足够的重视。

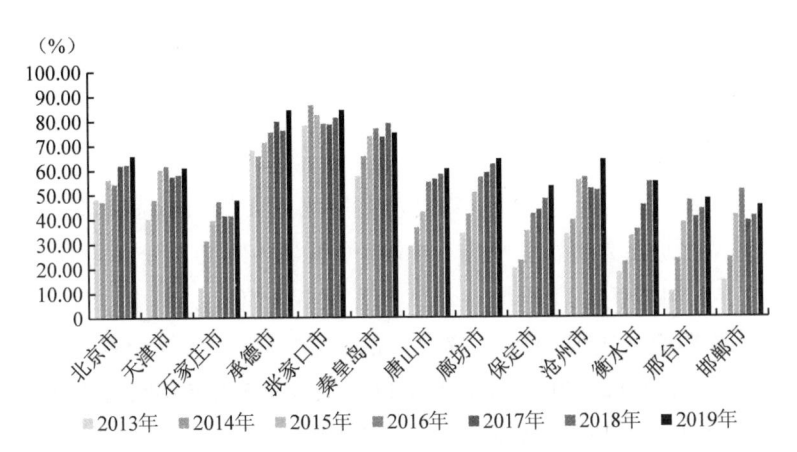

图 3-20　2013—2019 年京津冀城市群环境空气质量优良率

资料来源：京津冀城市群 13 个城市对应年份的《城市环境质量公报》。

2019 年京津冀 PM2.5 年均浓度为每立方米 50 微克，较 2013 年下降 47%，超额完成《京津冀协同发展生态环境保护规划》中规定的每立方米 73 微克（见图 3-21）。但 2019 年公布的《中国生态环境状况公报》显示，环境空气质量较差的10个城市中京津冀城市占4个，大气环境治理仍然是重中之重。此外，13个城市PM2.5浓度处于下降态势，张家口市、承德市和秦皇岛市优势明显。2013—2019年，邢台市下降幅度最大，从2013年的每立方米160微克下降到2019年的每立方米65微克，降幅达到59%。

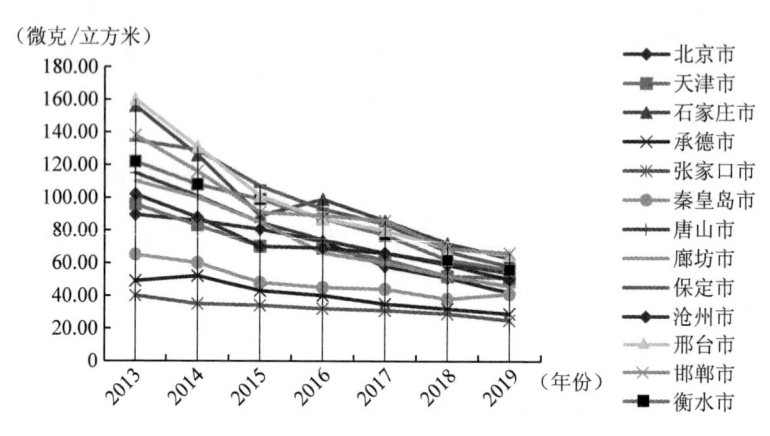

图3-21 2013—2019年京津冀城市群PM2.5浓度年均值

资料来源：京津冀城市群13个城市对应年份的《城市环境质量公报》。

（三）响应子系统分析

京津冀城市群整体森林覆盖率均值高于全国平均水平，2013—2017年除天津市以外，其余12个城市森林覆盖率均处于增长状态。2017年，张家口市和秦皇岛市森林覆盖率较2016年增长最为明显，分别为10.26%和9.09%。至2017年有11个城市森林覆盖率高于30%，其中承德市最为突出，森林覆盖率高达57.67%，是全国的2.67倍。而天津市森林覆盖率不足10%，未达到全国平均水平，并且近两年呈现下降趋势（见图3-22）。

随着新型城镇化的不断深入，人居环境建设成为重中之重，而城市绿地建设是人居环境建设的重要表现。京津冀城市群建成区绿化覆盖率整体水平相近（见图3-23）。其中，北京市建成区绿化覆盖率一直处于京津冀城市群的首位，并且处于增长态势。河北省11个城市2017年建成区绿化覆盖率较2016年都有小幅度增长，城市绿化较为完善。天津市建成区绿化覆盖率处于最末位，并且2017年较2016年下降10.05%，下降幅度较为明显。

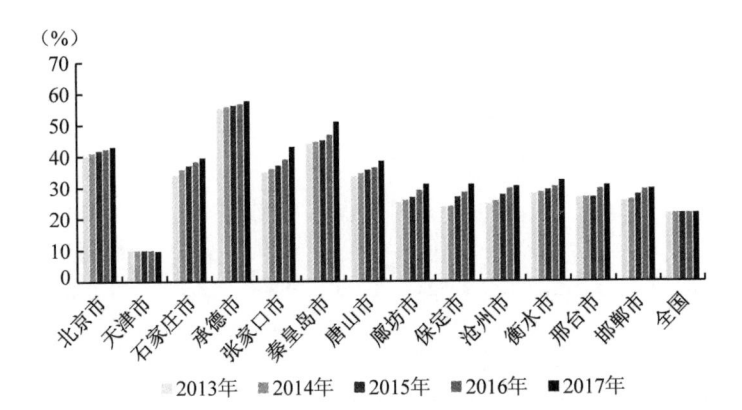

第三章 区域现状:京津冀城市群发展沿革与现状分析

图 3-22 2013—2017 年京津冀城市群森林覆盖率

资料来源:对应年份的《北京统计年鉴》《天津统计年鉴》《河北经济年鉴》《中国统计年鉴》。

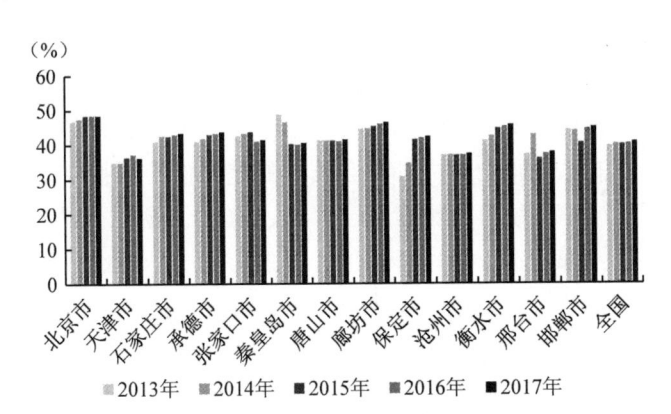

图 3-23 2013—2017 年京津冀城市群建成区绿化覆盖率

资料来源:对应年份的《北京统计年鉴》《天津统计年鉴》《河北经济年鉴》《中国统计年鉴》。

京津冀城市群水利、环境和公共设施管理业投资占比差距明显,并且年变化幅度较大(见图 3-24)。整体来看,2013—2019 年,京津冀城市群水利、环境和公共设施管理业投资占比平均为 9.49%,低于全国平均水平的 10.30%。2019 年,石家庄市水利、环境和公共设施管理业投资占比为 25.69%,位居京津冀城市群首位;沧州市为 4.02%,处于京津冀城市群末位;北京市和天津市分别为 9.98%、6.69%,低于全国的 13.6%;承德市、秦皇岛市和沧州市均低于 2018 年占比。

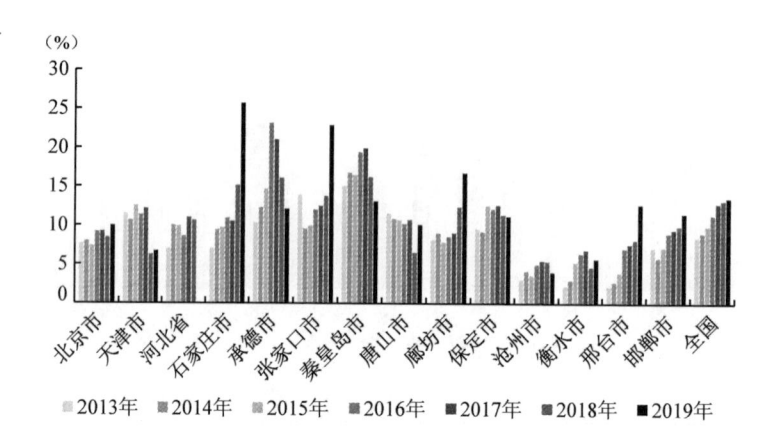

图 3-24 2013—2019 年京津冀城市群水利、环境和公共设施管理业投资占比

资料来源：对应年份的《北京统计年鉴》《天津统计年鉴》《河北经济年鉴》《中国统计年鉴》。

三 京津冀生态系统资源供给量现状

不同生态系统类型所提供的人类生态系统服务及其价值量不同，即使同一大类的生态系统也会因内部具有较大的差异而使其提供的服务价值有较大的不同。生态系统可分为森林、草地、农田、湿地、园地、荒漠和水域七大类型，本部分选取耕地、林地、园地、草地、湿地、水域和未利用地为评价指标，分析北京市、天津市和河北省在生态系统资源供给量方面的差异，为后续生态环境一体化保护提供可靠支撑。其中，耕地供给比例为耕地供给量与生态系统资源总供给量之比。[①]

（一）北京市生态系统资源供给量分析

2007—2016 年，北京市因为土地使用方式发生了变化，不同生态系统资源供给量变化幅度较大（见表 3-17）。林地、水域这两种生态系统资源供给量尤为突出，在 10 年间增加迅速；草地供给量逐渐减少；园地供给量呈小幅度增加的趋势。虽然园地生态系统供给量有所增加，但没有水域、林地两类增加幅度明显。2007—2016 年，园地生态系统供给量增加 10.33%，耕地供给量减少 7.00%，草地供给量减少 90%，湿地供给量减少 14.29%，未利用土地供给量减少 7.42%。

---

① 苑清敏、张泉、李健：《京津冀协同发展背景下合作生态补偿量化研究》，《干旱区资源与环境》2017 年第 31 期。

第三章 区域现状:京津冀城市群发展沿革与现状分析

表3-17 2007—2016年北京市生态系统资源供给量

(单位:万公顷,%)

	生态系统资源	耕地	林地	园地	草地	湿地	水域	未利用地	供给总量
2007年	供给量	23.26	37.88	12.10	0.20	2.94	0.50	20.87	97.74
	供给比例	23.79	38.75	12.38	0.20	3.01	0.51	21.35	100
2008年	供给量	23.22	37.88	12.00	0.20	2.94	0.50	20.74	97.47
	供给比例	23.82	38.86	12.31	0.21	3.02	0.51	21.27	100
2009年	供给量	22.72	52.05	14.16	0.02	2.94	0.50	20.29	112.68
	供给比例	20.16	46.19	12.57	0.02	2.61	0.44	18.00	100
2010年	供给量	22.38	52.05	13.93	0.02	2.94	0.50	19.98	111.80
	供给比例	20.02	46.55	12.46	0.02	2.63	0.45	17.87	100
2011年	供给量	22.20	52.05	13.81	0.02	2.94	0.50	19.82	111.34
	供给比例	19.94	46.75	12.40	0.02	2.64	0.45	17.80	100
2012年	供给量	22.09	52.05	13.71	0.02	2.94	0.50	19.72	111.03
	供给比例	19.89	46.88	12.35	0.02	2.65	0.45	17.76	100
2013年	供给量(量)	22.12	58.81	13.56	0.02	2.52	2.29	19.75	119.06
	供给比例	18.57	49.39	11.39	0.02	2.12	1.92	16.59	100
2014年	供给量	21.99	58.81	13.51	0.02	2.52	2.29	19.64	118.79
	供给比例	18.52	49.51	11.37	0.02	2.12	1.93	16.54	100
2015年	供给量	21.93	58.81	13.49	0.02	2.52	2.29	19.58	118.64
	供给比例	18.48	49.57	11.37	0.02	2.12	1.93	16.51	100
2016年	供给量	21.63	58.81	13.35	0.02	2.52	2.29	19.32	117.94
	供给比例	18.34	49.87	11.32	0.02	2.14	1.94	16.38	100
2007—2016年变化率		-7.00	55.25	10.33	-90.00	-14.30	358.00	-7.42	20.66

资料来源:对应年份的《北京统计年鉴》《中国国土资源统计年鉴》《中国统计年鉴》。

表3-18 2007—2016年天津市生态资源系统供给量

(单位：万公顷,%)

	生态系统资源	耕地	林地	园地	草地	湿地	水域	未利用地	供给总量
2007年	供给量	44.37	9.35	3.63	0.10	4.63	6.74	13.25	82.07
	供给比例	54.07	11.39	4.42	0.12	5.64	8.21	16.14	100
2008年	供给量	44.11	9.35	3.54	0.10	4.63	6.74	13.09	81.56
	供给比例	54.08	11.46	4.34	0.12	5.68	8.26	16.05	100
2009年	供给量	44.72	9.32	3.16	0.10	4.63	6.74	8.30	76.97
	供给比例	58.10	12.11	4.11	0.13	6.02	8.76	10.78	100
2010年	供给量	44.37	9.32	3.12	0.10	4.63	6.74	8.82	77.10
	供给比例	57.55	12.09	4.05	0.13	6.01	8.74	11.44	100
2011年	供给量	44.07	9.32	3.09	0.10	4.63	6.74	8.73	76.68
	供给比例	57.48	12.15	4.03	0.13	6.04	8.79	11.39	100
2012年	供给量	43.93	9.32	3.07	0.10	4.63	6.74	8.56	76.34
	供给比例	57.54	12.21	4.02	0.13	6.06	8.83	11.21	100
2013年	供给量	43.93	11.16	3.07	0.10	15.5	3.59	8.56	85.94
	供给比例	51.11	12.99	3.57	0.12	18.1	4.18	9.96	100
2014年	供给量	43.83	11.16	3.04	0.10	15.5	3.59	8.48	85.74
	供给比例	51.12	13.02	3.55	0.12	18.1	4.19	9.89	100
2015年	供给量	43.72	11.16	3.02	0.10	15.5	3.59	8.41	85.54
	供给比例	51.11	13.05	3.54	0.12	18.2	4.20	9.83	100
2016年	供给量	43.72	11.16	2.97	0.10	15.5	3.59	8.40	85.48
	供给比例	51.15	13.06	3.47	0.12	18.2	4.20	9.83	100
2007—2016年变化率		-1.47	19.36	-18.18	0.00	235.60	-46.70	-36.59	4.16

资料来源：对应年份的《天津统计年鉴》《中国国土资源统计年鉴》《中国统计年鉴》。

表3-19　2007—2016年河北省生态资源供给量

(单位：万公顷，%)

生态系统资源		耕地	林地	园地	草地	湿地	水域	未利用地	供给总量
2007年	供给量	631.45	328.83	70.45	80.10	17.70	62.70	352.70	1543.80
	供给比例	40.90	21.30	4.56	5.19	1.14	4.06	22.84	100
2008年	供给量	633.19	328.83	70.50	79.90	17.70	62.70	353.60	1546.40
	供给比例	40.95	21.26	4.56	5.17	1.14	4.05	22.87	100
2009年	供给量	656.14	418.33	87.30	40.60	17.70	62.70	366.40	1649.10
	供给比例	39.79	25.37	5.29	2.46	1.07	3.80	22.22	100
2010年	供给量	655.14	418.33	86.90	40.40	17.70	62.70	365.90	1647.00
	供给比例	39.78	25.40	5.28	2.46	1.07	3.80	22.22	100
2011年	供给量	656.38	418.33	85.02	40.30	17.70	62.70	366.60	1646.90
	供给比例	39.85	25.40	5.16	2.45	1.07	3.80	22.26	100
2012年	供给量	655.83	418.33	84.72	40.30	17.70	62.70	366.30	1645.70
	供给比例	39.85	25.42	5.15	2.45	1.07	3.81	22.26	100
2013年	供给量	655.12	439.33	84.50	40.30	47.10	23.90	365.90	1656.10
	供给比例	39.56	26.53	5.10	2.43	2.84	1.44	22.09	100
2014年	供给量	653.77	439.33	84.07	40.20	47.10	23.90	365.10	1653.50
	供给比例	39.54	26.57	5.08	2.43	2.85	1.45	22.08	100
2015年	供给量	652.55	439.33	83.72	40.20	47.10	23.90	364.40	1651.20
	供给比例	39.52	26.61	5.07	2.43	2.85	1.45	22.07	100
2016年	供给量	652.05	439.33	86.44	40.10	47.10	23.90	364.20	1653.10
	供给比例	39.44	26.58	5.23	2.43	2.85	1.45	22.03	100
2007—2016年变化率		3.26	33.60	22.70	-49.90	166.80	-61.88	3.26	7.08

资料来源：对应年份的《河北统计年鉴》《中国国土资源统计年鉴》《中国统计年鉴》。

(二) 天津市生态系统资源供给量分析

2007—2016年,天津市林地和湿地生态系统资源供给量呈增长态势,耕地、水域和未利用土地生态系统资源供给量呈下降态势,草地供给量无明显变化(见表3-18)。其中,湿地生态系统资源供给量是增幅最大的类型,2007—2016年增加235.64%;林地生态系统资源供给量增加19.36%;水域供给量减少46.74%;未利用土地供给量减少36.59%;园地供给量减少18.18%;耕地供给量减少1.47%;草地供给量基本未发生变化。

(三) 河北省生态系统资源供给量分析

2007—2016年,河北省林地和湿地两类生态系统资源供给量呈增长态势,这一变化与天津市相同。园地和未利用土地生态系统资源供给量呈增长态势(见表3-19)。水域和草地生态系统供给量呈下降态势。其中,湿地是增幅最大的生态系统资源利用类型,2007—2016年,供给量增加166.80%;林地供给量增加33.60%;园地供给量增加22.70%;增加量最小的是耕地和未利用土地生态系统资源,供给量都增加3.26%;草地和水域供给量分别减少49.90%和61.88%。

第五节 京津冀城市群交通体系发展现状

京津冀地缘相接,长期发展以来已拥有相对完善的交通运输体系。京津冀协同发展是国家重大战略之一,其发展基于交通运输先行优势,产业协同发展深入推进。[①] 交通运输发挥着重要的基础性、先导性作用,实现交通一体化是京津冀协同发展的重要保障。

一 京津冀铁路交通发展现状

整体而言,京津冀铁路呈现出三梯队的网络化结构,自《京津冀协同发展规划纲要》发布以来,京津冀的铁路交通得到了充分重视,各项铁路建设的规划稳步推进,形成了协同发展交通先行理念。自京津冀协同发展

---

① 景美婷:《京津冀区域交通运输业碳排放驱动因子分解及预测研究》,硕士学位论文,天津理工大学,2019年。

第三章 区域现状:京津冀城市群发展沿革与现状分析

规划发布以来,开展了诸多铁路项目,完成了多条铁路线路的建设。三地铁路建设项目汇总情况具体见表3-20。

表3-20　　　京津冀协同发展期间建成/在建铁路工程项目汇总

	工程进展
京津城际延长线	已于2015年9月通车运行
津保城际铁路	已于2015年12月通车运行
张唐铁路	已于2016年1月通车运行
石济高铁	已于2017年12月通车运行
呼张铁路客运专线	已于2018年通车运行
大张高铁	已于2019年12月通车运行
京张高铁	已于2019年12月通车运行
京滨城际铁路	2018年6月宝坻段开工
京沈客运专线	已于2019年开通运行
京雄城际铁路	已于2020年12月开通运行

资料来源:京津冀协同发展数据库。

从表3-20可以看出,京津冀铁路建设取得显著成效,三地正在加速形成铁路网络化布局,逐步形成轨道上的京津冀,城市间的互联互通为京津冀协同发展奠定了良好的基础。此外,雄安新区建设作为推进京津冀协同发展进一步实施的重大决策部署,实现了交通先行。京雄城际铁路于2020年12月开通运行,正线全长92.4千米,起于京九铁路李营站,经北京市大兴区、河北省霸州市,终至雄安新区。京雄城际铁路的开通为雄安新区疏解北京非首都功能提供了重要的保障,该铁路的建成可实现30分钟从北京城区到达雄安新区,这一交通基础设施的建立对进一步推动京津冀协同发展有重要的作用。[1]

二　京津冀公路交通发展现状

公路交通是京津冀货运、客运的主要交通方式。[2] 自京津冀协同发展规划提出以来,公路建设速度加快,京津冀一小时通勤圈从蓝图转化为现

---

[1] 景美婷:《京津冀区域交通运输业碳排放驱动因子分解及预测研究》,硕士学位论文,天津理工大学,2019年。

[2] 吕倩:《京津冀地区汽车运输碳排放影响因素研究》,《中国环境科学》2018年第10期。

实,这对改善京津冀居民出行条件,促进京津冀一体化具有非常重要的意义(见表3-21、图3-25)。

表3-21　　　　　2013—2019年京津冀公路里程　　　　　(单位:千米)

	2013年	2014年	2015年	2016年	2017年	2018年	2019年
北京市	21614	21892	21876	22026	22242	22365	22255
天津市	16009	16110	16549	16764	16532	16257	16132
河北省	174294	179000	185000	187872	189000	193252	196983

资料来源:对应年份的《国民经济和社会发展统计公报》。

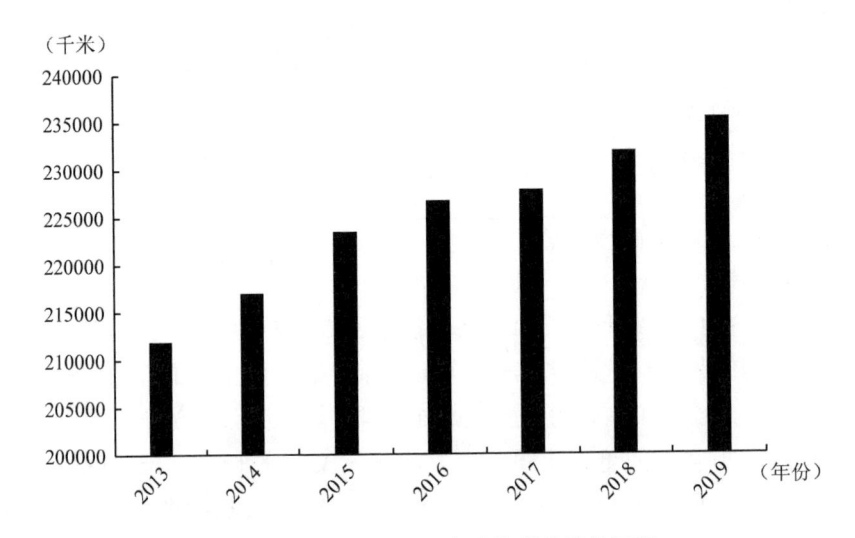

图3-25　2013—2019年京津冀公路总里程

资料来源:对应年份的《国民经济和社会发展统计公报》。

京津冀公路方面的交通网络建设,重点在于打通"断头路"和"瓶颈路",建设公路交通大动脉。截至2017年,京津冀协作共打通京台、京港澳、京昆、首都地区环线等12条干线公路。京津冀重要干线公路"对接路"加速互联互通。2018年8月,首都地区环线高速公路(俗称"大七环",全长940千米)通州至大兴段正式通车,这标志着北京市在全市范围内消除了"断头路"。

在高速公路的建设方面,京哈、京沪、京港等7条首都放射线路段已经全部打通,密涿高速廊坊北三县段、京秦、冀津连线主体工程建设完成，津石、延崇、太行山、万龙至转枝莲公路处于建设过程中。其中，津石高速的建成将打通天津市与石家庄市之间的直接联系。

三 京津冀港口水运发展现状

在综合运输体系中，水路是货物运输的主要力量。京津冀有五大港口：天津港、曹妃甸港、秦皇岛港、京唐港、黄骅港。天津港主要以集装箱、商品汽车滚装和邮轮运输为主，河北省的港口则以大宗物资运输为主。河北省的港口旨在重点拓展临港工业及现代物流服务功能，从而实现与天津港的有效互补。

随着京津冀协同发展战略的推进，京津冀旨在通过相互交融合作，建设成为环渤海世界级港口群。天津港是中国北方第一大港、世界等级最高的人工深水港。2018 年全年，天津港环渤海吞吐量突破 100 万标准箱。截至 2019 年 3 月，天津港已同世界上 180 多个国家和地区的 500 多个港口建立起贸易往来。2019 年，河北省的港口累计完成 11.5 亿吨的货物吞吐量。其中，唐山港完成货物吞吐量超过广州港、青岛港及天津港，首次位列全国规模以上港口吞吐量第 3 位；黄骅港位居全国第 13 位。2019 年，河北省的港口货物通过能力和吞吐量均突破 11 亿吨大关。

四 京津冀城市轨道发展现状

2013—2017 年京津冀城市轨道交通运营里程变化趋势见图 3-26。具体而言，2017 年北京市城市轨道交通运营线路共 19 条，运营里程达 684.4 千米；天津市城市轨道交通运营线路共 5 条，运营里程达 175.3 千米；河北省城市轨道交通运营线路共 1 条，运营里程达 28.43 千米（见表 3-22）。同年全国轨道交通的运营里程为 5021.69 千米，京津冀运营里程总和占全国的 17.69%。

轨道交通的主要消耗能源为电能，是现今较为节能环保的交通方式之一。北京市的城市轨道交通运营里程显著高于天津市和河北省，并且呈现稳定的上升趋势；而津冀两地的轨道交通建设相对滞后，与经济发展水平、城市规划建设进程尚需协调（见表 3-22）。这影响了居民生活的舒适度和幸福感，不利于提升京津冀交通协同效率和京津冀交通的低碳绿色发展。

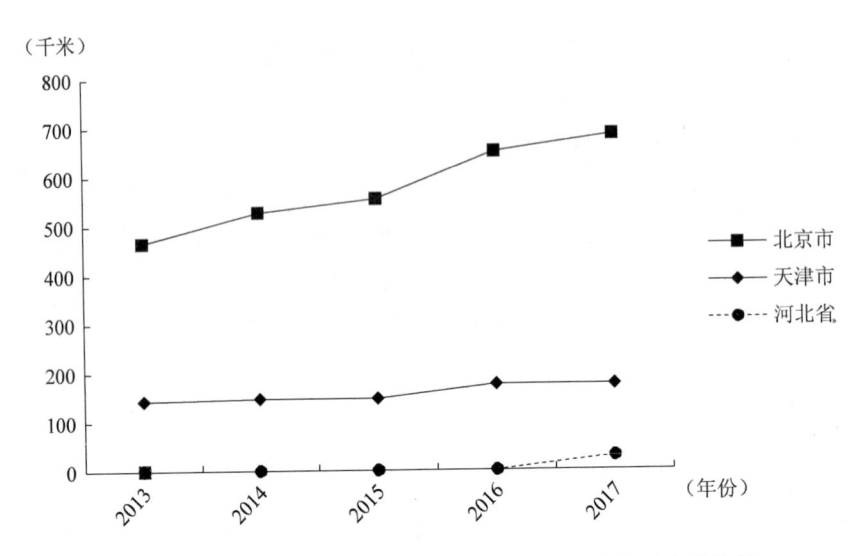

图 3-26 2013—2017 年京津冀城市轨道交通运营里程变动趋势

资料来源：对应年份的《国民经济和社会发展统计公报》。

表 3-22　　2013—2017 年京津冀城市轨道交通运营里程　　（单位：千米）

	北京市	天津市	河北省
2013 年	465.00	143.00	0
2014 年	527.00	147.00	0
2015 年	554.00	147.00	0
2016 年	650.40	175.30	0
2017 年	684.40	175.30	28.43

资料来源：对应年份的《国民经济和社会发展统计公报》。

五　京津冀民航机场发展现状

京津冀城市群中共有 8 个民用航空机场，分别是北京首都国际机场、天津滨海国际机场、石家庄正定机场、北京南苑机场、唐山三女河机场、秦皇岛北戴河机场、张家口宁远机场、邯郸机场，2019 年京津冀 8 大机场的旅客吞吐量见表 3-23。

从表 3-23 可以看出，北京首都国际机场的旅客吞吐量在 8 个机场中是最大的，2019 年在全国排名第一。然而，首都国际机场旅客吞吐量设计能力仅为 8262 万人次，可见首都国际机场超负荷运载。面对这一情况，北

第三章 区域现状:京津冀城市群发展沿革与现状分析

京大兴国际机场已于 2019 年 9 月开通运营。2019 年天津滨海国际机场及石家庄正定机场旅客吞吐量分别为 2381.3318 万人次、1192.2801 万人次，实际旅客吞吐量设计能力分别为 2500 万人次、1800 万人次，可以看出天津滨海国际机场和石家庄正定机场的利用率较低，但是两地分别比 2018 年同比增长 0.9%、5.18%，保持了相对较高的增长水平，说明发展势头良好。此外，唐山、秦皇岛、张家口的 3 个机场的旅客吞吐量相对都处于较低水平，2019 年旅客吞吐量均低于 80 万人次，这说明应充分发挥京津冀城市群各城市机场的作用，从而带动京津冀相关产业的发展。从图 3-27 可以看出，2019 年秦皇岛北戴河机场旅客吞吐量比 2018 年增长 22.3%，在京津冀城市群中的增长率最大，有较好的发展前景。

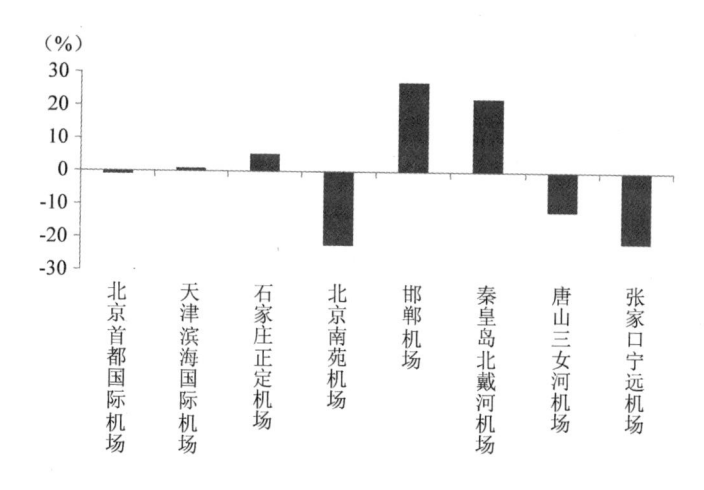

图 3-27 2019 年京津冀机场旅客吞吐量相对 2018 年同比增长率
资料来源：中国民航局。

表 3-23　　　　　　　　2019 年京津冀机场旅客吞吐量　　　　（单位：万人次,%）

	旅客吞吐量	同比增速	全国排名
北京首都国际机场	10001.3642	-1.00	1
天津滨海国际机场	2381.3318	0.90	19
石家庄正定机场	1192.2801	5.18	37
北京南苑机场	506.0412	-22.30	47

续表

	旅客吞吐量	同比增速	全国排名
邯郸机场	97.0700	27.10	107
秦皇岛北戴河机场	50.6522	22.30	142
唐山三女河机场	50.5175	−12.00	143
张家口宁远机场	30.4009	−21.50	173

资料来源：中国民航局。

第四章

面临问题：京津冀城市群协同发展面临的主要问题

第一节 京津冀城市群协同发展的体制机制障碍

一 行政管理体制机制存在壁垒

（一）行政体制机制对京津冀协同发展的制约

行政层级的区别会给城市带来资源差异。就京津冀而言，虽然北京市与天津市同为直辖市，但北京市的影响力及其可控资源强于天津市，同时也强于河北省。因此，同天津市与河北省相比，北京市吸引了更多的周边资源，大批人才流向北京市，津冀由于人才的流失产生了人才资源的缺口，从而导致三地的人力资源差异较大。

行政区的相对独立性使得基础设施配置和公共服务体系建设受到影响。在我国，区域发展以行政区为主导，行政区内的公共服务体系建设与基础设施配置资金的主要来源为本行政区地方政府的财政支出。因为公共服务对象有一定的局限性，相对于行政区以外的人群，行政区内的常住居民能够享受更多的公共服务。就医疗资源而言，截至2019年12月，国家卫计委公布的数据显示，北京市有58家三甲医院，天津市有31家三甲医院，河北省有48家三甲医院，但由于三地人口总量差异较大，三地每万人享受医院的比例分别为0.027、0.020、0.006。优质的医疗资源相对集中在北京市和天津市，相较于河北省，京津拥有较高素质的医疗队伍，团队的科研水平也更高。由此看出，京津冀行政区的相对独立性影响着公共服务体系的平衡。

(二) 转移支付制度对京津冀协同发展的制约

地区间公共服务均等化的目标仅仅依靠政府转移支付难以实现。当前转移支付模式包括自上向下的纵向转移、政府间的横向转移、纵向与横向的混合转移，其中，转移支付方式又包括专项转移支付、税收返还以及一般性转移支付。

从纵向角度看，基于"基数法"的税收返还方式在中央对地方的转移支付中占比较高，对于财政收入高的地方来说，这种方式可以调动积极性，但不能缩小地区间的财力差距，反而会加重地区间的财力不均。转移支付很难体现财政分配的公平性，不利于京津冀公共服务实现均等化。

从横向角度看，由于税收返还和一般性转移支付相当于无条件补助，转移支付的使用完全取决于地方政府，因而三地政府在协同发展过程中很难明确关于基本公共服务支出的责任界定，这就导致在协同发展过程中地方政府间横向转移支付资金不能发挥预期的作用。

(三) 考核机制对京津冀协同发展的制约

考核机制能够对地方政府的行为提供一定的指向。对于地方政府来说，量化的指标不仅易于考核并且见效快。在京津冀协同发展进程中，相对于北京市、天津市的发展水平，河北省的发展相对落后，因而中央政府通过财政支出支持河北省的发展。在疏解北京非首都功能的过程中，河北省由于企业进驻，财政收入必然大幅增加，而北京市牺牲短期利益的增长，能够实现长期的美好愿景。[①] 行政调控形成的短期增长并不能真实地体现政府的成绩，短期的指标考核机制在一定程度上限制了京津冀的协同发展。

除此之外，在中央全面深化改革领导小组第十四次会议上，干部政绩考核体系中纳入了生态环境考核指标。在推进京津冀协同发展过程中如何量化生态环境考核指标，以及如何平衡生态环境考核指标与财政支出整体绩效评价之间的关系，这些都成为京津冀协同发展面临的问题。

二 要素流动仍然存在壁垒

当前，京津冀要素市场壁垒仍然存在，并成为制约京津冀协同发展的主要障碍之一，抑制市场在资源配置中的决定性作用。在完全自由市场

---

① 魏萌：《浅析京津冀一体化发展的限制因素》，《现代经济信息》2016 年第 16 期。

中，劳动力和资本等生产要素总是流向生产率较高的企业或部门，在边际效用递减规律下，市场上所有的企业最终均有相同的全要素生产率，此时资源配置满足帕累托最优状态，市场在资源配置过程中起决定性作用。然而在现实生活中，行政壁垒依然存在，要素的自由流动受到一定限制，资源在一些地区出现配置过剩或配置不足的状况，此时资源配置偏离帕累托最优状态，即为资源错配现象。本书通过分析京津冀城市群劳动力和资本的错配状况，以考察京津冀资源配置的市场化程度。

有关资源错配的测度借鉴白俊红和刘宇英的方法[①]，公式为：

$$\tau_{Ki} = \frac{1}{\gamma_{Ki}} - 1 \qquad (式4-1)$$

$$\tau_L = \frac{1}{\gamma_{Li}} - 1 \qquad (式4-2)$$

其中，γ_{Ki}和γ_{Li}表示要素价格绝对扭曲系数，在实际中通常用价格相对扭曲系数替代。

$$\gamma_{Ki}' = \left(\frac{K_i}{K}\right) \bigg/ \left(\frac{S_i \beta_{Ki}}{\beta_K}\right) \qquad (式4-3)$$

$$\gamma_{Li}' = \left(\frac{L_i}{L}\right) \bigg/ \left(\frac{S_i \beta_{Li}}{\beta_L}\right) \qquad (式4-4)$$

其中，$\frac{K_i}{K}$和$\frac{L_i}{L}$分别表示 i 地区资本和劳动力占京津冀总量的比例，$\frac{S_i \beta_{Ki}}{\beta_K}$为资源有效配置时的理论比例，$S_i$为 i 地区生产总值占京津冀生产总值的比例，β_{Ki}和β_{Li}分别表示 i 地区资本和劳动的产出弹性，β_K、β_L分别等于$\sum_i^n S_i \beta_{Ki}$和$\sum_i^n S_i \beta_{Li}$，表示产出加权的资本和劳动力贡献值。可以看出，$\gamma' > 1$ 表示资源实际配置大于有效配置，资源配置过度，此时 $\tau < 0$；反之，则为资源配置不足，$\tau > 0$。

（一）劳动力错配尚未有效缓解

城镇从业人数是城市劳动力的主要体现，京津冀城市群城镇从业人数的变化见表 4-1。可以发现，2018 年京津冀的劳动力主要集聚在北京市和天津市，两地劳动力占京津冀城市群劳动力总量的 66%，并且北京市是最

[①] 白俊红、刘宇英：《对外直接投资能否改善中国的资源错配》，《中国工业经济》2018 年第 1 期。

主要的集聚中心，集聚规模是天津市的3.15倍。纵向来看，除唐山市和秦皇岛市外，其余城市在2009—2018年都出现劳动力净流入。其中，2018年京津冀城市群劳动力较2009年平均增长23%；北京市净流入规模最大，从2009年的619.35万人增加至2018年的819.3万人，增长32%；其余净流入城市呈现出先增加后减少的倒"U"形趋势。

表4-1　　　　　　　　　京津冀城市群城镇从业人数　　　　　　　（单位：万人）

	北京	天津	石家庄	唐山	秦皇岛	邯郸	邢台	保定	张家口	承德	沧州	廊坊	衡水
2009年	619.35	201.65	83.5	81.83	28.64	54.85	34.4	67.5	32.21	25.42	43.23	30.17	21.32
2013年	742.3	302.4	92.9	96.7	34.2	80.4	45.7	99.9	39	30.3	52.4	43.9	29.6
2018年	819.30	259.98	95.96	78.60	28.35	62.50	37.31	79.70	32.58	26.69	45.50	39.79	23.31

资源来源：对应年份的《中国城市统计年鉴》。

城镇从业人数的变化表明劳动力在京津冀城市群内出现过大规模流动的现象。京津冀城市群劳动力错配指数见表4-2，可以进一步发现，2018年各城市在劳动力配置方面均存在一定程度的资源错配。其中，北京市劳动力错配指数大于0，说明存在配置不足的状况；其余城市的劳动力错配指数均小于0，说明处于配置过剩的状态。纵向来看，各城市的劳动力错配指数在2009—2018年均呈现向0靠近的趋势，表明京津冀城市群的劳动力配置状况在2009—2018年有所改善，并呈现出良好的发展态势。其中，京津冀城市群劳动力错配程度平均下降51%；北京市劳动力错配程度降幅最大，从2009年的10.99下降至2018年的4.16，下降了62%。

表4-2　　　　　　　　　京津冀城市群劳动力错配指数

	北京	天津	石家庄	唐山	秦皇岛	邯郸	邢台	保定	张家口	承德	沧州	廊坊	衡水
2009年	10.99	-8.40	-9.94	-13.92	-7.59	-13.89	-9.46	-7.34	-7.37	-9.42	-14.23	-1.13	-10.01
2013年	8.41	-5.33	-8.02	-10.47	-5.33	-8.21	-6.22	-4.88	-5.67	-7.38	-10.85	-1.08	-6.74
2018年	4.16	-3.56	-4.39	-6.28	-3.91	-5.17	-4.41	-3.40	-3.60	-4.36	-6.51	-1.06	-5.23

(二) 资本错配改善效果不明显

固定资本是资本投入的主要反映，京津冀城市群固定资本投入的变化见表4-3。可以发现，2018年固定资本投入排在前五位的城市依次是天津市、北京市、石家庄市、唐山市以及邯郸市。其中,天津市固定资本投入最大,超过1万亿元;城市间固定资本投入差距较大,北京市与天津市固定资本投入占京津冀城市群的35%,排名第一的天津市是排名第三的石家庄市的1.58倍。纵向来看,各城市固定资本投入在2009—2018年呈上升趋势。其中,京津冀固定资本投入从2009年的20352亿元增长至2018年的52870亿元,增长159.8%;北京市增长幅度最小,2018年较2009年增长66%;天津市在2015年达到投入规模顶峰,随后呈下降趋势;河北省内除廊坊市外,其余城市的增长规模均超过平均增长水平。

表4-3　　　　　　　　京津冀城市群固定资本投入　　　　　　　（单位:亿元)

	北京	天津	石家庄	唐山	秦皇岛	邯郸	邢台	保定	张家口	承德	沧州	廊坊	衡水
2009年	4858	4977	2229	1802	329	1276	602	1001	581	520	774	1172	231
2013年	7032	10091	4369	3576	770	2661	1418	2083	1272	1202	2292	1541	787
2018年	8062	10643	6714	5666	916	4240	2263	3085	1760	1415	3907	2813	1386

资源来源:对应年份的《北京统计年鉴》《天津统计年鉴》《河北经济年鉴》。

京津冀城市群资本错配指数见表4-4,可以看出,2018年各城市在资本配置方面均存在一定程度的资源错配,但资本错配程度比劳动力错配程度小。其中,北京市资本错配指数大于0,说明存在配置不足的情况;其余城市的资本错配指数均小于0,说明处于配置过剩的状态。纵向来看,除廊坊市外,其余城市的资本错配程度在2008—2019年呈现加剧走势。其中,京津冀城市群资本错配程度平均增长58%;北京市资本错配程度从2009年的1.29上升至2018年的2.90,增长124%;天津市资本错配程度变化缓慢,从2009年的-0.59下降至2018年的-0.63,该变化与天津市固定资本投入变化有关,随着2015年天津市固定资本投入的减少,天津市资本错配程度开始呈现减缓趋势。

表4-4　　　　　　　　　京津冀城市群资本错配指数

	北京	天津	石家庄	唐山	秦皇岛	邯郸	邢台	保定	张家口	承德	沧州	廊坊	衡水
2009年	1.29	-0.59	-0.65	-0.51	-0.33	-0.78	-0.54	-0.53	-0.65	-0.69	-0.46	-0.48	-0.16
2013年	1.98	-0.61	-0.69	-0.58	-0.53	-0.83	-0.69	-0.61	-0.72	-0.73	-0.68	-0.37	-0.59
2018年	2.90	-0.63	-0.76	-0.71	-0.54	-0.89	-0.76	-0.69	-0.78	-0.81	-0.81	-0.34	-0.73

三 区域利益分配机制尚不健全

行政壁垒使市场机制在京津冀协同发展中无法充分发挥主导作用，局部利益博弈导致"一亩三分地"的发展思维尚未消除。因此，如何合理分配要素资源与平衡区域主体间利益是京津冀协同发展面临的问题。

（一）自我利益博弈仍然存在

由于三地产业存在较大的同质性，资源要素不能完全共享是京津冀协同发展面临的主要问题之一。京津 GDP 占京津冀总额的 58.5%，河北省占京津冀总额的 41.5%；京津两地财政收入占京津冀总额的 68.75%，河北省的占比仅为 31.25%。河北省的经济发展方式表现出高投入、低产出、粗放式的特征，其对环境的污染较重且对资源的依赖较深，较难达到可持续发展的目标。同长三角城市群与珠三角城市群相比，京津冀协同发展存在一些问题，诸如产业结构梯度差异小、区域内行政壁垒高等，而产业结构性关联是解决京津冀协同发展问题的重要依托。京津冀协同发展的利益博弈就是寻求三地的利益平衡关系，而利益既得者的权益被认为是利益博弈的最大障碍。从宏观层面来看，京津冀的利益博弈包括资源合理分配、重大项目的生产力布局、区域性生态建设和保护、社会公共资源分配、政府间财政转移支付；从中观层面来看，利益博弈主要体现在京津冀的经济实体之间；从微观层面来看，利益博弈主要体现为经济利益者之间的博弈。

（二）既得利益格局尚未打破

京津冀占据地理与资源等多方面的综合优势，但是整体的经济活跃度不高，因为城市间的利益协调机制不健全，要实现京津冀协同发展的关键点之一就在于如何打破既得利益格局。京津冀协同发展的顶层设计，主要是打破各自为政的思维定势，以冲破壁垒为目标，以功能区分为抓手，以融合发展为内容，实质性地协同发展。

北京市要凸显作为全国政治中心、文化中心、国际交往中心、科技创新中心的重要功能与作用，天津市与河北省要做好北京非首都功能的承接。国家发改委国土开发与地区经济研究所原所长肖金成认为，北京市的产业结构应该升级，着力发展现代服务业、金融业、商贸业、旅游业；天津市应该发展高端制造业、高科技产业、国际航运和国际物流业；河北省应该主要发展制造业、原材料产业、物流业、旅游业、农产品加工业。南开大学滨海开发研究院副院长刘刚教授认为,在对京津冀的产业布局和城市功能进行调整的过程中,一定要做好三个方面的结合:一是京津冀协同发展要与河北省经济转型、创新驱动发展战略相结合;二是要与东北亚开放门户建设相结合;三是要与建设最有活力的市场经济相结合。京津冀协同发展的重点在于区域产业结构、环境保护与城乡结构等方面的全面协调发展。因而要遵循经济与自然规律,主动引导三地的人口分布同各地的经济发展趋势相适应,同时要与资源环境承载能力相适应,逐步构建人口、经济、资源环境相协调的空间发展新格局。

京津冀协同发展面临的重要现实问题之一是利益格局失衡,而构建制度化的利益平衡机制是京津冀协同发展的关键所在。实现利益平衡的制度安排应当包括利益表达、利益协调与利益补偿。京津冀协同发展亟待解决的重要问题是完善三地的利益分配机制,使得三地利益得到协调,寻找各方利益平衡点,最终实现经济的协调发展。无论是发挥政府引导作用,打破行政区划壁垒,建立有效协调机制,完善中小城市的基础设施,实现区域公共服务均等化;还是发挥市场的决定性作用,优化要素资源的配置,都要尽快完善区域主体间的利益补偿机制。[①]

第二节 京津冀城市群大中小城市发展不协调

一 城市规模等级结构不合理

随着城市数量和规模的快速增长,为适应城镇化深入发展的要求,国务院于2014年11月颁布了"关于调整城市规模划分标准的通知"(国发〔2014〕51号)。依据此文件,基于京津冀城区常住人口数据将城市分为超大城市、特大城市、Ⅰ型大城市、Ⅱ型大城市、中等规模城市、Ⅰ型小城市与Ⅱ型小城市七大类,京津冀地区城市规模等级结构情况见表4-5。

表4-5   2018年京津冀地区城市规模分类统计

	城区常住人口	城市
超大城市	1000万人以上	北京市、天津市

---

① 臧秀清:《京津冀协同发展中的利益分配问题研究》,《河北学刊》2015年第1期。

续表

	城区常住人口	城市
特大城市	500万—1000万人	—
Ⅰ型大城市	300万—500万人	石家庄市、邯郸市、唐山市
Ⅱ型大城市	100万—300万人	保定市、张家口市、秦皇岛市、定州市、衡水市
中等规模城市	50万—100万人	邢台市、河间市、廊坊市、武安市、任丘市、遵化市、迁安市、三河市、涿州市、沧州市、霸州市、泊头市、辛集市、黄骅市、承德市、深州市、高碑店市、晋州市、滦州市、新乐市、南宫市
Ⅰ型小城市	20万—50万人	平泉市、沙河市、安国市
Ⅱ型小城市	20万人以下	白沟新城

资料来源：对应年份的《中国城市建设统计年鉴》。

整体来看，京津冀城市群内部城镇化发展不协调。京津冀城市群内部呈现出以北京市、天津市两个超大城市为地区城镇体系核心，河北省各城市梯度包围分布的多层次城镇体系。[①] 具体来说，北京市和天津市的核心地位突出，是京津冀城市群内仅有的两个超大城市，与城市群内其他城市相比存在诸多发展优势，在发展过程中发挥辐射带动周边区域的重要作用。石家庄市、邯郸市和唐山市是京津冀城市群内的三个Ⅰ型大城市，这三个城市的规模远远小于两大核心城市的规模，但是石家庄市作为河北省的省会，能够通过核心城市的辐射作用带动河北省其他城市的发展。Ⅱ型大城市包括5个城市，分别为保定市、张家口市、秦皇岛市、定州市、衡水市。中等规模城市包括21个城市。京津冀城市群内的城市规模比例失衡，没有形成合理梯度，Ⅰ型小城市仅有3个，白沟新城是京津冀城市群内唯一的Ⅱ型小城市。特别值得说明的是，京津冀城市群内缺乏特大城市，即缺乏超大城市向大中小城市过渡的城市。京津冀城市群的分布结构呈现哑铃形，双核效应明显，中等规模城市较多，大小城市的比重较小，城市群内部发展水平差距较大。

为实现京津冀协同发展的目标，应该不断完善城市群的城市规模结构。首先，应该明确各城市的功能定位，寻求自身优势的充分发展，让城

[①] 金鹿、王玮：《京津冀建设世界级城市群的发展阶段与对策研究》，《天津经济》2019年第5期。

市之间合理的分工合作代替不必要的同质化竞争，促进京津冀协同发展；其次，作为京津冀的重要组成部分，河北省应该优化大中小城市的比例结构，构建合理的城市体系，将中等城市做大做强，实现中等城市向大城市的转变升级；最后，在疏解北京非首都功能的过程中，河北省应做好承接京津两地产业、资源等工作，努力缩小城市群内部的差异，促进大中小城市的协同发展。

京津冀城市群城市规模等级结构不合理，拥有发达的中心城市与较落后的"腹地"。[①] 核心城市较大，而中小城市发展相对缓慢。同京津城市规模等级相比较，河北省城市等级体系和空间格局的不合理导致社会经济发展与其他两地存在较大差异，缺少特大城市同京津相衔接，中小城市发展滞后。因此，京津冀城市群协同发展受到制约。

二 城市间经济发展差距较大

京津冀发展差异不仅表现在经济总量上，人均经济水平也存在显著差异。从经济总量角度看，2019年北京市地区生产总值为3.5371万亿元，天津市地区生产总值为1.4104万亿元，石家庄市地区生产总值为0.5810万亿元，北京市经济体量是石家庄市经济体量的6倍多，天津市经济体量接近石家庄市经济体量的3倍。从人均经济水平角度看，2019年北京市人均地区生产总值为16.4220万元，天津市人均地区生产总值为9.0371万元，石家庄市人均地区生产总值为5.2859万元，北京市人均经济水平是石家庄市人均经济水平的3倍多，天津市人均经济水平接近石家庄市人均经济水平的2倍。河北省人均经济水平最高的是唐山市（8.6667万元），仅为北京市人均经济水平的53%，为天津市人均经济水平的96%。从人均收入水平角度看，2019年北京市城镇居民人均可支配收入为7.3849万元，农村居民人均可支配收入为2.8928万元；天津市城镇居民人均可支配收入为4.6119万元，农村居民人均可支配收入为2.4804万元；河北省城镇居民与农村居民人均可支配收入分别为3.5737万元、1.5373万元，北京市城镇居民人均可支配收入是其他地区的1.6—2.1倍，农村居民人均可支配收入是其他地区的1.1—1.9倍。

[①] 高素英等：《京津冀城市群空间结构测度与优化路径选择》，《商业经济研究》2017年第9期。

只有京津冀协同发展才能发挥整体优势，找准各地区的功能定位，才能最大程度地削减无谓的损失。京津冀三地分属三个行政区划，资源流动存在行政壁垒。京津冀协同发展要达到城市体系一体化与区域经济一体化目标，就必须打破行政约束。无论是北京市还是天津市，两地的空间集聚效应均大于扩散效应，导致存在明显的虹吸效应。实际上，承德市的兴隆、滦平、丰宁，张家口市的赤城、怀来、涿鹿，以及保定市的涞水等都与北京市接壤，保定市的涿州，京津之间的廊坊市，唐山市的遵化、玉田和曹妃甸等也都与京津接壤，具有很好的地缘优势，能够促进京津冀的跨区域合作。因此，要在"硬区划"之外找到"软区划"的合作方式，让京津两大都市的辐射力尽快向京津行政区划外溢出。①

三 北京"大城市病"问题

在经济高速发展的背景下，就业岗位多且收入水平高的京津吸引就业人口聚集。特别是首都北京市集聚越来越多的人口，导致其交通压力大、环境污染相对严重、房价快速升高，人口过多带来的需求无限性与资源环境有限性的矛盾日渐凸显，"大城市病"问题突出。

人口增长快是北京"大城市病"的表现之一。自"十二五"规划以来，北京市的常住人口年均增长量超过50万人，增长量几乎相当于国外一个大城市的规模。人口的快速增长，对公共服务设施产生巨大的需求。按照北京市社会科学院的测算，若常住人口增加100万人，则需要增加100平方千米土地，住房建筑面积需要新增2200万平方米，保障性住房需要新增12万套，公交出行每天要增加110万人次，用水量每年要增加1.2亿立方米左右，小学需要新增42所，普通中学需要增加33所左右，这些需求相当于需要构建一个东城加西城。北京市常住人口2018年已达到2154.2万人，《京津冀协同发展规划纲要》中明确了北京市2300万人的人口控制目标，仍需要得到有效的疏解。因此，解决北京"大城市病"问题、优化提升首都功能，必须以疏解北京非首都功能为先导和突破口，坚持"控"与"疏"双管齐下。对于列入疏解的项目，属地政府应积极发挥政府对市场的调控和引导作用。"疏解"与"提升"须同步推进，积极共同做好疏解工作。

---

① 马燕坤：《京津冀城市群城市功能分工研究》，《经济研究参考》2018年第21期。

交通拥堵是北京"大城市病"的表现之一。2018年北京市机动车保有量为608.4万辆。北京市2018年中心城区工作日出行总量为3924万人次，增速0.8%，较2017年有所放缓。工作日全天平均763.3万人进入中心城区工作，居住在外来中心城区工作的人数为179.0万人，占比为23.5%。高德地图发布的《2018年度中国主要城市交通分析报告》统计数据显示，北京市在2018年位列全国主要城市拥堵第一名，北京市路网高峰行程延时指数为2.032，高峰实际速度为23.35千米/小时，高峰拥堵路段里程占比为11.08%，即北京市平均每100千米就有11.08千米路段处于拥堵或严重拥堵状态。北京市早晚高峰驾车通勤时长分别为42分钟、46分钟。2018年北京市在超大、特大城市拥堵排名中仍居首位。北京市交通拥堵造成较大的经济损失，北京市高峰平均驾车通勤时间每天88分钟，参照2018年路网高峰行程延时指数2.032，平均每天通勤拥堵时间为44.97分钟，若按照每年232个工作日计算，则平均每人年拥堵时长达174小时，即相当于一年中有22个工作日处于拥堵状态，折合经济损失约8400多元，北京市是人均年通勤拥堵时间最长的城市。

水资源短缺、能源匮乏是北京"大城市病"的表现之一。资源、能源状况使得北京市无法承载过多的产业与功能。2018年《北京市水资源公报》数据显示，北京市人均水资源占有量为165立方米，仅为全国人均水资源占有量的8.2%，人多水少。利用再生水、外流域调水以及继续适度开采地下水是北京市保障用水采取的主要措施。除了水资源短缺外，能源匮乏也是北京市面临的一大问题。北京市本地能源资源存储量和开发量均较少，大量依赖外来能源，2017年北京市的能源消费对外依存度高达90%以上。

环境污染是北京"大城市病"的表现之一。北京市大气污染的情况比较严重，北京市2018年PM2.5的年均浓度为51微克/立方米，未达到给出的最终目标。汽车尾气排放是PM2.5的主要来源之一，汽车保有量的逐年增加导致大气污染日益严重。北京市全市机动车保有量在2018年达到608.4万辆，比2017年年末增加17.5万辆，民用汽车达574.6万辆，增加10.8万辆，因而对于机动车尾气的预防和控制十分迫切。除汽车尾气排放外，影响空气污染的原因还包括高耗能企业与工地施工产生的扬尘。鉴于此，北京市实施《北京市空气重污染应急预案》修订版，加大污染治理力度，落实了污染排放企业停产或者限制生产等措施。2017年11月至2018

年3月，北京市实行《2017—2018年秋冬季建设系统施工现场扬尘治理攻坚行动方案》，在采取一系列治理工业污染方面的措施后，取得了显著成效。同2017年相比，2018年年均PM2.5浓度下降了12.1%，改善幅度明显，但由于秋冬季北方地区采暖排放比较大，北京市2018年还是出现了几次明显的重污染现象。

四 次中心及中小城市发展不足

北京市拥有最大的空港，是重要的交通枢纽，大多数银行、央企总部、高等院校与科研院所坐落于此，是现代化的国际大都市，集政治、外交、科技、文化中心功能于一身。天津市是中国北方最早的自贸区，是北方重要的经济中心，同时也是夏季达沃斯论坛的常驻举办城市。石家庄市是河北省省会，是连接华北地区与中原、华南地区的重要交通枢纽，是华北南部的商贸物流中心与经济中心。唐山市是河北省的经济中心，同时也是京津冀城市群位于东北部的副中心城市。保定市与北京市、天津市构成黄金三角，是北京市的南大门，京津保地区率先联动发展。廊坊市位于京津两个国际化大都市之间，是京津冀的地理中心，素有"京津走廊、黄金地带"之称。邢台市是"环京津"经济圈和"环渤海"经济圈的现代物流业重要节点城市。沧州市是京津冀滨海临港重化工产业带的南部节点城市。秦皇岛市是全国著名的休闲、度假胜地，国家级能源输出港和北方地区重要的出海口岸，是组成京津冀城市群的生态屏障。衡水市是京津冀交通物流枢纽和京津教育医疗、休闲养生功能基地。邯郸市作为冀南门户，是中原经济区对接京津冀、衔接环渤海经济区的重要门户。承德市是以中国皇家园林为特色的旅游城市。张家口市是京津冀城市群连接东北、西北区域的交通枢纽。张家口市和承德市是京津冀城市群的重要生态屏障和水源涵养地、京津冀绿色生态农业和清洁能源基地。

自2014年提出京津冀协同发展以来，京津冀城市群发展迅速，但内部城市规模等级差异明显，发展不平衡。中部核心功能区的北京市、天津市、保定市、廊坊市率先联动发展，取得成效。京津冀城市群的内部经济密度差距大，地区间收入不平等呈扩大趋势。[①] 同其他世界级城市群相比，京津冀城市群的内部差异更加显著。河北省的分布格局呈现出两头小、中

---

① 陈梦筱：《京津冀城市群经济空间联系研究》，《经济研究参考》2018年第21期。

间大的特点，没有形成金字塔形，而金字塔形是最理想的分布格局形式。具体表现为总体规模较小，大小城市数量与规模不足，同时中等城市布局分散。专家认为，不理想的空间布局与城市等级体系是造成河北省与京津两地经济社会发展差异大的主要原因，制约了京津冀的协同发展。

城市间客流、物流、资金流、信息流和技术流等在京津冀城市群的内部频繁流动并相互作用。约翰·费里德曼（John Friedmann）认为在工业化进程的推进过程中，规模不等的经济中心会出现在区域空间内，紧密联系周边地区，使得经济发展水平在区域间的差异不断缩小，区域的界限将逐渐淡化，最终该区域将实现空间一体化。经济中心对周边地区的辐射程度可用空间经济联系强度来描述，同时也可以反映区域内周边地区的接受能力。区域整体空间一体化水平可以用空间经济隶属度来表征。根据牛顿力学引力模型，可以确定区域内城市空间的经济联系强度 $R_{ij} = (\sqrt{P_j G_j} \times \sqrt{P_i G_i})/D_{ij}^2$，其中，$R_{ij}$ 为两城市的经济联系强度，P_i、P_j 为两城市的人口规模，G_i、G_j 为两城市的经济规模，D_{ij} 为两城市的时间距离，城市间的时间距离用最短通行时间表示。城市之间经济联系强度的结果显示，在京津冀城市群内部，北京市与天津市的经济联系强度最高；石家庄市、唐山市、保定市、邯郸市分别与北京市、天津市的经济联系强度弱于京津两地之间的联系，仅为其联系强度的1/20—1/10；廊坊市、张家口市、承德市、秦皇岛市、沧州市、衡水市、邢台市分别与北京市、天津市的经济联系同京津两地之间的联系强度相比较，后者是前者的几十倍、百倍甚至千倍。由此可见，要形成互联互通的网状联系需要加强河北省各城市与北京市、天津市的经济联系。

随着城市之间距离的不断增加，经济空间联系强度逐渐降低。城市发展模式在京津冀城市群内表现出"双核带动"的经济空间结构。然而，冀中南经济区未出现较为明显的核心，各市的经济实力均衡，经济联系程度较弱。石家庄市作为河北省的省会，与其他城市的互动水平较低，综合发展水平并不理想，未能成为河北省的副核心城市。目前城市体系结构与长三角、珠三角城市群对比来看，京津冀城市群缺失具有类似南京市、杭州市的"二传手"作用的次中心城市和众多充满活力的中小城市。

第三节　京津冀城市群产业布局问题

京津冀的产业虽然各具特点，但是三地的主导产业重合度较高，这可能是历史遗留因素或地理因素造成的。产业分工不合理、相似度较高，资源抢夺与浪费等问题也日益严重。北京市有 1 个国家级开发区，天津市有 6 个国家级开发区，河北省也有 6 个国家级开发区，但是发展电子信息、生物医药等产业几乎均为三地国家级开发区的发展重点，同质化竞争突出。[①] 具体表现为产业链关联度不高，招商区域重叠，导致在落户企业的追逐方面竞争激烈。城市间的互动合作不充分，导致物流成本增长很多，效率也较低。产业方面的重复建设、同质化竞争很明显，产业布局缺乏统筹，没有形成相互衔接的产业链。因此，京津冀产业同质化竞争严重，缺乏有效协调与协作，尤其表现在三地工业与制造业企业之间，这些企业在京郊、天津市和河北省都有广泛分布。

一　京津冀产业同构的测量

从产业结构的角度来看，北京市第三产业的比重在 2019 年已经达到了 83.5%，而且呈现出稳步增长的态势，明显表现出高端化的趋势；而天津市与河北省的第二产业比重依然维持在 50% 左右。从工业化阶段的角度来看，北京市已进入后工业化阶段，天津市处于工业化阶段后期，而河北省尚处于工业化阶段中期。[②] 从主导产业的角度来看，由于第三产业的比重较高，北京市以服务经济为主导产业；由于第二产业比重较高，天津市的主导产业为技术资金密集型的研发制造业；同样由于第二产业占比最高，河北省主导产业为资金、资源密集型产业，而第一产业仍占据重要地位。

从产业和技术梯度来看，结构相似系数和结构差异度指数这两个指标经常被用来测量产业的同构现象。具体而言，如果某地区的结构相似系数

---

① 周桂荣、任子英：《区域产业功能定位重构及协同发展机制创新——以京津冀为例》，《区域经济评论》2017 年第 1 期。

② 金鹿、王琤：《京津冀建设世界级城市群的发展阶段与对策研究》，《天津经济》2019 年第 5 期。

越高,而结构差异度指数越低,则说明该地区具有十分明显的产业同构现象,否则不能说明该地区具有明显的产业同构现象。本书通过计算联合国工业发展组织(UNIDO)提出的结构相似系数来测度京津冀高技术产业的同构情况,北京市和天津市的产业相似度系数为 0.67,是京津冀产业相似度系数中最高的,处于高技术梯度;北京市和河北省的高技术产业相似度系数为 0.55;而天津市和河北省的高技术产业相似度系数为 0.43,是京津冀产业相似度系数最低的。从分行业的角度来比较,三地之间的梯度差异会有变化,导致产业间不能形成竞争合作优势。虽然在京津冀协同发展的过程中,北京市疏解了很多产业,使得京津冀产业同构现象得到缓解,但是作为疏解产业承接地的天津市与河北省,两地的产业同构现象依然没有得到有效改善,缺乏深层次分工协作。

二 京津冀产业同构问题的表现

通过第三章对京津冀产业现状的分析,可以发现京津冀主要产业的同构问题比较严重。进一步查阅《京津冀协同发展规划纲要》以及各地的政府工作报告等资料,并结合三地的相关数据,诸如北京市各行业的总产值、天津市与河北省对应产业的总产值等指标,可以得出京津冀各自的主导产业数量。其中,北京市有 18 个主导产业、天津市有 14 个主导产业、河北省有 10 个主导产业,京津冀重合的产业具体包括石油加工业、食品制造业以及炼焦和核燃料加工业,食品制造业是三地重合产业中的主导产业。北京市与天津市有 7 个重合的产业,产业同构程度最高;北京市和河北省仅有 2 个趋同的产业,产业结构差异明显,重合度相对不高;天津市与河北省拥有 4 个相似的产业,产业重合问题比较严重。由于历史因素的影响,三地的产业分工一直没有明确的界定,京津冀产业差异性不明显,重合度较高。例如,北京市不断发展金融业和计算机行业,而国家致力于将天津市打造为北方的经济中心,造成严重的产业重叠问题;天津市与河北省也同样存在制造业项目重合等问题,资源争夺势必造成效率的低下。

以三地部分经济技术开发区为例,北京市经济技术开发区的重点发展产业包括电子信息通信、装备制造、生物工程与新医药、汽车等产业,数字电视、绿色能源等新兴产业集群。天津市经济技术开发区的重点发展产业包括电子、汽车、石化、装备制造、医药健康产业,其中武清经济技术开发区的重点发展产业包括电子信息、生物医药、新型建材、机械制造、汽车及零部件五大产业，北辰经济技术开发区的重点发展产业包括装备制造、生物医药、汽车配件、食品饮料、机电制造、橡胶制品、现代物流和新能源产业。河北省各经济技术开发区的发展重点各不相同，廊坊市经济技术开发区的重点发展产业包括电子信息、装备制造、汽车零部件、食品加工、现代服务业五大产业，秦皇岛市经济技术开发区的重点发展产业包括粮油食品加工、汽车及零部件、重大装备制造、冶金及金属压延和玻璃建材产业，沧州市临港经济技术开发区的重点发展产业包括石油化工、装备制造、电力能源、现代物流等产业，石家庄市经济技术开发区的重点发展产业包括医药产业、生物医药、装备制造、健康食品产业，邯郸市经济技术开发区在做强做大新材料、高端装备制造、白色家电三大支柱产业的基础上，重点打造智能制造、生命科学和健康营养、电子信息三大新兴产业。

虽然京津冀城市群内产业同构现象明显，但是同构现象在细分产业中表现的趋势并不十分明显。相似的比较优势、国有资本比例过高带来的贸易壁垒以及地理区位等因素对京津冀各城市之间产业结构趋同有重大影响。同样对京津冀产业同构具有影响作用的因素还包括经济规模、对外开放程度以及经济发展水平，但这三个因素的促进作用并不明显。京津冀应当明晰各自的优势产业，在京津冀协同发展的过程中发挥各自的优势，合理分工。其中，北京市的产业定位为高新技术产业、文化产业、现代高端服务中心，是知识型区域；天津市的产业定位为加工工业、现代制造业、生产性服务业、核心交通枢纽，是加工型区域；河北省的产业定位为采掘、传统制造业、工业化基地，是资源型区域。

三 京津冀产业同构的原因

京津冀产业同构问题严重，造成了资源浪费，并且未发挥区域协同优势。造成京津冀产业同构问题的原因主要包括两个方面。

梯度差异过大，发展严重不均衡。从经济学角度来看，适度的产业梯度能够使各地区发挥比较优势，同时进行产业分工和转移。为实现合理高效的生产网络和产业发展链条，高梯度地区应着力发展层次水平较为先进的产业，而落后地区承接高梯度地区产业转移的同时引进先进技术，不断改善自身结构。京津冀内部发展严重不均衡，北京市、天津市体量过大，发展水平远高于河北省，相较而言，河北省长期处于梯度产业分工的低端，与京津发展差距过大，产业转移和承接能力脱节，难以形成完整的产业发展链条。

行政辖区独立，产能重叠严重。京津冀虽地域上紧密相连，但三地的行政主体将更多的关注放在自身经济发展上，忽视了区域整体规划。行政壁垒制约了资源在三地的自由流动，阻碍了区域协调发展。产业重叠问题日益突出，产业竞争大于合作，相互之间争夺资源和市场，造成产业效率低下。同时，由于原材料工业具有高投入、高产出的特征，对于地方经济的发展具有重要作用，三地政府一直以来都对这一行业非常重视。从近几年发展来看，虽然北京市减少了对这一行业的投资，但天津市和河北省仍然鼓励发展这一行业。北京市和天津市都具有一定的技术和人才优势，目前都非常重视电子、计算机等高新技术产业的发展。由此可见，政府的政策支持对于产业同构问题的形成有推动作用，行政辖区的独立制约一体化的进程。

第四节　京津冀城市群生态环境问题

一　水资源承载能力亟须提升

京津冀位于海河流域，海河流域东临渤海，西倚太行，南界黄河，北接蒙古高原。尽管拥有海河水系，京津冀水资源状况依然堪忧，《中国水利统计年鉴》显示2019年海河流域年平均降水量仅为559毫米。京津冀承载着全国8.1%的人口，但水资源占有量不足全国的1%，属于资源型缺水地区。《京津冀蓝皮书：京津冀发展报告（2016）》指出水资源承载力已成为制约京津冀发展的最大短板。北京市2018年的人均水资源量为165立方米，天津市2018年的人均水资源量为112.9立方米，河北省2018年的人均水资源量为217.09立方米，均低于国际公认的极度缺水标准（人均水资源量500立方米）。京津冀为满足经济社会发展的需求，水资源被过度开发利用，引发了诸如河道断流、地下水位下降、严重水体污染等生态环境问题。2013年11月南水北调东线一期工程正式通水，随后南水北调中线工程也于2014年12月正式通水，为北京市、天津市城市用水提供了主要水源。京津冀的水资源短缺问题通过南水北调得到了有效缓解，自2016年开始，北京市的地下水位明显回升，人均水资源量增加近半。

郭旭宁等提出了多水源、多渠道保障京津冀协同发展供水安全的总体思路。[①] 在此基础上，进一步评价京津冀水资源空间均衡度。第一，计算河道外的供需平衡差，利用缺水量和缺水率两个指标表示供水不足。第二，将现状的不合理用水转换为缺水量，超采的地下水、挤占的地表生态用水是其主要组成部分，在此基础上加上河道外的供需平衡差，形成综合缺水量，可将该变量视为京津冀水资源空间均衡度的定量值。第三，将综合缺水量进一步转换为综合缺水率（α），经过无量纲归一化和正向处理，最终得到京津冀水资源空间均衡度（β），$\beta = 1 - \alpha/\alpha_{max}$。其中，$0 \leq \beta \leq 1$，$\alpha_{max}$表示最大综合缺水率。自然地理特征、主体功能定位、水工程布局状况、未来经济社会发展情景和水安全保障需求由于区域的不同而存在差异，因此，水资源空间均衡阈值在不同地区也存在显著差异。经测算，京津冀综合缺水率的最大值为50%，本书分别采用［0—0.4）来间接反映严重不均衡状态、采用［0.4—0.7）来间接反映不均衡状态、采用［0.7—0.9）来间接反映基本均衡状态、采用［0.9—1.0］来间接反映高质量均衡状态。基于水资源供需分析，研究采用的数据有本地地表水、地下水、外调水、生活需水、工业需水、农业需水、生态需水等。

在现状情境下，依据水资源空间均衡度的测算方法，京津冀水资源整体空间均衡度的测算结果为0.45，即处于不均衡状态。从京津冀城市群各城市的角度来看，处于严重不均衡状态的城市包括邯郸市、邢台市、沧州市、廊坊市和衡水市，处于不均衡状态的城市包括石家庄市、唐山市、保定市和张家口市，处于基本均衡的城市包括北京市、天津市、承德市和秦皇岛市。因此，京津冀水资源空间均衡度仍存在较大的提升空间。

在未来情境中，供给侧需要考虑不同外调水规模的影响，需求侧则需要考虑不同层次需水得到满足的情况。在充分节水的前提下，本书进一步分析三种未来情景下京津冀城市群各城市的水资源空间均衡度。情景a：中线供水达效情景下的京津冀水资源空间均衡度评价；情景b：新增外调水解决刚性缺水情景下的京津冀水资源空间均衡度评价；情景c：新增外调水基本解决缺水情景下的京津冀水资源空间均衡度评价，测度结果如下。

[①] 郭旭宁等：《多水源多渠道保障京津冀协同发展供水安全》，《水利规划与设计》2017年第11期。

情景 a：在充分节水、现状供水能力达标以及南水北调中线一期工程调水总量达到规模的前提条件下，结合京津冀不同行业用水的重要程度及各城市的社会经济发展状况，优先保证各城市的刚性需水，对京津冀城市群各城市的水资源空间均衡度进行评价。经测算，在充分节水的必要条件下，京津冀整体水资源空间均衡度为 0.69，即处于不均衡状态。从京津冀城市群各城市的角度来看，处于不均衡状态的城市包括石家庄市、唐山市、邯郸市、邢台市、保定市、沧州市、廊坊市和衡水市，处于基本均衡状态的城市包括北京市和天津市，处于高质量均衡状态的城市包括秦皇岛市、张家口市和承德市。从水资源空间不均衡的关键因素来看，地下水超采严重的衡水市、沧州市属于刚性缺水城市，唐山市、廊坊市等城市部分缺水，具体表现为基本农业和生态环境的需水不足。综上所述，为了满足各城市的用水需求并实现供需基本平衡，京津冀城市群需要考虑增加跨流域调水量。

情景 b：考虑增加南水北调东线二期工程对京津冀的调水，来满足各城市的刚性用水需求，以达到京津冀水资源供需基本平衡的目标。同时，考虑水源的置换，利用外调水满足生活需水和工业需水，置换出本地水用于满足农业需水和生态环境需水。经测算，京津冀整体水资源空间均衡度为 0.85，即处于基本均衡状态。从京津冀城市群各城市的角度来看，结果显示，处于不均衡状态的城市包括沧州市和衡水市，处于基本均衡状态的城市包括天津市、石家庄市、唐山市、邯郸市、邢台市、保定市和廊坊市，处于高质量均衡状态的城市包括北京市、秦皇岛市、张家口市和承德市。从水资源空间不均衡的关键因素来看，京津冀城市群刚性用水需求得到满足，但衡水市和沧州市等地仍存在部分缺水的情况，生态用水的满足程度较低。综合上述分析结果可以得出，未来京津冀在考虑南水北调东线二期工程新增调水量时，该地区的刚性需水得到满足，可以基本实现水资源的供需平衡。但仍存在不能满足其他合理需水的问题，若要满足京津冀全部的合理需水量，需要进一步增加调水量，从而实现京津冀高水平的水资源供需平衡。

情景 c：考虑充分节水、现状供水能力达标、南水北调中线一期工程达到调水规模、南水北调东线二期工程对京津冀新增调水以及新建其他的调水工程，在增加调水量满足京津冀刚性用水需求的基础上，再新增加一定量的调水量。该地区的合理性需水基本得到满足，能够实现高水平水资源供需平衡的目标。在此情景下，京津冀整体水资源空间均衡度达到了0.92，即处于高质量均衡状态。从京津冀城市群各城市的角度来看，处于基本均衡状态的城市包括石家庄市、唐山市、邯郸市、邢台市、保定市、沧州市和廊坊市，处于高质量均衡状态的城市包括北京市、天津市、秦皇岛市、张家口市和承德市。

京津冀目前整体处于水资源不均衡的状态，值得一提的是，沧州市、衡水市、邢台市、邯郸市和廊坊市五个城市处于水资源严重不均衡的状态。未来，随着调水和节水力度的不断加大，京津冀水资源空间的不均衡状态将得到大幅改善。

李林汉等的研究采用层次分析法构建指标体系，对京津冀的水资源承载能力进行评价和分析，得出同样结论：京津冀水资源短缺问题严重，水资源过载比例接近70%，水资源承载压力过大，导致京津冀协同发展受到制约。[①] 韩雁等的研究得出引发水资源承载能力严重过载的主要影响因素包括工业用水总量、年废水排放总量、生态用水总量、城镇化率、常住人口、人均 GDP、农业用水总量等。[②]

二　区域大气环境质量仍需改善

温室气体排放是中国发展绿色低碳循环经济所面临的重大问题，积极应对气候变化是京津冀协同发展过程中的重要任务之一，应该尽早实现以二氧化碳为主的温室气体排放达到峰值。2014 年，中美两国在北京 APEC 会议上达成温室气体减排协议，并发表《中美气候变化联合声明》。协议中提到，中国二氧化碳排放计划 2030 年左右达到峰值，并计划我国非化石资源占一次能源消费的比重到 2030 年提高 20% 左右。能源、技术以及经济的权衡与协同是实现二氧化碳排放达到峰值这一目标所面临的主要问题。在经济发展新常态的背景下，实现二氧化碳排放达到峰值的首要前提是在保障经济平稳增长的同时探索符合中国国情的新型工业化和城镇化道路。中国经济目前处于工业化中后期，是不断快速推进城市化进程的重要发展阶段，二氧化碳排放量必将随着经济发展而快速增长。中国二氧化碳

---

① 李林汉、田卫民、岳一飞：《基于层次分析法的京津冀地区水资源承载能力评价》，《科学技术与工程》2018 年第 24 期。

② 韩雁、张士锋、吕爱锋：《外调水对京津冀水资源承载力影响研究》，《资源科学》2018 年第 11 期。

排放量的 70% 来源于城市，所以城市的碳排放在很大程度上决定了二氧化碳排放量达到峰值的目标能否实现，以及国家低碳发展方针的落实情况。统筹考虑二氧化碳的排放强度，能够实现城市的绿色、循环、低碳发展，不断加强城市的生态文明建设。伴随着《京津冀协同发展规划纲要》的落地实施，以北京市、天津市、石家庄市、承德市、张家口市、秦皇岛市、唐山市、廊坊市、保定市、沧州市、衡水市、邢台市、邯郸市 13 个城市为主体的京津冀城市群需要统筹推进经济、社会、生态、环境等各方面协调发展。作为二氧化碳的排放主体，13 个城市二氧化碳排放强度的科学评估是实现京津冀城市群经济低碳发展的重要依据。[①]

关于碳排放计算方法，目前国际上公认和通用的是 IPCC（联合国政府间气候变化专门委员会）方法，该方法采用国外基于燃料热值的 IPCC 排放因子对温室气体排放量进行测算，排放因子的单位为 kg/TJ，代表单位热值燃料排放的二氧化碳质量。此外，《2006 年 IPCC 国家温室气体清单指南》第 2 卷《能源》部分也建立了二氧化碳的估算方法，以更加准确地计算和评估温室气体的排放。[②] 能源消费产生二氧化碳排放量见公式：$C = \sum_i E_i F_i$，其中，C 表示能源消费碳排放量，单位为万吨；i 表示能源种类；E_i 表示第 i 种能源消费量，单位为万吨标准煤；F_i 表示第 i 种能源的碳排放系数。不同种类能源的折合标准煤系数根据国家标准 GB 2589—81 规定，不同种类能源的碳排放系数根据国家发改委能源所规定，不同种类能源折合标准煤系数与碳排放系数见表 4-6。

表 4-6　　**不同种类能源折合标准煤参考系数与碳排放系数**

	煤炭	石油	天然气	非化石能源
折标准煤系数（tsce/t）	0.7143	1.4571	1.2722	0.1229
碳排放系数（t/tce）	0.7476	0.5825	0.4435	0

总体来看，京津冀城市群的能源消费总量有着显著差异。一方面，唐

---

① 冯冬、李健：《京津冀区域城市二氧化碳排放效率及减排潜力研究》，《资源科学》2017 年第 5 期。

② 臧宏宽等：《京津冀城市群二氧化碳排放达峰研究》，《环境工程》2020 年第 11 期。

山市2015—2019年的年均能源消费总量高达10664.5万吨标准煤；另一方面，廊坊市和衡水市两个城市的能源消费总量低于1000万吨标准煤，前后相差接近10倍。从二氧化碳排放总量的角度来看，北京市、天津市和石家庄市的二氧化碳排放量呈下降趋势。其中，北京市与天津市均呈现先小幅增长后迅速下降的趋势，比如北京市的二氧化碳排放量在2015年、2017年和2019年分别为14422.47万吨、14940.02万吨和10531.69万吨，最大降幅达到26%。石家庄市的二氧化碳排放量在2015—2018年从12171.33万吨下降至8796.38万吨，但在2019年有所回升，增量为2.3%。张家口市、衡水市和保定市的二氧化碳排放量在2015—2019年均呈现先降后增的走势。张家口市二氧化碳排放量从4730.54万吨增加至6309.75万吨，其中2016年降幅明显，同比下降14.72%，但2019年出现大幅增加的情况，同比增加32.9%；衡水市的二氧化碳排放量从1234.65万吨增加至1704.91万吨，其中2019年增幅较大，高达29.21%；保定市的二氧化碳排放量从3326.14万吨增加至4473.29万吨，虽然2015—2018年均呈现下降走势，但2019年的增量明显，高达34.49%。邯郸市、唐山市和承德市的二氧化碳排放量呈波动走势，并均在2018年出现排放高峰，分别为13854.25万吨、30319.84万吨和4813.45万吨。秦皇岛市、邢台市、沧州市和廊坊市的二氧化碳排放量呈持续上升走势，分别从2015年的2548.70万吨、3214.60万吨、4317.89万吨和1875.82万吨上升至2019年的4157.40万吨、6010.26万吨、6026.45万吨和2659.77万吨。

通过计算京津冀城市群二氧化碳排放量与国内生产总值的比值得到二氧化碳排放强度，即单位国内生产总值的二氧化碳排放量，可以得出如下结论：京津冀城市群的二氧化碳排放强度在2015—2019年呈现出显著的非均衡分布特征。其中，北京市的二氧化碳排放强度最低，在0.36吨/万元与0.64吨/万元之间浮动；其次是天津市和衡水市，浮动范围在0.71吨/万元与1.07吨/万元之间，约为北京市的两倍；廊坊市、邢台市和秦皇岛市的二氧化碳排放强度处于中游位置，在0.96吨/万元与1.59吨/万元区间内变化；唐山市、保定市、邯郸市、沧州市和张家口市的二氧化碳排放强度则较高，处于2.19吨/万元与4.07吨/万元区间内，尤其是唐山市，在2018年二氧化碳排放强度高达4.07吨/万元。

相较于北京市和天津市，京津冀其余城市尚处于工业化发展阶段，不可避免地需要依赖能源消费来发展经济，但从长远来看，提高能源利用效率、降低能源消费强度是京津冀城市群转变发展方式的必经之路。

三 固体废物协同处置能力有待提升

固体废物既是污染物，又具有一定的资源属性。对固体废物的协同处置利用，涉及京津冀生态环境保护与产业转移升级两个重点领域，是京津冀在实施协同发展战略时面临的问题之一。目前，北京市、天津市和河北省发布的固体废物处置信息中固体废物种类统计差异较大，仅一般工业固体废物、危险废物和生活垃圾三类固体废物有较为全面统一的固体废物处置信息。2017年，北京市一般工业固体废物产生量、危险废物产生量和生活垃圾清运量分别为702万吨、18.55万吨和924.8万吨；天津市一般工业固体废物产生量、危险废物产生量和生活垃圾清运量分别为1602万吨、41.5万吨和306.9万吨；河北省一般工业固体废物产生量、危险废物产生量和生活垃圾清运量分别为33981万吨、196.76万吨和699.6万吨。京津冀及周边地区重化工业集聚，部分地区基础设施不完善，导致固体废物处置能力有限。然而，固体废物信息统计是京津冀固体废物跨产业、跨区域协同处置的重要基础。固体废物的统计往往涉及多维度信息的汇总和叠加，不仅包括产、运、储、消等物质流分布，还包括其组分、性质、危害程度等属性变化规律。此外，难以量化的相互作用机制也是固体废物信息的重要组成部分。综上所述，现有固体废物处置信息难以满足京津冀固体废物协同处置利用的需求。

综合利用产业模式还未形成。[①] 京津冀对固体废物的处置和循环利用还没有形成完整、成熟的产业链和产业体系，主要表现在以下方面：一是产业规模小。工业固体废物地域禀赋差异大，增加了大规模应用的难度，大规模利用工业固体废物的路径还未完全探明，从事固体废物综合利用的企业多以中小型为主，规模效益低。二是产品低端化。固体废物综合利用的产品目前主要集中在一般建材产品，高端建材产品少，应用到工农业其他领域的高附加值产品更少。同时还存在高值低用现象，由于对冶金渣的高活性没有充分认识导致其难以发挥更大价值。三是处理模式落后。生活垃圾多以填埋处理，焚烧处理方式较少，综合处理技术路线尚不明确。四

---

① 周汉城、潘永刚：《构建京津冀固体废物协同处置和循环利用产业体系对策研究（续前）》，《再生资源与循环经济》2016年第1期。

是技术水平低。大宗工业固体废物综合利用尚存在许多技术瓶颈，尤其缺乏大规模、高附加值利用且具有带动效应的重大技术和装备，技术支撑能力明显不足，制约了固体废物综合利用产业的发展。五是产业链条短。京津冀尚未形成分工合理、物流支撑、综合利用、高值利用的产业链条，产业集聚效应差。

跨产业、跨区域协调性弱。[1] 京津冀固体废物跨产业、跨区域流动及信息交互较少，难以通过行业和区域协调互补的方式实现京津冀固体废物资源的高效处置。固体废物的转运、异地处置容易出现管理盲区，由此引起的一系列问题始终未能得到有效解决，区域间的固体废物流动被严格限制，固体废物处置跨区域协调能力差。其中河北省具有人口密度小，冶金、建材行业产能高，固体废物处置投资及运行成本低，固体废物协同处置潜力大等特点，处置固体废物比北京市、天津市更具优势。但区域间协同处置能力差，河北省固体废物处置能力过剩，导致冶金和建材行业固体废物协同潜力发挥不足，造成北京市、天津市固体废物处置负担过重的局面。三地政府在固体废物处置上，都立足于本地利益，没有形成统一协调的规划和布局。如北京市对生活垃圾主要采用焚烧方式，处置设施多以焚烧厂为主；而河北省由于处理模式落后，对生活垃圾主要采用填埋方式。北京市的水泥窑协同处置城市固体废物走在全国前例，而河北省在这方面起步较晚。三地需要对固体废物的协同处置进行统一规划和布局。京津冀固体废物协同处置和利用的顶层设计不明晰，政府引导作用不强，主要依靠企业之间的趋利合作。但固体废物处置具有明显的社会公益属性，如果完全由市场驱动，难以推动对有价元素较低的大宗固体废物进行最优处置和综合利用。

生态环境部环境规划院管理与政策研究所副所长董战峰认为，工业和信息化部发布的《京津冀及周边地区工业资源综合利用产业协同转型提升计划（2020—2022年）》将进一步推动京津冀及周边地区工业资源综合利用产业协同转型升级。与此同时，京津冀应该发挥好现有产业基地、创新平台等基础设施的作用，从区域协同的角度进一步强化、优化和提升固体废物的协同处置能力，实现固体废物协同处置、上下游协同利用、区域内

---

[1] 陈宋璇等：《京津冀工农城固废处置现状及协同利用技术发展趋势》，《中国有色冶金》2020年第6期。

及区域之间协同消纳、处置设施间的协同共生。

第五节 京津冀城市群交通网络建设问题

在《京津冀协同发展规划纲要》的指导下，为了不断完善综合交通体系，国家发展和改革委员会联合交通运输部发布了《京津冀协同发展交通一体化规划》，提出打造"轨道上的京津冀"，扎实推进京津冀交通的网络化布局、智能化管理和一体化服务。将轨道交通作为京津冀交通一体化发展的重中之重。目前京津冀的综合交通运输体系基本完善，涵盖了铁路、航空、公路以及水运等多种运输方式。京津冀城市群的交通发展水平处于全国领先地位，为协同发展奠定了坚实的基础。但是，与京津冀协同发展战略的要求相比，京津冀城市群在运输结构、基础设施网络化发展以及交通一体化建设统筹规划等方面还存在一些问题。[1]

一 交通运输结构尚需调整

公路运输是京津冀客货运输的主要方式，占到客货运输总量的80%以上；同公路运输相比，具有集约化特点的铁路运输反而占客货运输总量的比例较低。在大城市中心区，人们选择小汽车出行方式的比例较高。以北京市的交通情况为例，小汽车这一出行方式的占比（不含步行）达到32.5%，与世界其他大城市的同类出行方式相比，北京市二环内核心区小汽车出行比例大约是前者的两倍之多。与此同时，小汽车和公路方式仍然是机场、火车站等大型综合交通枢纽的集疏运的主要方式。同样以北京市为例，北京南站地面出站客流众多，而客流中的75%是通过小汽车方式疏解的。天津港是中国北方经济发展的重要港口，天津港公路集疏运的占比为80.4%，而铁路运输方式的占比仅为16.7%；其中集装箱运输的98%是通过公路运输实现的。除此之外，大型综合交通枢纽的布局与城市功能布局脱节，导致交通一体化的服务效率下降、土地资源的利用效率降低。

---

[1] 孙明正等：《京津冀交通一体化发展问题与对策研究》，《城市交通》2016年第3期。

二 交通网络空间布局尚需完善

从网络结构上看，围绕首都"单中心、放射状、非均衡"的网络格局是京津冀公路网络系统与铁路网络系统的现状。天津市、石家庄市等枢纽未充分发挥对于区域交通应有的贡献，铁路运输组织功能（包括过境等中转功能）均由北京市承担，导致客货运输效率不高，同时也使得北京市交通压力倍增。

从功能层次上看，轨道交通网络系统容量不够大、效率不够高且层次不够完善，不能满足都市群和城市群的综合需求。其一，缺乏市郊轨道交通系统，不能够满足都市圈通勤出行的需求；其二，京津冀城市群内城市之间的城际轨道交通系统不充足，京津冀目前仅建成了两条线路：京津城际和津保城际。

从运输效率来看，城市对外交通随着交通一体化的不断推进也在不断提速，但是城市的各类车站间缺乏便捷的交通联系，导致旅客联程联运的效率不高，换乘的便捷性不高，影响出行的时间安排。此外，货运多式联运发展滞后，由于技术发展水平的限制，很难采用国际先进的甩挂运输组织模式，因而交通一体化的运输效率受到了阻碍。在区域统筹协调方面，京津冀区域事务尚未形成制度化议事和决策机制，依然采取"一事一议"的形式来协商区域事务。针对交通投融资这一方面，虽然已经成立了京津冀城际铁路投资公司，该公司由三省市政府及中国铁路总公司组建，但是高速公路和市郊轨道交通并未纳入其中，所以在具体操作时还会面临很多问题，跨区域交通基础设施投融资模式缺乏有效性。此外，相配套的政策保障措施的相对滞后也会加大项目落实的难度。

三 交通一体化建设尚需统筹

缺乏具有高效力的法律法规和配套政策的支持和保障。[1] 京津冀协同发展、交通一体化战略自提出以来，各级党政部门制定、发布了许多相关文件和协议。由于这些文件和协议的权威性和法律效力相对较低，很难引起地方部门的关注与重视，增加了文件、协议落实的难度。与此同时，出

---

[1] 韩兆柱、董震：《基于整体性治理的京津冀交通一体化研究》，《河北大学学报》（哲学社会科学版）2019 年第 1 期。

台的文件和协议多以蓝图展示和提供方向为主,而适用于京津冀的土地规划、资金落实以及基础设施等配套政策相对滞后。

缺乏常态化的专门协调机构。京津冀交通一体化建设缺乏统一的跨界治理合作组织,该组织制定京津冀交通一体化发展的长远目标和长效机制。从组织架构上看,虽然国务院成立了京津冀协同发展领导小组,管理京津冀一体化建设的相关工作,但领导小组在事务协商方面实行"一事一议"制度,使得实际执行力和成员时间分配等方面均受到限制,因此需要建立一个执行力更强的、常态化和专门性的区域管理机构,进而推动京津冀的建设和管理。

缺乏信息共享平台。跨区域性的交通设施没有完全实现无缝对接,严重影响了京津冀交通的互联互通。在综合交通运输系统规划建设中,京津冀缺乏有效的信息共享和沟通,很难打破"一亩三分地"的惯性思维。与此同时,由于缺乏权威的官方信息发布平台,信息壁垒导致京津冀未能实现区域实时交通信息的共享,市民大多通过使用民间软件和电台获取实时的道路交通信息。综上所述,京津冀交通实时信息一体化建设相对滞后。

第六节 京津冀城市群公共服务体系不均衡

京津冀协同发展自上升为国家战略以来发展速度较快,但协同发展中面临的一些问题也显露出来,其中公共服务发展不均衡成为京津冀亟须解决的问题。深刻理解公共服务的内涵有助于寻找解决问题的途径,公共服务主要是指服务型政府为满足公众事业,而致力于公共事业建设,主要从教育、科技、文化、医疗卫生等公共服务领域展开工作,为公众参与社会活动提供公益保障的一系列活动。京津冀的公共服务在一些领域存在断崖式的落差,具有显著的区分度。[①] 较多的优质公共服务资源在北京市、天津市高度集聚,使得京津冀公共服务落差过大,公共服务资源无法与当地环境合理匹配,从而促使京津冀公共服务难以均等化、均衡化发展。

---

① 田学斌、陈艺丹:《京津冀基本公共服务均等化的特征分异和趋势》,《经济与管理》2019年第6期。

一 教育公共服务不均衡

教育公共服务是公共服务的重要组成部分，随着政府对于公共管理方面的不断重视，教育公共服务水平成为政府服务能力的首要衡量指标。教育公共服务能力与社会经济发展水平密切相关，教育公共服务水平能够有效体现一个国家、一个地区甚至一个城市的社会经济状况，教育公共服务均衡发展保证了社会公平，进而促进社会和谐与可持续发展。

(一) 教育资源配置存在差距

政府在教育方面的财政投入能够反映该地区对公共教育服务的重视程度，京津冀在公共教育方面的财政投入不均衡。京津冀经济实力雄厚，地理位置优越，在全国具有强大优势，但京津冀内部存在教育资源分布不均问题。北京市作为首都拥有最优的教育资源，当前北京市拥有24所211高校和8所985高校，并拥有清华、北大两所世界一流大学，天津市仅有2所985高校，而河北省唯一的211高校位于天津市。在基本公共教育服务方面，京津冀为推进义务教育均等化发展，加大了对河北省区县的财政支持力度，但京津冀在教育经费的配置上差距仍旧较大。从《中国统计年鉴》中的人均教育经费指标可以看出，2019年河北省的人均教育经费支出是北京市的41.94%，是天津市的64.5%，落后于京津两地的人均教育经费支出。河北省应该加大对教育融资渠道建设的重视程度，努力缩小与京津两地的差距。此外，从对京津冀近几年的教育基本建设投资费用调研的结果来看，北京市2014年的教育基本建设投资较高，但2015年发生大幅度的下降，下降比例约41%，之后开始回升；天津市的教育基本建设投资在2014—2019年虽然有所波动，但是波动幅度较小，基本保持在一个比较稳定的状态；河北省2016年加大了教育基本建设投资力度，使得该指标在2016年的增加幅度是2015年的2倍多。探究河北省加大教育基本建设投资力度的原因，主要有河北省在校生数量是京津冀中最多的，学校数量也较多。所以河北省应该继续加大教育基本建设投资，为河北省的公共教育服务提供更丰富的教育资源。京津冀的教育经费支持应以公平、均衡为主要分配导向，进而协调好京津冀公共教育服务存在的不均衡问题。

(二) 教育服务管理体制尚需完善

随着公共服务理念的提出，政府的服务性逐渐占据重要地位，而服务型政府应该强化其服务的理念与意识，这方面需要深刻理解服务的对象，即接受服务的公众。① 公共管理权利与合法性来源于公众，管理者应该积极提升公众的满意度，公众的意愿是政府公共管理的重要参考。然而，京津冀的政府在公共教育服务领域的理念与意识还不强，在公共管理上仍以单向管理为主，政府与公众共同进行公共服务的系统尚未形成，公共教育服务领域工作者的服务意识仍需加强。另外，京津冀教育政策环境方面仍需进一步改善，决策机制还需适度调整。以政府为核心的单向管理和决策仍旧是主要的教育政策模式，此种模式缺乏与公众的交流与沟通，因而，导致决策不适应性的产生以及决策下达效率的降低，而建立公共教育政府与公众的双向互动决策机制可加强决策监督和决策的灵活性。当前，京津冀教育政策环境也获得了一些成效，尤其是河北省与北京市的互动成效凸显，但整体上仍旧存在教育政策环境滞后、决策机制不健全的问题。

二　科技公共服务不均衡

科技公共服务是指由政府主导并培育社会组织共同参与提供的与科技活动相关的公共服务，是服务型政府参与企业创新活动的一种方式。② 政府通过提供科技公共服务资源，促进企业发展和社会进步，适应时代发展步伐，从而满足人民对科技知识、产品的需求。京津冀作为中国经济的第三增长极，其科技服务水平的发展是推进京津冀协同发展的重要组成部分。京津冀虽然整体上科技公共服务能力较强，但区域内部发展不均衡。京津冀科技因素关联性较弱，从而导致京津冀科技公共服务事业发展陷入瓶颈期。

（一）科技公共服务人力投入不平衡

科技人力资源投入水平是影响科技公共服务的重要度量。除了国家对科技公共服务事业的支持外，人才是进行科技创新的核心要素。政府作为科技公共服务领域的主要管理者，其对科技公共服务的支持力度将有助于科技公共服务事业建设。京津冀虽拥有较多的高层次科技人才，但京津冀的人力资源投入水平存在差异。《中国科技统计年鉴》中的数据显示，2017 年北京科技服务从业人数达到了 68.98 万人，占全国科技公共服务领

---

① 田小龙：《服务型政府建设路径的研究述评》，《公共管理与政策评论》2020 年第 5 期。
② 刘遥、吴建南：《简政放权、科技公共服务还是双管齐下》，《中国科技论坛》2018 年第 12 期。

域从业人数的16.55%，是天津市、河北省科技服务领域从业人数的6倍左右。北京市作为国际科技创新中心，其在科技公共服务领域具有一定的领先优势。河北省地域面积广阔，人口众多，2017年年末人口数约为7520万人，是北京市的3倍多，几乎是天津市人口的5倍。但是从科技公共服务领域从业人数来看，其科技公共服务领域从业人数仅比天津市多出4.84万人，占全国科技公共服务领域从业人数的比重仅比天津市高出1.16%，可见其在科技公共服务领域人力资源的投入力度落后于京津两地。地区科技公共服务领域从业人数占第三产业从业人数比重的数据也表明京津冀存在科技公共服务人力资源投入水平差距明显的问题，仅北京市的科技公共服务领域人力投入占第三产业人力投入比重超过了10%。天津市与河北省科技公共服务人力资源投入占第三产业的比重仍然处在较低水平，尤其是河北省比重仅为4.38%，体现了河北省对科技公共服务领域的重视程度不足，存在企业研发不足、技术水平缺乏，基础设施单薄，难以吸引科技服务业创新人才资源等问题。

（二）科技资金支持力度存在差别

对于京津冀科技公共服务事业的发展来说，其发展离不开科技资金的支持。由于京津冀的政府科技行政部门、企业等对于科技公共服务事业的管理理念、发展规划不同，三地科技资金支持力度也存在较大差别。北京市R&D经费内部支出在2019年达到1473.14亿元，是天津市与河北省R&D经费内部支出总额的3倍多，这体现出北京市对科技服务领域资金投入较多。另外，从三地的R&D经费投入力度水平来看，北京市的地区生产总值中R&D经费投入占比合理，R&D经费投入力度相对较大；河北省R&D经费投入力度最弱，仅为1.61%；天津市也仅比河北省高出2.11%。政府、企业等资金投入主体的支持力度不足，造成津冀两地科技公共服务能力低于北京市。

三 文化公共服务不均衡

文化公共服务作为京津冀协同发展战略的重要内容，理应给予更大的关注。随着国家对文化公共服务重视程度的提高，公共文化设施的改造不断提档升级，文化公共服务也在逐步转变思路，获得了不同程度的发展。①

---

① 土木：《公共文化服务巧借"外力"练"内功"》，《区域治理》2019年第15期。

但是就目前来看,京津冀文化公共服务的建设与地区经济发展仍旧不匹配,无法满足人民日益增长的精神文化需求。

(一) 文化公共服务资金投入情况不同

京津冀属于燕赵文化区域,其文化不会因行政区域的不同而完全分开。总体来看,京津冀文化公共服务水平相对较高,但仍存在公共文化服务差距较大的现象。原因在于现阶段我国公共文化服务事业经费来源主要是政府单向的财政支持,资金投入力度限制了公共文化服务事业的发展规模,从而造成京津冀公共文化服务事业建设的不均衡。京津冀公共文化服务事业费用占财政支出的比重虽然略有差别,但是都不到1%,京津冀都存在政府对公共文化服务建设事业支持力度不足的问题。另外,从人均公共文化服务事业费用来看,京津冀内部差距较大。北京市人均文化服务事业费用的增加速度较快,天津市人均文化服务事业费用上升速度比较缓慢,河北省人均文化服务事业费用增加缓慢且与北京市、天津市的差距较大,甚至在全国排名中一直处于倒数的位置。虽然从2014年开始,河北省人均文化服务建设事业费用出现了跳跃式增加,但由于其基础薄弱,仍旧无法追上北京市和天津市的步伐,进而导致京津冀内部的差距逐步拉大。

(二) 文化公共服务资源分配上存在落差

在文化公共服务领域中,京津冀供需发展不平衡导致三地在资源配置上也存在落差。京津冀缺少合作与互动意识,使得文化公共服务无法满足公众的多样化需求,供给手段较为单一,单向供给方式降低了文化公共服务的效率。公共文化服务不到位,从而导致公共文化服务中的人才、基础设施等资源出现分配不合理、延时配送等问题。京津冀公共文化资源配置虽然在不断提高,但增长速度比较缓慢。分别从三地来看,京津的人均拥有公共图书馆藏量比较相近,河北省远少于北京市、天津市的人均馆藏量;在每百万人拥有艺术团体表演机构数量上,三地又有不同的表现,津冀每百万人拥有艺术团体表演机构数量相近,但远低于北京市;在公共图书馆藏量和艺术团体表演机构总量上,三地差距并不大,甚至河北省优于京津,但是在均量上差异明显,北京市一直保持领先地位,凸显出三地在公共文化资源配置上存在不均衡现象。

四 医疗卫生服务不均衡

京津冀协同发展的目标之一就是增进人民福祉，在发展中改善和保障民生。[①] 医疗卫生服务作为保障民生的重要手段，其发展需要更加重视。然而当前大多医疗卫生服务集聚在北京市，医疗卫生服务供给与医疗卫生服务需求在京津冀未能得到合理的匹配，而服务供给的方向主要是人民的需求，三地政府需要进一步统筹协调，推进医疗卫生服务向着均衡化、协同化方向发展。

（一）医疗卫生资源非均质分布明显

一直以来京津冀的地方财政收入水平就存在着较大差距，而医疗卫生服务水平与地方财政收入水平紧密相关。2019 年，北京市、天津市、河北省的地方财政一般预算收入分别为5817.1 亿元、2410.25 亿元、3513.86 亿元，天津市和河北省的地方财政收入水平远低于北京市。京津冀在医疗卫生资源结构和资源配置等方面存在较大不同。2018 年，北京市的人均卫生费用为10106.42 元，天津市为5698.41 元，河北省仅为3561.06 元。河北省的医疗卫生费用投入不足，且显著低于北京市、天津市的人均医疗卫生费用。从医疗卫生资源配置上看，京津医疗卫生资源的绝对量并没有优势，但是从资源相对量上看，河北省的医疗卫生资源配置较低。京津冀在医疗卫生服务领域方面存在的共性问题就是医疗卫生资源在相对量上都存在逐年缓慢下降的趋势，且随着人口不断增加与集中，医疗卫生服务水平的提升将变得更加艰难。

（二）医疗保险标准制度不统一

一是三地执行的基本医疗保险的"三大目录"（基本医疗保险药品目录、诊疗项目目录、医疗服务设施标准）口径不完全相同；二是三地按照"以收定支、收支平衡"原则自行确定本区域基本医保报销政策，因此，三地执行的医疗报销起付标准、年度最高限额、报销标准不同。截至2020年5月，京津仅有30家医疗机构纳入河北省医保定点范围，与河北省住院医保报销同标准。北京大学医药管理国际研究中心主任史录文指出，区域协同间的异地结算，不仅涉及结算系统的技术问题，更多的问题是由于药物目录不同和报销比例不同引起的。以京津冀协同为例，如果不能拥有相

[①] 李勇：《京津冀医疗卫生协同发展的实践回顾与政策建议》，《北方经济》2019 年第 4 期。

同的药物使用目录，报销比例也不一样，这样的差异会对医疗同质化的推进造成阻碍，就无法开展同质化的诊疗工作，疾病的规范诊疗、规范用药就难以实现。京津冀的医疗资源基础良好，因此，需要加快京津冀紧密型医联体的构建，同时在医保支付制度与医院价格制定方面，需要向远程医疗提供更宽松的发展空间，最终实现三地的医保政策互联互通。

第五章

重要任务：京津冀城市群重点领域率先突破

第一节 突破京津冀城市群协同发展体制机制障碍

一 健全行政管理联动机制

（一）突破协同发展行政壁垒和体制机制障碍

京津冀要突破行政壁垒，促进协同发展，需将原辖区内体制重组联动，建立权利公平行使、利益合理分配、资源优化配置的新体系，要突破京津冀协同发展体制机制障碍，改善不合理利益分配情况。在推进京津冀协同发展过程中，突破制度体制障碍，将资源流动、人才流动、产品流动回归市场自由化，促进区域内交通规划建设，完善体制机制。同时在协同发展过程中需要重视市场一体化，打破阻碍资源、人才、科技、生产力等发展要素自由稳定流动的行政壁垒，将各种要素优化合理配置。并在此基础上构建行政管理联动机制，加快全面改革步伐，不断推动京津冀协同发展，有效突破行政管理壁垒。

（二）建立合理均等化的内生动力机制

突破京津冀协同发展体制机制障碍，健全行政管理联动机制，一要政府部门贯彻落实相关规划纲要内容；二要建立京津冀协同发展的内生动力体制，推动区域内公共服务建设。其中有效疏解北京非首都功能是推进京津冀协同发展进程中的一项重要任务。但其涉及部门众多，涵盖内容广泛，公共基础服务水平差距难以消除，是制约协同发展过程中劳动力与资源合理配置的重要障碍。[①] 需在政府引导的基础上配合强制手段,出台有效的政策方针,促使北京非首都功能合理疏解到天津市、河北省等地,建立兼顾各方利益的内生机制,加快公共服务发展与公共基础建设。不断提高公共服务水平,有效推动医疗、教育、文体、交通等公共社会领域联动发展,建立资源合理分配、人才灵活流动的市场。三地政府应加强基础设施建设,提升公共民生服务水平,建立创新有效的内生机制体制,完善行政管理联动机制。

(三) 构建协同发展合作共赢新机制

合作共赢是京津冀协同发展中发挥各自最大优势达成的共同目标。构建有利于促进协同发展的新机制,有效地将三地联动起来,打破阻碍三地协作共赢的壁垒,合理推进京津冀城市群不断向好发展。其中,河北省可为北京非首都功能疏解、资源合理配置及生态优化建设提供有力的空间支持。三省市协调联动发展更能使区域协同合作体制化、持续化,为行政管理联动的有效进行提供保障。

二 优化创新资源配置模式

(一) 构建协同创新合作平台

京津冀协同发展的根本动力在于创新,加快实现区域协同发展的关键因素在于创新驱动。构建合理的创新资源有效配置体制,为京津冀产业结构调整与区域协同发展提供科学便捷的创新平台。要明确三地在协同进程中的发展定位,持续推动"2+4+46"的产业承接与发展平台构建,促进区域内产业创新转型、优势互补、合作共赢。构建多领域、全方位的协同创新发展体制,探索适合京津冀协同发展的创新路径,依托丰厚的资源要素和高效的区域产业转移联动模式,推动构建"一心、两核、三带、多园区"产业创新发展格局。重点发挥北京市的资源与人才优势,将中关村作为区域创新发展的引领者,优化合作载体,探索协同三地创新发展的新思路、新领域,创建"类中关村"创新生态系统。改善各创新产业园区发展环境,加大对接力度,提高合作层次,利用区域合作发展的优势和扶持政策,为创新人才提供更多发展机会,为创新企业提供稳定发展环境。

---

① 王中和:《以交通一体化推进京津冀协同发展》,《宏观经济管理》2015年第7期。

（二）完善科技创新合作体系

在高新技术产业发展、科技研发转化与产品流动等方面，京津冀处于非均衡状态。北京市作为科技创新中心与文化中心，聚集大量创新人才与资源，是科技研发核心地；天津市发挥科研承接转移带动作用，实现"一基地三区"功能定位，扩大生产与市场发展网络规模；河北省紧抓京津地区"退二进三"机遇，加快制造业发展，着力调整自身产业结构模式。以京津冀协同发展为契机，在区域内要构建以市场为导向、企业为主体、产学研深度融合的科技创新合作体系，借助区域资源有效流动，促进金融、科技与教育相互融合，增强竞争力，提高创新资源配置效率。

（三）创新人才激励机制

中关村在京津冀协同创新发展中处于重要地位，是我国高层次人才管理改革试验区。将中关村作为聚集高素质人才与专业技术人员的载体，吸引国内外高端科技创新人才与科研技术领军人物。完善优化创新人才激励机制，贯彻创新共同体规划，实现人才与资源合理配置，促使京津冀走向全国科技创新前列。深化科技发展机制改革，打破人才与技术发展流动阻碍，改善科技创新人才发展环境，增强科技创新人才交流合作，健全与京津冀协同发展相匹配的创新人才培养计划，形成统一又开放的区域创新人才承载地。

（四）优化科技金融体系

中关村经过数十年的发展，已在国内形成自主研发创新金融高地。目前有3300余家金融科技企业及金融机构集聚中关村，跨国公司地区总部及研发中心300余家，促进了金融科技与创新发展的融合。要完善京津冀科技金融体系，推进股权投资链安全稳定发展，重点是打造具有开放性与广泛性的中关村股权投资模式。将投资范围向津冀两地辐射，将建立投资分支机构列入计划，通过数据共享整合龙头金融企业，加强信息资源在科技金融团队中流动，形成集大数据、网络化、智能化为一体的金融科技研发平台，促进京津冀科技金融创新资源配置优化。

三 创新区域利益分配与共享机制

（一）创新利益共赢机制

区域协同发展取得最高效应的根本是实现利益共赢。区域经济各方合作主体由竞争常态转为优势互补、互利共赢模式，使京津冀协同发展区域合作长期稳定进行。建立创新利益共赢机制，重点为利益分配机制和利益诉求机制。一方面，建立利益分配机制可以保证区域各方合作主体，如企业、协会、机构等市场主体在区域合作中公平均等化发展，提高各合作主体的积极性与联动性。例如，许多公司选择在北京市成立总部，将分部与分公司设立在津冀两地。分公司的发展收益易受现有财税分配制度制约，导致企业发展延缓。相应地通过设立合理的企业利益分配机制，可以有效处理企业总部与分部间资源与利益分配问题。同时，为各方合作主体搭建有利于产业联盟、总部延伸功能对接、创新科研协作的优质平台，有效建立区域利益分配机制。在此基础上，利益分配机制的建立要配合市场运行，统筹考虑各方合作主体的资金要素投入与运作，按照投入情况合理调节市场环境分配机制。另一方面，建立利益诉求机制可以满足区域各方合作主体发展需求，实时掌握合作意向。京津冀不同地区由于发展进程与发展水平差异较大，需要建立规范化、多元化、高效化的创新利益诉求机制，为合作主体构建多方面、宽领域的正当利益诉求平台，促使各方积极明确表达自身协作发展意愿，科学地剖析利益矛盾，缩小区域发展差距。

(二) 构建资源共享机制

建立区域利益分配机制的重点在于构建资源共享机制，以产权为基础改善区域协同发展过程中资源占据不均衡局面。建立产业合作资源共享机制，京津冀要充分发挥能源重点区域的作用，为煤炭、钢铁等能源产业发展领域提供有力支持，并设立产业合作基金，加快京津冀产业创新资源共享发展进程。设立产业创新资源共享计划小组，编制区域资源共享发展规划，制定有效的资源共享计划。[①] 对于基础设施共享建设，三地要规划完善城际轨道交通网络，实现京津冀互联互通，打通科技创新人才流通渠道，为资源配置与流动提供便利条件。

(三) 完善利益补偿机制

为使京津冀协同合作达到共赢，完善利益补偿机制也是建立利益分配机制的重点。利益补偿主要以生态补偿方式与产业补偿方式为核心。其中，生态补偿方式可运用经济调节手段为区域内各地利益主体提供利益付

---

① 魏义方、张本波：《特大城市公共服务均衡发展的重点、难点与对策——以北京市为例》，《宏观经济管理》2018 年第 5 期。

出的资金与补偿，促使各地区积极进行水源保护与生态修复，从而达到环境保护目的。通过制定生态补偿协议，将相应的生态补偿机制直接列入利益主体城市的建设规划体系中，使利益各方在面对生态问题时有制度可循。如在水源保护与生态环境保护等方面，河北省太行山脉以及燕山山脉生态保护功能区为保护区域生态环境作出重要贡献。京津等城市应提供生态补偿转移支付，并为其产业项目合作、功能服务完善及人才教育培训等提供帮扶，从而达到利益共赢。产业补偿方式则主要指在区域协同发展过程中，当部分区域利益与整体区域利益产生矛盾时，要坚持整体区域发展优先、整体利益最大化原则。此种补偿方式目前已经较为成熟，可以对区域内产业空间进行重组规划，通过顶层设计重新搭建京津冀产业布局与产业规划，实现产业跨区域发展，重构原有利益分配机制格局，促进区域协同可持续化发展。目前，从京津冀产业转移与承接情况看，主要为某类或某个产业搬迁，大多为存量调整，涉及大量成本和产业转移各方利益，在管理上存在一定的矛盾。因而应对产业迁出地区进行合理的产业补偿，如创建产业补偿基金等，以减少区域发展的不稳定性。通过完善利益补偿机制使各方利益得到相应保障，促进区域经济协调发展实现共赢。

第二节　优化京津冀城市群大中小城市空间布局

一　优化城市群空间结构

（一）以非首都功能疏解为引领实现资源再配置

推动京津冀城市群由单中心聚集发展向多中心均衡发展转变，可以提高整个京津冀城市群运行效率与发展水平。北京市作为京津冀城市群乃至全国的核心城市，有效疏解其非首都功能是优化区域城市群空间规模结构的重点任务。一方面，利用政策制度手段，建立合理有效的产业转移、公共基础服务转移疏解模式，积极构建"一核一主一副、两轴多点一区"的城市空间布局，增强北京市通州区产业发展凝聚力，将非首都功能向多点分散，以此减轻中心城区的发展压力，建立区域利益共享机制，如通过对京津冀联动的发展项目、产业转移等均衡统筹，以经济手段推动北京市各类企业与各方产业跨区域发展，促进京津冀城市群规模调整合理化。① 引导北京市周边小城市调整内生发展，拓展创新资源流动空间，与北京市产业转移相承接，缩小与城市群大城市间的发展差异，促进三地协同发展水平整体提升。另一方面，利用市场调节机制与政策手段相结合的形式进行非首都功能的有序疏解。政府部门在领导疏解工作时应尊重市场发展规律，利用市场调节机制与政策相结合的双向疏解手段推动产业转移、企业迁移、基础服务建设等，充分考虑疏解机构发展要求，推动资源合理再配置。

（二）以雄安新区开发建设为契机调整京津冀城市群结构

对于京津冀而言，雄安新区的设立可以优化城市群规模结构，调整城市群空间布局。雄安新区是北京非首都功能有序疏解的主要承载地，其中打破限制区域发展的格局、引领京津冀城市群创新发展是其使命。雄安新区要明确自身发展优势与劣势，制定出合理承接北京非首都功能疏解的方案，重点将高新产业的社会功能、部分行政职能等进行有序转移，缓解北京市作为京津冀核心城市的发展压力，补齐河北省发展短板，提高河北省发展水平。此外，雄安新区与张北地区应强化顶层设计，合理谋划沟通空间发展布局，处理好两翼布局关系。

（三）优化大型城市内部空间

城市群中大型城市是促进该区域发展进步的动力源泉，是城市群竞争力的凝聚要素。而重点解决京津冀大型城市资源要素集聚过密，推动大型城市发展向周边中小型城市辐射是解决京津冀空间优化问题的重要手段。除了从城市间优化空间资源配置，京津两地"大城市病"问题还可以从内部疏导解决，将城市单点集中发展模式向多分散模式转变，由城市内部优化带动区域整体空间优化。北京市应处理好"一核两翼"间的关系，促进北京市空间结构优化，进一步推动北京市城市副中心持续建设。② 在此基础上，完善城市交通网络，打造便捷快速城市交通体系，完善公共服务水平与基础设施建设，提高城市建设改造效率，形成内部环境稳定的城市空间格局。

---

① 王辉、张明：《京津冀协同视角下河北省承接首都功能疏解和产业转移的研究》，《统计与管理》2016 年第 4 期。

② 乔花云等：《京津冀生态环境协同治理模式研究—基于共生理论的视角》，《生态经济》2017 年第 6 期。

(四) 促进各等级城市间联动发展

优化城市群规模结构要以内部发展为推力，强化城市群中超大型城市与大型城市的发展带动力，引导周边城市建设，逐渐完善不同等级城市相互依附、联动发展的城市群模式，促进城市群联动发展。其一，可通过完善区域内交通规划，在京津冀打造便捷的一体化交通体系。如"半小时经济圈""一小时交通圈"等。利用城市间形成放射状综合交通运输网络，增加交通运输覆盖面，形成城市发展与不同交通运输方式联动模式，实现城际轨道交通零距离方便换乘。[①] 其二，促进各地之间进一步完善城市群联动发展合作机制。调整含有地区封锁、不利于公平竞争的各种规定及政策，促进城市群内部的良性竞争，实现各等级城市间各类资源的优化配置，健全原有城市发展规划，提高公共基础建设与服务水平，提高城市吸引力与竞争力，以改善城市群各等级城市联动发展的不平衡局面。

二 缓解北京"大城市病"问题

(一) 确立优先疏解非首都功能的战略重点

有序疏解北京非首都功能是改善北京"大城市病"的关键。京津冀需明确非首都功能疏解重点。第一类是不属于北京首都城市战略定位的产业，如一般性制造业，可以由北京市向周边城市转移；第二类是部分医疗、教育等社会公共服务类产业，可对外转移与有序疏解；第三类是对人口大量集聚的产业进行疏解，如数据中心、物流基地、服务外包机构、大型批发市场等；第四类是部分行政事业性服务机构，如信息中心、各类研究院、出版社等。

(二) 高效推动北京城市副中心规划建设

《中共北京市委北京市人民政府关于贯彻〈京津冀协同发展规划纲要〉的意见》正式确定通州区成为北京市行政副中心。2020年1月，北京城市副中心举行首场新闻发布会，指出城市副中心处处生机勃勃，由打基础阶段迈入拉开城市框架、全面提升城市功能、着力推进高质量发展的新阶段。因此，高效推动北京城市副中心的建设，可以解决北京"大城市病"问题。北京市城市副中心应该努力建设优质学校和配备优质教育资源，提

---

① 张可云、董静娟：《首尔疏解策略及其对北京疏解非首都功能的启示》，《中国流通经济》2015年第11期。

供与核心市区相统一的高考制度，带动城市副中心快速发展，促进副中心有效承接中心城区的相对压力；以北京城市副中心为辐射极，带动东部三河市（北三县）轨道交通发展，提高基础设施服务能力，提高三河市与副中心的通勤能力，以增强城市对于就业人口的吸引力，从而促进京津冀协同发展。[1]

（三）全力支持河北省雄安新区开发建设

雄安新区的建设是改善北京"大城市病"的重要手段，需要全力支持、积极构建，促使人才、科技、创新等发展要素向河北省流动，带动京津冀城市群协同发展。河北省雄安新区的建设需要明确自身发展的战略定位，按照相关文件合理高效承接北京非首都功能的产业转移、企业迁移等，推动雄安新区与北京城市副中心成为北京市新两翼，促进京津冀协同发展。雄安新区需要牢牢把握疏解北京非首都功能与改善北京"大城市病"这一重要任务，结合自身内部优势建立完善的发展体系，加快创新机制改革，优化公共基础服务设施，对环境生态作出合理规划，为承接迁入的产业机构、事业单位、医院高校等提供优质的环境发展要素，促进雄安新区与京津冀城市间的联动发展。

（四）缓解北京市核心区资源过度集聚压力

北京市城市功能与资源要素主要集中在城六区。为缓解城六区资源要素过度集中，减少北京市城区拥堵现象，需要调整发展规划要求，将北京市城区不符合首都功能定位的部分产业疏解到周边地区。不能按照传统发展理念，追求聚集发展要素以推动增长，应该以疏解功能谋求更高发展，为北京市城六区做减法，展开疏解工作。可以促进北京市产业发展升级，提高生产效益，改善城市居民生活质量。因此，政府应重点结合人口调控，整合信息数据，将人口密集产业、低端业态等从城六区向外疏解，同时提高功能转移区的郊区新城承载力，合理分配资源要素，确保城市"瘦身"均衡稳定展开。

（五）完善北京非首都功能疏解激励机制

按照相关文件要求落实改善北京"大城市病"问题，制定有关北京非首都功能疏解的产业清单，建立有利于企业迁移、积极参与生态修复的激

---

[1] 周伟：《缓解北京大城市病的几点思考》，《北京规划建设》2019年第S1期。

励机制，鼓励各类企业按自身发展要求调整生产模式和推动产业升级。[①]根据2015年新增产业禁限目录中禁止和限制的行业，北京市应以政策强制疏解与鼓励奖惩机制手段相结合，推动产业转移承接与生态治理修复高效化、人性化，促进产生更多创新发展活力，推动产业升级和城市空间结构优化，为改善北京"大城市病"提供更多启发。

三 促进京津冀大中小城市协调发展

（一）提升京津超大城市发展水平

北京市作为超大城市，完善公共服务设施和基础设施、构建现代城市治理体系以及提升治理能力等是首先需要考虑的重点问题。[②] 天津市作为京津冀第二大城市，是京津冀重点科研城市和港口运输城市，其发展水平的提升，应把中心城区和滨海新区作为重心，在此基础上提高周围四城区发展水平，提升城市在交通、环境、医疗、教育等方面的发展。此外，将全国先进制造研发基地、北方国际航运核心区、金融创新运营示范区、改革开放先行区放在重要位置，推动与区域内其他城市的协作，实现京津冀协同发展。

（二）加快推进大城市升级发展

在京津冀城市群中，北京市与天津市属于超大城市，而河北省只有石家庄市等少数大城市，尤其缺乏特大城市，导致城市群发展出现断层。因此，应加快河北省大城市的发展，发挥大城市的作用，加快推进京津冀发展特大城市，弥补城市群中特大城市的缺失。应促进京津冀大城市向更高层次升级，加大投入建设，加强外部带动作用的同时，通过内生机制改革提高自身竞争力，以此完善城市群发展系统，促使京津冀城市群空间布局得到优化。京津冀协同发展应重视大城市的发展，综合考虑城市经济水平与发展规模，促进发展处于优势地位的中等城市升级为大城市。同时为郊区新城，如北京市的京东、京北新城等处于中等城市规模的地区，提供城市升级条件，推动其向大城市发展。

[①] 刘金雅等：《基于多边界改进的京津冀城市群生态系统服务价值估算》，《生态学报》2018年第12期。

[②] 魏义方、张本波：《特大城市公共服务均衡发展的重点、难点与对策——以北京市为例》，《宏观经济管理》2018年第5期。

(三) 发挥中小城市的支撑和支点作用

城市群以中小型城市的良好发展为基础，中小型城市是推动区域稳定发展的主要动力，是城市群发展的重要支撑。京津冀中小型城市占据很大比重，但城市规模小且发展不均衡。要推动中小型城市发展，发挥其临近大城市的区位优势，积极承接产业转移与企业迁移，接收信息、人才与资源流动等，充分发掘自身发展特色，将土地资源与劳动力资源融入区域协同中，发挥中小城市的支撑作用，推动创新协同发展。中小型城市的建设更要注重城市素养的提升与城市面貌的改善，大力发展城市内生建设，如建设生态宜居城市、文化古城等。

第三节　构建京津冀城市群产业协同发展新格局

一　合理规划产业布局

（一）利用区、带、链实现产业融合

京津冀产业布局的优化，应加快形成以国内大循环为主体、国内国际双循环相互促进的新发展格局，促进产业融合发展，彰显国内产业发展优势，通过产业融合推动优势产业迈向国际。目前，京津冀优势产业重合度较高，存在产业趋同发展的现象。"五区五带五链"的设立考虑了京津冀三地的产业特点及优势，为京津冀产业协同发展指明了方向。

"五区"是以北京市中关村、天津市滨海新区、唐山市曹妃甸区、沧州市沿海地区、张承（张家口市、承德市）地区为依托，强化政策支持与引导，是实现率先突破和建成京津冀产业升级转移的重要引擎。"五带"包括京津走廊高新技术及生产性服务业产业带、沿海临港产业带、沿京广线先进制造业产业带、沿京九线特色轻纺产业带、沿张承线绿色生态产业带。"五链"是引导汽车、新能源装备、智能终端、大数据和现代农业五大产业链合理布局，发挥京津冀现有产业优势，共同促进三地协同发展。[①]

京津冀产业发展应当围绕产业链，通过产业园区（基地）点、群的结合，以重大项目带动，融合地区间的要素、知识、技术，实现整体区域产业的协同发展。以产业转移为契机，加强政府引导，合理规划京津冀产业

---

① 伊然：《京津冀确定打造"五区五带五链"》，《工程机械》2016 年第 8 期。

链布局，依据"缺链补链、短链拉链、弱链强链、同链错链"原则，将京津冀各地的产业子模块联立成多主体的聚集体，实现区域产业融合。

（二）以高新区为核心促进优质产业集聚

对京津冀进行合理的产业布局，应结合三地自身发展要求，实施产业集聚协同发展。目前，北京市已基本形成以中关村、经济技术开发区等高科技园区为核心的产业集聚，但与长三角、珠三角地区相比依旧缺少完整的产业集聚发展体系。北京市作为区域内核心科研中心，应强化市场在高新产业的作用机制，激发科技、文化、金融、信息网络等领域的市场活力。通过鼓励创业、扶持中小企业、建立创新发展基金等，推动北京市产业加快集聚，形成规模化产业链。天津市是京津冀高端制造产业重点发展地区，有充足的产业发展资源要素和稳定的市场发展环境，滨海新区作为天津市乃至全国的重点开发区域，已经初步形成一定的产业集聚。北京市服务行业发展已达到领先水平，而天津市在服务产业领域的发展受到限制，应以创新发展思路为指导，通过产业结构升级与提高科技信息发展水平，优化现有产业发展模式，改善产业布局。天津市应加强与北京市产业园区的合作沟通，展开多领域科研交流研讨，以北京市服务产业高度发展的优势带动天津市产业发展，协商共建跨界产业园，推动区域协同发展。河北省作为北京非首都功能转移的重要承载地，应加快各城市基础设施建设，提高内生发展水平，为北京市产业转移、企业迁移等提供优质空间。努力做好资源要素的合理配置，为有序承载产业转移提供坚实基础，加大科技发展资金投入，完善人才引进培养计划，吸引更多有潜力的品牌企业入驻，尽快形成有利于各城市发展的优质产业集聚。

二　加快产业转型升级

（一）推动产业创新发展

为加快京津冀产业转型升级，应积极推动区域内产业创新发展，充分发挥各地区位优势，合理优化产业空间布局，通过建立跨区域高新技术产业园区，建立产业发展联盟，紧密区域产业创新合作。此外，河北省因与京津两地发展水平存在较大差异，要加强对省内各地区内生发展的推动，以产业转移与承接作为发展的主要方向，发挥特色产业的优势，促进产业向绿色化、创新化、智能化方向发展，加大对优质企业的投资力度，吸引具有发展潜能的企业和人才解决各地区产业发展不均衡问题，实现区域协同发展。

（二）推动产业可持续发展

将绿色环保理念融入产业发展中是现阶段加快产业转型升级的趋势，也是实现产业链可持续发展的基本要求。首先，京津冀要发挥各自的区位优势，实现环境资源的有效配置，以绿色环保发展理念推动各地区产业结构转型升级，加快构建创新技术驱动发展模式，利用优质产业带动滞后产业发展，实现区域产业链发展水平与竞争力水平整体提升，为可持续发展提供条件。其次，应大力发展低碳经济，建立以低碳绿色生产技术为手段的环境友好型产业联盟，充分利用区域内人才、技术、信息等资源，加大对低碳生产技术的研发与支持力度，使绿色生产、绿色制造、绿色服务贯穿产业链可持续发展进程。最后，要建立对环境友好型绿色产业的激励机制，积极倡导各企业将绿色发展理念融入企业文化发展中，使环保关联到个人、各部门，落实可持续发展的生产要求。

（三）加快产业结构优化升级

加快京津冀经济结构的优化与升级，合理配置资源以减少低效率供给，改善各产业服务质量，保证产品品质，向各方经济主体提供高效稳定的产品，满足各方发展需求。京津冀产业结构的优化升级，应加快优化区域经济结构，将实施供给侧结构性改革作为重要手段，对原本错位偏差的经济发展结构进行调整，同时要对产品结构进行调节。[①] 一方面，产业结构调整要顺应现阶段智能信息化、绿色可持续化的发展趋势，京津冀产业结构调整需要结合自身发展条件，以生态保护、创新发展为理念加快对生产制造业与第二产业、第三产业的结构调整，促进区域经济快速发展。另一方面，根据市场需求探寻产品结构调整路径，将产品定位向科技化、多元化、智能化方向引导，不断加强工艺技术更新，利用创新科技提高产品质量，推动区域经济结构不断升级。

三 推动产业转移对接

（一）形成产业转移对接新模式

推动京津冀产业转移对接，应综合考虑区域内各产业的整体发展现

[①] 吴建忠、詹圣泽：《大城市病及北京非首都功能疏解的路径与对策》，《经济体制改革》2018 年第 1 期。

状,为产业对接难易程度划分等级,层层推进,形成以产业链与产业带形式进行产业转移对接的新模式。如将河北省秦皇岛市、唐山市等地区与天津市滨海新区联动打造成滨海旅游观光带;推动渤海湾一带形成船舶制造产业链,为船舶制造涉及的研发、生产、销售、维护等环节提供一条龙服务;推动京津冀高新技术产业协同发展对接,将北京市中关村软件园、秦皇岛市数据产业中心、廊坊市润泽国际信息港联动与东北地区衔接,结合京津冀地区游戏动漫产业发展,打造华北电子科技产业带等。同时,在进行京津冀产业转移对接工作过程中,需要对区域内涉及产业转移的各城市地区进行综合分析,全面考虑各地区影响产业发展的内外部因素,如生态自然因素、历史文化因素、产业承载力以及产业结构布局等。因此,需要根据不同产业发展情况制定对应的产业转移对接计划,避免产业转移承接地为实现快速发展而进行不严谨的产业承接工作,导致产业转移效果达不到预期标准。应该充分考虑各地区对产业转移发展的要求,高效率、优质化选择承接产业。

(二)健全产业转移对接机制

要健全京津冀产业转移对接机制,建立公平良好的产业竞争机制,为营造稳定的市场竞争环境创造有利条件,加快产业有效转移。要打破人才、技术、资金等资源在产业转移过程中自由流动的障碍,扫净产业对接机制中不合理、不公平的条例规定,加快政府在产业转移对接机制中公共性服务的改革,使区域内产业转移对接市场公开化、规范化,提高产业结构优化升级水平。[1] 此外,环境空间与产业发展空间的矛盾是促使产业转移的重要因素,产业转移对接过程中会发生生态污染转移,导致市场布局失衡。因此,坚持绿色产业发展理念,建立与生态环境保护建设相融合的补偿机制,构建三地协同联动的产业废弃物排放权交易网络,根据生态资源配置情况定制生态补偿标准,以规范化、制度化的污染收费模式对各方进行排污收税及生态补偿,促使各产业转移对接环境友好化发展。建立产业转移对接沟通协作机制,减少区域内各方在产业转移对接过程中出现的矛盾。政府建立统一的产业发展协调机构,完善对区域产业发展项目工程的合理规划与有效审核,对转移对接各方进行规范监管、及时协调,推动

---

[1] 杨开忠:《京津冀大战略与首都未来构想——调整疏解北京城市功能的几个基本问题》,《人民论坛·学术前沿》2015年第2期。

第五章　重要任务:京津冀城市群重点领域率先突破　　141

产业转移对接稳定进行。

四　加强区域产业协作

(一) 建立利益共享机制

利益获取是推动产业发展的目的之一，要加强京津冀产业协作，应建立惠利各方的利益共享机制，加快推动城市群产业协作发展。要健全现有区域协同经济发展模式，打破行政地界对经济发展的限制，建立符合各方发展模式的利益共创共享机制。积极推动跨界产业展开联动合作，通过区域内产业转移对接实现产业均衡发展，完善产业协作财税分配机制，健全公正公平的合作发展财税政策，促使各方自觉有序展开协作，实现利益共享、互惠共赢。

(二) 创新产业协作运行模式

要加强京津冀产业协作，建立公平的利益共享机制，探寻适合推动产业协作发展的运行模式，促进产业协作载体创新发展。可以借鉴国内与国际的优质产业协作运行模式，推动产业协作创新发展。借助北京非首都功能疏解的契机，对现有区域产业转移对接模式进行创新完善。以智能化、信息化发展理念为三地产业协作搭建网络沟通平台，由政府统一设立负责产业转移承接工作的部门，加大对各方产业协作及产业发展要素资源的监管。同时结合经济手段和市场调控，建立惠利各方的产业协作利益共享机制，维护并加强产业协作模式稳定运行。京津冀城市群产业协作框架见图 5-1。

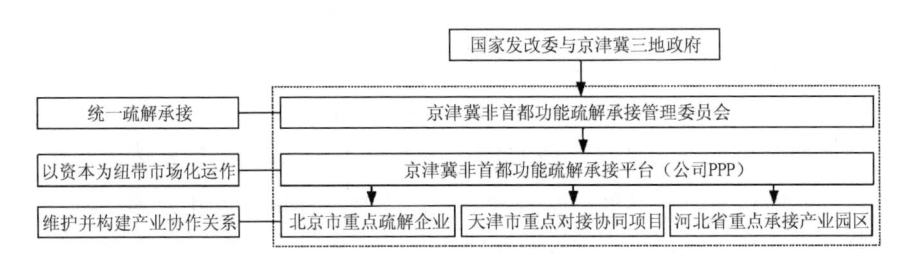

图 5-1　京津冀城市群产业协作框架

(三) 加强雄安新区产业承接能力

河北省雄安新区作为北京非首都功能疏解的重要承接地，承担了重要的区域产业转移及协作任务，雄安新区应对两地产业转移承接资源进行合理配置，完善其社会公共基础设施建设，提高公共服务水平，使雄安新区产业转移承载地具有高规格、高质量的产业发展能力，吸引更多资金、人才、技术资源流入。[①] 另外，要加强推动雄安新区与周边地区的合作沟通，协调与周边地区的关系，将自身产业发展融入周边发展环境中，推动区域产业协作。在雄安新区内建立科技产业研究基地，呼应周边城市，如保定市等地区进行科研项目合作，加快区域高新产业发展。

第四节　推进京津冀城市群绿色低碳循环发展

一　联防联控环境污染

（一）提高环境治理效率

提高区域内环境污染治理投入有效性和增强环境污染治理效果，需要采用合理的经济手段推动环境污染治理投资发展，鼓励各经济主体积极参与污染治理工程。制定有效的环境污染治理投资相关政策，促使企业自发地进行生态产业投资，为参与环境治理的企业提供一定的经济优惠，并加强对治理技术与科技研发的鼓励。此外，应该规范严格地管理企业发展过程中废水、废气、废弃物等的排污费用，促使企业依据可持续发展要求购置绿色安全、环境友好型的生产设施器械，加大对产业创新优化改革的投资力度，通过有效的环境保护投资提高区域内的污染治理效率。

（二）监管污染治理投资

结合京津冀经济发展水平与环境治理综合水平，可以对区域内环境污染治理资金投入与设备管理进行监管，提高污染治理的效果。要做到环境污染治理经费投入公开化、透明化。加大对污染治理费用投资的监管力度，对区域污染治理投资工程与项目进行定期审查，保证投资用到实处、专款专用。同时，完善环境污染治理基础设施建设，加大对设备器械的检修与监管力度，保证治理设施安全运行，加强对污染治理设备操作人员的专业化培训。对私自停用、毁坏设备的行为进行严厉处罚，促使环境污染

---

① 毛汉英：《京津冀协同发展的机制创新与区域政策研究》，《地理科学进展》2017年第1期。

治理设施的建设与使用规范化、高效化。[1]

二 协同治理生态环境

(一) 健全协同治理落实机制

完善京津冀生态协同治理体制机制,加强三地在生态资源管理上的互联互通,建立区域信息资源共享机制,以提高地方政府的应急效率。生态环境是京津冀协同发展的重要保障,没有良好的生态环境,区域的发展也将失去活力。因此,在京津冀区域协作中,不断强化区域协同治理理念尤为重要。在京津冀的产业定位方面,需有效协调规划,权衡考量三地的区域定位与环境空间容量,通过合理规划产业布局,协同推进京津冀地区工业绿色化发展,形成产业与生态融合发展的和谐局面,进而加快推进京津冀绿色新兴产业协同发展的进程。加强京津冀生态协同治理机构间的交流协作,接受京津冀生态协同治理机构的协调决策、协调规划与协调监管,畅通该机构与地方政府间的生态信息流通渠道,全力支持京津冀生态协同治理机构的各项工作。[2]

(二) 提高资源利用率

资源的有效利用,不仅能减轻京津冀协同治理生态环境的压力,而且能从产业转型升级角度为生态治理做贡献。京津冀城市群协同发展过程中,既要合理地开采清洁能源,提升相关技术工艺,增加一定的能源回采率,提升整体资源利用效率,又要通过提高资源消耗管理水平,优化相关产业结构,加快高污染、高能耗企业转型步伐,建设资源节约型城市群,进一步发展绿色经济。因此,资源利用率的提高是京津冀在协同治理生态环境中的一项重要任务,也是最快最有效的协同治理手段。

三 创新发展低碳技术

(一) 强化农业绿色技术

京津冀在农业现代化发展中,需要精心布局一批具有前瞻性、战略性、技术性的绿色农业科技公关项目,协同建设多个国家级农业绿色技术

---

[1] 乔花云等:《京津冀生态环境协同治理模式研究——基于共生理论的视角》,《生态经济》2017年第6期。

[2] 田学斌、刘志远:《基于三元协同治理的跨区域生态治理新模式——以京津冀为例》,《燕山大学学报》(哲学社会科学版) 2020年第3期。

创新中心，建立可以共享的国家级农业绿色发展创新平台，设立多个国家级农业绿色发展先行区，为强化农业绿色技术的发展，推动农业领域走低碳化发展道路，实现农业绿色化、高效化、可持续化发展奠定基础。提高农业绿色化技术，有利于推动"政产学研用"融合发展，推广"科技小院"等技术服务模式，进一步加快农业绿色低碳技术在全国大面积落地。

（二）革新节能减排技术

在碳达峰和碳中和发展背景下，京津冀协同发展是实现"双碳"目标的重要契机。革新节能减排技术可节约物质资源和能量资源，减少废弃物和环境有害物的排放，是实现"双碳"目标的重要技术手段。革新节能减排技术应用于多方面，例如，在煤炭气化生产工艺方面，采用循环水洗涤处理与火炬介质板烧等技术实现节能减排；[1] 在城市公共交通方面，针对电动车采用驱动控制、车用电池技术等先进技术，优化内部结构设计，使节能减排发展目标得以更好地实现；[2] 在城市供热技术方面，采用楼宇调控、水力平衡等技术实现节能减排目标。[3] 总之，要提升重大科技攻关能力，加大科技研发力度，积极应用革新节能减排技术以推动实现"双碳"目标。

第五节　构建京津冀城市群现代化交通网络体系

在京津冀协同发展战略实施过程中，构建现代化的交通网络体系，实现交通一体化发展是区域协同发展的重要内容。《"十三五"现代综合交通运输体系发展规划》提出要以首都为核心建设世界级的城市群交通体系，重点在于加强相关城际铁路建设，打造"轨道上的京津冀"；加快打通高速公路断头路的进程，连贯畅通省际间高速公路；完善天津市港口交通、国际航运交通网络体系。京津冀交通运输业作为京津冀协同发展的先行领域，只有加快建设交通运输业基础设施，才能促进交通一体化发展。

---

[1] 樊开：《煤气化工艺节能减排技术及应用探析》，《山西化工》2020年第6期。
[2] 廖茂潘：《电动车节能减排技术特点及现状研究》，《时代汽车》2021年第6期。
[3] 姜海鹏：《城市供热自动化节能减排技术探析》，《居业》2021年第1期。

一 建设高效密集轨道交通网

为加强区域城市合作发展，需要强化城际轨道交通网络建设，打造城市间便捷运输的交通体系，加快推动京唐铁路、京津城际高铁延伸线的完善。利用城际高铁分担京津冀城际客运压力，健全辐射范围更广泛的快速城际运输交通体系。增添京津两地与河北省各城市的重要轨道线路。在京津冀已规划的城际轨道交通通道内，充分考虑各城镇的区位优势与发展需求，科学模拟规划新建线路，提高建设密集轨道交通体系的可行性。通过科学的模拟与线路规划，降低道路交通建设与运行的风险性，减少道路规划重复，提高土地资源利用率，促使城际轨道交通与城市运输往互联互通方向融合。

此外，搭建非首都功能疏解通道，建设城际合作交通线路，使北京市与功能承载区形成稳定快速的运输联系。充分发挥国际铁路干线的运输能力，根据各城市自身发展条件与区位要素开通城际大站点快车，实现北京市与各条铁路支线干线的方便换乘，以北京市为中心构建连接周边城市及新城郊区的轨道交通网。

二 完善便捷通畅公路交通网

对于距离较近的城市而言，选择公路运输时间更短、成本更低，因此应将京津两地作为公路交通体系建设的中心，构建快速便捷的城际公路网络，增加交通网络的覆盖面积，促进城市群中心城市与各重要交通枢纽节点的互联互通。同时，加快对京台、京秦国家高速公路和唐廊地方高速公路的建设，建设直达快捷的城市运输公路线路，推动天津市至石家庄市、石家庄市至张家口市等地的高速公路修建，增加区域协同在交通上的联系。[1] 为推动非首都功能有序疏解，以北京市与功能承载地间交通发展条件为基础，建设便捷的公路交通运输通道，构建以北京市为中心向外放射的交通网络，达到快速运输的目的。

推动单向轨道交通的发展。单向轨道交通运输能力完备、投入少、成本低、建设时间短、占地面积少、对环境消耗少，是有效疏解交通压力的发展方式。对于中小型城市而言，单轨交通适应范围广泛，具有较高性能

---

[1] 贾姝敏：《京津冀交通一体化发展的现状与存在问题及对策》，《山西建筑》2018年第1期。

和性价比，更能推动旅游城市观光路线发展，值得中小型城市借鉴推广。

三　构建现代化津冀港口群

港口运输在京津冀协同发展中占有重要地位，其在全国港口发展水平中也处于领先地位。京津冀港口发展应以打造北方国际港口群核心区为目标，构建驱动沿海区域协同发展的航运网络，强化海运口岸集疏运体系与对外开放枢纽港口体系建设，提高区域港口群的综合竞争力，以"一带一路"建设为契机，加强京津冀的对外合作优势。在京津冀港口中，天津港作为环渤海区域最大的综合性港口之一，应发挥其枢纽港口的核心优势，将发展重点放在提高整体物流中转运输能力上，加强国际性港口运输中心建设。通过提高港口集装箱吞吐量，完善港口基础设施，积极驱动临港产业同步发展，不断提升天津港的运营能力与综合地位。河北省的三个港口（秦皇岛港、黄骅港、唐山港）是我国重要的煤炭运输港口，应各自依托自身区位优势与资源优势，继续发展煤炭矿石运输。因此，应加大运输泊位建造，积极建设稳定低成本的煤炭矿石运输产业链，加强港口基础设施建设并提高运输服务水平。构建现代化的津冀港口群，积极推进津冀两地港城产业融合发展，加大天津港与河北港的合作与资源共享，不断调整各港口的建设规模与结构，充分发挥各港口的功能优势与运输优势，实现港口群优势互补，构建现代化的津冀港口群。

四　打造国际一流航空枢纽

京津冀在航空运输方面，形成了以北京首都国际机场为核心，天津滨海国际机场、石家庄正定机场及区域内若干支线机场为主体的航空运输网络。要在京津冀打造国际一流的航空枢纽，一方面应从京津冀协同发展的整体战略出发，统筹调控区域内航空资源配置，积极配合北京非首都功能疏解工作，以缓解北京市双机场单极集聚现象，促成京津冀航空客运流量重新分布，保证津冀两地机场在区域竞争中均衡发展。进一步强化北京市双机场国际航空中转枢纽功能，提高在洲际航线网络体系中的发展地位，增加天津滨海国际机场航空货运枢纽功能，加快国际航空枢纽建设，与北京市双机场共同构建区域内国际机场枢纽格局，提升京津冀国际航空运输发展竞争力，同时积极推动石家庄正定机场成为华北地区航空货运集装中心，成为京津冀南部区域航空枢纽地。① 另一方面，推动区域内航空运输体系与轨道交通、水运交通等集疏运输系统融合，充分发挥航空运输的快速性与通达性，积极配合建设"轨道上的京津冀"，实现不同交通运输网络便捷衔接。

五 优先发展城市公共交通

京津冀需要深入贯彻落实公交、地铁等城市公共交通优先的发展战略，全面提高公共交通运输配置，提升公共交通运输服务水平，创新城市公共交通理念，不断提高城市公共交通在区域交通运输业中的主导地位。城市公共交通建设旨在促进城市内部要素资源高效流通。首先，要优化城市交通顶层设计，根据区位特点制定高效全面的公交线路、地铁网络，有效配置郊区公共基础交通资源，加快城乡公交、地铁等线路互通互联，推动城乡公交、地铁等公共交通一体化建设。其次，以京津冀交通一体化发展为指导，完善区域重点节点交通枢纽建设，连接三地中断路线，形成京津冀三地联动机制，通过联通公交、地铁等公共交通实现"三小时"都市圈。最后，要加强高新技术应用于公共交通方面，推动智能公共交通网络发展，实现城市公共交通运输资源共建共享、信息互联互通。充分发挥互联网大数据的服务功能性，发展人性化、多样化城市公交、地铁等保证资源合理配置，促使京津冀城市公共交通发展达到国内领先水平。

六 促进区域交通一体化

提高京津冀交通一体化运输水平，需实行有效的一体化监管机制，使针对交通管理的政策方案得到落实。三地交通管理部门需协调沟通，共同推进区域交通向标准化、规范化方向发展。交通发展的特性要求管理与执法具有标准性与规范性，对普遍存在的交通运输问题，如道路收费、车辆检测、机动车排放等，在区域内应尽量按照相同规定进行管理处置。对于交通规则的违反处理也应保持同等标准，保证区域内各等级城市交通管理能力共同提升，促进区域交通管理发展均衡。此外，随着大数据时代的到来，实现京津冀交通一体化发展，要利用数据网络与高新技术构建智能化交通，提升交通智能管理水平。首先，要实现区域内交通信息及时互通，

---

① 杨永平等：《中国区域轨道交通发展的宏观政策思考》，《城市交通》2017年第1期。

通过物联网、云计算等信息技术进行数据信息计算，搭建区域内交通信息共享平台，形成稳定即时的交通道路运行信息网络，为公众出行采集播报交通信息。其次，加快普及 ETC 使用，扩大合作银行范围，设置多个充值办理服务网点，增加省市联网 ETC 运行通道数量，以快速便捷的服务模式吸引更多用户，缓解收费站点交通拥堵现象。最后，利用网络智能技术加强物流信息平台构建，推动对物流运输规划的全面掌控，科学高效调配供应链中物流、资金流、信息流等要素，提升区域物流交通运输水准。

七 发展绿色安全可持续交通

加快区域交通运输模式向信息化、高效化方向发展，提高交通运输体系智能化水平，促进区域交通信息资源共享，加快交通公共信息共享平台搭建，实现跨区域不同交通运输模式信息互联互通，提高交通运输信息的时效性、综合性。首先，可利用"互联网+"与高新技术推动物流产业创新驱动，发展交通多模式联合运输，推行驼背运输、滚装运输、甩挂运输等新兴运输方式。以内陆物流基地、沿岸港口、公路港等为基础促进多形式交通联运模式与支干线运输枢纽点发展，在区域内推广铁水空联运项目，推动陆地轨道交通与航运水运交通相互衔接、同步发展。[1] 加快缩小城乡交通信息统筹共享差距，合理配置农村郊区道路、公交、站点服务等资源，在农村推行"多站合一""货运班线"的集约型物流运输模式。以创新信息技术不断推进城市物流高效可持续化发展，倡导绿色货运与智能快递，完善城市货运与快递站点基础设施建设，形成规范化、人性化的城市交通货物运送收发体系。其次，要鼓励公众出行选择低碳环保的交通方式，在区域内建设全面的绿色安全可持续交通工程。不断完善城市公共交通设施建设，加强公交车、地铁等绿色出行交通工具的更新与检修力度，利用智能手段提高交通管理服务水平，为公众出行提供安全可靠的保障。完善人行道、公交车专用道及非机动车道的规划与布局，高效利用土地资源为低碳交通提供足够的发展空间。正确引导共享单车、共享电动汽车健康发展，推进交通工具网络租赁规范化。推动城乡交通网络有效对接，完善城市公交线路、轨道线路向郊区新城延伸的规划，扩大公众绿色出行覆

---

[1] 贾姝敏：《京津冀交通一体化发展的现状与存在问题及对策》，《山西建筑》2018 年第 1 期。

盖范围,全面实现绿色环保出行。最后,要重视对公众进行绿色环保出行宣传与教育,多方位开展以绿色交通为主题的宣传教育活动,多形式拍摄并发布绿色交通公益广告,将环保出行理念深入区域交通发展中。

第六节　促进京津冀城市群公共服务均等化

一　补齐公共服务不均衡短板

（一）健全公共服务均等化的法律法规

京津冀协同发展战略要持续推进,进一步对现有的法律法规进行补充完善,建立实现公共服务基本均等化的法律体系,进一步加快实现区域公共服务均等化进程。京津冀协同发展战略涉及《京津冀协同发展规划纲要》与三省市政府签署的协议,缺少有力推动公共服务发展的相关法律,有待进一步形成针对公共服务均等化的系统性法律法规。满足公众需求是政府提升基本公共服务质量的关键,更是政府提升治理能力的有效途径。三地政府应广泛调查并采纳公众对于公共服务发展的相关要求和建议,通过政府职能构建有助于公共服务发展的规范法律体系,将满足公众需求作为公共服务发展的核心,从政策法律高度推动公共服务均等化发展。[①] 如对京津冀教育资源配置建立公平合理的规章条例,减小落后地区与发达地区在教育服务上的不均衡,通过制度保障为落后地区提供更多教育资源。

（二）协同推进公共服务一体化

在京津冀协同发展中,为补齐公共服务不均衡的短板,各地政府间应形成整体性治理理念,加强合作沟通,减少竞争冲突。一方面,京津冀政府要打破传统发展理念的桎梏,深入贯彻落实京津冀协同发展战略,弱化地区地界的空间限制,将京津冀看作一个整体,加强各地的沟通与协商,构建区域一体化公共服务模式,提高公共服务模式的均衡性。另一方面,应对京津冀各地区公共服务部门进行有效整合,改善各地服务部规划执行模式,统筹各地公共服务机构及部门资源配置,促进公共服务管

[①] 文魁、祝尔娟:《首席专家论京津冀协同发展的战略重点》,首都经济贸易大学出版社2015年版。

理规范化、透明化。如搭建区域公共服务信息共享及反馈平台，整体提高公共服务水平，建立京津冀医疗保险联动机制，实现区域内医疗保险资源均衡配置。同时，发挥社会组织在公共服务中的作用，培养其责任感，提高内部建设水平，加强政府部门对各社会组织的公平管理，推动社会组织与政府部门公共服务高效整合，共同改善地区内的服务。①

（三）扩大基础公共服务覆盖面

京津冀要提升公共服务水平，三地应协同扩大京津冀基础公共服务覆盖范围，为实现京津冀城市群公共服务均等化打好基础。随着京津冀协同发展的推进，城镇化进程加快，对城市群间社会保障、教育文化、医疗交通等公共服务的均等化提出了更高要求。政府要转变职能，明确职责，建立健全多层次覆盖城乡居民的社会保障体系，提高城乡居民的健康水平。完善资源配置公平、均衡发展的社会事业体系，建立布局合理、城乡共享的公用设施体系，促进基本公共服务资源分配向基层延伸、向农村拓展、向生活困难群众和特殊群体倾斜，扩大基础公共服务覆盖面。缩小京津冀在公共教育、医疗卫生、社会保障、基础设施等方面的城乡差距，保障民生，促进机会均等，实现京津冀基本公共服务均等化。同时，制定并出台一系列与基本公共服务相关的法律法规、规章制度等，支持和引导不同领域公共服务健康有序发展，为京津冀基础公共服务协同发展提供保障。

二 推进公共服务共建共享

（一）健全公共服务共享政策

健全有效的公共服务共享政策可以缩小京津冀城市群公共服务发展差距，为区域内公共服务的持续发展提供制度保障。在区域发展的进程中，公共服务由于种类众多、内容复杂，需要根据不同公共服务的特性与要求，以法律制度的形式对各级政府职能边界做出相应规定，以具体的规章条例将公共服务发展融入地方政策中去，建立更有效、更优质的公共服务共享政策体系。首先，应厘清京津冀政府与地方各级政府间公共服务建设领域的行政权力及财政关系，以此为基础健全适用于公共服务建设的财

---

① 李峰：《雄安新区与京津冀协同创新的路径选择》，《河北大学学报》（哲学社会科学版）2017年第6期。

政、金融和产业政策，根据不同公共服务形式与公共服务内容，实施相应经济保障支持，统筹规划区域公共服务在经济财税方面的监管，做到各地区协调统一、共建共享。其次，要不断加大三地政府在基础公共服务共建共享方面的投资，引导社会资源进入优质公共产品领域，统筹促进公共基础设施建设智能化、绿色化发展，特别加强津冀两地在医疗教育、养老保险等社会公共服务上的交流沟通和互帮互助，缩小两地在公共服务发展上与北京的差距，实现三地公共服务协同发展。再次，关注存量公共服务产品资源的充分利用，积极破除行政性壁垒和消除制度性障碍，鼓励和推动存量公共产品资源跨区域和城乡共享，以提高公共资源的使用效率和效用。从体制和制度上进行改革创新，完善和优化公共服务产品的消费机制，提升公共服务产品的可获得性和不同区域、城乡群体在获取公共服务上的机会均等性。最后，各地应共同协商成立区域公共服务共享共建基金，促进各地社会组织与机构积极参与公共服务建设，减轻河北在民生建设上的财税负担。

（二）搭建公共服务网络平台

在目前信息技术高速发展的背景下，互联网、大数据等先进信息技术对各类公共服务建设的影响不容小觑。要以信息技术的发展为有力手段，利用互联网搭建京津冀公共服务共享共建网络交流平台，为区域内各类服务资讯、服务反馈、服务调查等公共服务内容提供载体，加强各地公共服务的交流合作，推动区域内公共服务信息跨界流动、互联互通，实现各区域在公共服务领域的借鉴学习与交流沟通，缩小区域间公共服务的发展差距。协同三地政府设立公共服务建设管理领导小组，对区域内公共服务情况进行统筹一体化监管与协调，使公众对于公共服务的反馈有地可循，促进三地公共服务共享共建规范化、统一化发展。

（三）提高公共服务供给质量

通过政府统筹规划与市场自由调节相结合的方式，推动区域内公共服务市场改革，充分发挥政府、社会在公共服务共享共建进程中的作用，以提高公共服务质量，使公共服务覆盖面更广、公共服务的供给效率得到不断提高。其一，政府要正确认识到协同发展在市场资源配置中的重要作用，要以提高公共服务质量与供给效率为目标，完善规章制度，保障社会组织在公共服务建设中的有利地位，强调市场资源的合理配置，使公共服务资源要素在共建共享进程中得到充分利用。其二，政府要加强对公共服务的监管，做好对公共服务基础设施建设、服务人员工作素质培训等管理工作，多方位、多层次推进公共服务共建共享。

三 构建均等化公共服务体系

（一）完善公共服务人才体系

京津冀协同发展需要高水平专业人才与技术支持，因此需要完善京津冀人才服务体系，建立人才公共服务信息平台，为区域内高技术人才提供均等化服务，为人才资源自由流动与知识信息互通共享创造公平稳定的环境。此外，雄安新区应积极联动京津两地与河北其他地区，推动人才技术资源共享，加快关于"北京中关村—雄安新区""天津滨海新区—雄安新区"等人才服务政策的推行以及相关项目计划的推进。在完善京津冀人才服务体系进程中，雄安新区要积极与北京市、天津市两地合作互通，打破体制机制对人才资源流动的阻碍，促使不断增加雄安新区的人才吸引力并辐射河北省其他地区，促进人才在京津冀均等化发展。

（二）完善基本公共教育服务体系

加强京津冀公共教育服务考核与监管机制建设，在区域内制定统一的公共教育服务标准，对教育服务弱势地区进行政策帮扶，促进三地公共教育服务均等化发展。[①] 要转变各地政府过度重视经济产业发展、忽视公共服务发展的观念。强调京津冀三地政府不仅要着眼于本地行政区域内各项公共服务的发展，更要重视公共服务存在的不足，立足于整体推动公共教育服务体系发展。将京津冀公共教育服务发展情况列入三地政府监管与考核机制中，推动公共教育服务体系不断完善，缩小区域内公共教育服务水平差距，实现均等化发展。

（三）完善公共医疗服务体系

以京津冀协同发展为基础，完善区域公共医疗服务体系，打破地域限制。建立符合三地医疗发展现状的一体化公共医疗服务改革制度，对卫生医疗资源进行合理均衡配置，为公共医疗服务资源高效利用、公平分配提供有力地政策支持，实现京津冀三地公共医疗服务资源均等化。要加快改善区域内公共医疗运营环境，加强对医疗卫生服务人员的管理与培训，合

---

① 戚晓旭、何晶彦、冯军宁：《京津冀协同发展指标体系及相关建议》，《宏观经济管理》2017年第9期。

理配置医用资源,不断更新改进医疗设备。在未来公共医疗服务发展中,京津两地应重视医疗技术与管理模式的创新发展,提升医疗服务专业化水平。河北省应借助承接北京非首都功能转移的契机,合理配置医疗卫生资源,提高公共医疗服务发展水平,从而缩小与北京市、天津市两地的差距,实现区域公共医疗服务均等化发展。

第六章

功能疏解：北京非首都功能疏解分析

第一节 北京非首都功能疏解需求与目标

一 北京非首都功能疏解的背景与意义

（一）北京非首都功能疏解的背景

2014年2月，习近平总书记在北京市听取了有关京津冀协同发展的工作汇报，并从加强顶层设计、推进产业对接、优化城市布局、扩大环境容量、构建现代化交通网络体系等七个方面对京津冀协同发展提出了新的要求。[1] 近年来，北京市城市发展深刻转型，将打造"现代化工业基地"作为其发展目标，导致产业发展规模快速扩张，城市建设面积不断扩大，大量外来人口聚集，在经济快速发展的同时也埋下了"大城市病"的病根。由于城市综合承载力的有限性，北京市人口过度密集、交通拥堵、环境污染等现象日益严峻，严重制约其经济社会的发展，解决北京非首都功能疏解问题刻不容缓。北京市应坚持和强化其所承担的全国政治中心、文化中心、国际交往中心和科技创新中心的首都功能，将不符合首都功能定位的其他功能向外疏解。

在疏解北京非首都功能过程中，作为首都圈的重要组成部分，天津市与河北省的相关地级市承接了疏解北京非首都功能的责任，迎来了前所未有的发展机遇。[2] 与京津毗邻的河北省不仅具有得天独厚的地缘优势，并

---

[1] 崔丹、吴昊、吴殿廷：《京津冀协同治理的回顾与前瞻》，《地理科学进展》2019年第1期。

[2] 冯怡康、马树强、金浩：《资源优化视角下京津冀协同发展研究》，《天津行政学院学报》2016年第2期。

且积极响应国家发展号召,在承接北京非首都功能领域做了大量准备工作,大力推动京津冀协同发展,如河北省部分地级市先后进行了有利于城市发展空间扩展的行政区划调整,有效破除了城市发展障碍。此外,河北省还主持召开了推进新型城镇化工作会议并制定了《关于推进新型城镇化的意见》,进一步明确在承接北京非首都功能中廊坊市、保定市、石家庄市等地级市的定位与作用。

(二) 北京非首都功能疏解的意义

治理"大城市病",促进北京市可持续发展。非首都功能的不断积累制约北京首都功能的发挥,由于城市建设速度追不上北京市的经济发展,人口的过度集聚使得北京的城市结构性矛盾日益严峻,"大城市病"越来越严重。京津冀协同发展可以有效促进北京非首都功能疏解,使北京市过度集中的资源与过度承担的非首都功能得以合理再分配,实现经济健康发展。

聚焦首都功能定位,促进北京市产业高效转型。坚持并强化北京市的首都功能。通过优化城市功能布局,挖掘津冀地区发展潜力,促进北京市核心区域产业高效转型。北京市的产业应符合首都功能,坚持减量集约发展、创新驱动、绿色发展等原则,全面推进北京市高质量发展。

加强地区间互补关系,推进京津冀协同发展。京津冀面临经济发展与环境治理不均衡的问题,为此,京津冀应着力优化产业结构,建设友好型生态环境。在疏解北京非首都功能的过程中,优化产业布局、完善基础设施配套以及教育、科技、公共服务均等化等一系列措施,引导人口在城市群内有序流动,一定程度上可以有效缓解中心城区的人口、交通、住房等压力,进而促进社会和谐。

二 北京非首都功能疏解的任务与目标

(一) 北京非首都功能疏解的任务

破除协同发展中的行政壁垒和体制机制障碍。京津冀要突破行政壁垒,建立权利公平行使、利益合理分配、资源优化配置的新体系;要突破京津冀协同发展体制机制障碍,改善利益分配体系不健全、不合理现象。在推进京津冀协同发展过程中,要重视市场一体化,不遗余力打破资源、人才、科技、生产力等发展要素自由稳定流动的行政壁垒,将各种要素优化合理配置,并在此基础上开展行政管理联动机制,加快全面改革步伐,不断推动京津冀协同发展。

积极推进北京非首都功能疏解工作，系统推进京津冀产业综合对接。进行京津冀区域产业转移对接工作，需要对区域内涉及产业转移的各城市地区进行综合分析，全面考虑各地区影响产业发展的内外部因素。根据不同产业发展情况制定相应的产业转移对接计划，避免产业转移承接地为追求快速发展而进行不严谨的产业承接工作，造成产业转移效果达不到预期目标。

推进雄安新区规划落地，为协同发展提供新引擎。设立雄安新区，是以习近平同志为核心的党中央深入推进京津冀协同发展作出的一项重大战略选择，对于集中疏解北京非首都功能，探索人口经济密集地区优化开发新模式，调整优化京津冀城市布局和空间结构，培育创新驱动发展新引擎，具有重大现实意义和深远历史意义。[①] 雄安新区与北京市、天津市形成稳定的三角空间，既要融入京津冀发展的大环境，也要在区域发展中形成专属优势，实现融合错位发展，构建京津冀协同发展的新格局。此外，雄安新区可通过相关政策的规定与激励，突破区域间的行政壁垒，发挥资源的新活力，引进优秀的研发人才，吸引先进的企业及技术，打造创新经济发展新引擎，为京津冀协同发展提供空间与动力支持。

尽快出台城市副中心与北三县协同发展的规划及政策，加速人口和产业的疏解。副中心与北三县协同发展对于治理北京"大城市病"至关重要。在疏解北京非首都功能的过程中，北京市率先从生态、交通、产业等重点领域进行突破，制定并完善全国首个为治理"大城市病"的产业禁限目录，并取得显著成效。此外北三县与多所高校开展郊联体合作，推动北京市公共服务、产业等向北三县延伸布局，推出一批有共识、看得准、能见效的合作项目，积极打造北三县公共基础服务平台，提升北三县承接北京非首都功能的吸引力，实现北三县在京就业人员就地就近就业，为把城市副中心打造成为北京市重要"一翼"提供有力支撑。

（二）北京非首都功能疏解的目标

实现北京市国际化水平城市管理目标。国际交往中心是基于北京市城市发展的新定位和新要求提出的新概念，与国际通行的世界城市概念不同，是城市国际化发展的新阶段。为达到把北京市建设成为国际交往中心

[①] 孙久文：《京津冀协同发展70年的回顾与展望》，《区域经济评论》2019年第4期。

这个目标,北京市需要进一步提高其政治影响力、文化吸引力以及经济支撑力。坚持并强化北京市作为我国政治中心、文化中心、国际交往中心、科技创新中心的首都功能,疏解北京非首都功能,促进产业转型升级,优化北京市经济结构。

推进京津冀融合式发展。资源分布不均、区域发展差距较大、生态系统破坏等现象日益严峻,严重制约京津冀地区的发展。通过疏解北京非首都功能,进一步优化地区经济结构、打破行政壁垒、完善地区生态环境质量及功能型基础设施。发挥北京市的辐射带动作用,打造以首都为核心的世界级城市群。

推进雄安新区建设。规划建设雄安新区意义重大、影响深远。雄安新区不仅可以为京津两地的产业提供妥善的承接平台,也可以为加快疏解北京非首都功能做贡献。规划建设雄安新区,希望雄安新区能与北京城市副中心协同发展,形成北京发展的新两翼,疏解北京非首都功能,缓解北京"大城市病"问题,进而使得京津冀形成优质发展的全新局面,调整优化京津冀城市布局和空间结构,加快构建京津冀世界级城市群。

第二节 北京非首都功能疏解现状与问题

一 北京非首都功能疏解现状与成效

(一)一般性产业疏解

根据《京津冀协同发展规划纲要》和《北京市新增产业的禁止和限制目录(2015年版)》,北京市关停退出不符合首都功能的一般性制造业,就地淘汰污染程度高、能源消耗大的行业,如钢铁、有色金属、建材、化工、纺织印染、机械、印刷、造纸等行业,积极引导一些非科技创新型企业向周边地区迁移,尤其是石化产业、食品、酿酒、饮料制造业以及制造业零部件配套产业。目前,北京市在产业疏解方面已取得显著成效。

北京市产业结构逐渐趋于优化。一方面,2014—2019年制造业、批发和零售业等行业生产总值所占比重显著下降,其行业从业人员也分别由12.9%下降至7.5%、由12.2%下降至11.6%,分别下降了5.4个百分点、0.6个百分点;另一方面,符合"四个中心"定位的科技型服务业、文体娱乐业呈持续健康发展态势,信息传输、软件和信息技术服务业,金融业，科学研究和技术服务业等行业生产总值所占比重逐年增加，各行业分别由 9.9% 增加至 13.5%、由 16.3% 增加至 18.5%、由 7.1% 增加至 8.0%，分别提升了 3.6 个百分点、2.2 个百分点、0.9 个百分点。

一般性制造业疏解效果明显。制造业企业呈现明显的下降趋势，如纺织服装服饰业、金属、食品、家居、通用设备、非金属矿物等不符合首都功能的低端产业逐步被淘汰或向周边地区迁移。截至 2019 年 11 月，不予办理的工商登记业务累计达到 22 万余件，累计关停退出一般制造业企业 2700 余家。

（二）区域性专业市场疏解

京津冀协同发展以来，以区域性专业市场为代表的重大项目疏解效果显著。截至 2019 年，北京市已完成疏解提升各类商品交易市场 644 家、物流中心 122 个。

以北京市城六区为例，2017 年，北方地区的服装批发市场中有 12 家向天津市、廊坊市、沧州市、石家庄市、保定市疏解，累计疏解面积 35 万平方米，疏解摊位数约 1.3 万个；北京市东城区永外城批发市场向石家庄、张家口等地迁移，在 2016 年完成物流和灯具城疏解，2017 年文化、体育用品批发市场闭市，疏解商户 1241 户，并力争将东城区永外城批发市场转型为文化创意产业园和中国文化用品研发展示中心；2018 年丰台区大红门地区批发市场中 37 家关停拆除，8 家转型升级，累计疏解面积 160 万平方米，疏解从业人员 9 万名。此外，北京市一批大型批发市场已外迁，通过有效地规划和改造，完成了批发市场的调整疏解和升级改造。

（三）社会公共服务功能疏解

《首都功能核心区控制性详细规划（街区层面）（2018 年—2035 年）》中指出，北京市将疏解部分具有公共服务功能的教育、科研、医疗等事业性服务机构。当前，北京市的医疗和教育等社会公共服务机构较为集聚，58 家三级医院和 86 所高校集聚在城六区。北京市在落实非首都功能疏解过程中，积极地推动市属高校、医院向城外迁移，以促进教育资源、优质医疗资源合理均衡配置。

教育方面，北京市 93 所普通高校中，中央部委所属高校有 37 所，约 91.8% 的中央部属院校集中在城六区。北京市现有在校研究生、高校普通本专科生 58.59 万人，是市属高校的 2.2 倍，且大多为外地求学者。京津冀教育资源的配置应充分发挥政府的主导作用，尤其是中央政府的示范带头作用，以此缓解中央部属院校过度聚集的现象。目前，北京市在教育方面的疏解已初显成效，北京建筑大学、北京信息科技大学、北京城市学院等新校区相继建成，累计疏解师生超3万人；清华大学附属小学—临港实验小学分部已落户天津新区，以便与北京大学附属中学共同合作，完善新区教育支撑体系，并与北京师范大学附属中学合作建设12年制的学校；北京师范大学、北京市八一学校等院校也相继在河北省沧州市、廊坊市、保定市等地共建设14个分校；河北省秦皇岛市也建立了一个高教园区，以便承接从北京市搬迁转移的高校。

医疗方面，68家三级医院聚集在北京市，其每年的诊疗数达2亿多人，其中到北京市就医的河北省病患就占到了25%。疏解北京非首都功能，意味着把优质的医疗资源也向周边地区辐射。目前北京市在医疗方面的疏解也取得了一些成效。截至2019年2月，首都医科大学附属医院、北京友谊医院通州院区已开诊，北京同仁医院亦庄院区扩建、北京口腔医院迁建等项目取得进展。北京安贞医院通州院区、北京朝阳医院常营院区、北京急救中心通州分中心、北京市疾控中心迁建和北京卫生职业学院新园区等项目加速推进。京津冀临床检验结果互认项目由27项增至33项，临床检验结果互认医疗机构由132家增至296家，实现了符合要求的三级、二级医疗机构和医学检验实验室全覆盖。此外，北京市还与河北省卫健委、雄安新区管委会共同签署《关于支持雄安新区医疗卫生事业发展合作框架协议》，支持雄安新区医疗卫生发展。

科研方面，北京市也积极推动其优质科研机构以及创新资源和平台向周边地区辐射。如中国科学院于2017年签署《关于支持雄安新区规划建设和全面深化合作协议》，筹建创新研究院，信息技术研究中心、现代生命科学与健康研究中心、生态与资源环境研究中心、绿色与智慧农业研究中心、新材料研究中心等落户雄安新区；此外，清华大学签署了启迪控股战略合作协议，推进开发建设雄安新区科学园区，以便搭建智能实验室和互联网产业园；北京大学也积极牵头在雄安新区筹建雄安大学；华为、百度和阿里巴巴等知名企业也纷纷在雄安新区建设了云计算中心、物联网和无人车等新兴产业。

在推进部分事业性单位向周边地区疏解的同时，由于行政功能的疏解对其他功能的疏解具有带头示范作用，北京市还将推动部分市级行政单位疏解。聚焦通州，积极推动建设市行政副中心，自2019年北京市行政副中心落户通州以来，大约有 35 个行政单位，将近 1.5 万人迁移至市行政副中心。入驻城市行政副中心的有"四大班子"等，办公面积达 1 平方千米，建筑面积大约有 660 平方千米。此外，2017 年，中关村科技园与雄安新区达成协议，在雄安新区共建中关村科技园。双方将以产业创新基地为重点，探索建立新型孵化模式，共同支持中关村产业加速器、创新孵化器、科研院所等在雄安新区中关村科技园建立新的孵化载体，共建高新技术企业科技成果转化服务平台；支持中关村示范区科技租赁、科技保险、融资担保等科技金融机构迁入雄安新区。同时，中关村科技园组织了碧水、东方园林、北京科锐、小桔科技、金山软件、首航节能等首批 12 家中关村节能环保和智慧城市服务企业与雄安新区签署战略合作框架协议。

二 北京非首都功能疏解困境与问题

在京津冀协同发展背景下，北京市加快推进非首都功能疏解，实行精细化管理，同时采取了多种措施增强居民获得感，"大城市病"治理成效显著，但多年来一直难以痊愈。为了满足人民群众日益增长的生活需求，重新审视北京非首都功能疏解的成效与存在的问题，有利于京津冀协同发展政策的制定和实施，以便更好地推动京津冀协同发展。

（一）北京非首都功能疏解困境

1. 区域经济发展失衡

长期以来，北京市充分吸纳周边资源、获得快速发展，从而造成与周边地区发展失衡的现象，且这种不均衡现象在短时间内是不易改变的。统计资料显示，2019 年北京市法人单位从业人员平均年收入约 14 万元，河北省规模以上企业就业人员年均工资约 7.3 万元；北京市人均 GDP 达 164220 元，而河北省人均 GDP 仅为 46348 元；河北省城镇居民人均可支配收入为 35738 元，北京市为 73849 元，是河北省人均可支配收入的 2 倍左右；北京市农村居民人均可支配收入为 28928 元，河北省为 15373 元。2019 年，张家口市（邻近北京市北部）农村居民人均可支配收入为 12973 元，三河市（邻近北京市东部）农村居民人均可支配收入为 20900 元。由此可见，北京市与周边地区经济发展不平衡现象仍较显著。

2. 承接地支撑力不足

天津市和河北省的风险投资规模与北京市存在一定差距，使得津冀两地企业的融资便利化满意度较低；天津次发达地区与河北省部分地区物流运输配套设施仍不完善；人才落户产生"高级人才不愿来，低级人才进不来"的窘境，导致津冀两地在承接北京非首都功能上支撑力不足。此外在产业疏解方面，北京市提高了企业准入门槛，修订了污染行业淘汰退出名单。全市2017年共退出一般制造业651家，2018年上半年关停473家，2019年退出399家。对动物园地区、大红门地区等批发市场进行了搬迁，向北京市周边地区疏解了一批附加值低、劳动密集度高的相关产业。然而，高附加值的产业链前端或高技术类产业、优质的公共基础设施服务领域并未在疏解之列。从长远来看，这也不利于北京市"大城市病"的根除。

3. 公共服务落差大

北京市周边承接地的公共服务基础设施与城中心相比差距较大，整体水平偏低，空间分布不均衡，建设速度也低于人口迁移速度。同时科技创新研发机构、大型医疗机构、高校以及文化体育娱乐设施等公共服务基础设施仍在北京市中心不断集中和扩建，但是北京市周边承接地的开发却相对较慢，未能有效实现相应人口、产业的承接，反而使得北京市周边新城成为外来人口的主要集聚地区。公共服务基础设施的较大落差使得承接地未能有效发挥北京非首都功能疏解作用。

(二) 北京非首都功能疏解面临的主要问题

1. 疏解的体制机制还不完善

尚未完善的体制机制是疏解北京非首都功能的主要问题之一，不完善的体制机制使得具体行动措施缺乏可行性或可操作性，从而难以实现。要解决这一问题，疏解北京非首都功能应与河北省新城建设、重点镇建设以及河北省各地级市经济发展相结合，在治理北京"大城市病"的同时，带动提升其周边地区科技、教育、医疗等公共服务基础设施质量，促进河北省经济发展水平提升，使产业、人口愿意去该地区发展，也使得河北省能留得住人才等资源。因此，疏解北京非首都功能，应该以一般制造业、区域性专业市场、公共服务和部分行政机构为疏解的切入点，突破体制机制障碍，推动生产要素在更大范围内自由流动。

2. 产业转移分工定位不明确导致重复性建设

随着京津冀协同发展战略的实施和不断推进，京津冀三地对自身功能已经有了相对明确的定位，但长期以来，由于缺乏统一的规划和整体布局，三个地区出现同类企业或行业之间的恶性竞争，容易导致京津冀三地经济发展出现共输的局面。长期以来，三个地区由于地域原因，已经各自形成相对成熟的经济发展体系，存在重视竞争、忽视合作的现象。没有统一的规划会导致产业雷同、特色缺失、重复建设、资源和人力浪费。

3. 服务链与治理链不完善影响协同发展进程

推动京津冀公共服务一体化是京津冀协同发展的重要组成部分，也是促进京津冀协同发展的重要突破口。社会公共服务水平会对京津冀产业对接、要素资源自由流动和功能转移效果产生重大影响。从目前来看，京津冀整体公共服务仍处于较低的水平，资源共享程度也相对较低。在北京非首都功能疏解过程中单向疏解现象严重，服务链的不完善会成为京津冀协同发展的阻碍。加快三地社会公共服务一体化，其重点在于社会服务的整合和无缝对接，其困难在于基本公共服务资源的共享。因此，京津冀在促进公共服务一体化方面，要敢于打破行政壁垒，通过不断的合作和资源共享，最终达到基本统一的状态。

4. 创新驱动力与辐射影响力不足

创新驱动是推进京津冀发展的根本动力，故京津冀协同创新也是京津冀协同发展的重要组成部分。京津冀的辐射带动作用存在不足，从创新方面来看，虽然京津冀整体创新能力相对其他区域来说处于较高水平，但是区域内部创新存在失衡现象。北京市创新能力明显高于天津市与河北省，且河北省的创新能力与京津两地的差距明显。创新能力不强和创新辐射影响力不足严重影响北京非首都功能疏解。只有处理好政府和市场之间的关系，营造一个公平公正的市场环境，才会吸引产业、人才以及高端资源转移，激发区域创新发展活力，进而促进北京非首都功能疏解，实现京津冀协同发展。

第三节 北京非首都功能疏解思路与对策

一 发达国家非首都功能疏解经验

全球城市化快速推进，以中国北京、韩国首尔、英国伦敦、日本东京为代表的著名国际大都市各类矛盾与问题凸显，"大城市病"蔓延。发达国家在首都区域扩张与发展的管理上采取了诸多有效措施，积累了许多经验。本书通过梳理首尔、伦敦、东京非首都功能疏解过程和手段，总结可供北京非首都功能疏解借鉴的经验。

(一) 首尔大都市区的发展演变及政策措施

首尔是韩国的政治中心、经济中心、文化中心,是朝鲜半岛上最大的城市。首尔占地605.25平方千米,占韩国陆地面积的0.6%。2019年,首尔总人口约为964万人,约占韩国人口的20%,是世界上人口密度极高的城市之一。首尔大都市区是指以首尔为中心的京畿道区域,包括首尔特别市、仁川广域市和京畿道,总面积约1.1万平方千米。

首尔大都市区的发展特征与韩国的城市化进程和首都圈管理政策密切相关。20世纪60年代,首尔进入快速城市化阶段,人口迅速膨胀导致"大城市病"越来越严重。为避免此类现象蔓延,韩国政府采取了诸多限制措施。总体而言,首尔的城市功能疏散经历了自身疏散和整体疏散。20世纪60年代至70年代,韩国首都圈的疏解战略的作用对象为首尔自身,城市扩张始终位于首尔内部。20世纪80年代,韩国城市化趋于成熟,首尔人口容纳能力降低。为化解该问题,韩国采取措施来改善首尔与周边地区之间的通达性,并转移分散政策的迁移目标。[①] 同时,为进一步疏解首尔过度集中的功能,韩国政府参照《综合土地开发规划》,开发首都圈以外的区域。

1. 机构搬迁政策

1964年,韩国政府颁布了《首尔都市区限制人口增长的特别措施》,其中涉及行政机构、工业和高等教育机构的建设和扩张。1969年为控制首尔城市扩张,通过制定并实施非中心化政策,达到强化机构搬迁政策的目的。1982年的《首都圈整备规划法》和1994年的《首都圈整备规划修订法》规定,首尔都市区应实行分区管理,并明确分散政策的重点转移对象为公共机构、工厂和大学。

2. 规划控制政策

针对首尔的扩张问题,韩国出台了具有法律约束力的规划控制政策。其中,绿化带制度最为典型。韩国政府于1971年实施限制发展区域(绿化带)法案来控制城市的无序扩张。根据绿化带制度的规定,为保护自然环境,防止城市无序蔓延,几乎所有的城市开发活动都严格禁止在绿化带

---

① 赵丛霄、金广君、周鹏光:《首尔的扩张与韩国的城市发展政策》,《城市问题》2007年第1期。

内进行。绿化带系统为城市发展提供了较为广阔的绿地，保护了城市环境，对首尔城市土地的扩散起到了重要的限制作用。然而，这也导致了首尔人口密度的增加和地价的高涨。换言之，绿化带系统并没有阻止首尔大都市区人口和经济活动的集中，反而促进了首尔市郊卫星城的发展。[①]

3. 新城建设政策

新城建设旨在解决首尔功能冗余和人口高度集中的问题。20 世纪 70 年代初，韩国制定了"建设卫星城，积极分散人口"政策。1989—1994 年，韩国政府在首尔南部建立了 5 座新城——平川、三本、正东、本当和伊尔山。此后一段时间内，首尔城市人口占韩国的比例呈下降态势。进入 21 世纪后，为了解决首尔人口过剩的问题，确保首尔大都市区住房稳定，韩国政府在距离首尔市中心 20—40 千米的范围内建设了 10 座新城。在推动新城建设的过程中，政府通过加强营造服务业、人文空间和生态环境氛围，为新城市民提供便利的设施条件和美丽的自然风光。

4. 交通政策

交通拥堵是"大城市病"的典型表现。实施交通政策，可以改善交通条件，提高出行的平顺性。在 21 世纪，首尔的交通拥堵问题非常严重。除市区之外，郊区和市区之间的干线上经常出现交通堵塞现象，加之空气和噪音污染加剧，交通事故发生率较高。为改善交通条件，首尔建设了广域交通设施系统，缓解了城市交通过载的压力。此外，综合创新提高了市民公交和轨道交通的选择率，降低了汽车的利用率，有效改善了拥堵状况。

(二) 大伦敦地区的发展演变及政策措施

大伦敦地区包括伦敦市和其他 32 个区，占地面积约 1579 平方千米。根据 2016 年人口普查，大伦敦地区超过 878 万人。伦敦是大都市区的核心城市，也是英国的政治中心、经济中心、文化中心和交通枢纽。大伦敦地区不仅是英国的工业密度带和经济核心区，也是世界五大大都市区之一。

伦敦的城市规划经历了"分散、重聚、多中心"的过程。目前，伦敦形成了"以中心为主导、以外围为协调"的城市形态，有效缓解了"大城市病"。

[①] 宋彦、丁成日：《韩国之绿化带政策及其评估》，《城市发展研究》2005 年第 5 期。

1. 划定城市扩张边界，控制城市功能扩散

在战后城市快速扩张时期，伦敦制定了"内城、郊区、绿化带和乡村外城"的同心圆规划，其中绿化带是最关键的一环。绿化带宽约10千米，是伦敦的边界，总面积超过2000平方千米。它将开放的空间连成一个环形的封闭空间，阻止了城市向绿化带外扩张。另外，伦敦议会通过的《绿化带法》严格控制绿化带周边的开发建设，并在绿化带内批量设置果园、牧场、森林公园等休闲设施，强化了绿化带的作用。

2. 开展新城建设，承接人口和产业转移

为解决城市密集的问题，伦敦进行了一项新城建设运动——新城运动。1946—1950年，伦敦第一代新城设计只涉及几万人，远远没有达到缓解人口压力的目标。1950—1960年，第二代新城的承载人口增加至30万人，由于这些新城离中心区太近，多数市民仅夜间在新城休息，日间反而需要到中心区工作，这些新城变成了"睡眠城市"，实质上不仅没有减少中心地区的人口，反而增加了通勤压力。1960年以后，第三代新城建设在距市中心约100千米的区域。伦敦政府将这些新城视为"反磁力中心"，即能够抵御中心人口引力的独立区域。这座新城生活、医疗、教育设施完善，最终容纳225万人，提供110万个工作岗位。与此同时，伦敦市政府也将一些企业总部和工厂迁至新城，缓解了"大城市病"问题。

3. 提高环境标准，重组传统产业

1956年，世界上第一部《清洁空气法》在伦敦诞生。为了将伦敦市内的燃煤发电厂和重工业迁出伦敦，政府结合《清洁空气法》的规定，设立了烟雾控制区。1995年，《环境法》的实施使得伦敦关闭并转移了市内大部分能源密集型产业。这些企业的转移，不仅优化了伦敦产业升级的空间，也调整了中心地区的人口结构。此后，伦敦逐渐吸引大批新兴人才，为伦敦的后工业发展创造了条件。2008年，伦敦成立了"低排放区"，并对进入低排放区的车辆进行限制，具体从管制对象、管制地域、管制时间、排放标准、收费金额及处罚规定等方面进行了详细的规定，致使仓储业、批发业、物流业等产业从中心区转移出去，降低了伦敦的承载压力。

4. 引导新兴产业进入中心地区，优化中心地区产业结构

为了解决中心区功能疏解后产生的经济衰退，伦敦政府鼓励金融、租赁、创意设计等新兴产业进入中心区，并对城市中心地理位置优越但破败的区域进行改造。另外，伦敦政府利用2012年举办奥运会的机会，把

75%的资金用于旧城改造，实现了伦敦市中心科技、医疗、商业、教育和娱乐的蓬勃发展。

5. 优化多中心布局，实现分散协同发展

在城市规划中，伦敦沿着泰晤士河从东到西创建 13 个副中心，这些分中心承担了物流运输、商业、休闲娱乐等不同功能。各副中心由铁路、公路和水运连接，交通运输能力优越。伦敦规划委员会在中心城市大力推进金融、研发、创新产业发展，在副中心大力鼓励制造业、物流业、商业发展，一方面疏解了伦敦的非首都功能，另一方面强化了伦敦地区之间的协作。

(三) 东京首都圈的发展演变及政策措施

东京首都圈是日本三大都市圈之一，是以首都东京为中心的大型都市圈，其范围一般包括东京都、神奈川县、千叶县、埼玉县。日本政府为统合东京及周边区域的发展，制定了《首都圈整备法》，将首都圈未来的涵盖范围扩大至整个关东地方及山梨县，占地面积 3.69 万平方千米，总人口规模可达 3400 万至 3700 万人，在世界所有城市群中位居首位。

东京首都圈的发展始于 20 世纪 50 年代，随着国民经济的快速发展和交通条件的改善，人口规模快速增长，东京首都圈逐渐形成以东京为"一极"、以太平洋海岸为"一轴"的空间结构。目前，整个首都圈城市化已经进入稳定发展的高级阶段，并已形成一个相对成熟和稳定的城市系统。

1. 加强规划指导，促进城市功能合理分工

1956 年，日本政府颁布了《首都圈整备法》，确定了以东京为中心、半径为 100 千米的首都圈的区域范围。在东京发展过程中，政府先后五次制定并实施了《首都圈基本规划》，强调东京的发展需要合理规划中心城区的布局，从重视扩大城市规模逐步转向重视城市布局的统筹规划，有效地分散中心城区功能，分步骤、分阶段地打造首都圈的副中心，逐步形成多层次和多中心的城市格局。

2. 重视人口调控，促进人口合理流动

东京的产业结构逐渐从劳动密集型向资本密集型和知识密集型转变。1959 年，日本颁布了《工业控制法》，对一定规模的工业、大学等新项目的建立进行控制。工业控制促使大量劳动密集型企业和一些重工业搬离东京。通过产业结构调整、劳动力转移，大大减少了东京的人口规模。

3. 避免资源集中，促进公共服务均等分布

日本政府高度重视公共服务均等化。以教育为例，东京通过教育经费的投入和教师轮岗制度，推动了教育均等化发展。在教育资金保障方面，义务教育经费由上级政府承担，保证经费来源；在改善教师待遇方面，日本以公务员的待遇对待公立中小学教师，政府统一对其进行规范和管理。法律规定，教师在同一所学校连续工作不得超过五年。政府的直接领导和教师的定期轮换，保证了地区教师实力和教学水平的相对平衡。

二 北京非首都功能疏解思路

推动京津冀协同发展向广度深度拓展，要紧紧抓住疏解北京非首都功能这个"牛鼻子"不放松，积极稳妥有序疏解北京非首都功能。因此，京津冀应充分发挥自身力量，借鉴发达国家经验，探索北京非首都功能疏解思路。

（一）发挥政府协调作用，优化产业转移规制

北京非首都功能疏解的前期任务是完成首都经济功能疏解。各级政府应采取适当的经济手段，管控企业行为，把产业转移作为实现北京非首都功能疏解的先行步骤。

首先，准确布局产业结构，不断推进产业转移体系建设和完善知识产权保护体系，调节产业市场环境，创造良好的产业文化；其次，强化企业间的互联互通，最大限度地发挥有限产业资源的效益；最后，开展环境影响评价、土地交通规划、资源配置、政策补偿和生态监测等工作，促使北京市污染严重的企业协同治理。此外，在产能削减背景下，坚决查处变相扩大产能的违规行为。只有这样，周边廊坊市、保定市、雄安新区、张家口市、秦皇岛市、沧州市才能充分利用京津技术优势，挖掘本土企业的核心竞争力，实现产业转型的良性循环。

（二）明晰产业承接重点，实现产业深度融合

产业平台和园区要协调发展，就必须找准承接点。因此，要依据北京市产业对外开放的新布局和新需求，确定产业承接的重点和着力点。

首先，京津冀要把握北京市腾退空间、外疏功能、产业扩张和市场占领的新定位，明确项目的来源地和投资者。其次，聚焦于非首都功能，立足于北京市战略定位，梳理北京市优势产业类别，如现代网络通信、绿色环保、人脸识别、智慧物流、无人驾驶等产业，津冀两地在发挥自身优势的基础上，实现创新资源的对接。再次，为更好地实现产业集聚和产业示

范效应，加快构建"2+4+N"产业合作格局，变无目的的"大水漫灌"为有目的的"精准滴灌"。最后，搭建创新服务平台，有针对性地提供配套服务和政策支持，通过加强京津冀在创新模式、创新技术、创新环境等方面的合作，实现产业深度融合。

（三）探索协同发展新路径、新模式，推进产业协同

探索协同发展的新路径、新形式、新模式，是一个制度创新的过程，对优化区域发展模式、改善区域发展协调性、强化协调发展实效意义深远。

首先应根据北京非首都功能的时序和重点，积极探索和总结协同合作的新模式，实现功能深度对接和有效互补。其次津冀依靠自身优势，构建先进制造业研发集中区和生产性服务产业集群区，推进产业协同发展。天津市围绕"国家先进制造业研发基地"和"金融创新示范区"，河北省立足于"全国重要的现代商业物流基地"和"产业转型升级测试区域"，统筹规划产业布局。最后对标雄安新区，聚力滨海—中关村科技园区、保定·中关村创新中心、曹妃甸—中关村高新技术成果转化基地和正定中关村产业基地等载体建设，以北京非首都功能承接为基点，深度打造产业园区。[①]

（四）加强与首都总部机构对接，打造优质创新环境

京津冀各类企业和研发机构的发展，不仅要考虑三地之间的互联互通，更要注重产业环境的建设。

一方面，建立与首都总部对接的机制。北京市的公司总部、金融机构、科研机构较为集中，其辐射力很强。因此，津冀应加强与首都总部机构的对接，推进北京市的部分功能机构和研究机构向周围合适的城市扩散，实现京津冀产业协同发展。另一方面，营造独特的创新环境和体贴、舒适、高品质的文化环境，优化服务环境。一要改善各园区的软环境，改善园区的工作环境和生活环境；二要打造含蓄、人性化的服务环境和文化氛围；三要明晰北京市优质公共服务资源，横向实现京津冀公共服务均等化，纵向实现城乡公共服务普惠化；四要健全京津冀利益共享机制，制定产业共享、税收共享、资质互认等共享措施，改善京津冀优质要素吸引力结构，缩小天津市、河北省与北京市之间的差距。

---

① 王金杰，周立群：《非首都功能疏解与津冀承接平台的完善思路——京津冀协同发展战略实施五周年系列研究之一》，《天津社会科学》2019年第1期。

（五）调动地区发展优势，合理规划产业转移

为了更好地完成北京非首都功能的承接任务，天津市及河北省的部分地级市应立足于自身功能定位，根据区域优势、能源优势及发展现状有选择地吸引相关产业转移，促进优质资源要素集聚。

总体上，综合运用集中承接、分散承接、合作共建、示范带动等方式，主动承接北京市与首都功能相背离的产业。天津市作为北方经济重地、京津冀地区次中心，其经济发展水平较高，配套设施较为完善，单独考虑产业过渡与发展，天津市是承接北京非首都功能的不二之选。但天津市发展较好的同时也存在患"大城市病"的风险，建议将天津市作为疏解北京非首都功能的"跳板"，先将北京市对口的产业和机构转移到天津市，在缓解北京市发展压力的基础上，保证被疏解单位的正常运转，等到恰当时机再逐步引导部分功能产业转移到河北省或其他周边地区。[①] 河北省毗邻京津两地，拥有得天独厚的地理条件和劳动力优势，但其产业基础薄弱、研发能力相对落后、基础设施相对欠缺，如何用好河北省资源是缓解北京非首都功能的关键。具体来看，石家庄市作为河北省的省会，其城市功能发展相较其他地级市更加均衡，适合承接商贸批发产业，打造区域物流基地；秦皇岛市临近海洋，拥有便捷的交通和良好的服务体系，适合承接北京市的养老及医疗功能；承德市、沧州市两地生态约束较小，但没有较为突出的产业，可以考虑重点推进优势行业集聚，打造一方经济支柱；[②] 唐山市生态损耗较严重，不适合承接高污染、高耗能产业；对于城市功能相对不明显的衡水市和邢台市，衡水市可以考虑发展农产品加工，邢台市则可以考虑构建新能源基地；邯郸市、张家口市由于距离问题，在承接北京非首都功能方面存在劣势，但其凭借独特的地区优势可以发展旅游业、生物医药等清洁产业。

（六）对标雄安新区，构建产业发展新格局

雄安新区作为高质量发展的全国样板，是国家高质量发展的典范地，是北京非首都功能集中承载地，是京津冀城市群重要一极，也是高质量高水平的现代化城市。

[①] 张可云、沈洁：《生态约束下的京津冀地区非首都功能疏解承接能力评价》，《河北学刊》2017年第3期。

[②] 沈洁：《京津冀地区非首都功能转移承接能力评价》，《河北学刊》2020年第4期。

津冀各承接平台和产业园区应学习和借鉴雄安新区全新的发展理念和高水准的建设规划，以此为标杆谋划自身发展，调整自身产业格局，提升自身发展水平。同时，又要以雄安新区建设为契机，将天津市"一基地三区"建设、河北省"三区一基地"建设、雄安新区"集中承载地"建设与北京城市副中心建设相衔接，积极推进产业精准对接和深度融合。另外，北京周边城市要探索与雄安新区互补发展和融合发展的新路径，充分发挥生产、贸易和物流优势，并延伸产业链条，扩大服务功能，主动与雄安新区高新技术产业和高端服务业对接，优势互补，合作共赢，推动京津冀经济一体化。

三　协同推进北京非首都功能疏解的对策

疏解好北京非首都功能，是京津冀协同发展的关键。北京市作为一个世界级城市，"大城市病"愈益严重。在加速发展和结构调整的双重压力下，资源环境约束不断强化，资源要素价格不断攀升，产业结构优化的内在需求愈发迫切。疏解北京非首都功能，推动京津冀协同发展，已成为北京市建设国际一流城市的必由之路。因此，具有区域优势的京津冀应积极探索产业链延长、产业集聚、经济发展方式转变的办法，推进三地产业结构转型，协同推进北京非首都功能疏解。

（一）统筹规划产业布局，建设区域产业高地

疏解北京非首都功能应以统筹规划产业布局为基础，以发展区域特色产业、打造差异化产业高地为核心，建立优势互补、错位发展的产业分工格局，形成创新链和产业链紧密联系的区域价值链体系。其中，津冀两地应积极利用已有产业园区和产业基地，提升资源要素的集聚力和吸引力。在主导产业的选择上，发挥自身优势，因地制宜，合理承接产业，推动三地产业错位发展。具体来说，天津市应致力于打造东有滨海—中关村科技园、西有武清津滨工业园、南有天津市南站科技商务区、北有宝坻中关村科技城的分布格局。河北省应与雄安新区的规划建设对接，统筹保定·中关村创新中心、曹妃甸—中关村高新技术成果转化基地、正定中关村产业基地等载体建设，依托或对接北京非首都功能疏解需求，充分挖掘并发挥科技成果的创新能力和市场潜力，形成自身优势和特色并建立利益共享机制，实现资源信息共享。

(二) 转变产业承接模式，健全产业合作机制

实现北京市产业对接，津冀两地要为承接产业转移做好充分准备，以承接北京市产业转移为契机，为产业对接创造条件，实现创新发展。首先，津冀两地应转变产业承接模式——从被动承接转变为主动承接，把承接的产业融入自身优势，进而转化为具有自主知识产权、高附加值、高技术含量的产业，为全国高新技术产业链的转移做好铺垫。其次，疏解北京非首都功能是市场化改革的一个重要环节。因此，应充分发挥市场在产业转移中的基础作用，完善京津冀产业定价机制，缩小河北省重化工业与京津高污染产业在利润、资金、理念、市场评价等方面的差距。最后，结合产业特点和自身情况，选择部分承接或整体承接，并积极寻求三地都能接受的效益基点、技术基点和人力资源基点，保障产业合理对接。河北省和北京市、天津市的偏远地区相关行业应该逐步建立市场合作机制，通过三地产业市场的合作与竞争来提升产业的刚度和黏性。

(三) 加大财税支持力度，改善产业融资方式

金融是现代经济的核心，是配置资源要素的枢纽。京津冀进一步完善金融扶持政策，加大财税政策支持力度，对于推进北京非首都功能疏解具有重要作用。具体来看，一要增加财政和税收，支持产业转移，减少对工业的税收转移；二要取消不合理的行政收费，尽量减少甚至免除营业税和企业所得税；三要建立政府支持基金和特殊事业基金，实施贴现利息贷款政策；四要完善政策法规，有效改善甚至消除商业银行不合理收费情况；五要优化信贷担保环境，加大数据金融支持力度。此外，雄安新区具有金融机制深度优化的"犄角"优势，以雄安新区为突破口，集聚京津冀优势产业，推进区域金融与科技功能的协同。

(四) 加强产业创新力度，推进产业可持续发展

京津冀要优先发展先进环保的产业，把科学性、创新性、技术性纳入产业经营和自身产业升级规划中。首先，利用自身的资源优势——生物能源、矿业、化工、机械制造等，改造和升级产业链，并将创新思维和技术的研究与开发应用于工业链转化，完善产业结构，拓宽产业辐射范围。其次，培养产业自主创新能力，实现技术创新从引进消化经吸收创新到开发出口的良性循环。最后，强化环境保护意识，推进京津冀产业可持续发展。京津冀环境问题一直是制约其发展的关键因素，因此在疏解北京非首都功能时，环境问题是必须要考虑的因素。具体来说，对于生态环境现状

相对较差的地区，应把好环境关，严格审查入迁企业的耗能及排污情况，设置科学合理的关卡值，以征收排污费、发放排污许可证等手段管控企业生产；对于生态环境现状相对较好的地区，既要考虑其功能定位是否允许发展高耗能、高排放产业，也要实时监测环境质量。只有这样京津冀才能真正实现共赢。

（五）瞄准雄安新区功能定位，有效承接北京非首都功能

雄安新区作为北京非首都功能疏解的"承载池"，在交通、产业、生态等方面已经取得了一定的进展，总体进展已经由顶层设计、规划编制转向实质性建设阶段。在轨道交通建设上，雄安新区不仅实现了与北京、天津的半小时交通圈，与石家庄、衡水等主要城市的1小时交通圈，还和全国高铁网紧密衔接，加快了京雄城际、京唐城际等城际铁路项目的推进。产业转移方面，雄安新区已经引入一系列知识密集型和技术密集型企业，这些企业的迅速发展能带动雄安新区经济的腾飞，打造雄安新区高新技术产业新优势，形成雄安新区产业发展的新引擎。

为精准承接北京非首都功能，雄安新区一要改善公共服务体系，打破户籍、高考、社会保障的壁垒，突破京津冀人才流动的束缚，增强雄安新区对高端要素资源的"引力"，进而间接拉动北京市产业转移；二要加强基础设施建设，积极构建具有速度快、容量大、票价低、便捷高效等优点的绿色智能交通体系；三要在雄安新区现有功能需求的基础上，探究北京非首都功能疏解的新需求，明确雄安新区需要承担的重点区域，有针对性地推进集中"承载池"建设；四要考虑北京市与雄安新区的资源环境承载能力、当前开发强度和未来发展潜力等方面的差异，根据京津冀各自的功能定位，制定差异化的考核标准；五是雄安新区要定期与北京市进行磋商协调，密切跟踪北京非首都功能疏解过程中遇到的问题，建立高效对接机制，及时研究对策。[1]

---

[1] 武义青，柳天恩：《雄安新区精准承接北京非首都功能疏解的思考》，《西部论坛》2017年第5期。

第七章

产业协同：京津冀产业协同发展评价与分析

第一节 京津冀产业协同发展现状

一 京津冀优势产业发展概况

产业协同是京津冀协同发展的一项重要任务，近几年，京津冀产业协同发展取得了显著成效，找准定位、借势借力，努力在区域协同中谋布局、聚要素、增强发展软实力，使之在京津冀协同发展中率先取得突破。就目前的现状来看，京津冀产业链布局不够完善，尚未形成合理有效的分工布局，亟须加强区域性联动，从而发挥京津冀政策、资源等优势，统筹谋划区域协同创新、效能提升，形成机制高效、成果共享、活力迸发的区域优势。

区域优势产业是指区位熵较高、对区域生产贡献较大的产业。本书参考邢子政等的研究成果，采用区域配置系数（S）和区位熵（LQ）两个指标来分析京津冀的优势产业。[①] 区域配置系数 S ＝某区域某行业产值/某区域所有行业总产值×100%。

优势产业对推动区域经济的发展起着重要作用，区域优势产业的形成取决于区域比较优势和企业竞争优势。区域优势产业的成因是自然、经济、技术、管理等存在差异，因此，需要用反映区域间市场竞争格局的指

[①] 邢子政、马云泽：《京津冀区域产业结构趋同倾向与协同调整之策》，《现代财经》（天津财经大学学报）2009 年第 9 期。

标来识别。① 在区域经济中，通常用区位熵来判断一个产业是否形成区域专业化，也被称为比较优势系数，一般是指区域某个产业产值占全国该产值的比重与区域经济总量占全国经济总量的比值。

区位熵公式如下：

$$LQ_{ij} = \frac{e_{ij}/\sum_{j=1}^{m} e_{ij}}{\sum_{i=1}^{n} e_{ij}/\sum_{i=1}^{n}\sum_{j=1}^{m} e_{ij}} \qquad 式(7-1)$$

其中，i 为第 i 个地区，j 为第 j 个行业，e_{ij} 为第 i 地区 j 行业的产出指标，$\sum_{j=1}^{m} e_{ij}$ 为第 i 个地区的经济总量，LQ_{ij} 为第 i 地区 j 行业的区位熵。区位熵可以反映一个行业在国内某一地区的主导地位。如果区位熵大于 1，说明该行业具有一定的比较优势，该产品除了可以占领本地市场外，还可以占领区域外的市场。熵数值越大，该行业优势越强。当区位熵小于 1 时，说明该行业属于非专业化部门，在国内竞争中没有优势，该地区一般是产品的输入地区。当区位说明熵等于 1 时，说明该地区产业生产的产品能够满足该地区的需求。

京津冀各产业的区位熵（LQ）和区域配置系数（S）见表 7-1，数据显示北京市、天津市和河北省均具有各自主导的专业化行业。

表 7-1　　　　京津冀 34 个行业的区位熵和区域配置系数

	北京市		天津市		河北省	
	LQ	S（%）	LQ	S（%）	LQ	S（%）
煤炭开采和洗选业	0.78	1.77	0.15	0.34	1.16	2.65
非金属矿采选业	0.13	0.04	0.35	0.11	0.85	0.28
农副食品加工业	0.41	1.70	0.51	2.11	1.11	4.54
食品制造业	1.21	1.81	0.83	1.24	1.45	2.16
饮料制造业	1.15	1.42	0.82	1.02	0.81	0.99
纺织业	0.16	0.79	0.21	0.99	0.79	3.81
纺织服装、鞋、帽制造业	0.53	1.03	0.52	1.01	0.42	0.81

---

① 王兴明：《产业发展的协同体系分析：基于集成的观点》，《经济体制改革》2013 年第 5 期。

续表

	北京市 LQ	北京市 S（%）	天津市 LQ	天津市 S（%）	河北省 LQ	河北省 S（%）
皮革、毛皮、羽毛（绒）及其制品业	0.06	0.08	0.32	0.42	1.49	1.96
木材加工及竹、藤、棕、草制品业	0.20	0.15	0.36	0.28	0.77	0.59
家具制造业	0.77	0.46	0.87	0.52	0.63	0.37
造纸及纸制品业	0.37	0.58	0.45	0.72	0.87	1.38
印刷和记录媒介的复制业	2.11	1.14	0.59	0.32	0.75	0.40
文教体育用品制造业	0.36	0.20	0.77	0.43	0.15	0.08
石油加工、炼焦及核燃料加工业	1.38	6.58	0.17	0.81	1.00	4.77
化学原料及化学制品制造业	0.49	3.14	0.83	5.36	0.84	5.41
医药制造业	1.15	1.83	1.45	2.29	1.06	1.68
化学纤维制造业	0.08	0.08	0.04	0.04	0.26	0.26
橡胶制品业	0.33	0.29	1.03	0.89	0.81	0.70
塑料制品业	0.38	0.77	1.01	2.05	0.70	1.40
非金属矿物制品业	0.77	2.86	0.38	1.40	1.18	4.35
黑色金属冶炼及压延加工业	0.83	6.66	2.03	16.20	3.72	29.86
有色金属冶炼及压延加工业	0.16	0.66	0.51	2.09	0.32	1.32
金属制品业	0.65	1.76	1.29	3.48	1.07	2.89
通用设备制造业	0.82	3.56	0.91	3.94	0.62	2.70
专用设备制造业	1.46	3.67	0.76	1.91	0.84	2.11
交通运输设备制造业	1.90	12.22	1.70	10.9	0.49	3.13
电气机械及器材制造业	0.55	3.18	1.11	6.35	0.52	2.99
通信设备、计算机及其他电子设备制造业	2.60	27.21	2.75	28.60	0.05	0.55
仪器仪表及文化、办公用机械制造业	2.00	2.24	1.26	1.41	0.18	0.20
工艺品及其他制造业	0.65	0.52	0.53	0.43	0.26	0.21
废弃资源和废旧材料回收加工业	0.27	0.04	1.25	0.17	0.20	0.03
电力、热力的生产和供应业	1.52	10.32	0.13	0.91	1.32	9.01
燃气生产和供应业	1.39	0.32	0.76	0.18	0.46	0.11
水的生产和供应业	1.50	0.34	0.83	0.19	0.56	0.13

大于1.4选取京津冀各产业中区位熵大于1同时区域配置系数的行业编制成表7-2,表中所选行业即为京津冀的主要优势产业。根据表7-2,按照各行业贡献程度（即S值大小）排列,北京市排名前五位的优势产业为通信设备、计算机及其他电子设备制造业,交通运输设备制造业,电力、热力的生产和供应业,石油加工、炼焦及核燃料加工业,专用设备制造业。天津市排名前五位的优势产业为通信设备、计算机及其他电子设备制造业,黑色金属冶炼及压延加工业,交通运输设备制造业,金属制品业,医药制造业。河北省排名前五位的优势产业为黑色金属冶炼及压延加工业,电力、热力的生产和供应业,石油加工、炼焦及核燃料加工业,农副食品加工业,非金属矿物制品业。

表7-2　　　　　　　　　　京津冀优势产业

	高区位熵（LQ）高区域配置系数（S）行业
北京市	食品制造业（1.21,1.81）；饮料制造业（1.15,1.42）；印刷业和记录媒介的复制业（2.11,1.14）；石油加工、炼焦及核燃料加工业（1.38,6.58）；医药制造业（1.15,1.83）；专用设备制造业（1.46,3.67）；交通运输设备制造业（1.90,12.22）；通信设备、计算机及其他电子设备制造业（2.60,27.21）；仪器仪表及文化、办公用机械制造业（2.00,2.24）；电力、热力的生产和供应业（1.52,10.32）
天津市	医药制造业（1.45,2.29）；塑料制品业（1.01,2.05）；黑色金属冶炼及压延加工业（2.03,16.29）；金属制品业（1.29,3.48）；交通运输设备制造业（1.70,10.95）；电气机械及器材制造业（1.11,6.35）；通信设备、计算机及其他电子设备制造业（2.75,28.68）；仪器仪表及文化、办公用机械制造业（1.26,1.41）
河北省	煤炭开采和洗选业（1.16,2.65）；农副食品加工业（1.11,4.54）；食品制造业（1.45,2.16）；皮革、毛皮、羽毛（绒）及其制品业（1.49,1.96）；医药制造业（1.06,1.68）；非金属矿物制品业（1.18,4.35）；黑色金属冶炼及压延加工业（3.72,29.86）；金属制品业（1.07,2.89）；电力、热力的生产和供应业（1.32,9.01）

通过上述分析可以得出,京津的优势产业大多为技术密集型产业,表现为以电子信息技术为代表的知识技术密集型产业,以交通运输设备、仪器仪表、专用设备制造业为代表的技术资本密集型产业,以及以高技术为特征的现代医疗制造业,现已成为北京市和天津市具有高区位熵、产值占比较大的行业。同时可以得出,天津市加工业的优势比较突出,表7-2

中所列天津市的行业大多属于加工业；但是同北京市相比，其技术层次略低，电子及通信设备制造业、交通运输设备制造业属于高技术和中高技术密集度产业，而金属制品业、黑色金属冶炼以及压延加工业属于低技术密集度产业。河北省是典型的资源加工型产业区，其中冶金、采矿、机械制造以及以农作物为原料的食品制造业是河北省具有代表性的优势产业。

二　京津冀产业协同发展基本情况

近年来，京津冀经济社会发展环境得到了显著改善。但是，区域产业发展不充分、不平衡已经成为制约经济社会发展的主要矛盾。京津冀产业协同发展不均衡问题日益受到关注。产业协同发展的研究既有理论价值，也是实践需要。协同发展是多目标下的区域共赢，意味着产业之间能够相互影响、相互感应。目前，京津冀产业协同发展存在区域发展价值取向单一、市场活力弱、河北省承接转移能力差等问题，产业协同发展不成熟导致京津冀经济发展不均衡。

将基尼系数的变化分解为各产业的结构效应、集中效应和综合效应，由此判断是产业结构升级还是产业集聚化发展导致了京津冀经济的非均衡发展，进而分析京津冀城市群产业发展不均衡的原因。[①]

基尼系数的表达形式为：

$$G = [2/(n^2 \times \mu_i)] \times \sum_{i=1}^{n} i \times y_i - (n-1)/n \quad \text{式}(7-2)$$

其中，G 为基尼系数，n 为区域总个数，y_i 为各区域的人均 GDP，μ_i 为各区域人均 GDP 的平均值，i 为按人均 GDP 从小到大排列时的区域序号。

为了更好地从产业角度把握经济发展程度，对基尼系数进行产业分解，将各分项基尼系数加总可得区域总基尼系数：

$$G = \sum_{k=1}^{3} S_k G_k \quad \text{式}(7-3)$$

其中，S_k 为分项产值占 GDP 的比重，G_k 为分项基尼系数，$S_k G_k / G$ 为第 k 项产业对基尼系数的贡献率。计算得出京津冀各产业相关系数见表 7-3，根据表中数据描述京津冀各产业基尼系数的变化趋势见图 7-1。

[①] 李健、郭俊岑、苑清敏：《两指数分解下京津冀经济非均衡发展的空间计量分析》，《干旱区资源与环境》2017 年第 12 期。

表7-3 京津冀各产业基尼系数及其贡献率

	各产业产值份额（%）			基尼系数				贡献率（%）		
	S_1	S_2	S_3	G_1	G_2	G_3	G	一产	二产	三产
2002年	10.29	44.78	44.93	0.1808	0.2614	0.3876	0.3098	6.01	37.79	56.21
2003年	9.63	46.67	43.70	0.1775	0.2613	0.3915	0.3102	5.51	39.32	55.17
2004年	9.46	48.08	42.47	0.1763	0.2539	0.3800	0.3001	5.55	40.68	53.77
2005年	7.78	44.69	47.53	0.2329	0.3438	0.5070	0.4127	4.39	37.23	58.38
2006年	7.55	45.05	47.40	0.1672	0.2948	0.4656	0.3662	3.45	36.27	60.28
2007年	7.51	44.00	48.49	0.1566	0.2850	0.4736	0.3668	3.20	34.18	62.61
2008年	6.79	45.90	47.31	0.1848	0.3082	0.4532	0.3684	3.41	38.40	58.19
2009年	6.44	42.79	50.77	0.1861	0.3125	0.4836	0.3912	3.06	34.17	62.76
2010年	6.47	43.15	50.38	0.1898	0.3143	0.4872	0.3933	3.13	34.48	62.40
2011年	6.21	43.86	49.93	0.1918	0.3136	0.4913	0.3947	3.02	34.85	62.13
2012年	5.73	41.95	52.32	0.2276	0.3336	0.4652	0.3964	3.29	35.31	61.41
2013年	6.03	42.41	51.56	0.2058	0.3309	0.4920	0.4064	3.06	34.53	62.42
2014年	5.76	40.76	53.48	0.2049	0.3429	0.4920	0.4147	2.85	33.70	63.45
2015年	5.48	38.48	56.05	0.2338	0.2652	0.3921	0.3346	3.82	30.49	65.68
2016年	5.21	39.82	54.97	0.2562	0.3437	0.4839	0.4162	3.21	32.88	63.91
2017年	4.41	35.94	59.65	0.2603	0.3447	0.4803	0.4219	2.72	29.36	67.91
2018年	4.25	33.70	62.05	0.2475	0.3561	0.4884	0.4336	2.43	27.68	69.89

由表7-3可以看出，第三产业的基尼系数最大，其对总基尼系数的贡献率均值达到61.56%，且第三产业的基尼系数在2002—2018年基本呈上升态势，其贡献率也整体呈上升态势，在2018年达到69.89%，并且还有继续上升的趋势。表明第三产业是推动京津冀经济非均衡变动的最主要影响因子，若要控制好京津冀经济的非均衡发展，可以从第三产业着手，这一点在图7-1也可以得到佐证。由图7-1可以看出，三次产业基尼系数的演变趋势基本上同总基尼系数的演变趋势相吻合。第一产业变化趋势稍有不同，其对区域经济发展的非均衡程度的贡献率一直保持在个位数，在三次产业中的贡献率最低，且有逐渐变小的趋势；同第一产业相比，第二、第三产业的非均衡度分布曲线同总体非均衡度曲线的吻合度更高，表明第二产业的非均衡度波动是仅次于第三产业对京津冀经济发展非均衡度贡献较大的因素。第二产业对总体非均衡度的贡献率同第三产业相比较

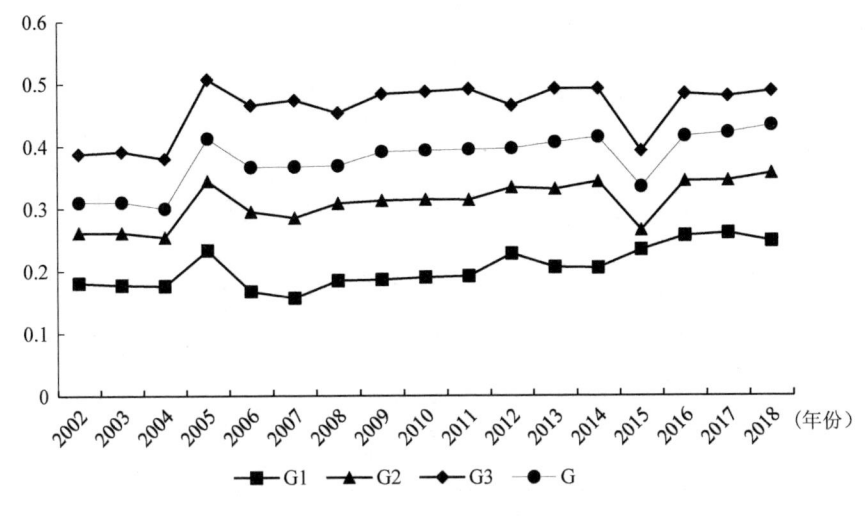

第七章 产业协同:京津冀产业协同发展评价与分析　　*179*

图 7-1　京津冀的基尼系数及其产业分解

低,但其对区域总体非均衡度的作用不容小觑。从表 7-3 中各产业产值份额一栏可知,第一产业占 GDP 的份额平均为 6.76%,而第二、第三产业占 GDP 的份额平均达到 93.24%,其中第二产业份额平均为 42.47%,第三产业份额平均为 50.77%。

从引起经济非均衡变化的三个效应来看,产业集中效应和产业结构效应是导致京津冀经济非均衡变化的主要原因,综合效应在区域经济失衡中发挥的作用相对较小(见表 7-4)。比较产业集中效应与产业结构效应,前者在区域经济非均衡变化中发挥的作用更大,原因在于其演化趋势更符合整体非均衡演化趋势,说明产业的地理集聚程度变化是导致京津冀经济非均衡变化的重要因素,这可以通过表 7-4 的产业集中效应一栏来表现。

从产业结构效应方面来看,2002—2003 年、2003—2004 年、2007—2008 年、2009—2010 年、2010—2011 年、2012—2013 年、2015—2016 年,这些年份的产业结构效应均为负值,其余年份的产业结构效应为正值,产业结构的变化会影响区域经济的非均衡度,其中第二、第三产业的结构变化发挥着主要作用。从产业集中效应方面来看,2003—2004 年、2005—2006 年、2006—2007 年、2011—2012 年、2014—2015 年、2017—2018 年的产业集中效应为负值,而其他年份的产业集中效应为正值,表明产业集聚会使得区域经济非均衡度增大。综合效应虽小,也会给京津冀经济非均

表7-4　京津冀经济非均衡度变动的产业效应分解

	总基尼系数变化	产业结构效应 一产	二产	三产	总	产业集中效应 一产	二产	三产	总	综合效应 一产	二产	三产	总
2002—2003年	0.0344	-0.1207	0.4946	-0.4744	-0.1006	-0.0344	-0.0051	0.1773	0.1378	0.0022	-0.0002	-0.0048	-0.0028
2003—2004年	-1.0053	-0.0302	0.3669	-0.4846	-0.1479	-0.0115	-0.3444	-0.5057	-0.8616	0.0002	-0.0104	0.0143	0.0042
2004—2005年	11.2593	-0.2949	-0.8594	1.9229	0.7687	0.5355	4.3180	5.3931	10.2466	-0.0947	-0.3039	0.6427	0.2440
2005—2006年	-4.6540	-0.0540	0.1218	-0.0621	0.0057	-0.5112	-2.1859	-1.9655	-4.6626	0.0152	-0.0173	0.0051	0.0030
2006—2007年	0.0666	-0.0070	-0.3083	0.5064	0.1911	-0.0804	-0.4440	0.3804	-0.1439	0.0004	0.0103	0.0087	0.0195
2007—2008年	0.1585	-0.1125	0.5417	-0.5598	-0.1307	0.2117	1.0217	-0.9924	0.2411	-0.0203	0.0441	0.0242	0.0481
2008—2009年	2.2819	-0.0640	-0.9600	1.5685	0.5445	0.0090	0.1954	1.4412	1.6457	-0.0005	-0.0133	0.1054	0.0917
2009—2010年	0.2089	0.0058	0.1128	-0.1898	-0.0711	0.0242	0.0773	0.1792	0.2807	0.0001	0.0007	-0.0014	-0.0006
2010—2011年	0.1432	-0.0500	0.2251	-0.2206	-0.0455	0.0127	-0.0278	0.2066	0.1915	-0.0005	-0.0005	-0.0019	-0.0028
2011—2012年	0.1646	-0.0932	-0.5996	1.1778	0.4851	0.2223	0.8756	-1.3004	-0.2025	-0.0174	-0.0382	-0.0624	-0.1180
2012—2013年	1.0034	0.0704	0.1514	-0.3552	-0.1333	-0.1246	-0.1122	1.4019	1.1651	-0.0067	-0.0012	-0.0205	-0.0284
2013—2014年	0.8239	-0.0555	-0.5453	0.9435	0.3427	-0.0054	0.5084	-0.0021	0.5008	0.0002	-0.0198	-0.0001	-0.0196
2014—2015年	-8.0038	-0.0594	-0.7828	1.2657	0.4235	0.1662	-3.1664	-5.3392	-8.3394	-0.0084	0.1773	-0.2569	-0.0879
2015—2016年	8.1576	0.0563	0.4444	-0.9538	-0.4531	-0.0672	-0.2871	1.9276	1.5733	-0.0153	-0.0103	-0.0176	-0.0433
2016—2017年	0.5174	-0.0642	-0.2517	0.5962	0.2803	0.1803	0.5362	-0.0434	0.6731	-0.0074	-0.0178	-0.0127	-0.0379
2017—2018年	1.1632	-0.0747	-0.6922	1.1031	0.3362	0.033	-1.8253	-3.8531	-5.6454	-0.0256	0.0462	-0.0833	-0.0627

注：由于数据太小，将原数据扩大100倍。

衡度造成影响。

综上可知，京津冀经济非均衡发展的主要成因在于第二、第三产业的非均衡发展，产业集中效应和结构效应均是经济非均衡度变动的重要影响因素。结合孙虎等的研究，① 进一步分析京津冀产业发展不均衡的原因。

（一）产业结构趋同严重

京津冀的三次产业水平趋同较严重，区域间产业构成、数量比例、空间分布及关联方式的变化趋于一致，结构差异逐渐缩小，表现在构成制造业的产业部门逐渐完备、各产业在区域间制造业产出中所占比重接近、各产业的地理属性日益弱化、空间分布趋于均衡四个方面。② 三省市间的相似系数非常接近，且均在0.85以上，但是考虑到对结构相似系数进行的测量和比较是在一个相对广泛的三次产业水平上，因此，不能武断地认为京津冀存在严重的产业同构，还须进一步分析。

（二）产业协作效率较低

京津冀垂直分工层次较浅、产业深度合作较少，导致三地经济增长相关性下降。第一产业内，京津冀区域内部主要以"菜篮子""米袋子"为核心，开展区域内部合作。农产品涉及民生，价格受到管控，在一定程度上对河北省农产品流通起消极作用。③ 第三产业内，北京市、天津市辐射不到河北，基本停留于地方。第二产业内，北京市、天津市对河北省存在较大影响。然而，北京市和天津市的第二产业缺乏增长动力，加上各地追求地方财政收入增长，限制传统产业的产业链向外转移或向外扩展。

北京市作为京津冀中心，与天津市和河北省的产业协作效率低，未能较好地统筹并带动津冀发挥各自的产业优势，促进产业协同发展。④ 在经济领域，京津冀并未完全形成一个区域中心，而是在此基础上形成了一个二级经济区，目前落后于长三角和珠三角。与之相比，京津冀中部及中部城市周边县域人均收入较低、基础较差，是阻碍京津冀协同发展的因素之一。

---

① 孙虎、乔标：《京津冀产业协同发展的问题与建议》，《中国软科学》2015年第7期。
② 李海东、王帅、刘阳：《基于灰色关联理论和距离协同模型的区域协同发展评价方法及实证》，《系统工程理论与实践》2014年第7期。
③ 郑季良等：《高耗能产业群循环经济发展的多绩效协同效应调控研究》，《中国管理科学》2015年第S1期。
④ 唐少清、姜鹏飞、李剑玲：《京津冀地区产业协同机制研究》，《区域经济评论》2017年第1期。

(三) 产业承接能力不足

从市场的角度看，产业转移是企业主体在"推拉"效应下从一个地方转移到另一个地方的过程。从推力的角度看，企业将在成本上升、占领市场、进行战略调整的影响下产生离心力。[①] 目前，北京市许多制造企业存在这种离心力，主要体现在两个方面：第一，有限的开发用地导致北京市储备建设用地严重不足，一些工业园区，如中关村园区，受到严重制约，迫切需要走出去，扩大再生产；第二，生态环境压力，北京市政府制定了"五个一批"措施，其中转移一个批次、限制一个批次、淘汰一个批次涉及很多企业，这些企业要么现场关闭，要么按要求转移。因此，北京市的一些制造业有能力迁出。然而，从产业转移的拉力角度看，许多迁出北京市的企业并没有选择在河北省落户。调查发现，中关村的大多数企业选择产业配套能力更好的长三角作为目的地。

河北省许多产业配套能力非常薄弱，产城融合存在较大问题。例如，一些大型企业，如首钢搬至曹妃甸发展大化工产业，但生活设施和生产配套能力非常有限。目前天津市正处于快速工业化发展阶段，具有很强的招商引资能力，加之河北省的工业发展不够、拉动作用不足，汽车产业和光伏产业等均选择从河北省迁移到天津市。从协调发展机制的角度看，目前京津冀受分税制影响，缺乏一种增量式的利益共享机制。[②] 特别是在新兴产业的发展过程中，三地的竞争较为激烈，许多非市场因素也会阻碍产业空间的优化布局。

第二节 京津冀产业协同发展测度与评价方法

一 产业协同测度方法

（一）测度方法

1. 产业梯度系数

关于优势产业的选取，传统方法是采用区位熵进行筛选，区位熵能够

[①] 王兴明：《产业发展的协同体系分析：基于集成的观点》，《经济体制改革》2013年第5期。

[②] 鲁继通：《京津冀区域协同创新能力测度与评价——基于复合系统协同度模型》，《科技管理研究》2015年第24期。

直观地表示地区产业的专业化程度，区位熵值越大，代表优势越大，反之越小；但是，低发展地区的区位熵值也有可能与高发展地区相等，为了避免区位熵的同值影响，引入产业梯度系数对产业进行综合评价。

$$R_i = LQ_i \times B_i \qquad 式(7-4)$$

$$B_i = \frac{(G_{ij} / \sum_{j=1}^{k} G_{ij})}{(L_{ij} / \sum_{j=1}^{k} L_{ij})} \qquad 式(7-5)$$

式（7-4）中 R_i 为产业 i 的梯度系数，其表示产业 i 在整个区域中所处的位置。若 $R_a \geq 1.0$，则表示 a 产业在整个区域中处于高梯度，具有发展优势，反之则不具有发展优势。LQ_i 表示产业 i 的区位熵值，B_i 为产业 i 的比较劳动生产率。式（7-5）表示产业部门产值比重同此产业部门就业的劳动力比重的比率，反映的是产业部门 1% 的劳动力所生产的产值在总产值中的比重。若 $B_i \geq 1.0$，则表示该产业部门具备发展优势，反之则不具备发展优势。B_i 越高，表明该产业部分的发展优势越大；B_i 越低，其发展优势越小。

2. 耦合度模型

京津冀产业系统内部序参量之间的协同是整个产业系统由无序走向有序的关键。为测度京津冀产业之间的协同作用，本书引入耦合度来表示产业系统之间相互关联、相互作用的趋势和程度。

$$u_s = \sum_{i=1}^{m} \lambda_{ij} u_{ij} \qquad 式(7-6)$$

$$\sum_{j=1}^{m} \lambda_{ij} = 1 \qquad 式(7-7)$$

式（7-6）中 u_s 为子系统 $S(S=1,2,3,\cdots,k$，其中 k 为系统个数）的综合评价指数；λ_{ij} 为各序参量的权重，其和为 1.0；u_{ij} 为系统序参量。序参量计算的综合指数越高，表明系统发展状态越好；序参量计算的综合指数越低，则表明系统发展状态越差。

$$C = \sqrt[k]{\prod_{n=1}^{k} u_n / [\prod (u_i + u_j)]} \qquad 式(7-8)$$

其中，C 为包含 K 个子系统的系统耦合度，表示系统之间相互作用的程度，$C \in [0,1]$。C 的数值越大，说明子系统之间的相互作用程度越强，关联性越强；反之则表明子系统相互作用程度越弱，关联性也随之减弱。

3. 耦合协调度模型

耦合度作为反映子系统关联性的重要指标，能够较好地反映子系统间相互作用程度的强弱。然而，在某些特殊情况下耦合度无法正确反映不同系统协调发展的真实水平。若低发展水平地区的相关产业同处于较低的发展阶段，其耦合度可能会表现出与高发展地区相同的数值。为了避免出现此类状况并更好地反映子系统交互耦合的协调程度，本书借鉴物理学中的容量耦合概念及容量耦合系数模型，进一步引入耦合协调模型公式：

$$D = \sqrt{C \times T} \quad \text{式}(7-9)$$

$$T = \sum_{s=1}^{k} \alpha_s u_s \quad \text{式}(7-10)$$

其中，T 为综合协调指数，反映系统的整体发展水平对协调度的贡献度；D 为耦合协调度，用于评价系统交互耦合的协调程度；u_s 为子系统的综合评价指数；α_s 为协调系数，为便于计算，取 $\alpha_s = \frac{1}{k}$。

（二）评价标准

1. 优势产业判别标准

根据区位熵和产业梯度系数性质，产业筛选分为两类：优势、非优势，判别标准见表 7-5。

表 7-5　　　　　　　　优势产业判别标准

	优势	非优势	非优势	非优势
区位熵 LQ_i	$LQ_i \geq 1.0$	$LQ_i \geq 1.0$	$LQ_i < 1.0$	$LQ_i < 1.0$
产业梯度系数 R_i	$R_i \geq 1.0$	$R_i < 1.0$	$R_i \geq 1.0$	$R_i < 1.0$

2. 耦合度分类与判别标准

耦合度取值范围应为 $0 \leq C \leq 1.0$，且值越大子系统关联性越强。根据耦合理论和耦合度赋值范围，可将 C 从 0—1.0 划分为 6 种耦合度类型（见表 7-6）。

3. 耦合协调度分类与判别标准

根据式（7-9），耦合协调度的取值满足：$0 \leq D \leq 1.0$。值越大，系统协调性越好。以 0.1 为一个区间，将耦合协调度从极度失调至优质协调分为 10 个等级（见表 7-7）。

表7-6　　　　　　　　　系统耦合度分类与判别标准

$C = 0$	$0 < C \leq 0.3$	$0.3 < C \leq 0.5$	$0.5 < C \leq 0.8$	$0.8 < C < 1.0$	$C = 1.0$
无关状态	低水平耦合	颉颃期	磨合期	高水平耦合	良性共振耦合

表7-7　　　　　　　　系统耦合协调度分类与判别标准

D	协调度	D	协调度
$0 \leq D < 0.1$	极度失调	$0.5 \leq D < 0.6$	勉强协调
$0.1 \leq D < 0.2$	严重失调	$0.6 \leq D < 0.7$	初级协调
$0.2 \leq D < 0.3$	中度失调	$0.7 \leq D < 0.8$	中级协调
$0.3 \leq D < 0.4$	轻度失调	$0.8 \leq D < 0.9$	良好协调
$0.4 \leq D < 0.5$	濒临失调	$0.9 \leq D \leq 1.0$	优质协调

二　京津冀产业协同评价指标体系构建

(一) 数据来源

本节的数据主要来自2010—2019年的《中国统计年鉴》《中国城市统计年鉴》《中国人口和就业统计年鉴》《北京统计年鉴》《天津统计年鉴》《河北经济年鉴》，此类数据由国家统计部门进行统计，具备较强的权威性、可获得性和可比性。针对个别缺失数据，采用删减或回归替代法进行补充。鉴于部分城市统计指标的差异，在统一各地方统计口径后，最终确定北京市工业产业部门为33个，天津市为35个，河北省为37个。

(二) 数据标准化与权重确定

鉴于各子系统的统计指标单位的差异性，应用离差标准化对指标进行标准化处理，标准化处理公式如下：

$$u_{ij} = \frac{x_{ij} - \min x_{ij}}{\max x_{ij} - \min x_{ij}} (正向指标) \qquad 式(7-11)$$

$$u_{ij} = \frac{\max x_{ij} - x_{ij}}{\max x_{ij} - \min x_{ij}} (负向指标) \qquad 式(7-12)$$

式中 u_{ij} 为相应指标标准化值，同时也是子系统综合评价指数，为系统序参量；x_{ij} 表示第 i 年第 j 项指标的原始数据；$\max x_{ij}$ 为第 j 项指标所对应原始数据的最大值；$\min x_{ij}$ 为原始数据最小值。

本书采用熵值法确定各项指标的权重，用熵值来判断指标的离散程度，能够有效减少主观分配权重的差异性。

(三) 指标体系构建

关于产业耦合协调，可以从不同层级进行分析。因此，需要构建不同的指标体系以满足不同层次的要求。通过频度统计和专家咨询的方式，筛选出最具代表性的指标，分别从规模、活力和优势三个方面来测度系统耦合协调度。

区域内部的耦合协调分析是对区域内的优势产业进行分析，产业规模选取的是生产总值、固定资产、就业人数和人均生产总值 4 个指标；产业活力选取的是产业增加值、产值增长率和就业增长率 3 个指标；以区位熵和各产业 GDP 占区域总 GDP 的比重这 2 个指标来表示产业优势。

区域之间的耦合协调分析是对区域之间优势产业的整体分析，其产业规模和产业活力指标都与区域内部指标选取相同；但由于区域的优势产业不同，不能采用区位熵作为产业优势指标。因此，采用区域内部的耦合协调度替换区位熵作为产业优势的指标。

采用递进关系研究优势产业耦合协调发展对京津冀整体协调的影响，在保持其他指标不变的前提下，取对外耦合协调度替代相应产业优势指标，对外耦合协调度 =（XY + XZ）/2，XY、XZ 表示 X 地区与 Y、Z 地区的耦合协调度值。京津冀产业耦合协调评价指标体系见表 7-8。

表 7-8　　　　　　　京津冀产业耦合协调评价指标体系

子系统层	状态层	指标层
XX 产业系统	产业规模 X	生产总值 X1
		固定资产 X2
		就业人数 X3
		人均生产总值 X4
	产业活力 Y	增加值 Y1
		增长率 Y2
		就业增长率 Y3
	产业优势 Z	区位熵 Z1
		各产业 GDP 占区域总 GDP 比重 Z2

三　京津冀产业协同实例分析

（一）优势产业选取

通过计算北京市、天津市、河北省第二产业的区位熵和产业梯度系

第七章 产业协同：京津冀产业协同发展评价与分析　　187

数，选取三地优势产业见表7-9。

根据表7-9可知，满足$LQ \geqslant 1.0$且$R \geqslant 1.0$条件的北京市第二产业的优势产业为煤炭开采和洗选业，石油加工、炼焦和核燃料加工业，医药制造业，铁路、船舶、航空航天和其他运输设备制造业，计算机、通信和其他电子设备制造业，仪器仪表制造业，电力、热力生产和供应业，燃气生产和供应业，共计8个；天津市的优势产业为煤炭开采和洗选业，石油和天然气开采业，食品制造业，石油加工、炼焦及核燃料加工业，黑色金属冶炼和压延加工业，铁路、船舶、航空航天和其他运输设备制造业，计算机、通信和其他电子设备制造业，废弃资源综合利用业，共计8个；河北省的优势产业为黑色金属矿采选业，皮革、毛皮、羽毛（绒）及其制品业，印刷和记录媒介的复制业，石油加工、炼焦及核燃料加工业，黑色金属冶炼及压延加工业，金属制品业，电力、热力的生产和供应业，共计7个。

此外，表7-9中数据显示在优势产业中，北京市的电力、热力生产和供应业，燃气生产和供应业；天津市的石油和天然气开采业，黑色金属冶炼和压延加工业；河北省的黑色金属矿采选业，黑色金属冶炼及压延加工业，其$LQ > 2.0, R > 4.0$，表明相比于其他优势产业，这些产业具备更高的发展优势与梯度优势。

（二）耦合协调度计算与分析

1. 北京市、天津市、河北省耦合度和耦合协调度计算及分析

北京市、天津市、河北省耦合度和耦合协调度的计算结果见表7-10，三地工业优势产业耦合度基本稳定于[0.8, 1.0]，处于高水平耦合状态。北京市的耦合度在2010—2018年保持稳定增长，从磨合期上升并稳定在高水平耦合阶段；天津市2010年耦合度最低，仅为0.695，其原因为煤炭开采和洗选业、食品制造业，黑色金属冶炼和压延加工业，废弃资源综合利用业等产业的综合发展程度严重低于其他优势产业，产业发展不平衡；河北省耦合度为三地最高，稳定在0.9以上，属于高水平耦合，表明河北省产业发展较为平衡。

北京市耦合协调度由0.569逐步上升至0.791，从勉强协调状态稳步发展成为中级协调状态；2010年天津市耦合协调度为0.471，处于濒临失调状态，在经过调整后实现上升；河北省的耦合协调度在2010—2018年大体上稳步上升，从初级协调状态发展成为中级协调状态，与北京市相比，河北省的耦合协调度上升幅度较小且仍处于中级协调的较低层次。根据耦

表7-9　2010—2014年京津冀三地产业区位熵和产业梯度系数

	产业部门	2010年 LQ	2010年 R	2011年 LQ	2011年 R	2012年 LQ	2012年 R	2013年 LQ	2013年 R	2014年 LQ	2014年 R
北京市	煤炭开采和洗选业	1.213	3.696	1.242	4.128	1.578	6.466	1.488	4.902	1.253	3.375
	石油加工、炼焦和核燃料加工业	1.403	6.217	1.375	6.017	1.489	6.265	1.245	4.435	1.423	5.872
	医药制造业	1.628	0.992	1.776	1.118	2.075	1.446	1.968	1.220	1.981	1.248
	铁路、船舶、航空航天和其他运输设备制造业	1.972	2.967	2.245	3.224	0.842	0.414	1.071	1.095	1.453	1.044
	计算机、通信和其他电子设备制造业	2.014	3.163	1.813	2.137	1.932	2.310	1.942	2.307	1.961	2.557
	仪器仪表制造业	1.797	0.993	1.843	1.097	2.231	1.266	2.164	1.227	2.132	1.138
	电力、热力生产和供应业	2.606	10.159	2.753	7.870	3.789	14.578	4.613	20.259	4.953	23.224
	燃气生产和供应业	2.923	4.197	3.036	4.125	3.970	6.116	3.798	5.538	3.954	6.798
天津市	煤炭开采和洗选业	1.120	6.759	1.177	4.926	1.395	5.974	1.785	8.742	2.150	10.228
	石油和天然气开采业	5.547	9.965	5.613	10.603	4.772	23.871	4.318	17.093	4.200	14.489
	食品制造业	1.231	1.139	1.949	1.556	2.411	2.449	2.414	2.690	2.526	3.219
	石油加工、炼焦及核燃料加工业	1.325	6.832	1.345	7.250	1.200	5.500	1.286	6.281	1.108	4.379
	黑色金属冶炼和压延加工业	2.070	4.824	2.142	4.641	2.101	3.664	2.080	3.191	2.336	4.096
	铁路、船舶、航空航天和其他运输设备制造业	1.438	1.538	1.346	1.199	1.518	0.761	1.835	1.413	2.136	1.037
	计算机、通信和其他电子设备制造业	1.284	1.169	1.284	1.123	1.453	1.245	1.530	1.451	1.368	1.200
	废弃资源综合利用业	1.307	2.252	1.953	2.419	2.694	3.102	2.342	3.266	2.618	4.220
河北省	黑色金属矿采选业	6.005	7.628	5.751	7.878	6.422	10.189	6.354	10.591	6.375	10.509
	皮革、毛皮、羽毛（绒）及其制品业	1.807	1.477	1.951	0.767	1.912	0.870	2.155	1.027	2.245	1.109

续表

	产业部门	2010年 LQ	2010年 R	2011年 LQ	2011年 R	2012年 LQ	2012年 R	2013年 LQ	2013年 R	2014年 LQ	2014年 R
河北省	印刷和记录媒介的复制业	0.835	0.496	0.867	0.544	1.004	0.785	1.269	1.387	1.169	1.613
	石油加工、炼焦及核燃料加工业	1.171	3.180	1.180	3.574	1.313	4.512	1.178	3.788	1.153	2.461
	黑色金属冶炼及压延加工业	3.713	6.782	3.693	7.019	3.680	7.136	3.623	6.493	3.762	6.419
	金属制品业	1.257	1.078	1.494	1.513	1.580	1.899	1.715	2.426	1.828	2.973
	电力、热力的生产和供应业	1.178	1.990	1.129	1.707	1.155	1.780	1.208	2.020	1.246	2.372

表7-9　2015—2018年京津冀三地产业区位熵和产业梯度系数

	产业部门	2015年 LQ	2015年 R	2016年 LQ	2016年 R	2017年 LQ	2017年 R	2018年 LQ	2018年 R
北京市	煤炭开采和洗选业	1.287	3.467	1.278	3.442	1.363	3.672	1.316	3.545
	石油加工、炼焦和核燃料加工业	1.534	6.331	1.633	6.739	1.519	6.269	1.597	6.589
	医药制造业	1.841	1.160	1.876	1.182	2.058	1.296	2.046	1.289
	铁路、船舶、航空航天和其他运输设备制造业	1.466	1.053	1.459	1.048	1.708	1.227	1.698	1.220
	计算机、通信和其他电子设备制造业	1.984	2.587	1.815	2.367	2.272	2.963	2.163	2.821
	仪器仪表制造业	1.544	1.358	1.321	1.239	2.293	1.224	1.127	1.135
	电力、热力生产和供应业	4.133	21.001	4.198	24.306	4.339	23.969	5.592	24.154
	燃气生产和供应业	3.782	6.579	3.672	6.219	4.163	7.203	4.079	6.746
天津市	煤炭开采和天然气开采业	1.901	9.045	2.376	11.303	2.062	9.807	2.074	9.868
	石油和天然气开采业	3.844	13.261	4.603	15.879	3.924	13.537	4.384	15.124
	食品制造业	2.567	3.271	1.719	3.466	3.261	4.156	2.537	3.508
	石油加工、炼焦及核燃料加工业	1.237	4.889	1.237	4.891	1.270	5.018	1.170	4.624
	黑色金属冶炼和压延加工业	2.326	4.079	2.753	4.827	2.046	4.588	2.431	4.263
	铁路、船舶、航空航天和其他运输设备制造业	2.506	1.217	2.681	1.301	3.519	1.709	47.298	22.963
	计算机、通信和其他电子设备制造业	1.157	1.015	0.805	0.995	0.993	1.188	1.075	1.239
	废弃资源综合利用业	2.864	3.617	2.430	3.918	3.805	6.133	3.863	4.839
河北省	黑色金属矿采选业	6.082	10.025	6.309	10.401	6.191	10.206	6.930	11.424
	皮革、毛皮、羽毛（绒）及其制品业	2.107	1.041	2.115	1.045	2.233	1.103	2.667	1.318

续表

	产业部门	2015年 LQ	2015年 R	2016年 LQ	2016年 R	2017年 LQ	2017年 R	2018年 LQ	2018年 R
河北省	印刷和记录媒介的复制业	1.033	1.425	1.102	1.520	1.560	2.153	2.480	3.422
	石油加工、炼焦及核燃料加工业	1.626	3.471	1.491	3.182	1.194	2.549	1.400	2.988
	黑色金属冶炼及压延加工业	3.673	6.267	3.890	6.638	3.943	6.728	5.225	8.916
	金属制品业	1.643	2.672	1.525	2.480	1.366	2.221	1.620	2.635
	电力、热力的生产和供应业	1.115	2.123	1.001	1.906	1.011	1.924	1.326	2.525

合协调度的总体走势可得，三地耦合协调度仍处于较低级的协调层面。

表7-10　　北京市、天津市、河北省耦合度和耦合协调度

		北京市	天津市	河北省
2010年	C	0.972	0.695	0.973
	D	0.569	0.471	0.608
2011年	C	0.989	0.930	0.916
	D	0.590	0.670	0.624
2012年	C	0.995	0.916	0.983
	D	0.647	0.650	0.713
2013年	C	0.960	0.959	0.957
	D	0.700	0.725	0.722
2014年	C	0.991	0.897	0.978
	D	0.780	0.692	0.744
2015年	C	0.954	0.933	0.987
	D	0.749	0.695	0.723
2016年	C	0.972	0.942	0.989
	D	0.784	0.713	0.738
2017年	C	0.989	0.951	0.992
	D	0.788	0.744	0.740
2018年	C	0.995	0.952	0.996
	D	0.791	0.749	0.741

2. 京津、京冀、津冀的耦合度和耦合协调度计算及分析

京津、京冀、津冀的耦合度和耦合协调度的计算结果见表7-11。京津冀两两之间均呈现高耦合、低协调状态，即耦合度值趋近于1.0，而耦合协调度仅处于勉强协调或初级协调、中级协调的不对称状态。

表7-11　　京津、京冀、津冀耦合度和耦合协调度

		京津	京冀	津冀
2010年	C	0.994	0.985	0.998
	D	0.572	0.591	0.624
2011年	C	0.825	0.850	0.969
	D	0.609	0.626	0.817

第七章 产业协同:京津冀产业协同发展评价与分析　　193

续表

		京津	京冀	津冀
2012 年	C	0.998	0.989	0.996
	D	0.689	0.720	0.743
2013 年	C	0.979	0.999	0.967
	D	0.798	0.788	0.783
2014 年	C	0.989	0.989	0.991
	D	0.829	0.831	0.770
2015 年	C	0.996	0.991	0.995
	D	0.769	0.754	0.720
2016 年	C	0.991	0.990	0.994
	D	0.771	0.767	0.731
2017 年	C	0.993	0.991	0.993
	D	0.778	0.774	0.746
2018 年	C	0.994	0.993	0.994
	D	0.791	0.783	0.753

2010—2014 年京津和京冀的耦合协调度呈逐年上升的趋势;天津市和河北省的优势产业耦合协调度则表现出较大的浮动,两地的优势产业处在相互磨合的状态。2015 年京津、京冀、津冀之间的耦合协调度差距进一步缩小,但总体降低;2016—2018 年京津、京冀、津冀之间的耦合协调度呈现小幅度上升趋势。

为了更好地说明京津、京冀、津冀耦合协调度的相互关系,引入无效率值,以无效率值表示三者之间的产业协调发展差异程度。表 7-12 中正值表示后者协调度滞后于前者,如 2018 年京津—津冀无效率值为 8.01%,表示津冀产业耦合协调度低于京津产业耦合协调度,其差异程度为 8.01%;负值表示后者协调度超过前者。

从纵向时间序列可得,京津—京冀的产业协调无效率值稳定在 ±5% 以内,说明京津、京冀的产业协调比较同步,没有出现明显的偏重现象;2010—2018 年,京津—津冀无效率值由的 -9.10% 变为 8.01%,由负转正,表明京津产业协调实现了对津冀产业协调的超越,二者表现出一定的扩大趋势;京冀—津冀的无效率值由负转正,表明京冀产业协调实现了对津冀产业协调的超越。正负转变的原因:2010—2018 年,北京市工业优势产业实现了稳步增长,并完成由最低向最高的转变;同时,天津市工业优势产业发展不稳定呈徘徊态势,河北省发展则呈小幅度下降态势,两地的发展状况成为限制产业耦合协调进步的掣肘。

从耦合协调度排序变化可以看出,在京津冀之间优势产业协调发展过程中,北京市与天津市表现出最高的协调性,北京市与河北省次之,天津市与河北省最低。其主要原因:北京市工业优势产业综合发展指数最高,对天津市、河北省形成拉动作用,使得京津、京冀协调度大于津冀;由于天津市综合发展指数高于河北省,京津协调度大于京冀;天津市与河北省的工业优势产业综合发展指数较为接近,但都小于北京市,无法形成拉动作用,表现为津冀耦合度高而协调度低。

表7-13 京津、京冀和津冀产业协调无效率值 （单位:%）

	京津—京冀	京津—津冀	京冀—津冀
2010年	-3.28	-9.10	-5.64
2011年	-2.73	-34.01	-37.70
2012年	-4.38	-7.71	-3.19
2013年	1.26	1.92	0.67
2014年	-0.24	7.04	7.27
2015年	1.97	6.39	4.50
2016年	2.01	7.11	4.67
2017年	2.75	7.78	3.98
2018年	2.83	8.01	4.03

注:表中数据计算均以"**—**"中前者为基准。

3. 京津冀产业耦合度和耦合协调度计算及分析

2010—2018年京津冀工业优势产业耦合度和耦合协调度见表7-13,可见京津冀工业优势产业耦合度稳定在[0.8,1.0],为高水平耦合。2010年京津冀工业优势产业耦合协调度仅为0.596,处于勉强协调状态;2011年耦合协调度上升为0.667,达到初级协调状态;2012—2018年京津冀优势产业耦合协调度稳定在[0.7,0.8]的中级协调状态。2010—2013年,京津冀耦合协调度增幅较大,2013年以后增幅较小且表现出一定的下降态势,其原因:2010—2013年,京津冀综合发展指数均为上升态势且发展程度相互接近,因此表现为高耦合以及协调度持续上升的状态;2014

年，京津冀发展出现不平衡，北京市的协调度持续上升，天津市、河北省的协调度小幅度下降，因此京津冀整体协调度增幅下降；2015年，三地工业产业综合发展均出现不同程度的下降，但三者差距的缩小造成耦合度较高而协调度下降的结果；2016—2018年，三地耦合协调度又呈现小幅度上升的趋势。

表7-13　　　　　　　　京津冀产业耦合度和耦合协调度

	C	D	增幅（%）
2010年	0.990	0.596	—
2011年	0.865	0.667	11.98
2012年	0.997	0.711	6.64
2013年	0.998	0.790	11.13
2014年	0.988	0.805	1.81
2015年	0.990	0.730	-9.23
2016年	0.987	0.757	8.41
2017年	0.991	0.769	1.56
2018年	0.993	0.781	1.54

4. 多层级分析

通过计算不同层级的产业耦合协调度，得到2010—2018年耦合协调度的变化曲线（见图7-2）。为了便于描述，将京津冀分为三个等级指标，一级指标为北京市、天津市、河北省，二级指标为京津、京冀、津冀，三级指标为京津冀。

分析一二级指标组合可得，京津、京冀耦合协调度变化状态与北京市更为相似，即北京市是京津、京冀协调发展的主导因素；津冀产业协调变化状态与天津市更为相似，天津市产业协调发展为津冀工业产业协调发展的主导因素。

分析二三级指标组合可得，京津冀优势产业耦合协调度变化与二级指标中的京津、京冀耦合协调度变化较为相似，而与津冀协调度变化差异较大。此外，三级指标的协调度数值始终处于二级指标的协调度数值之间，且二级指标协调度均值近似于三级指标协调度值，这表明二级指标中任何一个协调度值下降都会拉低三级指标的协调度值。

分析一二三级指标组合，根据一推二、二推三的递推关系可知，北京

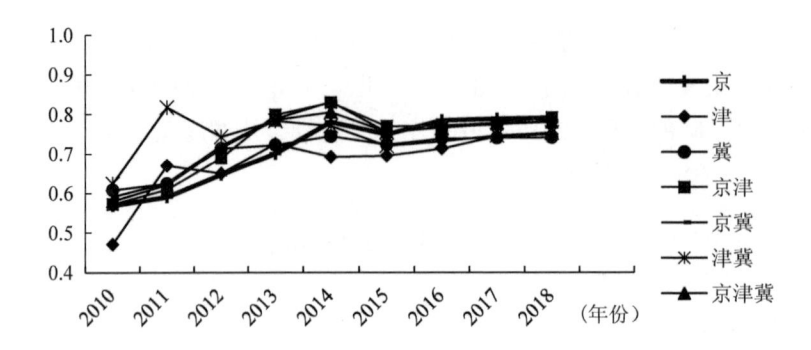

图 7-2 2010—2018 年京津冀优势产业耦合协调度

资料来源：笔者自绘。

市是影响京津冀工业产业协调发展的主导力量，起到的是拉动作用；而天津市、河北省由于自身发展不足，限制了京津冀工业产业进一步的协调发展。京津冀工业产业协调发展受到三地发展差距与发展水平的双重制约。

（三）京津冀协同状况分析

通过多层级的递推关系对京津冀工业优势产业进行耦合协调实证分析，得到以下结论。

从优势产业来看，北京市、天津市、河北省在积极发展优势产业的同时也存在产业重叠现象，如北京市与天津市存在四个优势产业重叠，北京市与河北省存在两个优势产业重叠，天津市与河北省存在两个优势产业重叠。在高位优势产业中（$LQ>2.0, R>4.0$），天津市与河北省的黑色金属冶炼及压延加工业存在优势产业重叠。优势产业的重叠会直接导致资源的过度消耗并造成产能过剩问题，北京市、天津市、河北省优势产业耦合度基本稳定在高水平耦合状态，三地优势产业耦合协调度出现反复波动。此外，由于京津冀发展的不均衡性以及自身定位的调整，三地耦合协调度均处在中级协调状态，仍有较大的上升空间。据此，三地应结合自身的不同定位发展核心优势产业。北京市应打造以服务"四个中心"为重点的保障型工业优势产业链，即打造以电力、热力、燃气为主的工业产业；天津市应围绕高技术制造业打造核心优势产业链；河北省应积极承接北京市、天津市的转移产业，打造以工业制造业为核心的优势产业链。围绕核心产业构建优势产业链，既可以强化优势产业关联性，又能够促进优势产业协调发展。

从耦合发展态势来看,京津、京冀的优势产业耦合协调发展在2015年出现较为明显的下降。2015年,京津冀响应《京津冀协同发展规划纲要》做出相应的产业调整,不可避免会经历调整阵痛。根据京津冀之间不同的协调发展状况,采取不同的措施迅速缓解阵痛:京冀优势产业协调发展的关键在北京市,在持续进行产业转移的同时,北京市与河北省积极配合迅速度过产业转移空白区;此外,北京市全面发挥"科技创新中心"带动作用,以创新技术为驱动力,促进河北省产业的发展升级。京津进行以"高技术制造"为重心的强化交流,在新的创新形态下推动"政用产学研"的协同发展。由于天津市是影响津冀优势产业协调发展的主导力量,构建以天津市高技术制造业为主、河北省传统制造业为辅的梯度型优势产业发展模式,强化津冀优势产业协调发展。

要实现京津冀工业优势产业的协调发展,需要三地在提升自身产业发展水平的同时努力缩减彼此之间的发展差距。三地之间的耦合协调状态决定了京津冀耦合协调的发展程度,只有同时提高上限与下限才能提升京津冀的整体协调度,即提高作为上限的京津、京冀和作为下限的津冀的优势产业协调度。据此,北京市以科技创新辐射天津市、河北省;天津市以高技术制造业实践回馈北京市,并助推河北省升级传统制造业;河北省则以传统制造业支撑北京市、天津市。北京市、天津市、河北省不仅要促进自身工业优势产业的协调发展,更要重视彼此之间优势产业的协调,加强功能性联动,平稳推动区域工业优势产业协调发展进程,进而促进京津冀协同发展。

第三节 京津冀产业协同发展路径与对策

一 京津冀产业协同发展实施路径

依据前文分析,北京市、天津市、河北省在积极发展优势产业的同时也存在产业重叠现象。不同地区优势产业同质化严重会导致资源利用低效与社会产能过剩。各地区为维持优势产业的运行与发展,需不断完善其相关产业链。这种倾向会不断加剧产业同构,进一步加快环境污染、增加环境治理的难度。基于京津冀产业协同发展所存在的问题及耦合度评价,最大限度地利用各地的比较优势，科学、合理地选择产业发展路径，对全面推进京津冀产业协同发展具有十分重要的意义。

当今世界，越来越多的国家加强生态环境保护、重视生态环境发展、走绿色可持续发展道路。绿色供应链是一种在供应链中整体考虑其环境影响程度与资源配置效率的具有现代化特征的管理模式。[1] 绿色供应链的基础在于绿色制造理论与供应链管理技术，涉及整个供应链从供货商到用户的全过程，使供应链中每个环节包括从物料生产到运输售卖再到最终回收报废的整个过程中，对环境的影响最小，对资源的利用率最高。[2] 绿色供应链将生态环境理念与供应链的概念有机结合，以环境友好和资源能源利用高效为目标，降低对人与环境的影响和危害，取得经济效益与环境效益的最优解，最终达到可持续发展的要求。推动绿色供应链的发展对中国的产业升级具有重大意义，就发展现状来看，绿色供应链仍处于起步阶段，部分国有企业与其他大型企业自发选择绿色供应链的行为尚不足以带动整个行业，企业之间的行为更加趋向于市场化的自由配置，更加容易受到自身发展与经济形式的影响。目前，为推动绿色供应链的发展，需要政府引导、跨部门协调与政策激励等宏观调控。

为了追求经济发展与生态环境的平衡，结合产业集群理论与绿色供应链管理理论，提出基于产业集聚的绿色供应链管理模式。通过对京津冀产业集群上下游企业的互动机制进行不断创新，发挥其资源充分利用与垃圾处理方面的规模效应，发展更适合京津冀的产业与其相关的支撑产业，促进产业优质高效发展。

（一）科技创新引领产业发展

"十四五"规划中，北京市将加快全国科技创新中心功能建设，推动京津冀协同发展纵深化迈进，并不断强化创新网络中的集聚和辐射带动作用。组织产业链整体力量对具备全球领先性的高精尖技术开展攻关，建设完善的科研成果转化体系，推动高精尖产业进一步发展。天津市承接北京市科技成果并形成集聚效应，将技术研发与成果转化有机结合，建立科创中心联动机制。天津市在传统优势的基础上，着力构建"1+3+4"现代

---

[1] 赵领娣等：《人力资本、产业结构调整与绿色发展效率的作用机制》，《中国人口·资源与环境》2016年第11期。

[2] 石宝峰、迟国泰：《基于信息含量最大的绿色产业评价指标筛选模型及应用》，《系统工程理论与实践》2014年第7期。

工业产业体系，向全国先进制造研发基地的行列进一步迈进。河北省在不断优化本地特色产业的同时，还要对接京津创新源头，大力发展新能源产业，构建绿色清洁能源的生产供应体系。京津冀城市群经济的不断发展，要依靠高质量、高效益的发展模式，走可持续发展的道路，才能在未来世界的高速发展中占有一席之地。

尽管北京市拥有最具优势的创新能力，但受限于发展空间，将科研成果转化为生产力的速度亟待加快；天津市基础设施相对完善，有能力将先进研究成果转化为生产力；河北省虽资源充足、发展前景广阔，但基础设施不健全，产业发展基础弱，在实际生产中很难直接应用先进的科技成果。因此，促进京津冀产业协同创新发展，必须以北京市为核心带动津冀科技创新，将天津市作为创新产业转化基地，河北省作为创新产业生产基地，明确三地发展方向，使产业合理分工、优劣互补，共同构建产业协同创新系统（见图7-3）。[①] 京津冀产业创新发展路径应分为不同的层次：第一，进行技术创新，可通过企业、科研机构等微观层面；第二，构造产业链条，可在园区层面进一步演化；第三，构建创新网，联动不同的创新链条形成一个创新网络，即"创新点—创新群—创新链—创新网络"，以此来推动京津冀城市群的产业发展。

（二）协调联动优化产业布局

目前，京津冀优势产业存在严重的同质化现象，产业趋同竞争激烈。"五区五带五链"的设立考虑了京津冀的产业特点及优势，为京津冀产业协同发展指明了方向。

京津冀产业发展应当围绕产业链，通过产业园区（基地）点、群的结合，以重大的项目带动，将地区间的要素、知识、技术完美融合，实现整体产业的协同发展。以产业转移为契机，政府要加强引导，合理规划京津冀产业链条布局，依据"缺链补链、短链拉链、弱链强链、同链错链"的思路，成立以京津冀产业子模块联立为基础的多主体的聚集体，促进区域产业的完美结合。

统筹《京津冀协同发展规划纲要》等各类规划，充分考虑产业、环境及资源等要素，进而编制区域产业发展规划，产业发展规划需考虑结构、

[①] 姚晓芳、赵恒志：《区域优势产业选择的方法及实证研究》，《科学学研究》2006年第S2期。

创新产业知识技术创新源

北京创新产业研发群

京津冀产业协同创新系统

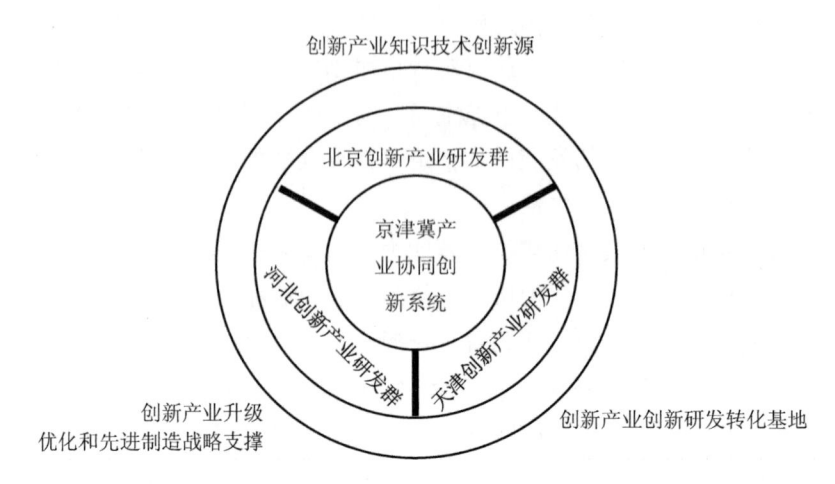

河北创新产业研发群　　天津创新产业研发群

创新产业升级　　　　　　　　　　创新产业创新研发转化基地
优化和先进制造战略支撑

图 7-3　京津冀产业协同创新系统

资料来源：笔者自绘。

布局等要素，环境方面需要着重思考环境承载能力，能源规划涉及结构、存储等因素。[①] 首先，要统筹产业发展布局，从空间上布局各地重点发展的产业园区、产业集群、产业带、高科技园区等；其次，要完善规划，促进区域统筹协调，规划要突破区域壁垒与利益界限，以京津冀产业协调发展与建设世界级产业创新中心为总目标，结合三地发展定位，制定产业发展总体规划等；最后，三地需相互配合、协调发展，有效解决区域间因行政分割带来的各方利益冲突和步调不一等问题，并尽快完善相关体制机制、规程制度。

（三）协同融合促进产业同链

产业融合、拉长产业链条是京津冀产业协同发展的关键。在社会行业中分享的风险链和信息，将会形成一个网络系统，以促进工业经济一体化发展。建立健全基础公共设施，提高公共服务保障水平，推动产业生产要素集聚呈轴向发展。在主导产业的基础上，形成一个"链上共同体"以实现产业共链、风险共担、收益共享，构建区域间产业合理分工和上下游协作发展的网络体系，促进产业融合发展，促进产业分工协作发展。优化调整区域产业结构，持续加强并利用好北京市第三产业核心竞争力和辐射带

---

① 曾德高、张燕华：《区域优势产业选择指标体系研究》，《科技管理研究》2011 年第 5 期。

动能力，促进北京非首都功能向津冀转移，同时加快提高天津市高端制造业和生产性服务业水平、河北省工业与服务业水平，持续推动产业转型升级，加大对河北省钢铁等传统优势产业改造升级的力度。

（四）发挥优势形成特色产业

以现有产业发展的特色与优势为基础，充分利用点状经济补充带状经济，以此促进产业集群向着具有特色的方向不断发展。持续推进产学研融合，不仅能够提高产业集群的创新水平、集群内部的凝聚力，而且有助于完善综合服务平台；龙头企业通过融资合营等方式增强带动力，建设具有一定竞争力的区域特色品牌。推动节能环保、医药、家具、食品、皮革等行业形成区域品牌，并建设三大中心：行业技术创新中心、产品展示中心、信息集散中心。京津冀的特色产业基地见表7-14。

表7-14　　　　　　　　**京津冀特色产业基地**

	产业基地
节能环保	天津子牙循环经济产业区
	冀津（涉县·天铁）循环经济产业示范区
	沧州国家循环化改造示范试点园区
	承德双滦经济开发区
	承德凤山新兴产业示范区
医药健康	大兴生物医药产业基地
	北京·沧州渤海新区生物医药园
	静海团泊健康产业园区
	北辰医药医疗器械示范基地
	武清区京津冀协同发展医疗健康"微中心"
	安国现代中药与健康产业园区
	固安肽谷生命科学园
	迁安生物制药产业区
	北戴河生命健康产业创新示范区（国际健康城）
食品	宁河潘庄工业区食品加工和冷链物流基地
	赵县淀粉调味品和果品加工基地
	抚昌卢—怀涿葡萄酒基地
	曲周天然色素产业基地

续表

	产业基地
食品	定兴休闲食品产业集群
	望都辣椒制品产业集聚区
家具	香河家具产业基地
	正定板式家具基地
	霸州钢木家具基地
	大城仿明清家具特色园区
皮革	辛集制革制衣工业区
	肃宁皮毛工业园区
	白沟箱包工业区
	枣强大营皮毛产业集群
工艺美术	曲阳石雕产业集群
	衡水内画特色产业园区
	唐山陶瓷（艺术瓷）产业集群
	石家庄藁城宫灯产业集群
	保定易水砚产业集群
	武强乐器产业集群
	肃宁乐器产业集群
	饶阳乐器产业集群
其他	沧州盐山管件产业集群
	邯郸永年标准件产业集群
	平乡曲周自行车产业集群
	安平丝网产业集群
	容城服装产业集群
	定兴汽车零部件产业集群
	定州体育用品产业集群
	高阳纺织产业集群

京津冀协同发展要始终坚持创新、协调、绿色、开放、共享的发展理念，充分利用市场协调资源配置，利用政府引导产业发展。由于目前区域性市场发展不充分，政府需要对区域进行宏观调控、统筹规划，从而推动产业以分工协作的方式快速发展。2018 年 12 月，国务院正式批复《河北

雄安新区总体规划（2018—2035年）》，对紧扣雄安新区战略定位、有序承接北京非首都功能疏解等提出指导性意见。当前世界经济全球化发展迅速，世界各国参与国际价值链分工的手段通常为产业结构调整，通过发挥各个地区的主要优势进行国际分工合作，以最合理的方式及时调整分工定位，优化本地区产业结构。不同产业之间的差异与现代社会下的市场分工会促成产业协同，资源、比较优势和贸易等条件相互耦合形成了不同地区产业的差异化。不同地区的市场分工的影响因素有技术差异、市场供求结构、政治制度与社会变量等。产品和服务在供应链或产业链与价值链上下游之间的纵向关联程度与产业聚集程度和空间布局的差异性，从根本上需要市场这只看不见的手进行资源的自发调节与优化。同时，应当注重国家的宏观调控，依靠各种政策对市场调控进行疏解引导，促进各种生产要素由经济发达地区流向经济欠发达地区。目前，部分地区市场机制不够成熟，仍需政府利用其统筹规划与顶层设计的能力与优势，对政策进行调整，系统地构建该地区产业协同发展生态体系。

具体而言，促进京津冀产业协同发展需要加快政府职能转变，深化"放管服"改革，加强过程监测和目标导向，联合各地改以往的单打独斗为现在的协同作战，改以往的单项优势为现在的整个产业链优势，改以往的产业各自为战为现在的协同布局，改以往的企业推动市场为现在的创新驱动战略，改以往的产业园区为现在的产业与城市之间相互融合共同发展，探索"布点、配套（轴）、集群（辐）、组链、结网、成系统"的产业协同发展路径。

二 京津冀产业协同发展对策建议

针对京津冀产业协同发展存在的问题，以及前文提出的京津冀产业协同发展机制和途径，对京津冀协同推进产业发展路径提出以下对策建议。

（一）全局意识与整体应对

京津冀全局意识是推进京津冀协同发展的关键，京津冀要实现产业协同，则需结合各自的优势形成整体利益，从而打破三地之间的行政壁垒。[1] 政府在产业协同发展中起重要的引导作用，市场起主导作用。因此，产业协同发展面临更艰巨、更复杂的难题，也是京津冀是否能够破解发展难题

---

[1] 祝尔娟：《推进京津冀区域协同发展的思路与重点》，《经济与管理》2014年第3期。

的关键因素。京津冀政府应该重视提升政府管理人员的全局意识、协作意识、整体意识，使之在今后的执政工作中能够自觉将京津冀作为一个整体。在合理的前提下，进行简政放权，关注"看不见的那只手"，充分发挥市场的能动性，真正实现京津冀市场要素的自由流通。加大力度推动京津冀产业协同发展，实现京津冀政府之间相互扶持、高效协作、互惠共赢。

(二) 规划衔接与沟通协商

目前三地的产业规划仍处于各自为政的状态，未能很好地将《京津冀协同发展规划纲要》落地。尤其是顶层设计方面，亟须打破现状，结合京津冀三地产业特点，发挥协同效应，制定既体现产业发展特色又切合区域产业链整体布局的产业规划。以整体视角将最新的规划理念融入京津冀产业规划实践工作中，规避三地出现重复性建设。建立京津冀之间的政府协同、企业合作的高效沟通协商机制，完善产业对接协作平台，畅通京津冀企业之间的信息沟通渠道。彻底打破"各扫自家门前雪"的思想，实现面向顶层设计的京津冀协同发展目标，促进生产要素在京津冀内部自由有序流动，鼓励头部企业发挥优势带动整体产业发展，引领产业潮流，将京津冀打造成立足区域、服务全国、辐射全球的优势产业聚集区。

(三) 产业转移与转型升级

京津冀产业协同发展的核心内容是北京非首都功能的疏解，改造升级传统供应链，建设绿色供应链，实现产业转移升级。京津冀政府应当大力倡导绿色发展理念，积极推进绿色制造体系建设工作，在当前我国"双碳"目标的背景下，抓住契机实现产业的转移与转型，践行"创新、协调、绿色、开放、共享"五大发展理念，实现可持续发展。实现产业的转移与转型升级，将绿色转型融入法律体系，加强立法，为市场机制保驾护航。同时，明确各方责任，实现产业绿色协同发展、产业转移与再布局，形成多方参与的治理体系，完善京津冀产业协同发展的制度基础。在政府公共服务方面，加强基础设施建设，建立供应链基础信息平台；从社会组织的角度看，应当肩负符合法律规定的监督权；从公民的角度看，公众需要加强绿色消费观，倒逼企业实现绿色生产，形成绿色供应链。

(四) 有效引导与监督管理

京津冀政府应该根据各地的实际情况制定符合本地发展的引导和监督管理条例，形成保障区域内部合作项目的机制。此外，建立协调机构，保障有效地引导组织,建立监督管理机制,突破体制障碍。以高质量发展为主题,以服务供给侧改革为主线,在多个领域推广布局京津冀产业协同,强化京津冀联动改革,促进优质资源要素均衡布局,着力解决发展不平衡等问题,推进深化改革各项重点工作任务落实落地。建立三级联动工作机制,加强正面宣传,有效开展舆论引导,有序有效做好日常监督工作,推动协同发展。要精心组织实施,按照政府引导和市场化对接相结合的原则,扎实推动扭转京津冀区域内部发展能力落差过大的局面。

(五) 深化改革与组织创新

2018年12月,在中央经济工作会议上,习近平总书记提出了在"巩固、增强、提升、畅通"八个字上下功夫,这八字方针是当前和今后一个时期深化供给侧结构性改革、推动经济高质量发展的总要求。深入贯彻新发展理念,加快构建新发展格局,推动京津冀在"十四五"时期高质量发展,巩固和提升京津冀发展成果,把推进党建制度改革与贯彻新发展理念、构建新发展格局、推动高质量发展的部署要求融合起来,与服务保障"十四五"规划重大战略任务实施统一起来,始终坚持改革的正确方向。提高改革的精准性和实效性,坚持系统观念,发扬改革精神,增强创新意识,进一步完善干部、组织、人才等方面的制度机制,将行业组织作为参与体制机制改革的政策制定和推行方面的良好媒介,形成推动京津冀协同发展的制度保障。[1] 政府要加快职能转变,并尽快建立联合发展平台,鼓励政府、企业、协会商会积极参与,从而实现互惠互利、合作共赢。要营造良好的政策环境,以更大力度、更实举措推进改革,以改革破解难题、促进发展。同时要从京津冀的层面考虑行业协会的建立,使其能够同时为京津冀服务;搭建政府与行业协会衔接的网络平台,并加快京津冀产业集群化建设的进程,推动形成抓改革的整体合力,落实各方面责任;一手抓制度建设,一手抓制度落实,确保各项改革措施落地见效,使三地能够合理配置资源、共享信息,为全面提高京津冀发展格局、更好服务经济社会发展大局提供有力的制度支撑。

---

[1] Bruno Notarnicola, Giuseppe Tassielli, Pietro Alexander Renzulli, "Industrial Symbiosis in the Taranto Industrial District: Current Level, Constraints and Potential New Synergies", *Journal of Cleaner Production*, Vol. 122, No. 5, 2016, p. 133.

第八章

生态补偿：京津冀生态补偿机制及合作路径

第一节　生态补偿理论与方法

一　生态系统服务与补偿

京津冀在生态资源需求和供给方面存在明显差异。分析京津冀生态资源服务功能和服务价值差异，对京津冀协同生态补偿量进行数据测算，以保护和可持续利用生态系统服务为目的，以经济手段为主调节相关者利益关系，调动生态保护积极性，合理安排各种规则、激励政策和制度，实现生态系统服务与补偿。

生态系统服务包括生态系统产品和服务，是人类直接或间接从生态系统功能中获得的收益。生态系统是指特定区域的生活环境与生物群落相互作用、相互依存而产生的自然综合体。多样化的生态系统存在巨大差异，其提供的服务和价值不同。生态系统可分为农田、森林、草地、园地、湿地、水域和荒漠七大类型。生态系统资源类型参考土地利用的二级分类法，将耕地、林地、草地、园地、湿地、水域和未利用地七种土地覆被类型分别对应其最相近的生态系统，即农田、森林、草地、园地、湿地、水域和荒漠（见表8-1）。

表8-1　　　　　　　　生态系统资源类型

生态系统类型	生态系统资源	描述
农田	耕地	每年至少能收获一季，耕种农作的土地，二级地类型的灌溉水田、水浇地和旱地都包含在这个类型中

续表

生态系统类型	生态系统资源	描述
森林	林地	山地与丘陵地带大范围种植的针叶林、阔叶森林、灌丛、郊区果园森林、城区居民绿化带
草地	草地	山地、丘陵地带、滩涂周围自然生长而非人工种植的草木植物
园地	园地	果园、桑园、茶园、其他园地
湿地	湿地	沼泽、滩涂等
水域	水域	河流、湖泊、水库、水塘等
荒漠	未利用地	一般难以利用的土地，包括目前还未利用的土地

（一）生态功能服务类型

国外较早对生态系统服务分类的学者有 Alexander 和 Costanza 等；[1] 国内欧阳志云、谢高地等学者较早开展生态系统服务分类研究。[2] 生态系统服务包括气体调节、气候调节、扰动调节、水调节、水供给、控制侵蚀和保持沉积物、土壤形成、养分循环、废物处理、传粉、生物控制、避难所、食物生产、原材料、基因资源、休闲以及文化17个类型。谢高地依据 Costanza 等对生态系统服务类型的划分，将生态服务分为食物生产、原材料生产、景观愉悦、气体调节、气候调节、水源涵养、土壤形成与保持、废物处理以及生物多样性维持（见表8-2）。[3]

表8-2　　　　　　　　　　生态功能服务类型

一级类型	二级类型	与 Costanza 分类的对照	生态功能服务的定义
供给服务	食物生产	食物生产	将太阳能转化为能食用的植物和动物产品

---

[1] Harvey Alexander, *Nature's Services: Societal Dependence on Natural Ecosystem*, Washington, D. C.: Island Press, 1997, p. 219; Robert Costanza et al., "Changes in the Global Value of Ecosystem Services", *Global Environmental Changes*, Vol. 26, No. 4, 2014, p. 152.

[2] 欧阳志云、王效科、苗鸿：《中国陆地生态系统服务功能及其生态经济价值的初步研究》，《生态学报》1999年第5期；谢高地等：《青藏高原生态资产的价值评估》，《自然资源学报》2003年第2期。

[3] Mathis Wackernagel et al., "Perceptual and Structural Barriers to Investing in Natural Capital: Economics from an Ecological Footprint Perspective", *Ecological Economics*, Vol. 20, No. 1, 1997, p. 3.

续表

一级类型	二级类型	与 Costanza 分类的对照	生态功能服务的定义
供给服务	原材料生产	原材料生产	将太阳能转化为生物能,给人类作建筑物或其他用途
调节服务	气体调节	气体调节	生态系统维持大气化学组分平衡,吸收二氧化硫、氟化物、氮氧化物
	气候调节	气候调节、干扰调节	对区域气候的调节作用,如增加降水、降低气温
	水源涵养	水调节、水供给	生态系统的淡水过滤、持留和储存功能以及供给淡水
	废物处理	废物处理	植被和生物在多余养分和化合物去除和分解中的作用,滞留灰尘
支持服务	土壤形成与保持	控制侵蚀和保持沉积物、土壤形成、养分循环	有机质积累及植被物质和生物在土壤保持中的作用,养分循环和累积
	生物多样性维持	传粉、生物控制、避难所、基因资源	野生植物基因来源和进化、野生植物和动物栖息地
文化服务	景观愉悦	休闲以及文化	具有(潜在)娱乐用途、文化和艺术价值的景观

(二) 生态系统服务价值核算

生态系统服务价值核算方法主要分为三种:第一种是直接市场价值法,该方法直接通过生态系统中具有市场产品价值的生态产品和功能计算生态系统服务价值,包括费用支出法、市场价值法、机会成本法、恢复和保护费用法;第二种是替代市场价值法,通过人造系统代替生态系统所产生的花费或者人们为相关商品表现的支付意愿来评估生态系统服务价值,包括影子工程法、旅行费用法和享乐价格法;第三种是模拟市场法,通过调查问卷获取受访者在假设经济市场或不同场景选择与评级中的支付意愿来估算生态系统服务价值。

谢高地研究组将模拟市场价值法与直接市场价值法相结合,参考 Costanza 等人提出的评估模型中的成果,运用直接市场价值法对生态系统中对应市场产品价值的生态产品和功能进行计算(见表 8-3)。

表 8-3　　　　　中国陆地生态系统单位面积生态服务价值当量

一级类型	二级类型	耕地	林地	园地	草地	湿地	水域	未利用地
供给服务	食物生产	1.00	0.33	0.38	0.43	0.36	0.53	0.02
	原材料生产	0.39	2.98	1.67	0.36	0.24	0.35	0.04
调节服务	气体调节	0.72	4.32	2.91	1.5	2.41	0.51	0.06
	气候调节	0.97	4.07	2.82	1.56	13.55	2.06	0.13
	水源涵养	0.77	4.09	2.81	1.52	13.44	18.77	0.07
	废物处理	1.39	1.72	1.52	1.32	14.4	14.85	0.26
支持服务	土壤形成与保持	1.47	4.02	3.13	2.24	1.99	0.41	0.17
	生物多样性维持	1.02	4.51	3.19	1.87	3.69	3.43	0.4
文化服务	景观愉悦	0.17	2.08	1.48	0.87	4.69	4.44	0.24
	当量因子合计	7.9	28.12	19.90	11.67	54.77	45.35	1.39

1. 生态服务当量因子的经济价值核算

为了准确地衡量作物产量的经济价值，以农田生态系统为例，借鉴谢高地的方法，将粮食产量每单位面积生态系统作为一个标准的生态系统服务价值当量因子。

$$E_n = S_r \times F_r + S_w \times F_w + S_c \times F_c \qquad 式(8-1)$$

其中，E_n 为生态服务价值当量因子的经济价值量（元/公顷）；S_r、S_w 和 S_c 分别表示稻谷、小麦和玉米的播种面积占三种作物播种总面积的百分比（%）；F_r、F_w 和 F_c 分别表示稻谷、小麦和玉米的单位面积的平均净利润（元/公顷）。

2. 基于生态服务当量因子的生态系统服务价值核算

本书参考 Costanza 提出的生态服务价值模型核算区域生态系统服务价值。

$$VC_{ij} = x_i \times E_n \qquad 式(8-2)$$

$$EV_{ij} = \sum A_{ij} \times VC_{ij} \qquad 式(8-3)$$

其中，EV_{ij} 为 i 地区 j 类生态系统资源的服务价值；A_{ij} 为 i 地区 j 类型的土地面积，VC_{ij} 为 i 地区 j 类生态系统的价值系数，代表 i 地区 j 类型生态系统单位面积的服务价值；E_n 为当量因子的价值量；x_i 为 i 地区的当量因子。

（三）基于生态系统服务价值的生态补偿核算

若一个地区生态系统服务价值量与经济生产总值的差值大于该区域总

体差值的平均值,这说明该地区生态系统提供的生态服务功能能够在保证当地经济发展的同时,有多余生态服务价值可以提供给其他地区消费。相反,若其差值小于该地区总体差值的平均值,则该地区的生态服务价值有亏损,说明该地区的生态资源所提供的生态服务功能价值不能完全满足该地区的经济发展需求,而是借用了其他地区生态资源的服务功能。

$$Y_{ij} = \left(EV_{ij} - \frac{W_{ij}}{S_i}GDP_i\right) - \left(\sum_{i=1}^{n} EV_{ij} - \sum_{i=1}^{n} \frac{W_{ij}}{S_i}GDP_i\right)/n \quad 式(8-4)$$

$(i = 1,2,3; j = 1,2,\cdots\cdots,7)$

其中,W_{ij}代表i地区j类生态系统的供给量面积;S_i代表i地区的行政土地面积;GDP_i代表i地区的生产总值;n表示研究地区的数量。

二 生态足迹理论及方法

(一) 生态足迹概念

加拿大生态经济学家 William Rees 早在 1992 年提出生态足迹概念,其博士生 Mathis Wackernagel 在 1996 年进行了完善。[①] 生态足迹主要指的是人口消费资源、产生污染废弃物的生态土地总面积,指现有生活水平下人类占用的能够持续提供资源或消纳废物的、具有生物生产力的地域空间,它可以分析不同国家或地区之间消费的生态盈余或赤字。生态承载力是指区域能够提供给人类的生物生产性土地面积总和,表征地区生态容量。一个地区的生态承载力小于生态足迹时,出现生态赤字,其大小等于生态承载力减去生态足迹的差数;当生态承载力大于生态足迹时,则产生生态盈余,其大小等于生态承载力减去生态足迹的余数。生态赤字表明该地区的人类负荷超过了其生态容量,若要满足其人口在现有生活水平下的消费需求,该地区要么进口欠缺的资源平衡生态足迹,要么通过消耗自然资本来弥补收入供给流量的不足。

碳足迹是指维持经济发展所需要的土地面积或可以吸收人类生产活动所排放的碳的土地面积。作为一种衡量二氧化碳排放影响的新方法,是一项活动、一个产品的整个生命周期,或某一地理范围内直接或间接的二氧化碳排放量。水足迹代表一个地区生产满足当地物质和技术生活标准消费

---

① Mathis Wackernagel et al., "Perceptual and Structural Barriers to Investin in Natural Capital: Economics from an Ecological Footprint Perspective", *Ecological Economics*, Vol. 21, No. 1, 1997, p. 3.

的商品和服务所需的水资源总量。1993年虚拟水的概念被引入,指在商业产品和服务中,直接或间接用于人类生活所需的水产品、水果和蔬菜的大量水资源,区域贸易会带来水资源的流动。因此,设定虚拟水足迹,包括农产品隐含水与贸易净流量、工业生产、居民生活、生态用水等直接或间接消耗的用水量。

(二) 基于虚拟碳足迹的生态补偿核算

国内外研究碳足迹主要应用了两类方法:第一类是生命周期分析法;第二类是投入产出法。多区域间投入产出表利用产业消费流动变化,系统地反映不同地区之间的产品消费使用关系,同时可以明确解释地区之间随着高污染产业转移或能源密集型产品的对外贸易转嫁产生的碳排放转移量。因此,以多区域投入产出表为基础核算虚拟碳足迹。

1. 区域碳足迹核算

采用联合国政府气候变化专门委员会提供的方法估算碳排放总量,选取煤炭、焦炭、原油、汽油、煤油、柴油、燃料油以及天然气8种主要的化石能源(见表8-4)。计算方法如下:

$$C_i = \sum_{j=1}^{8} C_{ij} = \sum_{j=1}^{8} N_{ij} \times c_j \qquad 式(8-5)$$

其中,C_{ij}表示i地区第j种能源的碳排放量;N_{ij}表示i地区第j种能源的消费量,按标准煤计;c_j表示第j种能源的碳排放系数。

表8-4　　　　　　　　　各类能源的碳排放系数

	标准煤	煤炭	焦炭	原油	汽油	煤油	柴油	燃料油	天然气
折标准煤系数 (tce/t)	1.0000	0.7143	0.9714	1.4286	1.4714	1.4714	1.4571	1.4286	1.3300
碳排放系数 (t/t)	0.6700	1.9003	2.8604	3.0202	2.9251	3.0179	3.0959	3.1705	2.1622

IPCC报告认为生态系统碳排放循环下,森林和草地是最主要的碳汇,二者合计占93%;其中,1吨碳中有0.8772吨由森林吸收,有0.1728吨由草原吸收。计算方法如下:

$$A_i = A_f + A_g = \frac{C_i \times P_f}{EP_f} + \frac{C_i \times P_g}{EP_g} \qquad 式(8-6)$$

其中,A_i为i地区碳足迹;A_f为化石能源产生碳排放量归于森林的生态足迹；A_j 为化石能源产生碳排放量归于草地的生态足迹；C_i 为 i 地区碳排放量；P_f 为森林吸收碳的份额，为 82.72%；P_g 为草地吸收碳的份额，为 17.28%；EP_f 为全球森林平均碳吸收能力，为 3.8096 吨/公顷；EP_g 为全球草地平均碳吸收能力，为 0.9482 吨/公顷。

2. 虚拟碳足迹核算

根据投入产出表中的产业投入产出关系，用能源消耗强度与排放系数可以核算虚拟碳足迹量。方法如下：

$$B_i = A_i + A_{ij} - A_{ji} \qquad 式(8-7)$$

其中，B_i 表示 i 地区虚拟碳足迹，A_i 为 i 地区碳足迹，A_{ij} 表示 i 地区对 j 地区产生的碳足迹，A_{ji} 表示 j 地区对 i 地区产生的碳足迹，均由投入产出表核算。

3. 生态补偿核算

利用标准当量因子的生态系统服务价值量和地区虚拟碳足迹，得到地区间生态补偿量。计算方法如下：

$$EC = |A_{ij} - A_{ji}| \times E_n \qquad 式(8-8)$$

其中，EC 表示生态补偿量；$|A_{ij} - A_{ji}|$ 表示 i 和 j 两地区产生的碳足迹差值关系；E_n 为生态服务价值当量因子的经济价值量。

（三）虚拟水足迹核算方法

计算虚拟水足迹量包括五个方面：（1）农业水足迹，包括地区农产品水足迹，采用单位农产品虚拟水含量乘以生产总量计算得到；（2）工业水足迹，包括工业生产、建筑等用水量；（3）居民生活水足迹；（4）生态环境水足迹；（5）虚拟水贸易净流量。

农业是最大的用水户，并且农产品含有大量虚拟水。计算农产品虚拟水足迹时，重点需要获得单位产品虚拟水含量值，计算出作物产品和动物产品虚拟水含量。基于标准彭曼公式得到参考作物生长期内的蒸发蒸腾量，根据联合国提出的 CROPWAT 模型计算出各类农产品的虚拟水资源消费总量。

$$AWP_m = VW \times S \qquad 式(8-9)$$

$$VW = \frac{CWR}{Y} \qquad 式(8-10)$$

$$CWR = ET_c \times 10 \qquad 式(8-11)$$

$$ET_c = K_c \times ET_0 \qquad 式(8-12)$$

$$ET_0 = \frac{0.408\Delta(R_n - G) + \gamma \frac{900}{T + 273}U_2(e_s - e_a)}{\Delta + \gamma(1 + 0.34U_2)} \quad 式(8-13)$$

其中，AWP_m 为 m 类农产品虚拟水足迹；VW 为单位农产品虚拟水含量；CWR 为农产品生长期需水量；ET_c 为农产品实际蒸发蒸腾量；ET_0 为参考作物蒸发量；R_n 为地表净辐射；G 为土壤热通量；T 为 2 米高处日平均气温；U_2 为 2 米高处风速；e_s 为饱和水气压；e_a 为实际水气压；Δ 为饱和水气压曲线效率；γ 为干湿表常数；K_c 为作物系数（借鉴 FAO 推荐作物系数）；S 为某种农产品总产量；Y 为每公顷土地的农产品产量。

$$RWC = AWP + IWW + DWD + EWD + NVWI \quad 式(8-14)$$

其中，RWC 为虚拟水足迹总量；AWP 为农业生产需水量，即农产品虚拟水足迹；IWW 为工业生产需水量；DWD 为居民生活需水量；EWD 为生态环境需水量；NVWI 为本地虚拟净流量。

（四）基于虚拟水足迹的生态补偿核算

基于虚拟水足迹核算生态补偿标准时，有两个前提：（1）当一个地区水资源发生生态赤字时，它所挤占的是其他地区的水资源供给量；当一个地区水资源利用呈现生态盈余时，它将使其他地区享有更多的水资源供给量。（2）各地区实际发生的生态环保投入和经济发展水平作为补偿标准测量依据。

情景一：各地区均为水生态盈余。此时，整个区域呈现水生态盈余，但每个地区水生态盈余占整个区域水生态盈余的比重不同。地区水生态盈余所占比重越大，其生态环保投入可以相对较少，也就是说地区水生态盈余与生态环境保护投入成反比。为此，以地区水生态盈余与整个区域水生态盈余的比值、生态环保投入总和二者为依据，建立各地区均为水生态盈余时的生态补偿标准测量模型：

$$I'_a + I'_b = TI \quad 式(8-15)$$

$$\frac{I'_a}{I'_b} = R_i \frac{RWF_b - RWC_b}{RWF_a - RWC_a} \quad 式(8-16)$$

$$EC_i = I'_i - I_i \quad 式(8-17)$$

其中，a、b 分别代表两个地区；I_i 为 i 地区实际生态环境保护投入；TI 为区域生态环境保护投入总和；I'_i 为 i 地区虚拟生态环境保护投入，基于现有投入总和，各地应分摊的环保投入；EC_i 为 i 地区应支付或获得的生态补偿；RWF 为水资源可供给量；RWC 为虚拟水足迹；R_i 为生态环境保护分摊系数。

当 $EC_i > 0$ 时，i 地区支付补偿，支付额度为 $|EC_i|$；当 $EC_i < 0$ 时，i 地区得到补偿，受偿额度为 $|EC_i|$。

1. 生态环境保护投入核算

生态环境保护投入包括直接成本投入，即退耕还林、新造林等林业建设成本投入，水土流失治理成本投入，环境污染治理成本投入；也包括限制工农业发展损失的间接成本投入。计算方法如下：

$$I = DC + IC = \sum_{k=1}^{3} dc_k + IC \qquad 式(8-18)$$

其中，I 为生态保护投入成本总和。DC 为直接成本，dc_k 分别代表林业建设成本、水土流失治理成本和环境污染治理成本；IC 为间接成本，即限制工农业发展损失的机会成本。

参照该省市居民的人均可支配收入和全国居民的人均可支配收入，计算本地居民收入水平的差异，反映地区的间接成本。计算方法如下：

$$IC = \frac{IC_z + IC_c}{2} \cdot r$$

$$IC_z = (UPCDI_z - UPCDI_i) \times UP_i + (RPCNI_z - RPCNI_i) \times RP_i$$

$$IC_c = (UPCDI_c - UPCDI_i) \times UP_i + (RPCNI_c - RPCNI_i) \times RP_i$$

$$式(8-19)$$

其中，$UPCDI_z$、$UPCDI_i$ 和 $UPCDI_c$ 分别代表 z 区域、i 地区和全国的城镇人均可支配收入，$RPCDI_z$、$RPCDI_i$ 和 $RPCDI_c$ 分别代表 z 区域、i 地区和全国的农村人均纯收入，UP_i 代表 i 地区城镇总人口，RP_i 代表 i 地区农村总人口。由于并非整个地区的产业发展都受到保护水资源的影响，故取均衡因子 r 为 0.01。

2. 生态环境保护分摊系数确定

根据恩格尔系数和生长曲线计算生态环境保护分摊系数，计算方法如下：

$$R_i = \frac{L_i}{(1 + ae^{-bt_i})} \qquad 式(8-20)$$

其中，L_i 为补偿能力：

第八章 生态补偿:京津冀生态补偿机制及合作路径

$$L_i = \frac{GDP_i/RWC_i}{\sum_{i=1}^{3} GDP_i/RWC_i}$$

$(i = 1,2,3)$ 式(8-21)

将 a、b 都取值为1，可得：

$$R_i = \frac{e^{t_i}}{(e^{t_i} + 1)} \times L_i \quad 式(8-22)$$

其中，R_i 表示 i 地区生态环境保护分摊系数；RWC_i 表示 i 地区虚拟水足迹；t_i 表示 i 地区恩格尔系数的倒数。

情景二：当各地区均为水生态赤字时，说明各地区水足迹均大于水资源可供给量。此时，整个区域呈现水生态赤字，同前一种情况相似，每个地区的水生态赤字占整个区域水生态赤字的比重不同。地区水生态赤字所占比重越大，它的生态环境保护投入就应该相对较大，也就是说地区水生态赤字与虚拟生态保护投入成正比。为此，以地区水生态赤字与整个区域水生态赤字的比值、生态环保投入总和二者为依据，建立各地区均为水生态赤字时的生态补偿标准测量模型：

$$I'_a + I'_b = TI \quad 式(8-23)$$

$$\frac{I'_a}{I'_b} = R_i \frac{RWF_b - RWC_b}{RWF_a - RWC_a} \quad 式(8-24)$$

$$EC_i = I'_i - I_i \quad 式(8-25)$$

当 $EC_i > 0$ 时，i 地区支付补偿，支付额度为 $|EC_i|$；当 $EC_i < 0$ 时，i 地区得到补偿，受偿额度为 $|EC_i|$。

情景三：当各地区呈现不同的生态系统安全性时，即一个地区为水生态赤字，另一个地区为水生态盈余，表明水生态赤字地区的水资源可供给量不能满足水资源消费，进而侵占了水生态盈余地区的水资源可供给量。

一方面，水生态盈余地区以较小的水足迹开展生态环保工作，为其他地区享用更多的水资源可供给量做出了贡献；另一方面，水生态赤字地区侵占水生态盈余地区的水资源可供给量，所以在承担起自身对水资源生态保护的全部投入外，还应分摊水生态盈余地区的生态保护投入。因此，考虑以水生态盈余地区的水生态足迹占整个区域水资源可供给量比值为权重，计算水生态盈余地区的虚拟环保投入。以此为依据，计算水生态赤字

地区应支付的补偿额度。为此,建立各地区为不同水生态系统安全性时的生态补偿模型:

$$\begin{cases} I'_{wer} = \dfrac{RWF_{wer}}{TRWC} I_{wer} \\ EC_{wed} = I_{wer} - I'_{wer} \end{cases} \quad 式(8-26)$$

其中,I'_{wer} 为水生态盈余地区的虚拟生态环保投入;I_{wer} 为水生态盈余地区的实际环保投入;RWF_{wer} 为水生态盈余地区的水生态足迹;$TRWC$ 为整个区域水资源可供给量;EC_{wed} 为水生态赤字地区应支付给水生态盈余地区的补偿标准。

三 机会成本与生态补偿

(一)机会成本的理论沿革

机会成本是现代经济学理论中最重要的基本概念之一,奥地利学派的弗里德里希·冯·维塞尔(Friedrich Freiherr von Wiesel)在《自然价值》中首先提到了这一点。他用边际效用理论从根本上解释了成本现象,并提出机会成本这一观点,即为了获得特定产品单位的效用而放弃另一种产品的收益。① 就机会成本的稀缺性而言,美国经济学家保罗·萨缪尔森(Paul A. Samuelson)解释说,其意味着我们必须在稀缺物品之间做出选择,决策的机会成本对其他人来说是最好对策的价值。② 诺贝尔经济学奖获得者罗纳德·哈里·科斯(Ronald H. Coase)认为机会成本是为特定决策所放弃的除它以外最佳决策的价值。③ N. 格里高利·曼昆(N. Gregory Mankiw)在《经济学原理》中定义机会成本:为了得到这种东西所放弃的其他东西。④

通常认为,机会成本代表了为获得某物而必须牺牲的其他一切事物的最大价值。自19世纪被引入经济学以来,其在理论和实际应用领域不断拓展和延伸,目前机会成本已广泛应用于环境与资源经济学、会计学、企业及政府的管理决策等领域。温善章等应用机会成本法评估了黄河水资源的

---

① [奥]弗·冯·维塞尔:《自然价值》,陈国庆译,钱荣堃校,商务印书馆1982年版。
② Paul A. Samuelson, William D. Nordhaus, *Economics*, New York: Mc Graw Hill, 2010.
③ 高建伟、牛小凡译注:《科斯〈社会成本问题〉句读》,经济科学出版社2019年版。
④ [美]N. 格里高利·曼昆:《经济学原理》,梁小民、梁砾译,中国人民大学出版社2013年版。

影子值;[①] 刘岩等也应用该方法评估产业之间资源不同利用方式的机会成本,同时运用旅行成本法或自然价值法评价该地区生态资源的旅游和娱乐价值,以及五种主要生态资源对厦门岛岛民的"社会价值",据此分析和评估该岛东海岸未来50年的区域资源机会成本。[②]

(二)机会成本与生态补偿关系模型

将相邻县市居民人均可支配收入与流域上游居民人均可支配收入进行比较,分析县市居民收入水平的差异,进而估计因发展受限导致的经济损失,以此作为补偿的参考依据。补偿计算公式如下:

$$G_i = (\lambda_{镇i} - \theta_{镇i}) \times n_{镇i} + (\lambda_{农i} - \theta_{农i}) \times n_{农i} \qquad 式(8-27)$$

其中,G_i为年度补偿额;$\lambda_{镇i}$为参照县市的城镇居民人均可支配收入;$\theta_{镇i}$为上游地区城镇居民人均可支配收入;$n_{镇i}$为上游地区城镇居民人口;$\lambda_{农i}$为参照县市的农民人均纯收入;$\theta_{农i}$为上游地区农民人均纯收入;$n_{农i}$为上游地区农业人口。

基于对机会成本概念的理解以及机会成本与生态奖励之间的关系,生态功能区、生态环境敏感区、自然保护区等特定区域接受"限制开发"和"禁止开发"等的经济底线是"生态补偿足以弥补因限制或放弃(主要针对工业)开发而付出的机会成本",目的是确保当地居民的生活水平在受区域经济发展影响时不会出现明显下降。利用补偿资金在该地区发展环境友好型地方绿色产业,提高该地区基本公共服务水平。据此,建立生态补偿与机会成本的基本数量关系模型(即"基本模型"):

$$EC \geq OC \qquad 式(8-28)$$

其中,EC代表生态补偿,OC代表机会成本。

第二节 京津冀生态补偿额度及主客体分析

一 基于生态系统服务价值的合作生态补偿额度及主客体分析

本书所要讨论和分析的重点是京津冀合作生态补偿主体和客体及补偿

[①] 温善章等:《河流可供水资源影子价格研究》,《人民黄河》1993年第7期;吴恒安:《关于影子水价计算方法的讨论》,《水利规划》1997年第4期。

[②] 刘岩、张珞平、洪华生:《生态旅游资源管理中社区参与激励机制探讨——以厦门岛东海岸区生态旅游开发为例》,《农村生态环境》2002年第4期。

量。综合京津冀生态资源禀赋及京津冀区域社会经济活动特点，结合生态功能价值，得到基于生态系统服务价值的京津冀区域间各类生态资源的补偿关系（见表8-5）。

（一）耕地资源生态补偿量与主客体分析

天津市耕地资源生态补偿数量2007—2011年不断下降，2012—2014年和2016年，天津市支付生态补偿。表明天津市耕地资源的服务价值不能满足日益增长的需求，需要消耗周边地区的生态服务价值。北京市耕地的生态补偿数量一直在增加。河北省耕地生态系统资源的价值比较小，不能满足当地的需求。

（二）林地资源生态补偿量与主客体分析

不同生态补偿主体和客体的林地生态系统资源不同，天津市和河北省是森林生态系统资源服务价值的主要接受者，北京市是森林生态补偿的主要支付者。2007—2018年，北京市生态补偿支付波动较大。天津市获得的补偿量由2007年的214.31亿元增加到2015年的3806.98亿元。河北省基本都是林地资源生态补偿的获得者，并且2007年、2009—2013年，河北省获得的补偿量远远大于天津市。

（三）园地资源生态补偿量与主客体分析

2007—2018年，北京市是园地生态资源补偿的主要支付者，天津市和河北省是园地生态补偿的获得者。北京市支付生态补偿量波动较大，最少支付353.11亿元，最多支付902.66亿。

（四）草地资源生态补偿量与主客体分析

河北省2007—2016年的草地资源生态补偿量均为负值，是草地生态资源的主要支付者，对应年份的北京市和天津市草地资源生态补偿量均为正值，是草地生态资源补偿的获得者。2014年河北省生态补偿支付数量最大，2008年和2009年相对较小。与耕地和林地生态资源相比，草地的补偿金量较少。

（五）湿地资源生态补偿量与主客体分析

湿地资源的生态补偿支付方主要是北京市和天津市，河北省是湿地资源生态补偿的获得方，2007—2012年获得补偿量变化不大，2013年以后迅速增加并维持缓慢增长的趋势。天津市湿地资源的生态服务价值自2013年以来一直很小，随着社会经济的快速发展，湿地资源需求量不断递增，所以湿地生态补偿需求显著增加。

第八章 生态补偿:京津冀生态补偿机制及合作路径

表8-5　基于生态系统资源价值的京津冀生态补偿量

(单位:亿元)

		2007年	2008年	2009年	2010年	2011年	2012年	2013年	2014年	2015年	2016年	2017年	2018年
耕地	北京	717.98	1196.11	1150.69	1615.31	1964.12	2294.22	2518.60	2733.13	3351.57	3039.56	3580.16	3583.39
	天津	185.83	287.95	42.22	123.40	5.72	-38.76	-59.67	-119.84	369.51	-72.65	-45.39	-32.16
	河北	-903.81	-1484.06	-1192.90	-1738.71	-1969.84	-2255.46	-2458.92	-2613.29	-3721.08	-2966.91	-3534.67	-3551.23
林地	北京	-1380.32	-1184.22	-2302.18	-2341.74	-2761.27	-2841.20	-3463.81	-3609.29	-2816.69	-4221.35	-6638.42	-7445.30
	天津	214.31	655.61	476.15	961.24	931.70	1270.26	1681.71	1998.37	3806.98	2796.34	2928.23	4683.20
	河北	1166.01	528.61	1826.03	1380.50	1829.58	1570.94	1782.10	1610.93	-990.29	1425.02	3710.19	2762.10
园地	北京	-367.24	-353.11	-529.25	-554.12	-634.98	-667.06	-720.95	-763.03	-697.60	-902.66	-823.76	-818.05
	天津	141.86	217.01	229.63	319.70	335.04	395.73	449.95	504.18	762.85	661.67	616.24	611.71
	河北	225.38	136.11	299.62	234.42	299.94	271.33	271.00	258.85	-65.26	240.99	207.52	206.34
草地	北京	85.81	146.22	62.02	89.89	101.73	120.21	134.75	147.90	207.95	175.09	-379.93	-466.54
	天津	93.59	153.77	57.70	84.21	94.65	111.95	125.53	137.76	196.93	163.56	-364.82	-412.84
	河北	-299.99	-119.71	-174.09	-196.37	-232.16	-260.28	-285.65	-404.89	-338.64	-178.13	744.77	879.38
湿地	北京	-104.21	-65.85	-112.03	-93.79	-110.51	-95.75	192.64	270.40	675.23	388.85	433.94	433.93
	天津	-103.13	-109.16	-153.47	-170.05	-220.98	-241.68	-1068.43	-1152.92	-1088.06	-1279.93	-1516.28	-1728.48
	河北	207.34	175.01	265.50	263.84	331.49	337.43	875.79	882.52	412.83	891.08	1082.34	1294.55
水域	北京	-104.05	37.17	-102.27	-6.08	-33.40	40.43	-73.59	-60.62	59.93	-52.30	69.62	93.27
	天津	-283.18	-246.49	-383.28	-387.59	-498.77	-517.52	-206.06	-211.95	-113.84	-210.64	-379.63	-484.35
	河北	387.23	209.32	485.55	393.67	532.17	477.09	279.65	272.57	53.90	262.93	310.01	391.08
未利用地	北京	165.69	282.86	235.13	352.84	478.44	522.50	526.52	524.08	490.57	445.70	467.16	543.53
	天津	823.06	937.02	1200.09	1374.28	1594.72	1726.03	1865.41	1951.75	2068.80	2200.74	1968.47	1756.43
	河北	-988.75	-1219.88	-1435.22	-1727.13	-2073.16	-2248.53	-2391.94	-2475.82	-2559.37	-2646.44	-2435.63	-2299.96

注:正值表示获得补偿,负值表示支付补偿。

(六) 水域资源生态补偿量与主客体分析

水域资源的生态补偿支付者主要是天津市，天津市水资源生态补偿支付量远多于北京市，河北省是水资源生态补偿获得者。天津市水域生态资源服务价值较低，水资源生态补偿支付量一直很大。

(七) 未利用地资源生态补偿量与主客体分析

河北省是未利用土地资源生态补偿的主要支付方，天津市获得的生态补偿量较多。河北省支付的未利用地生态补偿量持续增加，天津市获得的生态补偿也一直保持着上升趋势。

二 基于碳足迹的合作生态补偿额度及主客体分析

(一) 京津冀碳足迹分析

通过对《北京统计年鉴》《天津统计年鉴》《河北统计年鉴》《中国能源统计年鉴》的数据进行分析，可以计算出京津冀各地区不同类型的化石能源消费量的具体数值，综合计算出 2007—2019 年京津冀的碳足迹数据（见图 8-1）。

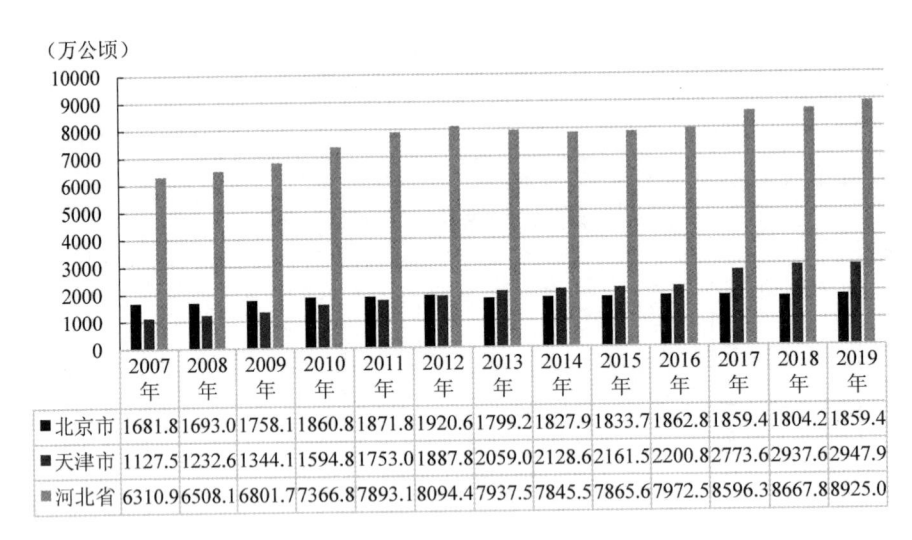

（万公顷）

	2007年	2008年	2009年	2010年	2011年	2012年	2013年	2014年	2015年	2016年	2017年	2018年	2019年
北京市	1681.8	1693.0	1758.1	1860.8	1871.8	1920.6	1799.2	1827.9	1833.7	1862.8	1859.4	1804.2	1859.4
天津市	1127.5	1232.6	1344.1	1594.8	1753.0	1887.8	2059.0	2128.6	2161.5	2200.8	2773.6	2937.6	2947.9
河北省	6310.9	6508.1	6801.7	7366.8	7893.1	8094.4	7937.5	7845.5	7865.6	7972.5	8596.3	8667.8	8925.0

图 8-1 2007—2019 年京津冀碳足迹量

京津冀的碳足迹数据在 2007—2019 年呈现逐年小幅度上涨的态势。天津市的碳足迹量在 2013 年首次超越北京市，2007—2019 年河北省的碳足迹量一直远远高于北京市和天津市，最高时可达到两地的 5 倍之多。

第八章　生态补偿：京津冀生态补偿机制及合作路径　221

通过图 8-1 可以看出京津冀十年间碳足迹具体数值的浮动，进而可以通过数据分析出各地区碳足迹占整体的比重（见图 8-2）。

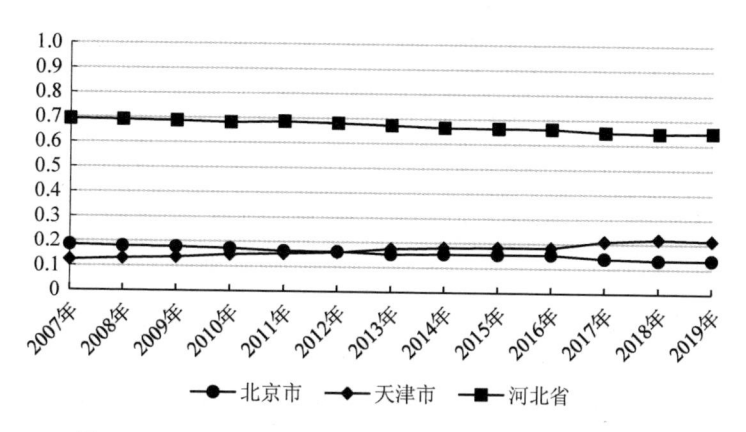

图 8-2　2007—2019 年京津冀碳足迹占整个区域总量比重

由图 8-2 可知，2007—2019 年，北京市和天津市的碳足迹量分别占整体的比重很相近，而河北省占整体的比重最大。北京市和天津市两地在 2007—2019 年碳足迹量占整体的比重处于上升的态势，河北省的碳足迹量占整体的比重在缓慢降低。2007—2012 年天津市碳足迹量比北京市碳足迹量占整体的的比重小，从 2013 年开始，天津市碳足迹量占整体的比重开始超过北京市。

（二）基于投入产出表的京津冀虚拟碳足迹补偿量及主客体分析

通过对《北京统计年鉴》《天津统计年鉴》《河北统计年鉴》《中国能源统计年鉴》的数据进行分析，可计算得出基于虚拟碳足迹的京津冀合作生态补偿量（见表 8-6）。

表 8-6　　　　　基于虚拟碳足迹的京津冀合作生态补偿量　　　（单位：亿元）

	京—津	京—冀	津—京	津—冀	冀—京	冀—津
2007 年	—	183.28	1.48	133.69	—	—
2010 年	28.54	247.93	—	193.71	—	—
2014 年	749.89	1038.01	—	787.98	—	—

注：A—B 表示 A 对 B 支付生态补偿量。

从表 8-6 可以看出，北京市和天津市都是碳足迹生态补偿的支付方，

表 8-7　基于虚拟水足迹的京津冀生态保护分摊系数

		2007年	2008年	2009年	2010年	2011年	2012年	2013年	2014年	2015年	2016年	2017年	2018年	2019年
RWC（亿立方米）	北京市	176.49	193.60	126.91	151.54	147.28	316.70	306.62	154.13	278.31	342.29	403.74	493.29	364.97
	天津市	161.07	187.58	226.26	265.18	262.72	329.00	323.62	304.96	335.78	321.95	343.37	395.52	432.62
	河北省	1354.63	1425.06	1384.70	1452.91	1494.81	1541.34	1574.99	1622.59	1659.06	1540.18	1913.59	1694.24	1606.61
Q_i（%）	北京市	10.43	10.72	7.30	8.11	7.73	14.48	13.90	7.40	12.24	15.53	15.17	19.09	15.18
	天津市	9.52	10.39	13.02	14.18	13.79	15.04	14.68	14.65	14.77	14.60	12.91	15.23	17.99
	河北省	80.05	78.90	79.68	77.71	78.48	70.48	71.42	77.95	72.99	69.87	71.92	65.59	66.2
R_i（%）	北京市	54.25	52.24	64.55	62.82	62.39	48.01	48.79	65.49	54.53	49.08	53.37	50.33	54.94
	天津市	31.24	32.05	22.02	23.03	24.32	32.59	32.93	23.64	31.48	35.34	34.76	36.79	31.63
	河北省	9.66	10.13	8.35	9.42	9.22	14.56	13.58	8.49	11.70	13.43	9.22	12.58	11.95
归一化后 R_i（%）	北京市	57.02	55.33	68.00	65.94	65.04	50.45	51.20	67.08	55.81	50.15	54.82	50.48	55.76
	天津市	32.84	33.94	23.20	24.17	25.35	34.25	34.55	24.21	32.22	36.12	35.71	36.90	32.11
	河北省	10.14	10.73	8.80	9.89	9.61	15.30	14.25	8.71	11.97	13.73	9.47	12.62	12.13
分摊系数（%）	北京市	33.72	33.02	37.65	37.02	36.39	32.46	32.55	37.24	34.03	32.84	33.01	32.47	33.07
	天津市	21.18	22.16	18.11	19.18	19.57	24.65	24.61	19.43	23.50	25.36	24.71	25.64	23.28
	河北省	45.10	44.81	44.24	43.80	44.04	42.89	42.83	43.32	42.48	41.80	43.95	42.65	42.57

注：Q_i 表示各地区虚拟水足迹占整个区域虚拟水足迹总和的比重。

河北省是碳足迹生态补偿的获得方。河北省获得的碳足迹补偿量越来越大，表明京津冀产业协同及产业协同减排任重路远。

三 基于水足迹的合作生态补偿额度及主客体分析

（一）京津冀生态保护分摊系数

根据京津冀生态保护分摊系数确定京津冀应承担生态保护责任的比重（见表8-7）。基于经济发展水平和虚拟水足迹量计算得到2007—2019年的分摊系数，京津冀各地区差异不大。其中，天津市分摊系数最小，低于25.36%；河北省分摊系数略高于北京市，保持在41%—45%。除了2007年北京市与河北省分摊系数差值较大，其他年份均保持在10%以下。天津市与河北省分摊系数差值保持在20%左右，最大差值达到26.13%。

（二）基于虚拟水足迹的京津冀生态补偿量

通过比较京津冀虚拟水足迹与当地水资源量，发现三地水资源消耗呈现生态赤字。构建不同情况下的区域生态补偿模型，采用地区均为生态赤字的模型、京津冀各地区生态保护分摊系数、京津冀各地区生态环境保护投入，最终得到京津冀生态补偿额度（见表8-8）。

表8-8　基于虚拟水足迹的京津冀生态补偿量　（单位：亿元）

	2007年	2008年	2009年	2010年	2011年	2012年	2013年
北京市	4.92	-33.59	-73.39	-111.72	-217.47	1.11	77.02
天津市	-69.56	-80.10	-45.08	-82.89	-99.04	-207.75	-224.19
河北省	64.64	113.70	118.47	194.61	316.51	206.63	147.18
	2014年	2015年	2016年	2017年	2018年	2019年	
北京市	81.92	12.75	75.40	46.64	38.41	122.04	
天津市	-106.75	-243.59	-281.84	-149.75	-177.46	-274.98	
河北省	24.84	230.84	206.44	103.11	139.05	152.94	

注：正值表示获得生态补偿，负值表示支付生态补偿。

2007—2019年河北省的生态补偿量由北京市和天津市支付。2011年，北京市和天津市共支付316.51亿元生态补偿量，是近年来河北省获得生态补偿量的最大值；2014年河北省获得的生态补偿量最小，并小于北京市获得的生态补偿量。北京市在2008—2011年需要支付生态补偿量，但在2007年获得生态补偿量4.92亿元。天津市在2007—2019年的经济发展中需要支付生态补偿量，补偿量呈现出波动增长状态。2016年天津市支付的补偿量最大，为281.84亿元；最小值是2009年的45.08亿元。

第三节 京津冀生态补偿合作路径与措施

京津冀生态补偿路径设计可划分为五个主要部分：第一，界定区域尺度，京津冀生态资源相互依存、相互连通，环境污染相互传输。第二，明确区域生态补偿主客体，京津冀生态系统服务价值、碳排放量、水资源在不同补偿主体间形成差异化的共同补偿路径。即"谁开发谁保护、谁破坏谁恢复、谁受益谁补偿、谁排污谁付费"，明确"污染者和受益者"为补偿主体，"受害者和保护者"为补偿客体。第三，明确政府职责，将各级政府作为辖区环境质量的主要负责者和补偿主体，并承担相应比例的补偿金。第四，确定生态补偿主体和客体，生态补偿主体包括所有从生态环境获益的各级政府、组织和个人；生态补偿客体为一切降低环境污染、保护生态环境、提供生态服务以及受环境污染等影响的各级政府、组织和个人。第五，生态补偿测度及补偿方式的确定，从生态系统服务价值、虚拟碳足迹和虚拟水足迹三方面对京津冀生态补偿量进行测度，成立生态补偿基金，确定生态补偿方式。

一 生态补偿合作路径

依据京津冀生态补偿的现实要求和内在逻辑，从生态系统服务价值、虚拟碳足迹和虚拟水足迹三个方面探究京津冀生态功能的异同，并在此基础上从政策制度、智力和技术、资金三个维度提出京津冀生态补偿合作路径（见图8-3）。

（一）基于生态系统服务价值的生态补偿合作

生态服务功能均有显著的空间转移性和外部性特征。从区域生态环境保护的空间效应来看，生态环境保护需要各区域共同协作，仅依靠个别区域的努力难以达到保护生态环境的理想效果。通过观察2007—2019年京津冀生态系统服务价值发现，河北省是生态系统服务价值和生态功能价值的主要提供者，北京市林地生态系统资源与天津市湿地生态系统资源对京津冀生态系统服务价值的贡献相对较大。其中，北京市气体调节、气候调节

第八章　生态补偿:京津冀生态补偿机制及合作路径　　225

```
┌─生态补偿合作基础─┐  ┌─重点补偿类型及主体─┐  ┌──补偿维度──┐
│ ┌─────────────┐ │  │ ┌──────────────┐ │  │ ┌──────────────┐ │
│ │生态系统服务价值│ │  │ │林地、湿地生态系统资源│─政府│ │资金补偿、政策制度补偿│ │
│ └─────────────┘ │  │ └──────────────┘ │  │ └──────────────┘ │
│ ┌─────────────┐ │→ │ ┌──────────────┐ │  │ ┌──────────────┐ │
│ │  虚拟碳足迹  │ │  │ │  工业碳排放量  │─企业为主、政府为辅│ │资金补偿、碳排放政策制度补偿│ │
│ └─────────────┘ │  │ └──────────────┘ │  │ └──────────────┘ │
│ ┌─────────────┐ │  │ ┌──────────────┐ │  │ ┌──────────────┐ │
│ │  虚拟水足迹  │ │  │ │农业水资源使用量│─政府为主、个人为辅│ │资金补偿、农业灌溉技术补偿│ │
│ └─────────────┘ │  │ └──────────────┘ │  │ └──────────────┘ │
└─────────────────┘  └──────────────────┘  └──────────────┘
```

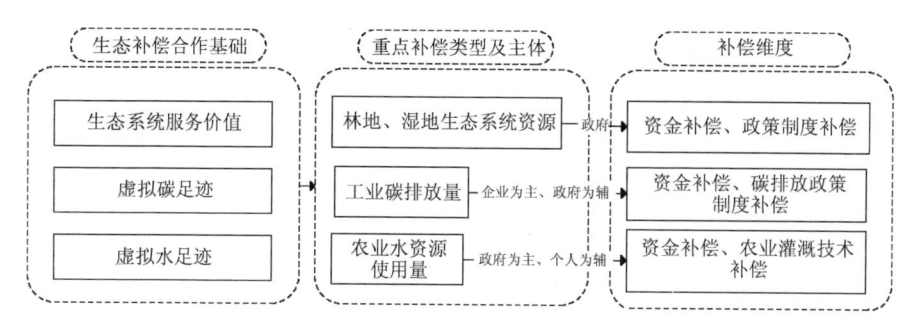

图 8-3　京津冀生态补偿合作路径

资料来源：笔者自绘。

和维持生物多样性与天津市水文调节和废物处理的生态功能价值比重相对较大。

不同生态系统资源补偿的主客体存在一定的差异。2007—2018 年北京市和天津市的耕地、草地和未利用地等生态资源补偿量大多为正值，是生态资源补偿的获得方，河北省是支付方。2007—2018 年天津市和河北省的林地和园地生态系统资源补偿量大多为正值，是生态资源补偿的获得方，北京市是支付方。2007—2018 年河北省的湿地和水域生态系统资源生态补偿量均为正值，是生态资源补偿的获得方，北京市和天津市为支付方。以核算得到的生态补偿量为依据，京津冀各地区政府完善政府转移支付，将资金补偿作为有效的短期合作补偿方式。建立用于保护京津冀生态服务功能的专项基金。通过向企业收取一定的生态资源使用保证金，建立生态补偿备用金体系，并由政府负责管理，以用于加强区域间生态系统保护与改善合作，降低区域改善生态环境的直接成本和间接成本，进而提高京津冀整体生态服务功能。

（二）基于虚拟碳足迹的生态补偿合作

根据多区域投入产出表中京津冀产业碳足迹关系，发现碳足迹排在前三位的分别为工业、交通运输业和广义农业。河北省是生态补偿的获得方，北京市和天津市为生态补偿的支付方。其中，北京市的支付比重大于天津市的支付比重。由此可以看出在京津冀碳足迹补偿方面，北京市对河北省的碳足迹支付量大于天津市对河北省的碳足迹支付量。基于碳足迹得到的横向转移支付资金往往是有限的，难以满足生态补偿的需要。因此，京津冀生态补偿应多探索其他形式的横向转移支付方式。例如，对于产生虚拟碳足迹相对较高的工业、交通运输业和农林牧渔业，通过对损害生态环境的生产、经营、开发者征收一定的生态补偿税费，将其纳入生态补偿国家预算的一个固定渠道，同时促使经营者不断创新，探索最优的生产方式，自觉削减污染。给予进行绿色创新和生态保护的区域一定的政策优惠，大力扶持新技术产业发展。北京市和天津市作为京津冀经济较发达地区和固态环境受益区，应积极向河北省提供技术、人力、教育等资源，缩小区域发展差距，推动京津冀联动发展。此外，京津两地可以通过对口合作、一对一帮扶等方式，推动河北省经济困难地区打造新兴产业基地，推动发展循环经济和生态经济，促进产业转型升级。

（三）基于虚拟水足迹的生态补偿合作

水资源环境具有跨界转移特性，京津冀农业水足迹量较大，是水足迹生态补偿合作的重点研究领域。从2007—2019年京津冀基于虚拟水足迹的生态补偿量来看，京津两地是生态补偿主要支付方，河北省为主要获得方。

目前生态保护的资金主要来源于政府财政转移支付，未来可以通过实行相应的优惠政策和信贷扶持政策鼓励发展环保型产业，积极引导社会资本进入生态环保产业领域；加强对京津冀农业节水技术的补贴，通过技术革新提高农业领域水资源的利用效率；对排污不达标或破坏环境的集体或个人，根据污染破坏程度征收相应的环境污染费；对生态保护的直接受益者征收一定的环境保护费；设立京津冀水资源生态环境保护综合协调机构，更好地实现跨行政区的水源生态保护；在现有生态保护资金转移支付规模的基础上，进一步建立京津冀生态环境保护发展基金；基于初始水权的分配建立并完善跨区域水权市场，以期更好地实现水资源生态补偿。从京津冀协同发展角度完善区域间生态法规，实施水资源双向生态补偿，为更好地保护跨界水资源的生态环境提供政策支撑。

二 基于碳转移的典型产业链生态补偿合作路径

（一）典型产业链选择

典型产业链通常指能源消耗量、碳排放量和碳转移量均在整个地区的碳排放强度中占有相当大比重的产业。这种产业链通常只关注上游供应链企业的实际排放量，而忽视了下游供应链企业的隐含排放量，难以实现有效减排。应从整体供应链角度出发，采取上下游产业链合作减排的方式衡量碳排放和碳转移量,以全产业链低碳化生产为目标,降低上下游产业碳排放成本。京津冀跨区域产业链合作减排是京津冀合作减排的重要任务之一,从效率与公平角度出发,在明确产业链生产碳转移量和各环节碳减排责任的基础上,设计合作减排路径,推动产业链上下游企业合作减排,进而降低碳排放总量。京津冀合作减排的典型产业链应具有高产值、高碳排放、高碳转移的特征:(1)高产值。京津冀的支柱产业、行业的产值对地区GDP的贡献较大,典型的工业产品市场需求量大,行业产值的增加主要依赖于能源消耗,这种产业对经济贡献较大,对环境影响也较大。(2)高碳排放。不仅对煤炭、石油、天然气等大量一次能源消耗量大,导致高碳排放,调入调出虚拟碳在区域总产量中也占有重要比例。(3)高碳转移。产业间的碳关联度较高,产业链上下游碳转移量较大,区域间的产业链碳转移量也较大。京津冀典型减排产业选择概况见表8-9。

表8-9　　　　　　　京津冀典型减排产业概况　　　　　(单位:亿元,百万吨)

	高产值	高碳排放			高碳转移	
	生产总值	总产出碳	最终使用碳	虚拟碳	区域内产业碳转移量	区域间产业碳转移量
北京市	交运设备制造业(4249)	石油炼焦业(11.07)	石油炼焦业(65.35)	金属冶炼业(19.09)	石油炼焦业(12.67)	石油炼焦业(62.43)
天津市	黑色金属冶炼业(4156)	金属冶炼业(35.8)	化学产品(7.86)	非金属制品(5.04)	金属冶炼业(34.66)	化学工业(377.00)
河北省	黑色金属冶炼业(10131)	金属冶炼业(204.4)	金属冶炼业(76.89)	金属冶炼业(-64.07)	金属冶炼业(140.32)	金属冶炼业(460.06)

从表8-9可以看出,京津冀的金属冶炼业都具有高产值、高碳排放、高碳转移的特点,因此京津冀合作减排产业链可以选择金属冶炼业产业链。

(二) 典型产业链减排责任及路径

综合前文的分析,从京津冀减排整体情况来看,应将河北省作为金属冶炼业的重点减排区域,图8-4给出了河北省金属冶炼业与其上下游产业的碳关联状况。

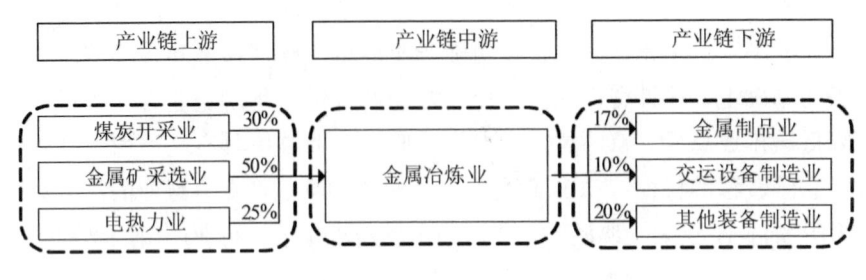

```
产业链上游              产业链中游              产业链下游

┌─────────────┐                          ┌─────────────┐
│ 煤炭开采业 30%│                       17%│ 金属制品业   │
│ 金属矿采选业 50%│ → 金属冶炼业 →    10%│ 交运设备制造业│
│ 电热力业   25%│                       20%│ 其他装备制造业│
└─────────────┘                          └─────────────┘
```

图 8-4　河北省金属冶炼业产业链转移状况

资料来源：笔者自绘。

河北省的金属冶炼业是京津冀碳排放的主要来源，因此，河北省的金属冶炼业需要承担相应的减排责任。同时，金属采矿和选矿业作为主要原料生产和供应行业，其产碳量的50%用于金属冶炼、电热供应等，主要的能源供应行业、金属冶炼生产链的上游行业，也需要承担部分减排责任。河北省金属冶炼业是一个基础性生产行业，工业碳排放主要作为中间产品应用于其他行业，因此，金属冶炼业与其他行业之间的碳排放存在高度的相关性。如金属冶炼行业可作为金属制品、通用设备和运输设备等行业的中间产品或服务，由于金属制品和设备制造业对碳的需求量很大，因此这两个行业应该承担更大的减排责任。除了京津冀产业链上的碳排放及碳转移外，区域内最终消费的碳转移同样不容忽视。图8-5给出了河北省金属冶炼业产业链在京津冀产业链的碳转移情况，通过进一步分析区域间产业

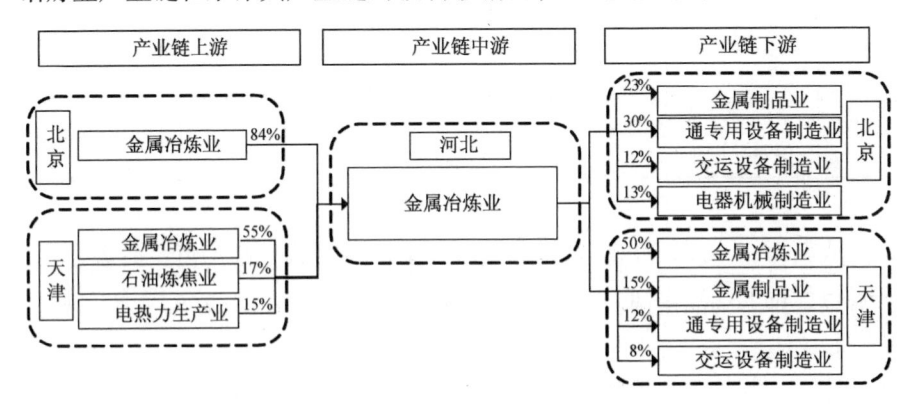

```
产业链上游              产业链中游              产业链下游

┌──────────────┐                      ┌──────────────────┐
│北│金属冶炼业 84%│                  23%│ 金属制品业      │北
│京│              │ →               30%│ 通专用设备制造业│京
└──────────────┘     ┌──────┐       12%│ 交运设备制造业  │
                     │ 河北 │       13%│ 电器机械制造业  │
┌──────────────┐    │金属  │ →     └──────────────────┘
│天│金属冶炼业 55%│   │冶炼业│       50%│ 金属冶炼业      │天
│津│石油炼焦业 17%│ → └──────┘     15%│ 金属制品业      │津
│  │电热力生产业15%│                 12%│ 通专用设备制造业│
└──────────────┘                      8%│ 交运设备制造业  │
                                       └──────────────────┘
```

图 8-5　金属冶炼业区域间产业链碳转移状况

资料来源：笔者自绘。

链碳转移情况,可以明确京津冀金属冶炼业的减排责任。

河北省转移到京津的碳排放主要来源于金属冶炼业,因此,金属冶炼业是河北省以及京津冀合作减排的关键行业。京津两地作为中间产品转移区域,避免了中间产品生产过程中的高碳排放,脱离了高碳区。北京市的金属制品和设备制造两个行业与河北省金属冶炼业下游产业的相关度较高,天津市的金属冶炼、金属制品以及设备制造产业的最终碳需求同样来自河北省的金属冶炼业。因此,京津两地要对河北省金属冶炼业分担相应的减排责任,具体减排路径见图8-6。

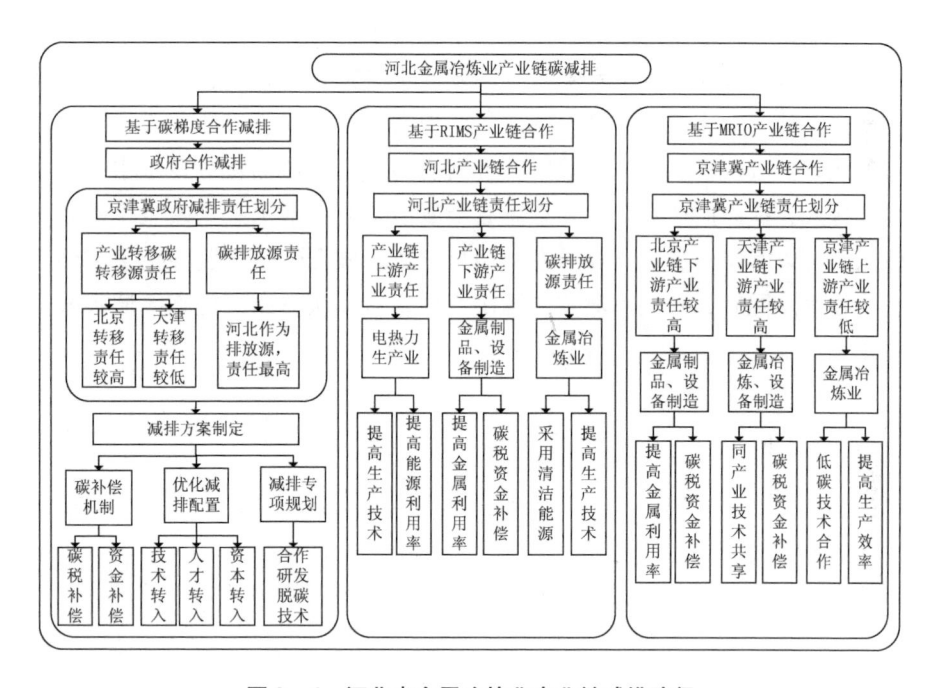

图8-6 河北省金属冶炼业产业链减排路径

资料来源:笔者自绘。

三 典型产业链合作碳补偿措施

对于造成碳转移的产业,应该建立政府主导的京津冀合作减排机制,主要是减排政策的协同:排放税(或能源税、碳税)、补贴和政府直接投资等政策。

(一)建立碳补偿机制

传统的金属冶炼业作为河北省的基础性产业,是河北省碳排放的主要来源。该行业的发展一方面会造成污染转移，影响京津冀的环境质量；另一方面，河北省金属冶炼业的碳排放更多的都转移为下游产业的碳需求。因此，京津冀政府间要建立健全跨区域碳补偿机制，如通过碳排放税政策使产业向低碳化方向转型。京津冀可以通过跨区域合作碳补偿，帮助河北省逐步淘汰低效率、高排放、高污染的传统产业，进而推动河北省产业结构转型升级。

(二) 提高碳减排技术

进一步优化京津冀碳减排格局，实现生态资源优化配置。通过比较各区域行业发现，京津两地的碳转移速率要高于河北省。鉴于北京市和天津市的技术水平、人力资本水平、经济发展水平都相对较高，要加快京津冀产业要素的有效流动，充分发挥京津两地在产业技术、人才及资本等方面对河北省扩散及辐射的带动效应，进而提高整个区域的行业技术水平，减少碳排放，提高产业竞争力。京津冀金属冶炼业技术水平及碳减排能力均较低，可以考虑通过成立合作专项项目，跨省域合作研发脱碳技术和创新减排技术。同时，开展京津冀产学研专项合作，从整体上提高区域碳减排技术水平。

第九章

资源共享：京津冀要素资源共享机制与路径

第一节 京津冀要素资源共享现状与目标

一 要素资源共享相关理论

（一）生产要素理论与区域分工

经济学家威廉·配第认为，土地和劳动是生产的两个要素。经济学家亚当·斯密在威廉·配第的基础上，将资本列为生产要素之一，形成了"生产要素三元论"。经济学家阿尔弗雷德·马歇尔提出将组织列为第四生产要素，与劳动、资本、土地共同构成"生产要素四元论"。后来，技术也被一些经济学家列为第五生产要素。还有一些学者将信息归为第六要素，认为劳动、土地、资本、组织、技术、信息为生产的六要素。基于生产要素理论，亚当·斯密提出了"绝对优势理论"，又称"地域分工说"。一个国家内部，不同职业之间、不同工种之间有一定的分工原则。"绝对优势理论"将分工原则扩大并应用到国际范围，不同国家之间也有相应的分工原则，从而形成国际分工理论。有利的自然禀赋或后天的有利条件给一个国家或地区带来了有利的生产条件。每个国家的自然禀赋和后天条件不同，在国际社会中扮演的角色和发挥的作用也不同，这为国际分工提供了基础。一个国家可以凭借有利的自然禀赋或后天的有利条件，在生产某种产品时成本绝对低于别国，从而在该产品的生产和交换上处于绝对有利地位。各国按照各自的有利条件进行分工和交换，使本国的资源、劳动和资本得到最有效的利用,从而在国际贸易中获取尽可能多的利益。①

(二) 要素禀赋理论与区域经济不平衡增长

在亚当·斯密的绝对优势理论基础上,大卫·李嘉图于1817年提出比较优势理论。后经学者完善,提出了李嘉图比较优势说。② 随后,在侏罗·萨缪尔森等经济学家的积极倡导下,以赫克歇尔—俄林模型为起点,形成禀赋比较优势学说。区域均衡发展理论认为,生产要素的区际流动会推动各区域的经济平衡发展。因此,区域均衡发展理论主张在区域内均衡布局生产力,在空间上均衡投资,使各产业均衡发展、齐头并进,最终实现区域经济均衡发展。但该理论与客观现实存在较大差距,且缺乏实际操作性。

为了更好地贴合现实社会,一些经济学家提出了区域经济不平衡增长理论。该理论强调经济部门或产业的不平衡发展,并强调关联效应和资源优化配置效应。发展中国家应该尽可能将有限的资源和资本集中起来,优先发展少数"主导产业部门",尤其是"直接生产性活动部门"。不平衡增长理论的核心是关联效应原理,优先投资和发展关联效应最大的产业,也是该产业产品的需求价格弹性和收入弹性最大的产业。然后逐步扩大对其他相关产业的投资,带动后向联系部门、前向联系部门和整个产业部门的发展,从而实现整体经济增长。③

(三) 要素流动理论与区域非均衡协调发展

生产要素流动是指生产要素在要素配置过程中,会随着边际收益和边际产出的改变在不同区域间以各种形式发生转移。在古典经济学的假设中,对双方都有益的要素流动是生产要素由边际产量低的区域向边际产量高的区域流动。但现实社会中情况比较复杂,区域间的竞争关系是要素在区域间流动不可忽视的阻碍。因此,研究的焦点变成了要素流动对提升区域竞争力的作用。研究证明,产业集聚、技术吸收与扩散、学习能力等要素对提升区域竞争力的作用格外突出。并且,在此过程中,其发挥的作用随着新的生产要素的产生而不断增强,例如,新技术、信息等从实体要素中脱颖而出,人的认知水平也在要素的演化过程中不断提高。同时,原有

---

① [俄] 阿尼金:《改变历史的经济学家》,晏智杰译,华夏出版社2007版,第157页。
② [英] 大卫.李嘉图:《政治经济学及赋税原理》,劳英富译,金城出版社2020版,第35页。
③ 杨竹莘:《区域经济差异理论的发展与演变评析》,《工业技术经济》2009年第8期。

要素的含义、构成、作用和地位在此过程中发生变化。从而能够更加快速、高效地发掘利用新的生产要素，对经济发展发挥巨大的驱动作用，更大程度地带动经济发展。在这种背景下，区域可以凭借其已经拥有的一种或几种资源优势，吸引更多的资源流入，形成新生产要素的空间组合，构建适应于现实社会的生产力，以此作为区域发展的共同路径。[①]

区域非均衡协调发展理论有以下几个观点。第一，非均衡协调发展是可持续发展的内在要求。非均衡协调发展就是要将非均衡发展和全面协调发展有机结合，既重视公平，又重视效率。第二，区域经济的非均衡发展是欠发达国家和地区实现经济快速发展的最优途径。非均衡发展是将优势区域和优势产业紧密结合起来，协调发展，使之在较短的时间内发展成为具有较高经济效益的区域产业体系。第三，非均衡协调发展十分贴合我国目前的发展阶段，符合我国的基本国情。当前，不能单纯追求经济增长，只注重短期、局部发展，忽视长期发展。第四，该理论强调在非均衡发展基础上的全面协调。有效利用政府这双"有形的手"，将市场调节机制和政府宏观调控相结合，促进区域非均衡协调发展，进而实现整个区域和整个社会的和谐发展。

上述理论为理解要素的内涵、外延及其在区域经济发展中的作用提供了依据。要素对于区域经济发展具有至关重要的作用，其配置、流动及利用具有一定的规律性。在市场机制作用下，要素的自由流动促进了区域间的贸易。国家所采取的优先发展策略发挥了要素流动和集聚的优势，形成了区域差异化发展的格局。在区域非均衡协调发展的主张下，特别是在区域协同发展的目标下，如何引导要素的疏散、聚集、重新配置和高效利用，成为实现区域发展目标的重要抓手。由此可见，要素是区域发展的微观基础，要素流动是为了实现不同的经济目标。

二 京津冀要素资源共享现状

（一）土地要素

2016年5月，国土资源部与国家发改委联合印发《京津冀协同发展土地利用总体规划（2015—2020年）》，该规划也是京津冀协同发展土地利用

[①] 孙军、王先柱：《要素流动的层次演进与区域协调发展》，《云南财经大学学报》2010年第2期。

的总体纲领。在京津冀整体的土地空间内，划分了"减量优化区、存量挖潜区、增量控制区、适度发展区"四种空间形态，并明确了各区土地的利用原则和导向。该规划明确提出，在严格保护优质耕地和生态环境的前提下，以空间格局优化为目标，统领京津冀协同发展的各项土地利用任务。"减量优化区"通过建设用地"减量瘦身"倒逼城市功能升级，原则上不再安排新增建设用地鼓励把存量建设用地转化为生态用地；在"存量挖潜区"不再进行高强度大规模建设，区域建设用地总量基本保持稳定，以结构和布局调整为主。在"增量控制区"不宜进行大规模开发建设，控制区域新增建设用地。而"适度发展区"作为承接北京非首都功能和京津产业转移的主要区域，要引导人口产业合理集聚，适度增加新增建设用地规模。另外，该规划对严格永久基本农田保护给予额外重视，将北京市顺义东部等13片集中分布的优质耕地优先划入永久基本农田范畴加以严格保护，推进"一带十三区"区域永久基本农田保护格局的构建。[①]

随着区域发展战略的调整，京津冀土地利用格局将发生新变化。三地对增加建设用地指标、适当放宽现行用地政策呼声迫切。尤其是对于承接北京市产业转移和功能疏解的天津市、河北省部分城市，用地扩张需求强烈。

目前，京津冀土地要素市场的现状。第一，区域开发强度明显高于全国水平。2019年，京津冀区域土地开发强度为13.71%，是全国平均开发强度的3倍多。其中，天津市的土地开发强度为32.23%。城市的土地开发区间值应处于20%—30%，说明天津市的土地开发强度已超过城市土地开发的最佳区间。由此一来，会产生一些负面问题，打破城市的生态平衡。第二，区域开发强度不均衡，地区差异大。分区域来看，2019年天津市土地开发强度最高，为32.23%；北京市土地开发强度为18.14%；河北省的城市土地开发强度相对较低，平均在16%左右。

(二) 资本要素

在金融合作方面，京冀两地于2012年签署区域金融合作协议，围绕要素市场、科技金融创新、信用体系建设、金融后台服务基地、金融风险防范等九个方面开展合作；2013年，津冀、京冀先后签署《天津市河北省深化经济与社会发展合作框架协议》《北京市—河北省2013至2015年合作

[①] 张宇、赵雲泰：《京津冀协同发展如何优化土地开发》，《中国土地》2016年第1期。

框架协议》，从政府层面提出了加强区域金融合作的相关措施。

在产权交易方面，京津冀产权交易机构于2014年成立了"京津冀产权市场发展联盟"，通过深化三家交易机构的合作，破除各种体制机制障碍，逐步建立京津冀统一开放、竞争有序的产权市场体系，实现三地要素资源的自由流动和优化配置。同时，联盟充分发挥三地交易平台的功能优势，实现京津冀协同发展。

银行跨区域合作重点促进金融便利化和降低企业金融方面运营成本。在贷款业务上，客户在三地办理贷款视为同城个人贷款服务，解决异地抵押及放款问题；在个人普通银行业务上，部分银行开通了京津冀协同借记卡，持卡人在三地银行柜台及ATM办理业务均享受同城待遇；在购买银行理财产品上，客户可以在三地任意银行签约购买。此外，为降低企业运营成本，银行还特别为在京津冀跨区经营的大中型企业及员工开通全新业务。只要是在京津冀范围内，银行可以实现账户资金代发、代扣（资金归集），而中国银行则正在围绕自贸区建设和京津冀协同发展，为客户设计有针对性的特色金融产品和服务。

京津冀金融市场一体化中存在的问题：京津冀的金融一体化建设落后于长三角、珠三角地区，处于较低水平，信贷资金、金融信息、金融人才等要素的跨地区流动和配置落后，迫切需要金融基础设施建设、金融市场融合和金融产品创新。

区域金融分割、行政管理分散、金融竞争大于金融融合，成为京津冀金融一体化的重要制约因素。京津冀资金分布不平衡，区域资金成本和回报率差异较大。地区分治的银行业管理模式落后，阻碍了金融资本的快速流动，削弱了金融资金对经济发展的支持；另外，京津冀的跨地区结算耗时长、成本高，迫切需要实现清算和结算一体化，降低金融服务成本。[①]

（三）科技要素

京津冀三地科技经费投入力度大，研发资源丰富。北京市科技创新能力突出，天津市技术研发和科技成果转化能力显著，河北省技术承接潜力明显，形成三地科技创新能力的梯度差异，为推动京津冀协同创新发展机制的建立奠定了良好的基础。京津冀作为我国高校、科研院所和科技人才最为集中的区域之一，汇集了全国1/4以上的高等院校、2/3以上的两院

---

① 陈建华：《京津冀一体化与金融合作》，《中国金融》2014年第3期。

院士、1/4 的留学人员、1/3 以上的国家级重点实验室和工程（技术）研究中心。以 2019 年为例，京津冀科技市场成交额累计 7000.4 亿元，占全国总额的 1/3 以上；区域每万人常驻人口发明专利拥有量从 2018 年的 26.4 件增加至 2019 年的 30.8 件，丰富的创新资源和成果，使得京津冀在加快科技创新协同发展上具备得天独厚的优势。

京津冀科技要素资源共享中存在的问题：第一，创新要素流动性不强。三地在科技投入、创新能力、发展水平和资源禀赋等方面差距显著，导致区域内的科技人才、资源、科技成果等创新要素过于集中（以北京市为主），跨省市流动和开放共享程度偏低。第二，区域内技术承接能力不足，科技成果转化效率低。京津冀的技术承接能力相对薄弱，京津两大中心城市对周边地区产业升级的辐射带动作用亟待强化。第三，有效的区域协同创新机制尚未建立。产业层次及资源禀赋上的巨大差距，历史、行政区划、经济发展水平和体制机制等方面的诸多原因，使得京津冀的发展依然主要局限于自我利益，"一亩三分地"的固有思维定式仍存在，产业分工协作的内生动力较弱，支持区域创新合作的政策体系和制度环境有待完善，三地科技协同创新发展还面临一系列挑战。

（四）人才要素

2010 年，北京市将区域人才一体化发展写进《首都中长期人才发展规划纲要（2010—2020 年）》。2011 年，京津冀组织部门签署了人才合作框架协议，建立了人才合作联席会议制度，发布了《京津冀人才一体化发展宣言》。目前，京津冀人才资源分布不均衡。据统计，北京市大专以上学历人数是天津市的 1.5 倍，是河北省的 1.7 倍。其中，北京市本科以上学历人数是天津市的 3 倍，是河北省的 6.5 倍。北京市、天津市的人才以中青年为主，年龄结构较为合理，河北省青年人才流失现象较为明显。从人才载体建设看，"211"全国重点高校北京市有 26 所，天津市有 4 所，河北省有 3 所；国家级重点学科北京市有 282 个，是天津市的 7.4 倍，河北省仅有 16 个；国家重点实验室差距更大，北京市有 63 个，天津市有 4 个，河北省仅有 1 个。[1] 北京市仅中关村就汇聚了全国一半左右的院士资源，

---

[1] Junfeng Wang et al., "Spatially Differentiated Effects of Socioeconomic Factors on China's NOx Generation from Energy Consumption: Implications for Mitigation Policy", *Journal of Environmental Management*, Vol. 250, No. 15, 2019.

从每百万从业人员中具有研究生及以上学历的高端人才比例来看，北京市是天津市的2倍，是河北省的9倍。受政策障碍、市场分割等因素的影响，三地人才没有真正在区域间流动，更没有形成合力。

京津冀是全国流动人口的主要流向区域之一，北京市和天津市为流动人口的集中流向地。2019年，北京市、天津市及河北省的常驻人口总量已经超过1.1亿人。2019年，仅北京市常住人口总数就已达2153.6万人。人才流动的总体趋势是由河北省流向京津，尤其集中于北京市。调查显示，京津冀间人口流动频繁，在京河北籍人口总量大、占比高且呈持续上升趋势。人才向外扩散时，必定会考虑时间成本和交通成本，一旦这两个成本处于劣势，人才流动的动力和频率就会大打折扣。北京市人才由于在外地难以找到薪资更高、发展前景更好、更能发挥自身特长的工作，人才向外流动困难。天津市由于紧邻北京市，且缺乏区域高端人才共进的交流环境，人才不愿意来，或者来了留不住。2019年4月，京津冀人才一体化发展部际协调小组第四次会议在北京市召开。根据会议审议通过的《2019年京津冀人才一体化发展工作要点》，京津冀人才一体化发展将推进雄安新区人才集聚工程、沿海临港产业人才集聚工程、临空经济人才集聚工程等，积极推动政策互通、平台共建、智力共用。

（五）生态要素

京津冀要素资源市场属于不同的领域，彼此相对独立。从要素对区域经济发展的贡献来看，有些要素属于限制性要素，如自然资源；有些要素属于非限制性要素，如人才、资金等。有些要素具有较高的流动性，如人才；有些要素的流动性较差，如自然资源。也可以将各类要素按照主体性要素（如企业、院校），能动性要素（如人才），环境性要素（如资金、文化），服务性要素（如政府、中介）分类。另外，要素功能的发挥需要良好的生态环境。目前，京津冀地区还存在土地沙化、大气污染、供水安全等问题。区域为吸引优质要素流入必须具备良好的生态环境，整治生态环境问题迫在眉睫。2013年9月，环境保护部、国家发改委等6部门联合印发《京津冀及周边地区落实大气污染防治行动计划实施细则》。经5年努力，京津冀及周边地区空气质量明显好转，重污染天气较大幅度减少。力争再用5年或更长时间，逐步消除重污染天气，使空气质量全面改善。重点任务包括：实施综合治理，强化污染物协同减排；统筹城市交通管理，防治机动车污染；调整产业结构，优化区域经济布局；控制煤炭消费总量，推动能源利用清洁化；强化基础能力，健全监测预警和应急体系；加强组织领导，强化监督考核。

2015年6月，京津冀及周边地区大气污染联防联控国际研讨会召开。会议围绕国内外区域大气污染联防联控经验和实践，分析京津冀大气污染防治现状、探索区域大气治理的相关政策措施，提出了进一步加强区域协作的有关建议。"京津冀生态环境共同体"实施空间用途管控、严守生态环境红线，根据主体功能区划，将京津冀划分为禁止开发区、重要生态功能区、农产品主产区、优化开发区和重点开发区五类主体功能区，并将生态功能区划入生态保护红线，实施严格保护。

2019年10月，生态环境部、国家发改委等部门发布《京津冀及周边地区2019—2020年秋冬季大气污染综合治理攻坚行动方案》。该文件总体坚持稳中求进总基调，聚焦影响秋冬季区域环境空气质量的主要矛盾和关键问题，立足于调整优化产业结构、能源结构、运输结构和用地结构，有效应对重污染天气，强调标本兼治、综合施策，同时强化组织保障，严格监督执法，确保责任落实。

三 京津冀要素资源共享需求与目标

（一）要素资源共享的需求

虽然不同阶段需求略有不同，但要素资源共享的需求总体来说依然是区域要素优化整合、协同发展。京津冀协同发展进程与要素流动和集聚的态势密不可分，对要素市场发育程度的要求也在持续变化。现将京津冀协同发展分为三个阶段：被动阶段、自动阶段和协同阶段。在不同的发展阶段依赖不同的动力机制，存在不同的空间形态，面临不同的任务与难题。

在京津冀协同发展的过程中，产生的一系列"大城市病"，使要素集聚的经济性严重降低，市场主体开始向次中心城市转移。此阶段，各地公共服务落差导致要素自由流动受限。政府应当着力缩小基础设施和公共服务落差，配合市场机制下区域协同发展的趋势，为企业转移和要素流动创造有利条件。

京津冀城市群呈现"双中心、两端化"的空间形态。这种"双中心、两端化"的空间形态在区域协同发展方面产生了双重困境：第一，两个中心互不统属容易产生高昂的区域协调成本；第二，两端化格局容易对产业衔接和产业转移造成阻碍。区域要素流动仍然受到较大程度的限制，区域要素一体化还未完成。因此，京津冀尚处在"被动阶段"向"自动阶段"过渡的时期。在此时期，"双中心"格局带来的协调成本和产业衔接障碍极易造成市场机制和自发协同路径的失效，区域合作的主要动力机制应当是政府的推动和更高层次的协调。

（二）要素资源共享的目标

我国在京津冀要素市场一体化改革方面提出了总体要求：第一，探索建立京津冀统一的金融投资、产权交易、技术研发、创业就业政策；第二，完善共建共享、协作配套、统筹互助机制；第三，激励三省市按一定比例共同出资建立协同发展基金。

2015年4月，中共中央政治局审议通过《京津冀协同发展规划纲要》。表明要有序疏解北京非首都功能，必须率先在京津冀交通一体化、生态环境保护、产业升级转移等重点领域取得实质性突破。

在土地要素市场一体化领域，按照中央统一部署，坚定不移深化改革城镇国有土地有偿使用制度，扩大土地有偿使用范围，慎重稳妥推进农村土地制度改革，统一城乡建设用地市场，积极响应土地整治机制政策，开展创新试点。

在金融市场一体化领域，应对设立京津冀开发银行的可行性进行进一步探索，并最大限度利用债券市场，开辟多元资金筹集渠道。京津冀产业结构调整基金应当鼓励由京津冀共同出资。对京津冀各类资本市场分工协作进行深化，对京津冀的抵押、质押制度进行统一，在支付清算、异地存储和信用担保等业务方面推行同城化，把跨行政区金融交易成本降到最低。

在技术与信息市场一体化领域，应重点建设一体化网络基础设施，并以网络互联为平台、以信息互通为纽带、以维护网络安全为保障，尽快推行京津冀资源制度一体化。加快"宽带中国"战略的实施，以大幅提高互联网网速，大力促进我国新一代互联网建设。在京津冀积极统筹规划新一代宽带无线移动通信网，优化北京市互联网国际出入口，在三网融合进程中取得实质性突破。将区域信息资源进行整合，推动京津冀大数据中心的建设。

在人才一体化领域，2016年2月，京津冀人才一体化发展部际协调小组会议审议了《京津冀人才一体化发展部际协调小组工作机制》《京津冀人才协会联盟建设方案》。会议还决定启动《京津冀人才一体化发展规划纲要》编制工作，其中包括目标愿景、重大任务、体制机制改革和创新等五个部分。重点针对三地无法独立解决的问题，突出区域人才一体化发展，服务北京非首都功能疏解、政府简政放权、创新驱动发展等。此外，很多学者也提出共同制定人才发展战略、实施人才柔性引进、建立合理的人才利益分享与补偿机制等，从而实现人才一体化的目标。

在自然资源与生态要素领域，《京津冀协同发展生态环境保护规划》于2015年12月发布，该规划明确了京津冀生态环境保护目标、六大重点任务、生态保护五大区域等。京津冀多年来水资源短缺，大气污染、水污染较为严重，是我国资源环境与发展矛盾较为尖锐的地区。怎样合理有效地解决这些问题是当今及未来京津冀协同发展最大的挑战。六大重点任务具体包括：建设区域生态屏障，着力保障区域水安全，打好大气污染防治攻坚战，积极改善土壤和农村环境，强化资源节约和管理，以及加强生态环境监管能力建设。

四 要素资源共享对京津冀协同发展的作用

第一，研究要素资源共享有利于剖析区域协同发展的微观层面，并从实践的角度找到阻碍区域协同发展的障碍。从区域层面出发，对区域间的关系进行剖析是主要的研究方法。人才、资源、资本等是经济社会发展的基本构成，也是区域发展的微观基础。从要素角度切入，对要素流动、聚集、扩散、利用等进行研究，能够更深入地认识目前京津冀协同过程中存在的"大城市病"、产业粗放发展、资源环境恶化等问题，通过要素疏导、共享等理念和手段，从实践中找到促进区域协同发展的路径。

第二，研究要素流动、集聚的规律有利于解决区域差异问题，找到区域间的优势互补空间和协同基础。京津冀内部发展水平的巨大差异是区域协同发展难度大的主要原因，其直接体现为区域占有要素资源的多寡、要素资源的结构以及利用水平的差异。长期以来，优质要素资源主要向北京市、天津市流动和集聚的态势并未改变，而要素扩散、成果共享力度不足，导致地区之间矛盾突出，以行政区划为藩篱的竞争长期持续。因此，对要素流动和集聚的机制、路径等进行研究，有利于找到要素流动的原因，并在区域协同发展目标下，加以有针对性的引导和调控。

第三，按照要素构成对区域协同领域进行划分，有利于梳理区域协同的范围，找出区域协同发展中需要重点突破的问题。区域协同涉及区域发展的方方面面，使相关的深入研究不易着手。从要素角度出发，将系统还原为微观单位，将区域经济、社会发展划分为可以进行分类、比较、归属的组成元素，进行有针对性的具体分析和研究，有利于将区域协同的宏观范围缩小至可以深入剖析和研究的具体单元，识别区域协同发展中的重点领域和重点问题。

第四，要素资源共享强调共享发展理念，有利于地区间建立共建共享和利益相关关系。共享发展是我国提出的五大发展理念之一，共享理念强调发展应着力增进人民福祉，维护社会公平。在区域协同过程中强调要素资源共享，推动各地区树立共建共享理念，加强协作、建立利益联系，消除行政壁垒对要素合理配置的负面影响，共享发展成果，弥补落后地区在公共服务、基础设施等方面的空白和短板，逐步缩小地区间的差距。

第五，要素资源共享注重过程与结果的可持续性，有利于形成区域协同的长效机制。要素资源的流动受市场机制与政策工具的双重影响。在推动区域协同过程中，通过各类政策工具引导要素资源流动的路径和方向，要注重过程与结果的可持续性，发挥市场机制在要素资源配置过程中的基础性和决定性作用。从实践出发，避免运动式改革，通过制度顶层设计，建立支撑体系和保障措施，形成区域协同的长效机制。

第二节　京津冀要素资源共享机制与问题

一　要素资源协同共享机制构建的基本原则

京津冀协同发展肩负着新时代探索区域共享、发展、改革、创新的使命。从发展历程来看，在工业化的早中期，京津冀主要处于低水平的简单合作发展状态。进入创新驱动的经济高质量发展阶段，京津冀迫切需要构建要素资源协同共享新机制，从低水平共享向高水平共享发展，提升整个共享体系的发展水平、效益和可持续性。其中，要素资源获取机制、要素资源整合机制、要素资源协同共享目标评价机制和要素资源创新机制，这四个机制相互作用、相互促进，共同构成了新时代京津冀优势互补、高质量发展的要素资源协同共享机制的基本框架。

经过近几年的改革探索和创新，京津冀在交通运输、产业、共享发展方面取得了显著成效，但京津冀之间要素自由高效流动配置仍存在诸多体制和机制性障碍。迫切需要创新要素跨行政区流动机制和方式，以构建高效的、开放的跨行政区要素流动机制为突破口，发挥好市场在资源配置中的主导作用，以及政府的引领作用，促进京津冀优势要素合理流动。

基于目标管理过程的跨区域要素资源协同共享机制设计，必须充分依据目标管理理论，确定目标体系和目标链，以各层次目标为准则协调各责任主体的行为。具体来说，在跨行政区要素资源协同共享机制的设计中，除了需要贯彻目标的可考核性、可实现性和层次性等基本原则外，还必须贯彻如下原则。

第一，目标收益共享原则。目标管理方法强调制定总目标和分解落实分目标以及各层次目标。总目标的整体性特征明显，但在实际分目标的制定和执行中，须兼顾各个地方的差异性，充分考虑跨行政区要素资源协同共享机制建设中的各个主体的目标差异和利益差别，围绕各层次任务目标，建立起有效的要素资源补偿机制和利益分配机制，共享目标实现的成果，是跨行政区要素资源协同共享机制建设实现可持续的重要保障。

第二，目标确定顶层设计原则。要素资源环境治理具有典型的跨域性特点，行政区划带来的行政壁垒和利益分配问题是跨行政区要素资源协同共享机制建设方面的重大阻碍。因此，面向跨行政区要素资源协同共享治理而构建的要素资源协同共享总目标必须由相关各方行政主体高层共同协商，必要时可以由中央牵头推动。能否形成协商一致的总目标，以及在总目标中明确共享责任主体、共享内容、共享标准和共享方式等核心要素，并以中央部门行政规章或地方立法的形式加以合法化，这是跨行政区要素资源协同共享机制能否实现的根本保证。

第三，目标落实严格考核原则。目标管理过程中的目标执行节点的严格考核和实时绩效反馈是目标管理方法的重要原则，对于跨行政区要素资源协同共享机制建设，严格的考核是确保要素资源在区域内各治理主体间实现共享的重要保障。在具体任务目标分解中，必须落实各级政府及各相关部门主要领导的责任，将任务目标的完成纳入各级领导干部的政绩考核指标体系中，以政绩考核和问责的压力倒逼任务目标的实现。

二 要素资源协同共享机制的基本框架

根据目标管理的基本思想和目标管理过程的基本流程方法，绘制跨行政区要素资源协同共享机制基本框架。跨行政区要素资源协同共享机制与基本框架由目标管理机制和共享保障机制两部分构成。要素资源协同共享目标管理机制借鉴目标管理过程的基本环节,包括目标确定机制、目标执行机制和目标评估机制三部分。共享保障机制为目标管理机制的有效运行提供制度保障和技术支撑(见图 9-1)。

(一) 要素资源获取机制

要素资源获取机制是通过对京津冀现有的要素资源进行识别,确定所需要的要素资源,并运用多种途径获取的过程。要素资源协同共享机制的重要环节之一是资源获取,其直接影响到后期资源的整合与创新。资源获取作为要素资源协同共享的基础,其机制的顺利进行影响京津冀要素资源的共享能力。

要素资源协同共享目标确定机制的功能,在于通过协商的方式最终确定区域要素资源协同共享治理的总目标和分目标,明确要素资源协同共享的责任主体、共享内容、共享标准和共享方式等核心要素。

首先,要素资源协同共享的责任主体具有多元性。涉及政府、非政府组织、企业甚至个人等。其次,明确要素资源协同共享内容,除了区域内的土地、资本、科技和人才要素外,水、空气、气候等各种自然资源依然需要得到关注,主要包括监控协同、业务数据以及政务要素资源等几个方面。再次,明确要素资源协同共享标准是要素资源协同共享获取机制的核心任务。必须建立区域内标准化、规范化的要素资源开放共享平台,统一数据收集标准,从源头上把控数据要素资源的质量,确保数据要素资源的完整性与准确性。最后,以何种方式实现要素资源协同共享,共享的范围和程度如何,也是要素资源协同共享目标确认机制的重要内容。各级政府及各相关部门在要素资源协同共享治理中各自均掌握大量的要素资源数据,应该依据要素资源数据的性质来确定要素资源协同共享的方式。

(二) 要素资源整合机制

要素资源整合机制是使要素资源协同共享机制行之有效的重要手段。从不同来源和结构上,对要素资源进行梳理与整合。要素资源集成是一个复杂而动态的过程。有必要不断梳理内部和外部资源之间的相互关系,使要素资源可以在组织之间流动和共享,来解决京津冀三地之间要素资源分布不均的问题。

其一,分解总目标和建立分目标是综合管理方法最基本的特点。为了实现区域内各层次整合主体在要素资源协同共享中的有效性,必须在要素

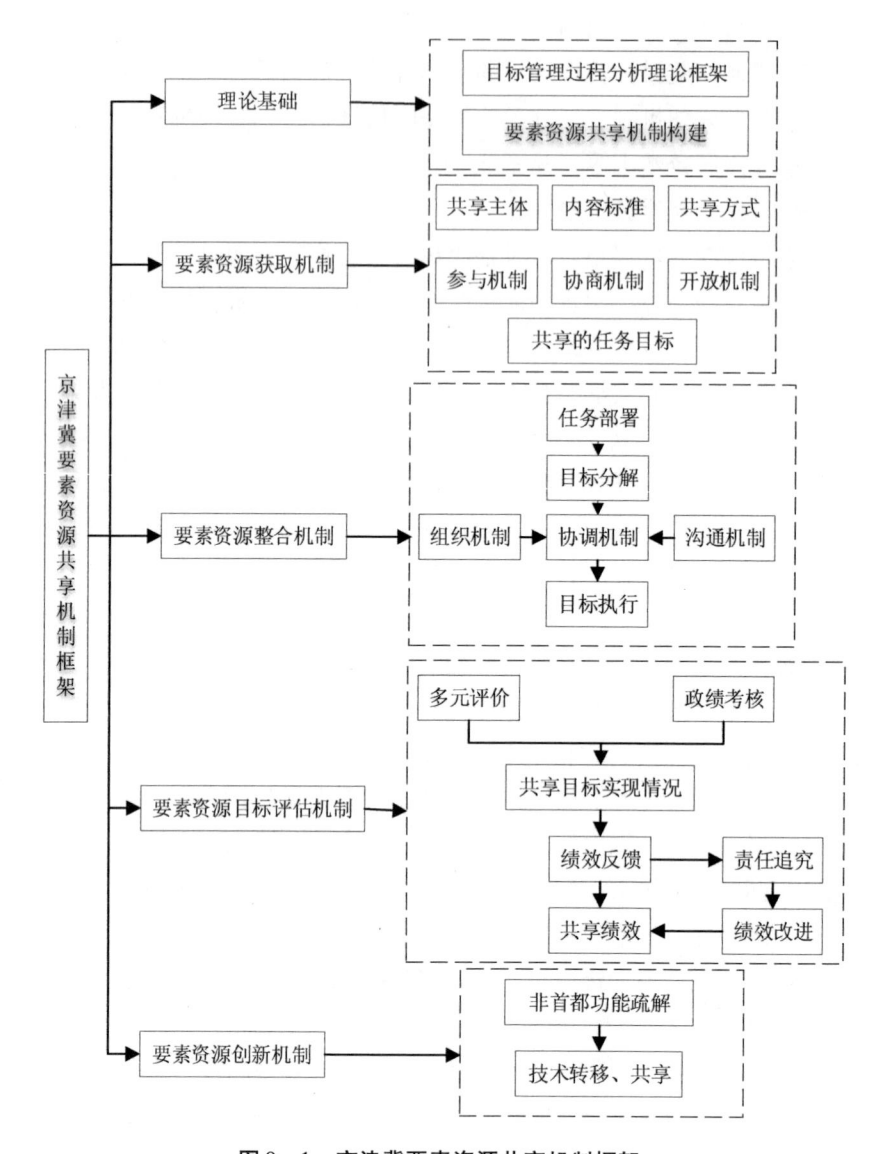

图 9-1　京津冀要素资源共享机制框架

资料来源：笔者自绘。

资源协同共享的各个方面实施以目标为中心、标杆化的原则。区域内各级整合主体通过充分协商确定的要素资源协同共享目标体系（包括总目标和分目标）形成各级政府的行动指南，也是绩效考核的标准和依据。

其二，各级任务的分解必须依靠一个稳定有效的执行机制来实现。为促进有效整合,应成立跨区域的联合领导协调组织,建立要素资源管理中心,对区域内的要素资源进行收集和处理。本地区各级地方政府也要设立相应的部门,通过建立自上而下的完整组织领导协调机制,统筹协调解决区域内各级政府之间及其各相关部门间在要素资源整合中的问题。专门的要素资源协同共享管理机构的设立、上下一体的组织领导和协调执行机制的健全是确保整合任务得以有效分解和实现的重要保障。

(三) 要素资源目标评估机制

跨行政区要素资源协同共享目标的实现,必须依赖科学完善的共享目标评估机制。

首先,共享目标评估的首要任务是确定采用组织内部的上下级一元评价,还是组织内外的多主体评价。要素资源协同共享不仅具有跨地域特点,还具有跨部门特征,跨地域和跨部门的双重特征增加了要素资源协同共享机制建设的难度。无论是目标生成过程,还是目标的分解过程,都涉及很多的参与主体。因此,发挥多主体评价的作用是跨行政区要素资源协同共享目标评价的必然选择。在加强各级政府及各相关部门间内部评估的同时,还应该发挥社会公众、媒体、社会组织等外部主体的评估作用,特别是注重独立于政府部门的第三方专业评估机构的作用,把要素资源环境治理目标任务与多元主体评价有机结合,有效调动各治理主体的积极性、参与性。

其次,将要素资源协同共享纳入区域各级政府和主管部门的绩效考核中。要素资源协同共享背景下的激励路径必须充分发挥绩效考核的导向作用,明确各地区、各部门要素资源协同共享的内容和方式,纳入要素资源协同共享绩效考核指标体系和各治理主体绩效考核中。

最后,在各级政府部门绩效考核和任务目标考核的基础上,完善和落实奖惩机制。对要素资源协同共享机制建设做出贡献的各级主体给予奖励和表彰。对推卸责任、未能有效落实目标任务、绩效考核结果不尽如人意的各级主体,要追究责任。通过启动绩效问责机制,对各主体在执行任务目标过程中的消极行为进行调查,进一步启动绩效改进计划,确保责任目标的落实。

(四) 要素资源创新机制

要素资源创新机制是在原有要素资源的基础上,获取并学习整合后的资源再创造出新资源的过程。京津冀是我国创新资源最密集、创新活跃度最高的地区之一。在共享发展进程中,北京市通过非首都功能疏解,不断向津冀两地输送技术项目，相应带动创新资源要素向津冀转移，与津冀互补发展。北京市依托独特的政治地缘优势和首都优势，聚集着中关村科学城、怀柔科学城、未来科学城和经济技术开发区等创新平台，与津冀科技资源对接精准度还有待提升。应通过构建京津冀共享创新共同体，进一步开放首都科技平台，促进京津冀三地间实验室、研发设施、科技成果等资源共享，提升区域整体创新质量和水平。

三 京津冀要素资源协同共享面临的问题

通过对京津冀要素资源协同共享机制建设现状进行分析，可以发现要素资源协同共享共识的达成、共享标准的制定、评估机制的完善、法律制度的支撑以及利益差异的有效平衡是建立跨行政区要素资源协同共享机制必须关注的重点问题。

第一，核心要素聚集方向尚未根本改变。现阶段，京津冀核心要素向北京市聚集的态势还没有完全改变。北京市对于核心要素的吸引力依然强劲，虹吸效应显著，负责要素分流的次中心尚未完全建立，要素集聚现象依然存在。

第二，密集要素向周边扩散的动力不足。与核心城市相比，周边区域的要素吸收、消纳和承接能力仍较薄弱，要素流出得到的落差补偿以及福利替代机制不够完善，因此密集要素对核心城市存在高黏性，区域共享度不足。

第三，要素组合仍需要优化。由京津向河北省单独转移特定人群和产业的举措较多，但由于所转移要素与本地要素匹配融合度较差，"水土不服"的现象较普遍。

第四，要素的创新性不足。相比长三角和珠三角地区，京津冀的市场开发度还不够，创新氛围欠佳，思维方式偏于保守，特别是缺少优越的创新、创业环境，很难吸引外部创新要素流入，也较难推动创新成果转化。

第三节 京津冀城市群要素资源共享实施路径与对策建议

一 京津冀城市群要素资源共享实施路径

推动京津冀要素协同配置应从城市和区域两个层面来实施，以优化城市要素微观系统为基础，以生产要素理论、要素禀赋理论、要素流动理论为支撑，进而优化区域要素竞争模式，提升区域整体水平，在区域整体层次上统筹要素的分布与配置，实现区域内要素的协同。

（一）优化要素微观系统

城市是一个复杂系统，从城市层面推进要素协同，其核心是优化要素微观系统，即遵循构成要素—要素关联—功能输出的逻辑，首先进行要素识别，对标城市发展所需各类要素，找出要素优势与短板；继而引入紧缺要素及优质要素，优化要素的组合结构；在此基础上提升要素组合效率，丰富要素组合功能。

（二）创新要素竞争模式

从要素禀赋理论角度出发，区域竞争可分为三个层次：第一层次是要素禀赋竞争，第二层次是要素结构竞争，第三层次是要素系统功能竞争，三个层次的竞争逐层递进。现阶段，在要素高度流动的情况下，区域间的竞争早已摆脱资源禀赋的束缚，逐步向要素组合优化以及要素系统功能升级转变。因此，在区域层面，应推进要素竞争模式升级。

（三）提升要素配置效率

根据要素流动理论，应从更高的目标定位统筹要素的分布与流动。目前，京津冀存在要素配置失衡的问题，系统尚不协调。因此，在区域层面，应以区域功能定位和发展目标为引领，努力实现要素系统的动态平衡，包括区域竞争转向区域协同，由极化转为多元化，彰显区域特色，减少重复竞争。

二 京津冀城市群要素资源共享对策建议

（一）对标城市功能优选要素资源

京津冀城市群包括北京市、天津市两大直辖市，以及河北省的保定市、廊坊市、唐山市、秦皇岛市、石家庄市、张家口市、承德市、沧州市、邯郸市、邢台市、衡水市共11个地级市。在京津冀协同发展相关规划文件中，已明确规定了各城市的功能定位。

对标京津冀不同城市的功能定位，对自身拥有的要素条件进行识别，将各类要素资源梳理排序，对要素短板进行重点甄别。要素的质量反映在要素的多样性、包容性、先进性等方面，根据各地区不同的功能定位，对各类要素的供给水平、密集程度、适用程度等进行评估。

京津冀核心城市要素密集使得区域承载力和可持续发展能力下降。一般将自然资源和生态环境作为区域经济系统的限制性条件，其功能在于承载，而对区域经济发展无直接贡献。实际上，生态环境和自然资源是开展经济活动所必须投入的要素，因此在区域可持续发展中，应当将其作为要素考虑在内。谱写"绿水青山就是金山银山"新篇章，应将生态环境和自然资源一并纳入其中，开展要素适宜度研究。

（二）引进优质要素提高要素系统质量

用行政手段或市场方式对地区的自然资源、资本、人力、信息、技术等要素资源进行发掘、合并、转移、重组，充分发挥经济要素在市场竞争中的动态调节作用，实现资源要素的相互作用和相互补充，从而发挥全要素的聚合能动性。企业通过相互学习、模仿以及相互联系产生的溢出效应，将优势要素资源不断扩大和强化。通过要素系统内各类要素之间的磨合、竞争和筛选，获得更加优质的要素，并对城市要素系统产生更加积极的影响。

京津核心城市拥有的雄厚的资金实力、众多高层次专家型人才、丰富的现代科技成果以及现代化的经营理念等，都是河北省加速发展需要的优质资源，也是河北省需要重点引进的优质要素。河北省通过招商引资、招才引智、建立重点产业人才库等方式，推动多领域人才创业创新；通过对接京津的金融机构、建设金融创新示范区等，引进新型金融业态。在引进先进适用技术上，通过开展科技创新合作交流活动，引进科技中介服务机构，吸引科技成果流入并促进其转化。

（三）整合要素资源与产业升级

对于区域经济系统而言，经济系统内部的资源要素不断转移和重组，使得产业层次结构多样化。通过对要素结构的优化，促进区域经济系统内部产业结构升级。产业升级要求要素从低效率部门向高效率部门转移，以及区域外的要素流入区域内的高效率部门。各区域要素禀赋存在差异，要素的供给能力及回报率也不相同。区域主导产业和特色产业应建立在对要素组合的甄别优化上，并通过分析要素获取的潜力来确定其发展规模和发展速度。对于河北省来说，技术、资金等优质要素的流入，可以优化原有生产要素，从而推动产业系统升级。而京津城市之间，可以进行要素的调节、补给和更迭，从而扩大优质要素的选择空间和作用范围，推动经济增长方式转型。

随着核心城市的功能疏解、要素流出，迁入地应重视相关配套设施的建设，为承接要素流入做好准备，减少产业项目、高校院所、企业总部等优质资源迁入后面临的基础设施不配套、公共服务水平下降、缺少相应人才等"水土不服"的问题。注重各类要素的组合效率，改善要素使用结构，提升创新要素的贡献率。

（四）提升创新要素对区域经济发展的贡献率

创新驱动是我国经济发展的重要理念与战略。创新要素正在成为影响区域经济发展水平和创新能力的重要因素。京津冀核心城市集聚了大量创新要素，应在传统经济要素基础上，充分发挥创新要素对区域经济增长的贡献作用。加强传统要素与创新要素的融合和配套，形成良好的要素结构，实现组合效益最大化。同时为创新要素的成长和培育提供更为优质的环境，吸引创新要素聚集，推动创新成果的转化与应用。

（五）实施区域要素一体化顶层设计

区域间的要素整合包括开展跨地区的经营活动，消除行政壁垒，实施便利化措施，建立区域信息库、电子服务平台和管理制度等，是对要素资源的跨地区优化重组，同时改善区域竞合关系的过程。针对要素共享和要素市场一体化进行顶层设计，具体包括合理开发自然资源、统筹安排人口和城镇布局、开展生态环境的保护与治理、统筹安排重大项目建设等，以便对实现区域资源开发利用、产业发展布局和重大项目建设进行统筹安排，加快建设区域共同市场，实现要素和公共服务的一体化，实现资源、资本、人才、技术的自由流动和跨地区优化配置，推进区域一体化。

（六）缩小地区间要素回报差距

疏解北京非首都功能是京津冀协同发展的核心内容，而非首都功能下聚集了教育、医疗、科研、高端生产性服务业以及企业总部等大量优质要素资源，应加速推进这些优质要素资源的扩散，通过公共服务一体化，弥补周边地区的资源短板，提升周边地区的公共服务及社会福利水平，从而缩小周边地区与核心城市的要素回报差距。加快区域次中心、卫星城、微中心城市等的建设，分流疏导核心城市中过于密集的要素。同时发挥节点城市的优势，努力打造区域新增长极，形成"核心城市+次中心城市"多点支撑的区域空间形态。

（七）加强城市群的要素联系与共享

在投资、技术交流、商品交换、生产分工与协作等方面，京津冀城市群之间存在诸多联系，城市群内城市的产业不仅具有自身优势，同时还与区域综合发展紧密结合。基于现阶段区域要素分布与流动情况，城市之间进行区域经济分工，整合优质生产要素，从而实现优质生产要素的有效利用。在此基础上，重点发展专业化部门，形成特色鲜明的产业格局。另外，通过实施基础设施建设一体化，增强区域发展的支撑能力。

（八）减少行政区域对要素流动的阻滞作用

不恰当的行政区划会阻碍生产要素的流动，导致资源浪费，增加整个区域经济增长的成本，进而影响生产要素的配置效率和生产效率。在改善要素流动情况方面，政府应积极扩大区域市场开放度，减少行政壁垒对要素流动的阻碍作用。在建立要素市场方面，为保障区域要素市场的有序运行，政府可着力健全要素市场交易制度、产权制度、信用制度等。[1]

（九）建立区域性要素市场

围绕发展区域性要素市场，统一市场布局、统一交易规则、统一服务体系、统一市场监管，努力营造公平合理、平等互利、统一规范的市场环境。建立统一开放的资源要素市场，打破区域要素流动壁垒，实现资源优化配置。建立区域人力资源市场，完善人力资源开发配置机制，健全人才评价体系，建立户籍、住房、教育、人事管理和社会保险关系转移制度，推动区域人才互通互融。建立区域资本市场，加强产权交易市场合作，优化金融机构的组织结构，中央与地方建立联动监管机制，明确各方职责，推动资源要素监管一体化。建立区域技术市场，建立健全区域统一的技术标准，积极推行高技术企业成果资质互认制度。

---

[1] 张宁、贺姝峒、王军锋：《碳交易背景下天津市电力行业碳排放强度与基准线》，《环境科学研究》2018年第1期。

第十章

协同创新：京津冀协同创新评价与分析

第一节 京津冀协同创新的意义与目标

一 协同创新的意义

京津冀协同创新，需要在满足三地自身发展的基础上，结合我国区域发展的战略需求，加强国际竞争力，构建国际中心区域，进而拉动区域经济增长，加快实现京津冀转型升级。[1]

推动京津冀协同发展，是打造我国面向国际发展新引擎的客观需要。目前，世界经济增长的中心已经向亚太地区转移，中国作为亚洲经济的领头羊，是全球价值链网络的中心。京津冀作为中国经济第三增长极，为中国经济发展做出较大贡献，尤其是北京市、天津市的人均 GDP 在全国省级行政区排名中名列前茅。河北省应承接北京市、天津市两地的经济功能，提升自身发展能力，推动三地均衡发展，打造国际性城市群发展规范。

推进京津冀协同发展，是实现中华民族伟大复兴中国梦的客观需要。以习近平同志为核心的党中央号召人民要实现伟大复兴的中国梦，推动社会主义事业向前发展，并为之付诸努力。中国梦展现了当代中国的崭新形象，不仅对中国发展起到引领作用，还推动世界发展。以首都北京为核心的地区，是中国向外界展现国家形象的核心区域，所以要从功能定位、生态环境、产业安排等方面提升首都圈的凝聚力和影响力，增强国家竞争力，助推实现中国梦。

---

[1] 张贵、梁莹、郭婷婷：《京津冀协同发展研究现状与展望》，《城市与环境研究》2015 年第 1 期。

推进京津冀协同发展，是证明我们党执政能力与水平的客观需要。中国经济在高质量发展阶段，需要形成可以与发达国家相竞争的首都经济圈。在以习近平同志为核心的党中央的带领下，这不仅是一次发展的重大机遇和必然选择，还是一次展示我们党执政能力的机会。为突破发展瓶颈，必须明确协同发展的着力点、必要性和可行性。[①] 京津冀需要以协同创新为手段，促进创新系统有序发展。通过微观、中观和宏观层面的协同，推动京津冀的发展不断向高级有序的阶段演进。

二 协同创新的目标

继长三角、珠三角之后，京津冀成为较具活力和发展潜力的区域。京津冀协同创新应以协同发展为基础，以创新发展为动力，探索经济、社会、生态相协调的新模式，突破区域发展壁垒，形成区域发展新格局，通过协同创新来开辟发展新道路，开创发展新局面，在区域协同发展中起到模范带头作用。协同创新作为京津冀协同发展的引擎，以实现区域协同发展为目标，通过区域协同创新，促进要素和结构重新组合，释放京津冀协同发展潜能，打造协同发展的升级版。[②]

通过协同创新，将京津冀建设成为具有创新能力的世界级城市群。其中科技创新和产业协同是推动经济发展的源动力，对未来经济发展起到推动和支持作用。北京市作为科技创新中心，要扮演好龙头角色，积极发挥引领带头作用。为提高科技创新能力，提升区域的技术传导和产业协作能力，要构建跨区域、多领域、多机构的协同创新体系，建成具有国际影响力的科技创新、研发创新、高端服务集群。

通过协同创新，构建高效便捷的一体化交通体系。[③] 依照统一规划，梳理并整合区域内交通资源，打破区域界线，构建互联互通的交通体系，建设交通设施系统，提升交通管理水平，进而加快疏解北京非首都功能进程，优化城市布局。

通过协同创新，打造中心与外围共生互动的多中心城镇体系。抓住疏解北京非首都功能的机会，明确各地功能定位，利用定位差异，加快人

---

① 李国平：《京津冀协同发展：现状、问题及方向》，《前线》2020年第1期。
② 文魁、祝尔娟主编：《京津冀发展报告（2015）：协同创新研究》，社会科学文献出版社2015年版。
③ 吴季松：《以协同论指导京津冀协同创新》，《经济与管理》2014年第5期。

口、产业等有序迁移，进行合理布局，增强中心城市的吸引力，打造若干个区域副中心，形成网格化、多中心的城镇布局。

通过协同创新，建设生态优美、和谐宜居的国际一流首善之区。通过生态环境共建共护共享，提高区域生态环境治理效率、加强区域联防联控、扩大环境容量、增加绿色空间，实现生产、生活、生态空间合理布局，使不同功能区实现绿色低碳循环发展。

通过协同创新，建设公共服务均等化和社会治理一体化的示范区。区域合作示范区通过深化体制改革和扩大基础公共服务覆盖面，抓住北京非首都功能疏解的契机，率先推进社会保障、医疗教育、养老保险等公共服务的共建共享。

通过协同创新，建立不同层面相互结合的区域治理协调机制。微观层面完善要素流动的市场机制；中观层面建立有利于区域交通设施共建、生态共享的运行机制；宏观层面健全跨省协同发展机制，以完善财政税收、投融资等配套制度，为推进京津冀协同发展保驾护航。

第二节　京津冀协同发展度测算及评价

一　京津冀协同发展的系统结构

京津冀协同发展状况可根据研究重点不同，从不同维度进行综合评价。通过梳理和分析文献发现，目前，较多的学者主要是围绕区域的功能结构对京津冀的协同发展进行评价，而有关区位结构的研究是进一步研究的热点和趋势。本节将从功能结构和区位结构两个维度，准确地划分协同发展系统结构，为后续评价指标的建立奠定基础。从功能结构的角度看，京津冀协同发展系统可划分为经济、社会和生态三大系统。从区位结构看京津冀协同发展评价系统，核心的区位就是北京市、天津市和河北省三大系统，这三个区位结构系统若整体能实现高度协同，发挥区位优势，京津冀协同发展将更上一个台阶。每个区位系统的协同，不仅需要整体协同，在每个功能上也应达到协同要求，否则将会影响区域内的整体协同。将功能结构和区位结构融合交错，可得出京津冀协同发展的九大评价系统（见图 10-1）。

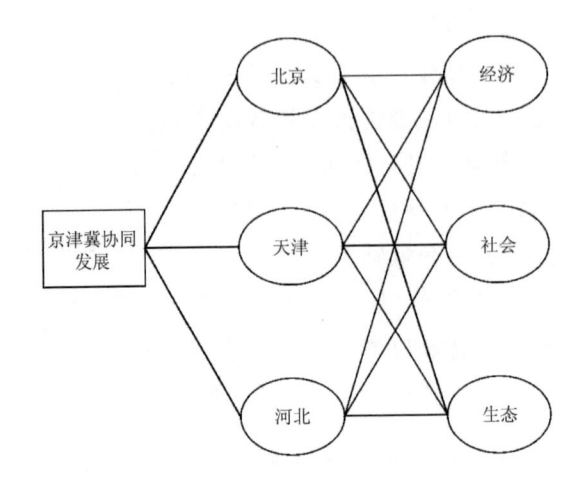

图 10-1 京津冀协同发展的系统结构

二 京津冀协同发展评价体系构建与评价方法

（一）协同发展评价指标选择原则

科学性原则：评价指标的科学性是分析现实问题的关键，京津冀协同发展评价指标严格按照科学性原则进行筛选，确保各指标统计与测算过程的科学规范。

代表性原则：京津冀协同发展是区域间综合发展的客观性评价，选取的指标应该能够代表三地的发展特征并涵盖影响协同发展的因素特征，能够反映出三地协同发展的变化情况。

全面性原则：评价指标体系的构建要反映客观现实中存在的主要问题，指标应该具备综合性和全面性，能全面反应问题的本质，从不同层面尽可能的体现京津冀协同发展的总体情况。

可获得性原则：可获得性是评价指标选择的核心，若构建的评价指标具有科学性和代表性，但在数据收集过程中无法找到相关的统计量，容易造成前期工作的无效，给评价工作带来不便。若指标在评价体系中确实具有较强的代表性，则可根据定性的方法进行合理处理，也可进行综合评价。评价指标的数据，既可以在相关《统计年鉴》中获取，也可根据前人的研究成果进行收集，但在数据获取过程中应该选取权威数据，保证数据的质量。

（二）协同发展评价指标体系

对京津冀协同发展度进行测算需要建立科学的指标体系。许多学者对协同发展进行研究,包括指标体系构建、一体化测算等。[①] 本书以之前学者建立的指标体系为参考,考虑多方影响因素,完善并构建能够全面反映京津冀协同度的指标体系。第一步分析所选指标能否体现京津冀协同发展程度,要求指标的选择具有相关性;第二步去除内容重复的指标,同时保证指标的可获取性;第三步查询确认所选指标并对其具体数据进行分析验证,对出现的问题进行排查处理。综合上述步骤,本书最终选取的指标体系见表10-1。

表10-1　　　　　　京津冀协同发展度评价指标体系

	子系统	指标
京津冀协同发展	经济	人均GDP（元）
		人均地方财政收入（元）
		第三产业增加值占GDP的比重（%）
		市场化水平（%）
	社会	人均社会消费品零售总额（元）
		城镇化率（%）
		人均财政支出（元）
		人均医疗机构床位数（个）
		城镇居民年人均收入（元）
	生态	人均水资源量（立方米/人）
		环境污染治理投资占GDP的比重（%）
		建成区绿化率（%）

为构建评价京津冀协同发展度的指标体系,本书分别从经济、社会和生态三个方面选取了多个典型评价指标。比如,在经济方面选择人均GDP、人均地方财政收入、第三产业增加值占GDP的比重以及市场化水平指标。选取人均GDP指标衡量京津冀经济发展状况和人民生活水平,数值大小与地区经济发展水平呈正相关,对周围地区发展会产生相应的影响;选取人均地方财政收入指标衡量京津冀地区富裕程度和财政收入水平,对地区在经济社会等方面的发展具有十分重要的影响;选取第三产业增加值

[①] 刘政永、刘会静:《京津冀协同发展统计监测指标体系构建与实证分析》,《合作经济与科技》2015年第21期。

占GDP的比重指标反映该地区产业结构发展状况，其值越大则表明该地区产业发展程度越高。在社会发展方面，选取人均社会消费品零售总额、人均财政支出和城镇居民年人均收入指标衡量居民消费水平和生活水平，选取城镇化率衡量城市化进程，选取人均医疗机构床位数反映医疗保障建设方面的情况。在生态文明发展方面，选择人均水资源量作为评价生态文明程度的典型指标，可以反映该地区水资源使用紧缺程度，对于水资源紧缺的京津冀尤为重要；环境污染治理投资占GDP的比重指标可以体现该地区政府在环境污染治理方面的投入情况和整治力度，由于人们的生态环保意识不断提升，加大了对污染治理的重视程度，该指标正在不断增长；建成区绿化率指标反映京津冀环境保护和生态建设结果，与地区内人民生活密切相关，体现该地区在环境保护与城市生态建设方面的重视程度和取得的效果。[1]

（三）协同发展评价模型与方法

运用距离协同模型计算京津冀协同发展中现状和理想状态之间的差距，[2] 其实质主要是通过欧氏距离对协同状态进行衡量，通过距离的大小来判断三地协同现状与理想状态的差距，进而制定相应措施，实现理想的协同发展需求。评价京津冀协同发展的核心因子为功能系统，可以从区域子系统层面进行京津冀协同发展评价。评价模型构建过程中首先应该对收集到的数据进行无量纲化处理，使评价指标具有一致性和可比性，前期的数据预处理是后期模型评价的关键。[3] 其次，对区域子系统中的指标进行发展度评价，评价的主要依据是加权平均值；计算现实与理想状态下的距离，判断子系统的协同度；结合发展度和协同度数据，通过计算几何平均值求出协同发展度。

评价指标归一化：选取京津冀三地中各指标最大的值作为归一化标准，将收集到的指标归一化处理，使数据具有统一的评价标准。归一化的转换公式如下：

---

[1] 范晨光：《基于距离协同模型的京津冀区域协同度评价研究》，硕士学位论文，天津理工大学，2018年。

[2] 李健、范晨光、苑清敏：《基于距离协同模型的京津冀协同发展水平测度》，《科技管理研究》2017年第18期。

[3] 关溪媛：《辽宁沿海经济带协同发展水平的测度——基于距离协同模型》，《吉林工商学院学报》2019年第6期。

第十章 协同创新:京津冀协同创新评价与分析

```
步骤1：运用理想值对指标进行归一化处理
        ↓
步骤2：确定各个子系统归一化后的正理想点与负理想点
        ↓
步骤3：计算各个子系统与其正理想点及负理想点的距离，并计算发展度
        ↓
步骤4：计算各个子系统的灰色关联度，确定拉动因子
        ↓
步骤5：计算各个子系统的理想发展值及其协同度
        ↓
步骤6：计算整个系统的综合协同发展度
```

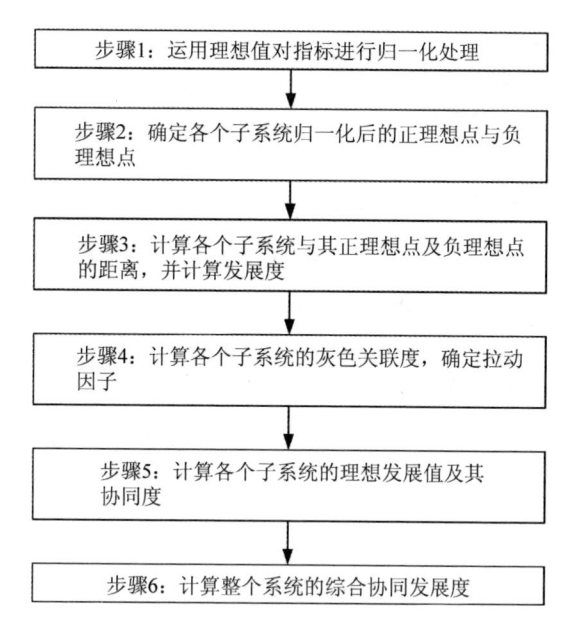

图 10-2　距离协同模型计算步骤

$$a_{ijt} = x_{ijt}/\max(x_{ijt}) \qquad 式(10-1)$$

其中 x_{ijt} 表示 t 时期子系统 i 的第 j 个指标，a_{ijt} 表示指标归一化后的数值。$\max(x_{ijt})$ 为所有年度各个子系统中指标 j 的最大值。

确定指标历年的正、负理想点：将指标中的最大值归一化后的值（1）作为正理想点，负理想点的下限为 0，分析历年各大指标的正、负理想点。

计算指标正、负理想点的距离：分别计算各项指标历年数值与其正、负理想点的距离，进而计算各个子系统与其正、负理想点的距离，然后得出各个子系统及整体的发展度。

子系统 i 在 t 时期与正、负理想点的距离为 D_{it}^{+}、D_{it}^{-}，其计算公式如下：

$$D_{it}^{+} = \sqrt{\sum_{j}(1 - a_{ijt})^2} \qquad 式(10-2)$$

$$D_{it}^{-} = \sqrt{\sum_{j} a_{ijt}^{2}} \qquad 式(10-3)$$

子系统 i 在 t 时期的发展度 d_{it} 为：

$$d_{it} = \frac{D_{it}^{-}}{D_{it}^{-} + D_{it}^{+}} \qquad 式(10-4)$$

d_{it}取值0—1，表示与目前最优发展状况的相对发展程度，数值越大表示发展度越高，越小表示发展度越低。

京津冀整体在t时期的发展度用d_t表示：

$$d_t = \sum_t \omega_i d_{it} \qquad 式(10-5)$$

其中ω_i为子系统i的权重，本书指标均为人均指标或比率指标，取京津冀三地权重相同，$\omega_i = 1/3$。

计算京津冀之间的灰色综合关联度：采用灰色综合关联度分析的方法计算京津冀三地之间的拉动因子。

首先计算京津冀之间的绝对关联度，用u_{ij}表示。设初始行序列为$X_i = (d_{i1}, d_{i2}, \Lambda d_{it})$，其零化象为$X_1^0 = (d_{i1} - d_{i1}, d_{i2} - d_{i1}, \Lambda, d_{it} - d_{i1}) = (d_{i1}^0, d_{i2}^0, \Lambda, d_{it}^0)$。令：

$$|s_i| = \left|\sum_{k=2}^{t-1} d_{it}^0 + \frac{1}{2}d_{it}^0\right| \qquad 式(10-6)$$

$$|s_i - s_j| = \left|\sum_{k=2}^{t-1}(d_{it}^0 - d_{jt}^0) + \frac{1}{2}(d_{it}^0 - d_{jt}^0)\right| \qquad 式(10-7)$$

则子系统i、j间的绝对关联度为：

$$u_{ij} = \frac{1 + |s_i| + |s_j|}{1 + |s_i| + |s_j| + |s_i - s_j|} \qquad 式(10-8)$$

u_{ij}取值0—1，其值越大表示子系统i、j的关联程度越高。

其次，相对关联度v_{ij}表示子系统i、j间发展度变化速率的联系程度，取值0—1，其值越大表明两个子系统间的变化速率越接近。将计算绝对关联度中的初始序列换为$X_i' = \left(\dfrac{d_{i1}}{d_{i1}}, \dfrac{d_{i2}}{d_{i1}}, \Lambda, \dfrac{d_{it}}{d_{i1}}\right)$，即可得到相对关联度。

最后计算灰色综合关联度$\alpha_{ij} = \theta u_{ij} + (1-\theta)v_{ij}$，$\alpha_{ij}$综合反映了子系统间绝对量和变化速率的关联程度，两方面同等关注，取$\theta = 0.5$。

计算理想发展度与协同度。首先计算理想发展度，用d_{it}'表示理想状态下子系统i在t时期的发展度：

$$d_{it}' = \sum_{j=1}^{k} \omega_j \beta_{ij} d_{jt} \qquad 式(10-9)$$

其次计算各个子系统的协同度：

$$C_{it} = \frac{|d_{it}|}{|d_{it}| + |d_{it} - d_{it}'|} \qquad 式(10-10)$$

最后计算整个系统的协同度：

$$C_t = \sqrt[k]{\prod_i^k C_{it}} \qquad 式(10-11)$$

其中，k 为子系统个数。

计算整个系统的协同发展度：

$$CD_t = \sqrt{C_t d_t} \qquad 式(10-12)$$

三　京津冀协同发展度评价与分析

（一）经济协同发展度评价分析

采用距离协同模型对京津冀 2005—2019 年经济协同发展相关指标进行测度的结果见表 10-2。2005—2019 年京津冀经济协同发展状况见图 10-3。

表 10-2　　　　　　　京津冀经济协同发展指标数值

	发展度				协同度				协同发展度
	京	津	冀	京津冀	京	津	冀	京津冀	
2005 年	0.563	0.443	0.208	0.405	0.801	0.851	0.620	0.751	0.551
2006 年	0.598	0.469	0.216	0.428	0.798	0.850	0.610	0.745	0.565
2007 年	0.649	0.501	0.223	0.458	0.791	0.845	0.589	0.733	0.579
2008 年	0.707	0.523	0.228	0.486	0.779	0.832	0.570	0.717	0.590
2009 年	0.685	0.541	0.238	0.488	0.796	0.852	0.590	0.737	0.599
2010 年	0.733	0.499	0.248	0.494	0.771	0.805	0.609	0.723	0.597
2011 年	0.809	0.554	0.263	0.542	0.769	0.807	0.588	0.714	0.622
2012 年	0.838	0.587	0.274	0.566	0.772	0.814	0.585	0.717	0.637
2013 年	0.868	0.616	0.282	0.589	0.769	0.810	0.580	0.716	0.649
2014 年	0.873	0.637	0.293	0.601	0.780	0.827	0.590	0.724	0.660
2015 年	0.808	0.640	0.305	0.584	0.804	0.852	0.629	0.755	0.664
2016 年	0.835	0.668	0.313	0.604	0.805	0.856	0.624	0.755	0.675
2017 年	0.852	0.672	0.325	0.612	0.813	0.873	0.635	0.767	0.683
2018 年	0.878	0.681	0.337	0.635	0.825	0.885	0.648	0.782	0.698
2019 年	0.896	0.693	0.352	0.661	0.838	0.898	0.664	0.798	0.712

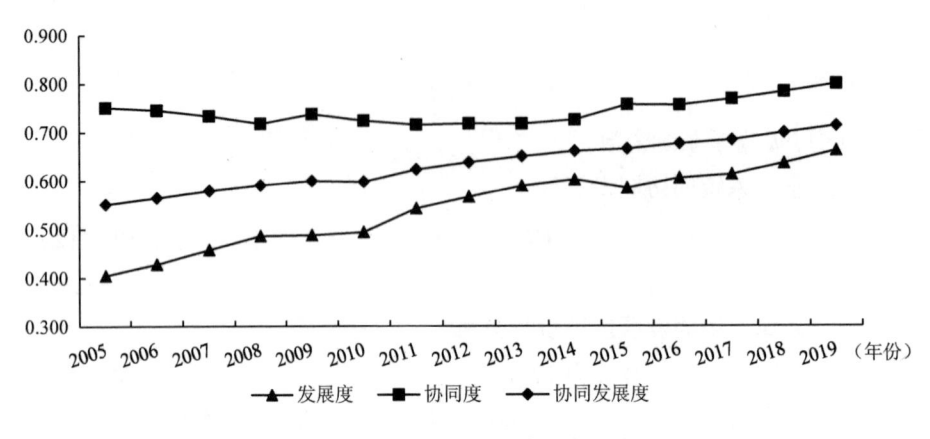

图10-3 京津冀经济协同发展状况

由表10-2和图10-3可知，从发展度来看，2005—2019年，北京市经济系统发展度由0.563增加到0.896，而在2009年和2015年发展度有所下降，整体呈波动上升趋势；天津市经济系统发展度由0.443增加到0.693，在2010年有所回落，其他年份都增长；河北省经济系统发展度由0.208增加到0.352，经济发展度不断增加。总体来看，北京市经济发展度高于天津市发展度，高于河北省发展度，且河北省发展度低于京津冀整体发展度。2005—2019年京津冀经济系统发展度由0.405增加到0.661，年平均增长率为3.56%，发展度呈持续增长趋势，说明京津冀经济系统的发展水平在不断提高。

从协同度来看，北京市经济系统协同度在2005—2013年由0.801降到0.769，在2014—2019年由0.780上升到0.838，总体呈先下降后上升趋势；天津市经济系统协同度由2005年的0.851下降到2013年的0.810，在2014—2019年由0.827上升到0.898，整体呈先下降后上升趋势；河北省经济系统协同度在2005—2013年由0.620降到0.580，之后由2014年的0.590上升到2019年的0.664，总体呈先下降后上升趋势。总体来看，天津市经济系统协同度高于北京市协同度，高于河北省协同度，且河北省协同度低于京津冀整体协同度。京津冀经济系统协同度2005—2013年呈波动下降趋势，由0.751下降到0.716，从2014年开始逐渐上升，到2019年增长到0.798，说明京津冀经济系统的协同水平随着2014年京津冀协同发展战略的提出不断提升。

从京津冀经济协同发展度来看,其由 2005 年的 0.551 增加到 2019 年的 0.712,平均年增长率为 1.85%,呈持续增长趋势,说明京津冀协同发展战略不断发挥作用并推动京津冀三地经济系统协同发展。

2019 年,京津冀三地人均 GDP 分别为 164220 元、90371 元和 46348 元,全国人均 GDP 为 70892 元,北京市和天津市远高于全国平均水平,河北省低于全国平均水平,与北京市和天津市的人均 GDP 差距较大。京津冀三地第三产业增加值占 GDP 的比重分别为 83.5%、63.5% 和 51.2%,其中河北省低于全国水平（53.9%）。河北省经济发展水平整体低于京津两地,京津两地可发挥辐射作用,带动河北省经济发展,通过优化产业结构和提升市场化水平,提高京津冀经济子系统的协同发展度,促进京津冀经济高质量发展。

（二）社会协同发展度评价分析

采用距离协同模型对京津冀 2005—2019 年社会协同发展相关指标进行测度的结果见表 10 - 3。2005—2019 年京津冀社会协同发展状况见图 10 - 4。

表 10 - 3　　　　　　京津冀社会协同发展指标数值

	发展度				协同度				协同发展度
	京	津	冀	京津冀	京	津	冀	京津冀	
2005 年	0.562	0.462	0.270	0.432	0.830	0.948	0.650	0.800	0.587
2006 年	0.584	0.479	0.285	0.449	0.832	0.948	0.658	0.803	0.601
2007 年	0.617	0.496	0.309	0.474	0.831	0.941	0.675	0.808	0.619
2008 年	0.648	0.525	0.333	0.502	0.836	0.943	0.687	0.815	0.640
2009 年	0.691	0.550	0.356	0.532	0.833	0.937	0.694	0.815	0.659
2010 年	0.707	0.582	0.378	0.556	0.844	0.949	0.704	0.826	0.678
2011 年	0.756	0.624	0.406	0.595	0.846	0.950	0.707	0.828	0.702
2012 年	0.806	0.667	0.436	0.636	0.847	0.951	0.710	0.830	0.727
2013 年	0.855	0.711	0.463	0.676	0.849	0.953	0.709	0.831	0.749
2014 年	0.895	0.714	0.481	0.697	0.839	0.939	0.716	0.826	0.759
2015 年	0.968	0.754	0.512	0.745	0.832	0.930	0.712	0.820	0.781
2016 年	0.978	0.781	0.536	0.773	0.833	0.932	0.719	0.823	0.797
2017 年	0.983	0.798	0548	0.789	0.839	0.936	0.726	0.835	0.815

续表

	发展度				协同度				协同发展度
	京	津	冀	京津冀	京	津	冀	京津冀	
2018 年	0.989	0.815	0.556	0.804	0.847	0.940	0.735	0.848	0.826
2019 年	0.993	0.832	0.568	0.823	0.854	0.952	0.746	0.854	0.842

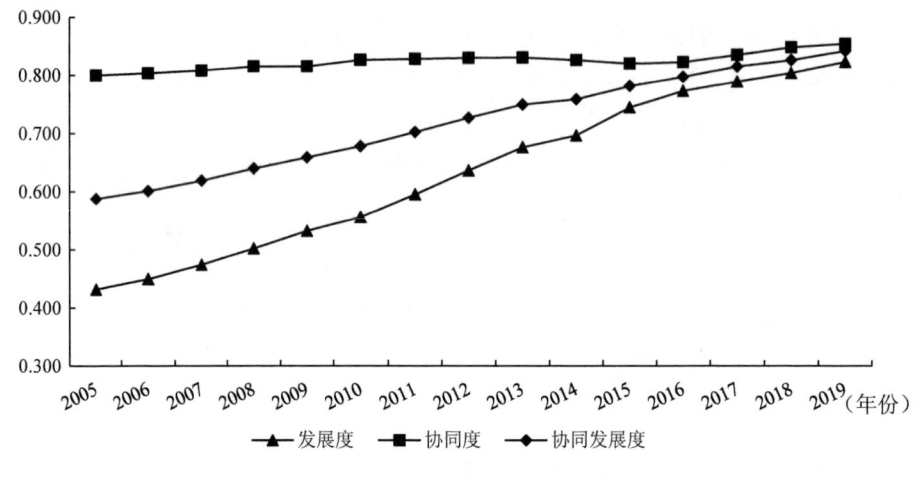

图 10-4　京津冀社会协同发展状况

由表 10-3 和图 10-4 可知，从发展度来看，2005—2019 年，北京市社会系统发展度由 0.562 增加到 0.993，整体呈快速上升趋势；天津市社会系统发展度由 0.462 增加到 0.832，整体呈上升趋势；河北省社会系统发展度由 0.270 增加到 0.568，社会发展度不断提升。总体来看，北京市社会发展度高于天津市发展度，高于河北省发展度，且河北省发展度低于京津冀整体发展度，京津冀社会系统发展度由 0.432 增加到 0.823，年平均增长率为 4.71%，发展度呈持续增长趋势，说明京津冀社会系统的发展水平在不断提高。

从协同度来看，北京市社会系统协同度在 2005—2019 年由 0.830 上升到 0.854，其中 2015 年出现下降现象，总体呈波动上升趋势；天津市社会系统协同度由 2005 年的 0.948 上升到 2019 年的 0.952，整体呈波动上升趋势；河北省社会系统协同度由 2005 年的 0.650 上升到 2019 年的 0.746，在 2013 年和 2015 年协同度有所下降，总体呈上升趋势。总体来看，天津市社会系统协同度高于北京市协同度，高于河北省协同度，且河北省协同度低于京津冀整体协同度。京津冀社会系统协同度由 2005 年的 0.800 增加到 2019 年的 0.854，说明京津冀社会系统的协同水平不断提升。从京津冀社会协同发展度来看，由 2005 年的 0.587 增加到 2019 年的 0.842，平均年增长率为 2.61%，呈持续增长趋势。

改革开放四十多年间，我国经济发展速度较快，综合国力增强，人们生活水平得到了提高，衣食住行得到改善，生活整体达到小康水平。国家和各地政府重视统筹发展、提高居民生活水平和生活质量、提供政策和财政支持、完善基础设施、解决"三农"问题以及缩小贫富差距，积极为协同发展做出努力。2019 年，京津冀的城镇化率分别为 86.60%、83.48% 和 57.62%，全国城镇化率为 57.35%，京津冀三地的城镇化率均超过全国水平。河北省与北京市、天津市两地差距较大，但总体水平也在全国水平之上，河北省社会发展情况正在变好，人口的综合素质正在提升。目前，在社会发展方面还有许多问题需要解决，但不能否认京津冀在社会协同发展方面发展较快，取得了不错的成绩。在医疗方面，三地签署采供血、卫生应急等方面工作合作协议，三地实现医疗机构检验结果互认，实现异地看病联网直接结算。北京市和天津市在河北省建立分院，提升河北省医疗水平。在京津冀协同发展的过程中，国家又设立雄安新区，这将优化京津冀城市布局和空间结构，促进京津冀社会发展。

（三）生态协同发展度评价分析

采用距离协同模型对京津冀 2005—2019 年生态协同发展相关指标进行测度的结果见表 10-4。2005—2019 年京津冀生态协同发展状况见图 10-5。

由表 10-4 和图 10-5 可知，从发展度来看，北京市生态系统发展度在 2005—2008 年缓慢增长，在 2009—2013 年呈下降趋势，在 2014—2019 年，由 0.771 增加到 0.825，整体呈波动上升趋势；天津市生态系统发展度由 2005 年的 0.682 增加到 2019 年的 0.760，整体呈上升趋势；河北省生态系统发展度由 2005 年的 0.660 增加到 2019 年的 0.862，生态发展度不断提升。总体来看，在 2005—2009 年北京市生态发展度高于其他两地，2010—2019 年河北省生态发展度高于京津两地，天津市整体生态发展水平偏低。京津冀生态系统发展度由 2005 年的 0.709 增加到 2019 年的 0.824，年平均增长率为 1.08%，发展度呈不断增长趋势，说明京津冀生态系统的发展水平在不断提高。

表 10-4　　　　　　京津冀生态协同发展指标数值

	发展度				协同度				协同发展度
	京	津	冀	京津冀	京	津	冀	京津冀	
2005 年	0.787	0.682	0.660	0.709	0.926	0.926	0.977	0.943	0.818
2006 年	0.796	0.682	0.676	0.718	0.926	0.923	0.988	0.945	0.824
2007 年	0.801	0.687	0.697	0.729	0.934	0.923	0.996	0.950	0.832
2008 年	0.797	0.675	0.734	0.735	0.946	0.919	0.958	0.941	0.832
2009 年	0.796	0.685	0.745	0.742	0.955	0.924	0.953	0.944	0.837
2010 年	0.766	0.683	0.782	0.744	0.995	0.936	0.916	0.949	0.840
2011 年	0.771	0.697	0.803	0.757	0.994	0.941	0.910	0.948	0.847
2012 年	0.766	0.693	0.805	0.755	0.991	0.941	0.906	0.945	0.845
2013 年	0.766	0.692	0.805	0.755	0.991	0.940	0.906	0.945	0.845
2014 年	0.771	0.691	0.817	0.760	0.991	0.938	0.901	0.943	0.846
2015 年	0.776	0.711	0.804	0.764	0.993	0.945	0.916	0.951	0.852
2016 年	0.785	0.726	0.824	0.778	0.993	0.948	0.916	0.954	0.866
2017 年	0.796	0.738	0.836	0.785	0.994	0.952	0.918	0.960	0.878
2018 年	0.812	0.747	0.849	0.803	0.991	0.958	0.921	0.968	0.886
2019 年	0.825	0.760	0.862	0.824	0.995	0.961	0.927	0.977	0.897

从协同度来看，在 2005—2019 年，京津冀三地的生态系统协同度都处于 0.9 以上，且京津冀生态系统整体协同水平呈波动上升趋势，由 2005 年的 0.943 增加到 2019 年的 0.977，说明京津冀生态系统的协同水平不断提升，整体处于较高水平。

从京津冀生态协同发展度来看，其变化趋势与京津冀生态系统发展度同步，由 2005 年的 0.818 增加到 2019 年的 0.897，平均年增长率为 0.67%，呈波动增长趋势。

在 2005—2019 年，京津冀生态子系统协同发展度变化整体平稳，这表明京津冀在生态环境领域不存在恶性竞争，不是此消彼长，而是共同发展。与经济和社会子系统相比较，生态子系统的协同度水平相对较高，而高水平的协同度是基于低水平的发展度。在京津冀协同发展战略实施背景下，京津冀需要共同努力协作，联手保护生态环境，在保障自身利益的前

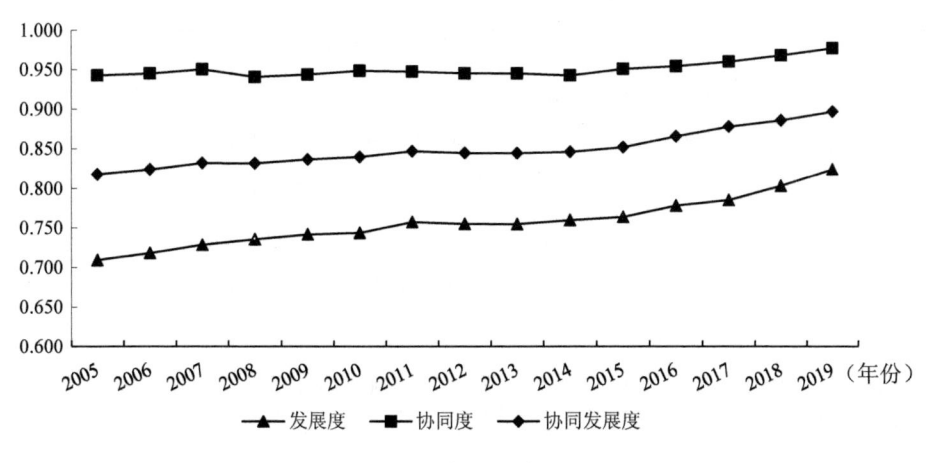

图 10-5 京津冀生态协同发展状况

提下,实现人与自然和谐相处。当下京津冀生态协同发展的重点是提高对生态环境保护的重视程度,同时也要构建三地生态保护合作机制,从而促进京津冀在生态环境领域的联动与协作。

(四) 综合协同发展度评价分析

采用距离协同模型对京津冀 2005—2019 年综合协同发展相关指标进行测度的结果见表 10-5。2005—2019 年京津冀综合协同发展状况见图 10-6。

表 10-5 京津冀综合协同发展指标数值

	发展度				协同度				协同发展度
	京	津	冀	京津冀	京	津	冀	京津冀	
2005 年	0.574	0.476	0.335	0.462	0.867	0.897	0.817	0.860	0.630
2006 年	0.597	0.493	0.343	0.478	0.863	0.895	0.810	0.856	0.639
2007 年	0.635	0.513	0.353	0.500	0.854	0.889	0.797	0.846	0.651
2008 年	0.673	0.531	0.361	0.522	0.843	0.881	0.782	0.834	0.660
2009 年	0.684	0.551	0.371	0.536	0.849	0.888	0.784	0.839	0.670
2010 年	0.704	0.547	0.382	0.544	0.842	0.876	0.793	0.836	0.675
2011 年	0.754	0.588	0.401	0.581	0.840	0.877	0.781	0.831	0.695
2012 年	0.784	0.619	0.417	0.607	0.842	0.881	0.777	0.832	0.711
2013 年	0.812	0.650	0.430	0.631	0.844	0.885	0.771	0.832	0.725

续表

	发展度				协同度				协同发展度
	京	津	冀	京津冀	京	津	冀	京津冀	
2014年	0.830	0.659	0.443	0.644	0.843	0.883	0.777	0.833	0.733
2015年	0.824	0.676	0.457	0.653	0.856	0.894	0.790	0.846	0.743
2016年	0.846	0.699	0.467	0.670	0.856	0.895	0.798	0.845	0.752
2017年	0.853	0.706	0.476	0.681	0.863	0.889	0.805	0.851	0.765
2018年	0.864	0.719	0.489	0.693	0.871	0.894	0.812	0.857	0.774
2019年	0.877	0.734	0.495	0.706	0.879	0.902	0.823	0.862	0.787

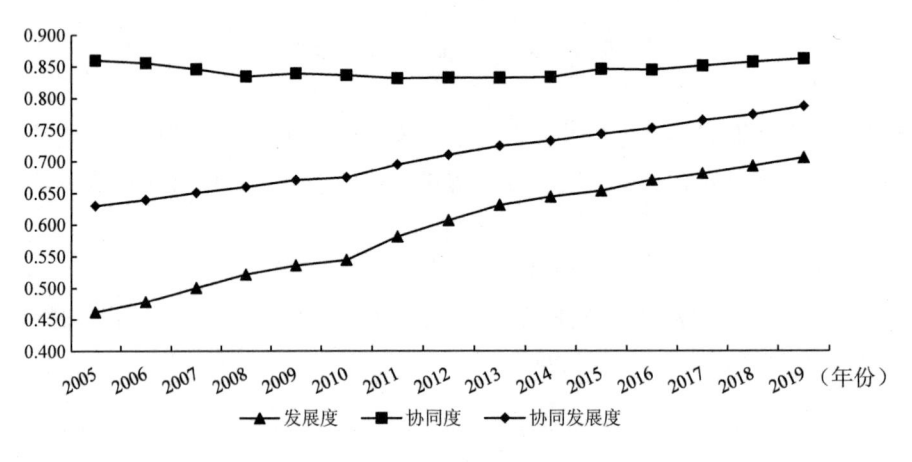

图10-6 京津冀综合协同发展状况

由表10-5和图10-6可知，从发展度来看，2005—2019年，北京市综合发展度由0.574增加到0.877，整体呈快速上升趋势；天津市综合发展度由0.476增加到0.734，整体呈波动上升趋势；河北省综合发展度由0.335增加到0.495，综合发展度不断提升。总体来看，北京市综合发展度高于天津市发展度，高于河北省发展度，且河北省发展度低于京津冀整体发展度。京津冀综合发展度由2005年的0.462增加到2019年的0.706，年平均增长率为3.07%，发展度呈持续增长趋势，说明京津冀综合发展水平在不断提高。

从协同度来看，北京市综合协同度在2005—2014年由0.867降到0.843，在2015—2019年由0.856上升到0.879，总体呈先下降后上升趋势；天津市综合协同度由 2005 年的 0.897 下降到 2014 年的 0.883，2019 年上升到 0.902，整体呈波动上升趋势；河北省综合协同度由 2005 年的 0.817 下降到 2013 年的 0.771，下降幅度较大，在 2014—2019 年由 0.777 增加到 0.823，总体呈波动上升趋势。总体来看，天津市综合系统协同度高于北京市协同度，高于河北省协同度，且河北省协同度低于京津冀整体协同度。京津冀综合协同度由 2005 年的 0.860 下降到 2013 年的 0.832，在 2014—2019 年由 0.833 增加到 0.862，京津冀综合协同水平总体呈波动上升趋势。

从京津综合协同发展度来看，其变化趋势与京津冀综合发展度同步，由 2005 年的 0.630 增加到 2019 年的 0.787，平均年增长率为 1.60%，呈持续增长趋势。

在 2005—2013 年，京津冀尚未拥有协调统一的整体经济发展规划，地区之间的分工体系与运行机制尚不完善，实现合理的分工和地区之间的优势互补较为困难，导致区域经济组织与区域经济活动长期处于杂乱、无序、松散的状态。京津冀协同发展上升为重大国家战略以来，三地加快了协同发展的步伐，京津冀协同发展逐渐有了突破性进展，尤其是在 2015—2019 年，京津冀综合协同发展度有明显的提升。在京津冀协同发展战略实施的过程中，中央政府通过建立北京城市副中心和设立雄安新区，打破了京津冀固有的发展格局，逐渐扭转其发展失衡的局面。

第三节　京津冀协同创新能力测度及评价

一　协同创新系统概况

京津冀协同创新系统是一个动态的、非线性的复杂系统，系统内包含众多子系统，各子系统中又由多种因素构成了多重因果关系。从定性和定量相结合的角度研究京津冀协同创新能力特征，[1] 从系统构成要素的功能差异及要素数据可获得性和可计量性着手，深入探究协同创新系统网络中各子系统及回路中各要素之间的功能特性及逻辑关系。为厘清京津冀协同

---

[1] 孙丽文、张蝶、李少帅：《京津冀协同创新能力测度及评价》，《经济与管理》2018 年第 3 期。

创新能力各组成成分的逻辑关系，从功能特征角度出发，将京津冀协同创新能力分为创新载体、表征因素和驱动因素3个层面，深入剖析创新活动内在逻辑。依据要素之间的关系，通过主动调节、联动调节及反馈调节，共同构成京津冀协同创新体系（见图10-7）。

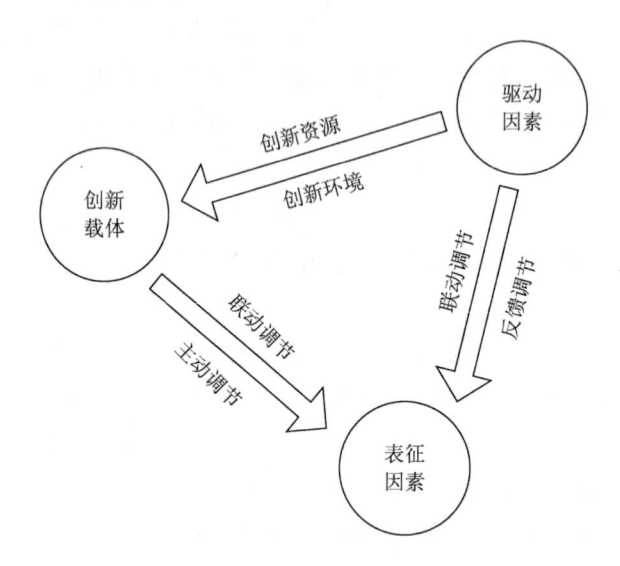

图 10-7　京津冀协同创新能力系统结构

二　协同创新指标构建

国内外研究文献对协同创新能力表征因素的选取角度不尽相同，主要包括发明专利申请量、科技论文发表量及技术许可收入等。本书选取专利授权量作为京津冀协同创新能力的表征因素，驱动因素的选取主要从科技创新资源和科技创新环境两个方面进行考量。基于绿色创新和绿色发展背景，将产业结构和环境规制强度纳入京津冀协同创新环境系统中，将其作为京津冀协同创新中考量绿色创新和绿色发展的指标，以便更全面和深层次地探究京津冀协同创新系统运行机理。主要评价指标见表10-6。

表 10-6　　　　　　京津冀协同创新能力评价指标

一级指标	二级指标	序参量
协同创新投入系统（S_1）	创新人才投入	λ_1
	创新经费投入	λ_2

续表

一级指标	二级指标	序参量
协同创新环境系统（S_2）	产业结构	λ_3
	环境规制强度	λ_4
	金融政策	λ_5
	经济政策	λ_6
	高等教育政策	λ_7
协同创新载体系统（S_3）	企业专利申请量	λ_8
	高等院校专利申请量	λ_9
	科研机构专利申请量	λ_{10}

三 协同创新评价模型构建

京津冀协同创新是三地发展的核心，协同能产生更好的创新效应，创新也能为协同提供共生环境。为评价京津冀协同创新发展水平，采用复合系统协同度模型评价京津冀协同创新系统的差异及动态变化趋势。[①] 详细的模型构建过程如下：

设京津冀协同创新系统为 S，协同创新的各个子系统为 S_k（其中 $k = 1，2，3$）。S_1 表示协同创新投入系统，S_2 表示协同创新环境系统，S_3 表示协同创新载体系统。λ_j 表示协同创新子系统的序参量分量，且均与协同创新系统呈正相关关系。对协同创新系统的序参量分量进行有序度计算，采用标准化方式对收集的数据进行处理，得到标准化矩阵。为避免最小值出现 0 的情况，计算各指标的有序度公式如下。

$$\mu_k(\lambda_{ij}) = \frac{\lambda_{ij} - \beta_{ij}}{\alpha_{ij} - \beta_{ij}} * 0.99 + 0.01 \qquad 式（10-13）$$

其中，α_{ij} 表示标准化数据最大值，β_{ij} 表示最小值，λ_{ij} 表示序参量，$\mu_k(\lambda_{ij})$ 表示各指标的有序度，i 表示地区个数，j 表示指标个数。用熵值法计算各指标的权重，权重与序参量分量值相乘并加总求和得出各子系统的有序度，再用几何法计算出京津冀三地每年的有序度值，计算公式如下。

$$\mu_k(\lambda_j) = \sqrt[k]{\prod_{i=1}^{k} \mu_k(\lambda_{ij})} \qquad 式（10-14）$$

[①] 李健、鲁亚洲：《京津冀创新能力预测与影响因素研究》，《科技进步与对策》2019 年第 12 期。

以 2005 年为基期，假定协同创新系统从初始时期 t_0 演化到 t_1 时期，则初始时期 t_0 的子系统序参量有序度为 $\mu_k^0(\lambda_j)$，t_1 时期的子系统序参量有序度为 $\mu_k^1(\lambda_j)$。协同创新整个系统在 $[t_0, t_1]$ 时期的动态协调创新度表示如下。

$$DGS = \theta \sum_k^m \eta_l \mid \mu_k^1(\lambda_j) - \mu_k^0(\lambda_j) \mid \qquad 式(10-15)$$

其中，η_l 为各地区的权重，依据 GDP 占比计算求得，则 $\eta_l = \dfrac{GDP_l}{\sum_{l=1}^{3} GDP_l}$，$l$ 分别代表北京市、天津市及河北省，m 为协同创新系统中的指标个数。由于计算数据后一年的数值均大于前一年的数值，则此处的 θ 取值均为 1。

四 协同创新评价结果分析

基于上述评价模型，京津冀协同创新各子系统序参量有序度见表 10-7，2005—2019 年京津冀协同创新有序度见图 10-8。

表 10-7　2005—2019 年京津冀协同创新各子系统序参量有序度

	年份	协同创新投入	协同创新环境	协同创新载体	有序度
北京市	2005	0.002	0.065	0.004	0.007
	2006	0.011	0.189	0.009	0.027
	2007	0.025	0.171	0.023	0.046
	2008	0.038	0.159	0.040	0.062
	2009	0.058	0.168	0.071	0.089
北京市	2010	0.078	0.188	0.112	0.118
	2011	0.097	0.198	0.153	0.143
	2012	0.117	0.208	0.196	0.168
	2013	0.131	0.225	0.234	0.191
	2014	0.142	0.240	0.272	0.210
	2015	0.154	0.253	0.349	0.238
	2016	0.169	0.267	0.372	0.256
	2017	0.189	0.283	0.432	0.285
	2018	0.212	0.300	0.495	0.316
	2019	0.234	0.317	0.563	0.347

续表

	年份	协同创新投入	协同创新环境	协同创新载体	有序度
天津市	2005	0.002	0.097	0.003	0.009
	2006	0.013	0.190	0.016	0.034
	2007	0.024	0.160	0.033	0.050
	2008	0.039	0.168	0.042	0.065
	2009	0.031	0.149	0.056	0.063
	2010	0.056	0.178	0.098	0.099
	2011	0.096	0.204	0.131	0.137
	2012	0.124	0.239	0.184	0.176
	2013	0.157	0.266	0.189	0.199
	2014	0.185	0.286	0.205	0.221
	2015	0.208	0.286	0.291	0.259
	2016	0.215	0.292	0.301	0.266
	2017	0.254	0.314	0.360	0.306
	2018	0.294	0.332	0.415	0.343
	2019	0.333	0.347	0.488	0.383
河北省	2005	0.002	0.062	0.004	0.008
	2006	0.013	0.107	0.013	0.026
	2007	0.023	0.125	0.022	0.040
	2008	0.035	0.138	0.028	0.052
	2009	0.042	0.146	0.068	0.075
	2010	0.057	0.184	0.121	0.109
	2011	0.092	0.257	0.142	0.150
	2012	0.120	0.282	0.173	0.180
	2013	0.142	0.288	0.209	0.204
	2014	0.170	0.288	0.241	0.228
	2015	0.191	0.290	0.368	0.273
	2016	0.206	0.283	0.387	0.282
	2017	0.243	0.289	0.476	0.322
	2018	0.280	0.290	0.587	0.363
	2019	0.321	0.292	0.728	0.409

从表10-7和图10-8可知，京津冀各有序度在2005—2019年有较大

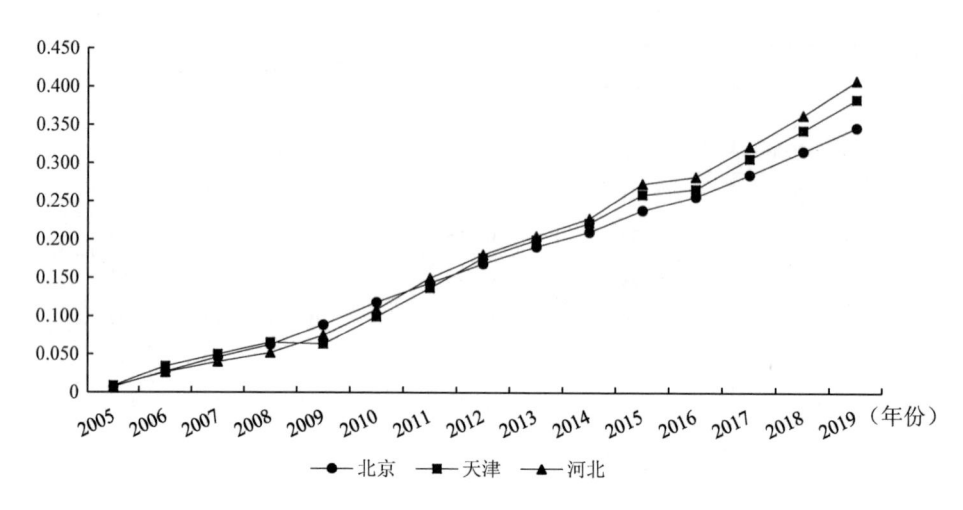

图 10-8　2005—2019 年京津冀协同创新有序度

的提升。其中，北京市从 0.007 提升至 0.347，天津市从 0.009 提升至 0.383，河北省从 0.008 提升至 0.409，并且可以看出河北省曾经落后于京津两地，但在 2011 年实现反超并保持领先地位。

从具体地区来看，北京市内部各子系统对协同创新有序度的贡献份额存在较大的差距。以 2019 年为例，协同创新载体子系统贡献份额较多，协同创新投入子系统贡献份额较少，并且协同创新载体子系统的贡献份额是协同创新投入子系统的 2.4 倍，说明北京市协同创新有序度的提升主要受限于协同创新投入子系统。北京市协同创新有序度的主要贡献子系统在 2005—2019 年发生了变化。2005—2012 年，协同创新环境子系统为协同创新有序度的主要贡献子系统；但在 2013 年之后，协同创新载体子系统成为主要贡献子系统，并且该子系统的贡献份额逐年增加，成为北京市提升协同创新有序度的主要动力来源。

天津市协同创新有序度的主要贡献子系统为协同创新环境子系统与协同创新载体子系统。其中，协同创新环境子系统在 2005—2014 年处于主要贡献地位；协同创新载体子系统后来居上，在 2015 年反超领先；而协同创新投入子系统的贡献份额与其余两个子系统的差距在逐渐缩小。

河北省与北京市的情况类似，各子系统的贡献份额存在较大差距。以 2019 年为例，协同创新载体子系统贡献份额较多，协同创新投入子系统贡献份额较少，并且前者是后者的 2.3 倍。协同创新载体子系统在 2015 年反超协同创新环境子系统,成为河北省协同创新有序度的主要贡献子系统。协同创新环境子系统自 2013 年起增长缓慢,2016 年出现微弱下降,之后缓慢增长。

综合来看,京津冀在 2005—2019 年都出现主要贡献子系统变更的情况,表现为协同创新载体子系统替代协同创新环境子系统,成为协同创新有序度的主要贡献子系统。而三地的协同创新投入子系统一直都低于协同创新有序度,成为制约协同创新有序度提升的主要子系统。结合具体序参量来看,京津冀在前期主要通过调整产业结构和经济政策来提升协同创新有序度,后期则依托企业、高校和科研机构的专利成果对协同创新有序度进行提升。主要贡献子系统的变更,表明京津冀协同创新实现从政府主体向市场主体的过渡。

基于式(10-15),对京津冀整体协同创新度进行测算(见表10-8)。

表 10-8　　2006—2019 年京津冀整体协同创新度

	京津冀	京津	京冀	津冀
2006 年	0.020	0.022	0.022	0.022
2007 年	0.036	0.039	0.035	0.035
2008 年	0.050	0.056	0.048	0.050
2009 年	0.070	0.073	0.073	0.067
2010 年	0.103	0.105	0.105	0.101
2011 年	0.138	0.135	0.139	0.141
2012 年	0.169	0.166	0.168	0.175
2013 年	0.192	0.189	0.191	0.199
2014 年	0.214	0.209	0.213	0.222
2015 年	0.252	0.241	0.251	0.264
2016 年	0.263	0.255	0.264	0.273
2017 年	0.297	0.285	0.298	0.308
2018 年	0.334	0.319	0.333	0.348
2019 年	0.371	0.349	0.370	0.393

从表 10-8 可知,京津冀整体协同创新度有较大的提升。其中,京津冀协同创新度从 0.020 提升至 0.371,京津协同创新度从 0.022 提升至 0.349,京冀协同创新度从 0.022 提升至 0.370,津冀从 0.022 提升

至 0.393。

对比来看，在2019年，津冀的协同创新度最低，京津的协同创新度最低，两者的差距为0.044，表明京津是京津冀协同创新度提升的主要限制因素。纵向来看，2006—2010年京津的协同创新度一直处于领先位置，但在2011—2019年增长缓慢，被京冀和津冀超越，津冀在2011—2019年成为京津冀协同创新度提升的主要动力来源。具体来看，京津协同创新度的落后主要是由于北京市内部各子系统的不均衡发展导致北京市协同创新有序度较低，而津冀的领先也在于天津市与河北省协同创新有序度的后来居上。

五 协同创新发展政策建议

从上述京津冀协同创新评价结果可以发现，京津冀协同创新度虽然取得较大的进步，但仍处于较低的协同水平，并且存在协同创新投入子系统发展落后、北京市内部各子系统发展不均衡以及天津市协同创新载体子系统增长较缓慢等问题。对此，提出以下建议。

优化顶层设计，消除地区壁垒。京津冀协同创新的关键是消除地区行政壁垒，从整体的视角规划京津冀的创新发展，依据三地的资源优势，明确三地在协同创新中的分工与合作定位，并在发展过程中通过行政体制等改革，消除阻碍地区合作的机制壁垒，以推动三地形成更加紧密的协同合作关系。

建立京津冀创新资源共享机制。京津冀协同创新离不开创新要素的合理配置，应通过建立创新要素市场或创新资源共享平台，推动创新要素在三地间充分流动。同时，可以加强各地高校和科研机构的研发合作，推动人才资源和科技资源的共建共享。

建立京津冀合作示范区，探索多样化的协同创新模式。在明确三地协同创新的合作与分工定位后，可通过建立合作示范区的方式探索三地的协同创新模式，如三地共建科技产业园、共建经济示范区等。在合作共建过程中，进一步深化各地的资源优势，以推动多样化、深层次的协同创新合作。

推动产业链与创新链的深度融合。一方面，既要推动创新链高效服务产业链；另一方面，也要推动产业链优化升级以促进创新成果快速转化。通过围绕创新链布局产业链，建立政产学研协同创新体系，以促进经济与科技的紧密结合，实现京津冀高质量发展。

第四节　京津冀协同创新典型示范

一　通武廊典型示范区

在京津冀协同创新发展的过程中，北京市通州区、天津市武清区、河北省廊坊市的区位优势十分明显。三地相依相连，构成一个"金三角"，镶嵌于华北平原上，成为京津冀协同创新的示范区。2017年，通州区、武清区、廊坊市共同签署《推进通武廊战略合作发展框架协议》。根据协议，通州区、武清区、廊坊市将打破"一亩三分地"思维定势，在交通、产业人才、文化等领域进行深度对接，推动三地更深层次的合作与发展。在协议签署几年来，通武廊在各方面取得良好成效。

（一）交通建设方面

自《京津冀协同发展规划纲要》提出以来，通武廊利用地理位置相近的优势，三地从多方面入手加快交通建设，如区域公交一卡通、公交枢纽站的建设，全力推动三地公路交通事业发展，取得明显成效，为京津冀协同发展提供了交通保障。

在京津冀协同发展的战略背景下，为实现交通一体化，打造互联互通的现代化公共交通网络体系，被誉为"小京津冀"之称的通武廊地区已率先发放公共交通一卡通。武清区开通了18条线路，廊坊市开通了35条线路，一卡通上印有"交通联合"标识，居民凭借此卡可实现刷卡乘车。一卡通的适用范围囊括了北京市区除定制商务公交之外的全部地面公交线路，天津市的部分线路以及河北省部分城市（石家庄、承德、邯郸、沧州、张家口、保定等）的全部线路。在开通线路的所有城市范围内，使用此卡均可享受同城优惠政策，这意味着三地居民持有在任意地区发行的一卡通，异地使用时均可享有乘车刷卡优惠。一卡通的发行更加方便了居民的日常生活出行，推动协同发展进程。

此外，天津市武清区坚决执行交通先行的方案，极力促进京津冀交通实现互联互通。武清区为了更加凸显区域交通的优势，以交通协同发展为向导，聚焦于基础交通设施的建设。目前，武清区的交通一体化建设已初具雏形，武清站改造扩建工程已经竣工，环北京城际武清站点正在筹建之中，三个高速路口全新开通，拓宽改建103条国道，高王路北延工程主体的竣工打通了北京市通州区与天津市武清区的连接道路。武清区已开始率先建设"公交都市示范区"，大沙河枢纽站的建设工作已经竣工，开通引进了11条市际公交线路，逐步与京津公共交通实现有效衔接。与此同时，依照市委和市政府的指示，努力推行北运河通航和文化带的建设。

(二) 生态建设方面

通州区、武清区、廊坊市地理位置较好，位于京津冀协同发展的核心区，三地地缘相接、人缘相亲、地域一体、文化一脉，具有优势互补、协同发展的基础优势和良好条件。在生态环境保护方面，环保部门联手治理生态环境。为携手打好蓝天保卫战，三地环保部门从日常监测、监督执法等多方面入手，深入推进大气污染联防联控；在水污染治理方面，为改善水环境质量，三地上下游协同治理，在执行标准和执行要求方面做到统一，明确三地管理的区域，开展联合排查，定期公开河流水质及治理情况；在大气方面，三地环保部门加快建设雷达监测站点，实现对大气数据的实时监管和实时分析，掌握大气情况。

按照《推进通武廊战略合作发展框架协议》的规定，通武廊三地正在合力开展大运河保护开发项目，旨在提升大运河京津冀段的生态环境质量。在改善水体环境方面，武清区首先对河道堤岸进行整修，对河道内的淤泥垃圾进行治理，从这两方面入手确保开发的旅游航道顺畅通航。武清区已投入9亿元资金来整治运河生态文化片区，该区域幅员14平方千米，生态文化片区被分为南北两区，南北两区的职能划分不同。北部区域职能定位为运河生态区，主要用于生态休闲旅游业的开发，因此，需要大面积的土地来改造成为生态绿地。南部区域职能定位是运河经济区，主要用来彰显运河文化，通过搭建餐饮娱乐基础设施、开发商业服务网点的措施，发展形成独具当地特色的文化商业带。廊坊市的香河县采用PPP模式引进中信国安投资有限公司，总投资38.84亿元用于建设大运河文化带。当前，北运河综合治理的一期工程（曹店橡胶坝—土门楼枢纽）已初具雏形，包括8.6千米河道清淤疏浚和2千米岸坡防护等水利工程、安运桥南北两侧约2.6万平方米景观工程、运河文化中心规划设计和施工准备等前期工作，该工程计划在2022年完工，实现大运河文化带通武廊段的整体运行通航。

通武廊三地联合组建旅游合作联盟，以此来促进运河旅游带的建设。目前已经推出了3条旅游线路，这3条线路均以运河文化作为主题。全方位展开整治运河项目工程，在通州区段内不仅改造河段，还沿途修筑运河文化广场，建设运河文化体验中心、滨河森林公园和"漕运码头"影视基地等。滨河森林公园正在规划建设之中，占地10700亩。该项目全部竣工之后，将担负起京津冀天然氧吧的职责，成为"京津冀之肺"。武清区段的北运河全长62.7千米，已初步完成部分河道清淤和景观绿化等工作。在此基础之上，加速推进河道清淤、桥梁改造、污染治理、景观绿化、节点建设等工程，加快实现武清区段的运河通畅，搭建独具天津特色的运河文化旅游景观产业带。

（三）公共服务方面

通武廊区域协同发展已经进入规范化、制度化、常态化轨道，三地已签署30多个合作协议，涉及教育、医疗、生态、旅游等方面。有29名人才于2017年12月在廊坊市举办的通武廊高层次人才服务"绿卡"发放仪式中审核通过，成为获得"绿卡"的首批人员。对于持"绿卡"者，三地消除户籍和公共服务对人才的限制，解决人才在三地生活上的困难。

通武廊区域的教育合作工程是以教育联盟为骨架建设的项目，包括10个基础教育协同发展共同体、1个中等职业学校联盟、1个幼儿园联盟和1个特教学校联盟。据统计，2017年通武廊召开教育工作会议6次，制定文件11个，开展交流互访、教学观摩、文艺展演、比赛竞技等各类活动50余次，受益学生数万人。在2017年天津市承办全国第十三届全运会比赛项目中，武清区承接了乒乓球比赛，为保障比赛期间电力供应，三地启动了电力应急保障机制，并做好应急准备，武清区与廊坊市的电力应急装备合作，保障了赛事用电安全。

（四）产业协同方面

在科技合作方面，为了引领经济实现高质量稳步增长，通武廊三地正式启动《通武廊科技创新合作行动计划（2017—2020）》。2020年，通过开展区域科技资源共享开放、产业集群协同创新、联合构建人才高地、科技金融合作和自主知识产权五大专项活动，丰富科技创新合作制度，提高自主创新发展能力，增强科技创新实力。北京市通州区经济和信息化委员会、天津市武清区工业经济委员会、河北省廊坊市工业和信息化局三部门在武清区京滨工业园共同签署了《工业战略合作框架协议》，签订此项协议的目的是提高工业经济的影响力，通过优惠政策的指导、资源的重新配置以及多方位的全面参与来辐射带动周边地区，在京津冀协同发展背景下，打造工业经济领域的共享示范区。

为紧跟党中央的步伐，落实京津冀协同发展战略，通武廊三地规划兴建产业共同体，以此来有效疏解北京非首都功能。该园区总面积19.5平方千米，三地的园区各占地1/3。在规划园区内实行统一规划管理，统一招商建设运营，在人才、税收、就医、户籍等公共服务方面实现协同发展。通武廊三地地理位置相近，各方具有独特优势的产业园区，但由于缺乏多方面沟通合作，承接非首都功能疏解项目的能力尚显薄弱，较难达成软硬件的多方面要求。本次产业共同体的建立，使得三地整合投入资源布局，扩大产业规模，突出自身优势，更好地提高承接非首都功能疏解项目的能力。根据协议规划的部署安排，产业共同体园区于2020年竣工，主要用来承接北京市高端产业、高科技研发机构以及有关的项目。同时，除了产业建设方面，该园区还在努力探索跨行政区域税收政策、产业政策、利润分成等问题的解决方案，从而实现整体共赢。

此外，三地联合举办活动十余次，包括首届通武廊职工技术技能大赛、青年创新创业大赛、人才招聘会等。三地启动首批18名干部挂职交流，30个科技创新平台纳入《"通武廊"区域创新平台共享共用目录》，成立10个教育共同体，联手打击房地产市场违规及投机炒房、炒地行为，联合开展治安集中清查行动，11个"口子镇"对接合作全面展开，呈现出合作领域加速拓展、体制机制创新积极推进的良好态势。

二 雄安新区创新发展示范区

设立雄安新区是以习近平同志为核心的党中央深入推进京津冀协同发展作出的一项重大决策部署，是千年大计、国家大事。对于集中疏解北京非首都功能、探索人口经济密集地区开发新模式、调整优化京津冀城市布局和空间结构以及培育创新驱动发展新引擎，具有重大现实意义和深远历史意义。雄安新区规划范围涉及河北省雄县、容城、安新3县及周边部分区域，地处北京市、天津市、保定市腹地，区位优势明显、交通便捷通畅、生态环境优良、资源环境承载能力较强、现有开发程度较低、发展空间充裕，具备高起点、高标准开发建设的基本条件。以《河北雄安新区规划纲要》为指导，有序推动雄安新区建设，实现更高水平、更有效率、更加公平，建设成为绿色生态宜居新城区、创新驱动发展引领区、协调发展示范区、开放发展先行区，努力打造贯彻落实新发展理念的创新发展示范区。

(一) 交通建设方面

雄安新区设立以来，交通建设已经取得了明显的进展。优先发展雄安新区的交通能够为雄安新区引进优秀人才和高端企业，带动雄安新区快速发展。在轨道交通建设上，雄安新区不仅实现了京津冀一小时都市圈的目标，还和全国高铁网紧密衔接，京雄城际、京唐城际、城际铁路联络线一期等城际铁路项目都在加快推进。随着北京大兴机场的建设与完工，雄安新区通往机场的城际也逐步开通。此外，将有五条高铁在雄安新区交汇，雄安新区开通了去往太原、郑州及沈阳等地的高铁，使雄安新区的交通枢纽不断扩张，打通了城市之间联系的通道，增加了雄安新区交通枢纽的辐射力度，为拉动雄安新区的经济增长打好了基础。雄安新区城际铁路建设资金筹措模式的创新，为雄安新区交通建设奠定了基础，一定程度上对铁路网的建设起到了推动作用。

雄安新区积极响应国家倡导的"打造轨道上的京津冀"号召，在交通规划建设上率先取得了进展。在公路建设方面，雄安新区建设高效便捷的高速公路，为雄安新区的交通便捷性提供基础。比如，2017年在交通建设上的成效较为突出，京开高速拓宽工程主路完工，京秦高速、首都地区环线高速（通州—大兴段）、北京大兴机场高速等项目加快建设。根据相关规划和交通部的指示，雄安新区将打造通往港澳、广州、德州及北京大兴机场和天津等地的"四纵三横"的区域高速公路网，京港澳高速、大广高速、京雄高速、北京大兴机场至德州高速，[①] 荣乌高速新线、津雄高速、津石高速的建设与通车，为雄安新区通往北京市、天津市及石家庄市带来了较大的方便，大大缩短了路程的用时。公路网的建设，解决了雄安新区人民外出的问题，也为雄安新区引进人才和企业提供了保障，这一系列公路交通上的成就标志着雄安新区的交通建设进入了高质量的"提速"阶段。未来雄安新区的交通运输将引入高端的智能技术，严格按照雄安新区建设的高标准，建成在全国乃至世界范围内的智能交通样板。

2021年5月，雄安新区对外骨干路网重点建设项目京雄高速河北段、荣乌高速新线、京德高速一期工程建成通车，标志着雄安新区"四纵三

[①] 刘潇：《习近平时代中国特色社会主义思想与雄安新区规划建设》，《领导科学论坛》2018年第24期。

横"的对外高速公路骨干路网全面形成。捷径通途，对于雄安新区而言，意义不言而喻；特别是京雄高速直插雄安新区内部，对于疏解北京非首都功能、助推京津冀协同发展更是意义重大。由此，雄安新区京畿要地的地位越加凸显。

（二）生态建设方面

生态环境治理是雄安新区建设过程中需要摆在最前的标杆，没有好的环境，雄安新区的发展将不会走得长远，因此雄安新区的建设不应该走先污染后治理的道路，而应该在初步建设中就将生态环境放在首要位置。目前，雄安新区规划的顶层设计工作已经完成，起步区的控制性规划、启动区的控制性详细规划以及白洋淀生态环境治理和保护规划也基本编制完成，下一步雄安新区的发展就应该严格遵从规划的步骤实施，优先建设起步区，逐步发展启动区，将雄安新区打造成区域发展的新样板。先植绿后建城是雄安新区建设的一个新理念。目前，雄安新区的造林面积已经达到41万亩。在不断建设中，雄安新区的绿植覆盖率将进一步提高。未来雄安新区将继续重视绿植的建造，在下一步的森林种植中，预计绿化面积将提高到40%。在雄安新区的建设中，加大对白洋淀生态环境的治理，稳步推进生态治理工程，这是雄安新区生态优先的重要基础，也为确保雄安新区蓝绿空间占比达70%以上打下良好的基础。雄安新区在对白洋淀进行治理的过程中，取得了明显的效果，需严格按照高标准治理水污染，提高监管力度，整改涉水企业，对河道的垃圾进行集中化清理，打造白洋淀绿水蓝天的美好环境。

（三）绿色智慧新城建设方面

雄安新区的建设将绿色和智能融合，在追求智能化高科技发展的道路上，应该以环境协调为基础，打造雄安新区治理的新模式。雄安新区的建设应该协调好有效市场和有为政府的关系，为推动雄安新区城市高质量发展做出贡献。雄安新区的建设应该在智能化发展中重视绿色发展，在绿色发展中追求智能化的制高点。在城市治理中形成智能与绿色错位发展的新治理模式，完善雄安新区的基础建设与服务体系，打造一流的城市发展先行区。

在京津冀协同发展的大背景下，雄安新区需要将自身发展融入大环境中，辅助京津解决城市发展中存在的主要问题，顺势搭着京津冀协同发展的便车强化自身，高效推动区域快速发展。雄安新区的发展仍需进一步加强同河北其他城市的合作与交流，充分发挥雄县、容城与安新三地的核心优势，为打造智能绿色的雄安新区做铺垫。此外，雄安新区在有序承接北京非首都功能的过程中，应该明确雄安新区的定位，充分发挥比较优势，形成具有雄安新区特色的功能；与北京市中心城区、城市副中心及天津滨海新区等地合理分工，促进京津冀的良性互动，构建目标同向、优势互补的协同发展新路径。①

总之，这座承载"千年大计、国家大事"重托的未来之城，正按照新发展理念的要求，朝着建设绿色生态宜居新城区、创新驱动发展引领区、协调发展示范区、开放发展先行区的目标扎实推进。

（四）高端高新产业建设方面

雄安新区在产业布局方面，瞄准世界科技前沿，面向国家重大战略需求，高起点布局高端高新产业，发展新一代信息技术产业、现代生命科学和生物技术产业、新材料产业、高端现代服务业和绿色生态农业五大领域。这些产业领域重点发展大数据、人工智能、工业互联网、基因工程、分子育种、组织工程等前沿科技，培育高性能产业，突破产业化瓶颈；同时，对符合发展方向的传统产业实施现代化改造升级，推进产业向数字化、网络化、智能化、绿色化方面发展。

雄安新区已经引入的48家企业均属于知识密集型和技术密集型企业，批准了包括阿里巴巴、腾讯、百度、京东金融、中国电信、中国人保等知名企业入驻。这些企业的入驻能够带动雄安新区经济迅速发展，打造雄安新区高新技术产业新优势，是雄安新区产业发展的新引擎，同时首批企业的成功入驻也吸引了更多的技术型企业不断转移到雄安新区。新建一座城，发展一个区，是国际上较多地区解决"大城市病"问题的主要方法，这种方法已经为美国、日本及以色列等国家带来了明显的成效，我国雄安新区的规划也是借鉴国外典型案例的经验。解决北京市的"大城市病"问题，与北京市协同共享、资源互补，将北京市打造成国际化先进城市。依托北京市的优势资源和成熟的发展思路，指导和帮助雄安新区快速发展，实现雄安新区规划的重要目标。雄安新区要在京津冀协同发展的大环境中发挥好作用，带动河北省快速发展，缩小与北京市、天津市两地的差距，定位优势产业，引进先进企业，形成优势产业集群，这是未来雄安新区发

---

① 陈璐：《京津冀协同发展报告（2018）》，社会科学文献出版社2018年版。

展的新亮点。

　　总之，过去几年是雄安新区打基础、筑根基之年。雄安新区建设以来吸引了较多的企业入驻，给雄安新区的发展带来了新的活力。习近平总书记对雄安新区的定位是智能城市和绿色宜居城市，经过河北雄安新区管委会的严格控制与全面审核，一些近年来发展较好的互联网企业、金融企业以及追求绿色发展的生态企业，通过高标准的要求和严格的审核之后加入雄安新区，为雄安新区的起步发展和初步建设打好了基础。

第十一章

绿色发展:京津冀城市群绿色发展评价与分析

第一节 京津冀城市群绿色发展意义与目标

一 绿色发展的意义

绿色发展即绿色经济的发展,与传统经济发展模式相比,绿色发展更加追求资源保护与经济增长协同发展,在实现经济发展的同时重视资源节约、环境保护及生态修复。绿色发展的关键在于把握好经济发展与生态环境之间的关系,要实现绿色发展不仅要集中精力发展绿色经济,更要大力推进生态文明建设,注重环境保护。[1] 2005年8月,时任浙江省委书记习近平同志在浙江安吉考察时,提出"绿水青山就是金山银山"理念。"绿水青山就是金山银山"的发展理念剖析了经济发展与生态建设之间的相互关系,生态环境是发展经济的基础,没有供人类以及其他生物生存的生态环境,经济的发展将毫无意义。经济的发展要关注生态环境的保护,不能以牺牲生态环境为代价。同时,在保护生态环境的基础上要大力发展经济,物质是人类生存的基础,没有经济的发展,人类无法保证高质量的生存和生活。因此,在经济社会发展过程中必须树立起生态文明理念,尊重自然、顺应自然和保护自然,加快生态文明建设和绿色发展。

绿色发展可以破解日趋严峻的生态问题。自改革开放以来,我国经

---

[1] 刘德海:《绿色发展》,江苏人民出版社2016年版。

济社会发展日新月异，相较之下，生态文明建设略显滞后。人们在享受经济发展带来丰硕成果的同时，忽略了粗放式经济模式已使资源环境承载力不足的问题，日益严峻的环境问题正逐渐影响人们的生产和生活。环境污染事件时有发生，制约了经济社会的可持续发展。在资源耗竭、环境污染和生态退化的严峻形势下，坚持绿色发展和生态文明建设成为迫切需求。

绿色发展可以摆脱当前的能源困境。目前，我国能源领域面临诸多问题，首先，能源供需间矛盾日益凸显，人均能源占有量远低于世界平均水平；能源利用率低，单位产值的资源消耗与能源消耗明显高于发达国家。其次，从能源构成来看，我国煤炭使用量高，石油和天然气匮乏，与发达国家以高效、清洁、低碳的天然气、核能、太阳能和风能为主的能源结构相比，我国的能源结构层次较低。最后，能源安全存在隐患，我国石油超过半数依赖进口，这使得石油的使用缺乏自主权，若能源供给格局变化，或因其他原因无法运输，都将严重影响我国能源安全和生产生活。

总之，我国目前面临的诸多问题和困境都要求绿色发展。绿色发展的实现与否关系到当代人民的福祉，关系到子孙后代能否公正、平等地享受物质和生态财富。因此，在今后的发展中要坚持绿色发展，促进经济、社会和资源环境的协调可持续发展，将生态文明建设贯穿于经济建设、政治建设和文化建设中，探索一条经济与生态环境永续发展的绿色发展道路。

二　绿色发展的目标

绿色发展是新时代工业革命之后最深刻、系统和全面的变革，其不仅是提升资源使用效率、植树造林等单项的变革，更是涉及整个系统和整个人类社会的变革，是对以往传统经济发展模式的反省和总结。从绿色发展内涵来看，绿色发展与循环发展、低碳发展以及可持续发展既有区别也有联系。四者有相同的目标，即形成资源节约、生态良好的产业结构、生产和生活方式。其中，循环发展、低碳发展是绿色发展的重要路径和发展形式，绿色发展涵盖了循环发展、低碳发展的核心内容，其内涵更为宽泛，绿色发展的实施及实现过程也是循环发展、低碳发展以及可持续发展的实现过程。

京津冀位置特殊，囊括了祖国首都经济圈，承担着经济和政治枢纽的作用，但其内部城镇经济发展不平衡、生态环境制约加剧和人口经济资源不协调的问题突出，迫切需要实施绿色发展，将经济活动过程和结果绿色化、生态化，保护环境，降低能耗，实现经济、社会和环境的可持续发展。绿色发展之路是京津冀协同发展的最佳路径选择，是党中央以及全体人民思想的结晶，响应了时代发展的需求，是京津冀协同发展的精神纽带。京津冀绿色协同发展立足于人与自然和谐共生、共同促进的前提之下，旨在促进京津冀可持续发展。健康的生态环境将促进京津冀经济、政治和文化和谐发展，并助力京津冀协同发展。

第二节 京津冀城市群绿色发展评价指标体系

一 绿色发展指标体系构建原则

京津冀城市群绿色发展评价体系中涵盖了大量的动态变量，且各指标体系的权重并不相同。不同的研究者对城市群绿色发展的研究有不同侧重点，因此会有不同的评价指标体系。本书在保证所建立的京津冀城市群绿色发展评价指标体系科学合理的基础上，利用所构建的指标体系对京津冀城市群的绿色发展水平进行综合评价分析。指标体系是否科学合理将直接影响评价结果的准确性，在设置京津冀城市群绿色发展评价指标过程中应遵循以下原则。

（一）指标的科学性和可获得性

指标的选取要具有科学性和可获得性。所谓科学性，指所选指标既能直接反映绿色发展的现状，又能与时俱进地反映绿色发展的方向。指标的可获得性，是指指标设计不繁琐、不过多过细、不相互叠加，也不过少过简，避免关键信息的遗漏，同时指标应具有代表性，数据真实易获得。

（二）指标的可比较性和可操作性

在指标选取及设计时，除需考虑指标的科学性外还要注重指标的可比较性和可操作性，故在建立指标体系后要进行剔除和筛选。指标体系中不能都是定性指标，应尽量选取具体的、可量化的指标，剔除抽象的和无法量化的指标。同时要保证数据的真实性和权威性，所选取指标能够从国家或地区的官方统计资料中获得，或能通过权威的方法计算得出。

（三）指标的层次性与完备性

评价体系中的各个指标相互独立但不孤立，每个指标都以系统目标为核心，并反映城市群绿色发展的不同方面。评价系统通过所有指标实现对城市群绿色发展现状的测评，因此，所选取的指标整体反映了评价体系的完备性。系统内部的不同指标应该根据其属性及重要程度分成不同的层级，每个层级上设置由同一属性指标组成的子系统。每一个系统都服务于上一层指标系统，实现整个指标体系的层级性。各子系统构成影响城市绿色发展的主要因素，实现评价体系的完备性。

二 绿色发展指标体系选取

本书在众多学者对城市绿色发展进行分析的基础上，更加注重城市群的发展。结合国内外城市绿色发展评价体系的指标，[①] 本书设计出一套科学有效的城市群绿色发展评价指标体系，该指标体系符合 DPSIR 模型方法。DPSIR 模型是一种基于因果关系组织信息的框架模型，为衡量环境及可持续发展的指标体系而研发，研究社会和环境之间相互作用的因果框架。DPSIR 框架模型存在"驱动力（Driving Forces）→压力（Pressure）→状态（State）→影响（Impact）→响应（Responses）"因果关系链，各子系统又分若干种指标，具有系统性、综合性等特点。[②] 基于以上研究，最终构建的基于 DPSIR 模型的城市群绿色发展评价指标体系框架见图 11-1。基于 DPSIR 模型框架，结合京津冀城市群生态环境发展和协同治理现状，在驱动力子系统（Ds）、压力子系统（Ps）、状态子系统（Ss）、影响子系统（Is）和响应子系统（Rs）五个子系统下选取 30 个评价指标，构建了京津冀城市群绿色发展评价指标体系（见表 11-1），对京津冀 13 个城市的绿色发展水平进行综合评价。

[①] 郑红霞、王毅、黄宝荣：《绿色发展评价指标体系研究综述》，《工业技术经济》2013 年第 2 期。

[②] Xiaoting Li et al., "Application of DPSIR Model in Prediction of Ecological Sustainable Development Capacity in Bohai Sea", *Arabian Journal of Geosciences*, Vol. 14, No. 7, 2021, p. 52.

第十一章 绿色发展：京津冀城市群绿色发展评价与分析

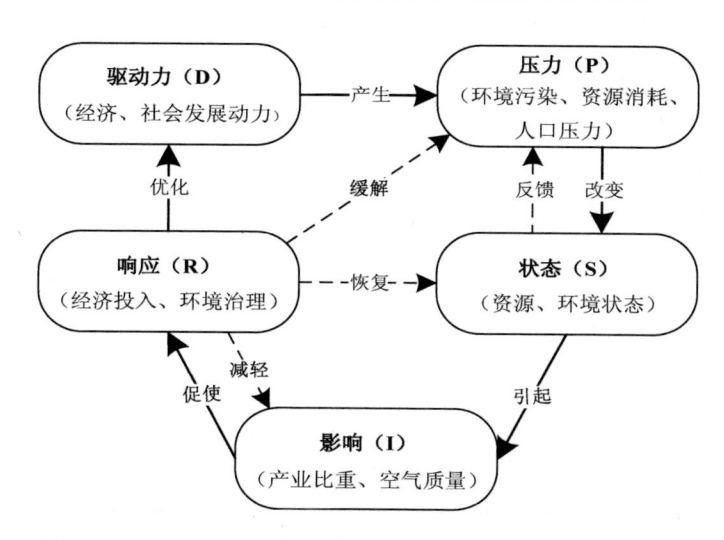

图 11-1 基于 DPSIR 模型的城市群绿色发展评价指标体系框架

表 11-1　　　　　京津冀城市群绿色发展评价指标体系

目标层	准则层	指标层	单位	指标代码	指标性质
京津冀城市群生态环境承载力评价指标体系	驱动力（D）	人均 GDP	元/人	D_1	（+）
		城镇居民人均消费支出	元/人	D_2	（+）
		城镇居民人均可支配收入	元/人	D_3	（+）
		人口自然增长率	%	D_4	（-）
		城镇化水平	%	D_5	（+）
		城镇登记失业率	%	D_6	（-）
	压力（P）	人口密度	人/平方千米	P_1	（-）
		万元 GDP 水耗	立方米/万元	P_2	（-）
		万元 GDP 能耗	吨/万元	P_3	（-）
		万元 GDP 工业 SO_2 排放量	吨/万元	P_4	（-）
		万元 GDP 工业废水排放量	吨/万元	P_5	（-）
		万元 GDP 工业烟尘排放量	吨/万元	P_6	（-）
	状态（S）	人均水资源量	立方米/人	S_1	（+）
		人均土地资源量	平方米/人	S_2	（+）
		人均公园绿地面积	平方米/人	S_3	（+）
		SO_2 浓度年均值	微克/立方米	S_4	（-）
		NO_2 浓度年均值	微克/立方米	S_5	（-）
		PM10 浓度年均值	微克/立方米	S_6	（-）

续表

目标层	准则层	指标层	单位	指标代码	指标性质
京津冀城市群生态环境承载力评价指标体系	影响（I）	环境空气质量优良率	%	I_1	(+)
		城市 SO_2 日均值达标率	%	I_2	(+)
		城市 NO_2 日均值达标率	%	I_3	(+)
		城市 PM10 日均值达标率	%	I_4	(+)
		第二产业产值占 GDP 比重	%	I_5	(−)
		第三产业产值占 GDP 比重	%	I_6	(+)
	响应（R）	森林覆盖率	%	R_1	(+)
		建成区绿化覆盖率	%	R_2	(+)
		工业固体废弃物综合利用率	%	R_3	(+)
		城市污水处理场集中处理率	%	R_4	(+)
		城市生活垃圾无害化处理率	%	R_5	(+)
		水利、环境和公共设施管理业投资占比	%	R_6	(+)

注：(+) 表示该指标对目标层有积极影响，(−) 表示该指标对目标层有消极影响。

第三节 京津冀城市群绿色发展水平测算与分析

一 数据来源与预处理

（一）数据来源

为保证数据的可靠性和权威性，本书中定量化指标的原始值通过以下途径获得：《中国城市统计年鉴》《北京统计年鉴》《天津统计年鉴》《河北经济年鉴》以及各市的《统计年鉴》《国民经济和社会发展统计公报》《环境状况公报》和《水资源公报》等统计资料。某区域个别年份的缺失值，通过其他年份数据推算而来，对于缺少指标数据的地区，则通过查阅其他文献获得。

本书对京津冀13个城市进行绿色发展水平评价。研究对象涵盖北京市、天津市两个直辖市以及河北省的石家庄市、承德市、张家口市、秦皇岛市、唐山市、廊坊市、保定市、沧州市、衡水市、邢台市和邯郸市11个地级市。

（二）数据预处理

对于采集到的原始数据，由于量纲不同，在比较之前需要进行标准化

第十一章　绿色发展:京津冀城市群绿色发展评价与分析　　**289**

处理,以消除量纲对数据的影响。设京津冀绿色发展问题的原始评价指标矩阵为:

$$X = [x_{ij}]_{mn} \qquad 式(11-1)$$

对矩阵 X 采用归一化方法进行处理,正向、负向指标计算见式(11-2)、式(11-3),得到标准化矩阵 Y。

$$y_{ij} = \frac{x_{ij} - \min(x_{ij})}{\max(x_{ij}) - \min(x_{ij})} \qquad 式(11-2)$$

$$y_{ij} = \frac{\max(x_{ij}) - x_{ij}}{\max(x_{ij}) - \min(x_{ij})} \qquad 式(11-3)$$

$$Y = [y_{ij}]_{mn} \qquad 式(11-4)$$

二　模型构建

本书采用熵权 TOPSIS 的绿色发展评价模型对京津冀城市群绿色发展进行评价,并在测算出城市绿色发展水平之后,为更深入探索绿色发展的限制因素,引入障碍度模型。[①] 熵权法是一种客观赋权法,仅依赖于数据本身的离散性,避免了主观认识偏差所带来的局限性,使结果更具有客观性和可信度。[②] TOPSIS 法是多目标决策分析中一种常用的方法,通过对有限个评价对象与理想化目标的接近程度排序,实现对研究对象相对优劣的评价。[③] 本书中模型构建的主要步骤如下。

1. 设立样本数据的标准矩阵

设测量的样本数为 n,指标变量表示为 $\overline{Y} = (Y_1, Y_2, \cdots, Y_m)$,则全体样本数据的标准矩阵可表示为:

$$Y = \begin{bmatrix} Y_{11} & Y_{12} & \cdots & Y_{1n} \\ Y_{21} & Y_{22} & \cdots & Y_{2n} \\ \vdots & \vdots & \vdots & \vdots \\ Y_{m1} & Y_{m2} & \cdots & Y_{mn} \end{bmatrix}$$

[①] 关海玲:《低碳生态城市发展的理论与实证研究》,经济科学出版社2012年版。

[②] 李健、朴胜任、王铮:《基于 DPSIR-ENTROPY-TOPSIS 模型的省际低碳竞争力评价及空间差异分析》,《干旱区资源与环境》2016年第12期。

[③] 鲁春阳等:《基于改进 TOPSIS 法的城市土地利用绩效评价及障碍因子诊断——以重庆市为例》,《资源科学》2011年第3期。

2. 确定评价指标权重

权重 w_i 计算公式为：

$$w_i = \frac{1 - H_i}{m - \sum_{i=1}^{m} H_i} \qquad 式(11-5)$$

其中，$H_i = (1/\ln n) \sum_{i=1}^{m} f_{ij} \ln f_{ij}$，称为信息熵，而 $f_{ij} = y_{ij} \Big/ \sum_{j=1}^{n} y_{ij}$，为指标的特征比重。

3. 构建基于熵权的评价矩阵

为提高城市绿色发展评价矩阵的客观性，构建加权规范化评价矩阵 R，具体计算公式为：

$$R = [r_{ij}]_{mn} = [y_{ij} g w_i]_{mn} \qquad 式(11-6)$$

4. 确定正负理想解

设 R^+、R^- 分别为评价数据中第 i 个指标在 j 个城市的最大值和最小值，称为正理想值和负理想值，计算见式（11-7）、式（11-8）。

$$R^+ = \{\max_{1 \leq i \leq m} r_{ij} \mid i = 1,2,L,m\} = \{r_1^+, r_2^+, L, r_m^+\} \qquad 式(11-7)$$

$$R^- = \{\min_{1 \leq i \leq m} r_{ij} \mid i = 1,2,L,m\} = \{r_1^-, r_2^-, L, r_m^-\} \qquad 式(11-8)$$

5. 计算距离

采用欧氏距离计算公式，令 D_j^+ 为第 i 个指标与 r_i^+ 的距离，D_j^- 为第 i 个指标与 r_i^- 的距离，计算见式（11-9）、式（11-10）。

$$D_j^+ = \sqrt{\sum_{i=1}^{m} (r_i^+ - r_{ij})^2} \qquad 式(11-9)$$

$$D_j^- = \sqrt{\sum_{i=1}^{m} (r_{ij} - r_i^-)^2} \qquad 式(11-10)$$

6. 计算相对贴近度

令 C_j 为绿色发展接近理想值的程度，称为相对贴近度，$C_j \subset [0, 1]$。C_j 越大，表明该城市绿色发展与最优水平越接近。本书以 C_j 大小判断城市绿色发展水平的高低，计算见式（11-11）。

$$C_j = \frac{D_j^-}{D_j^+ + D_j^-} \qquad 式(11-11)$$

7. 障碍度模型

模型包含因子贡献度 O_{ij}、指标偏离度 D_{ij}、障碍度 P_{ij} 三部分，其中，

O_{ij} 是第 i 个指标对绿色发展的权重,即 w_i;D_{ij} 是第 i 个指标与绿色发展目标的差距,即 $1-y_{ij}$;P_{ij} 是第 i 个指标对绿色发展的障碍度,计算见式(11-12)。

$$P_{ij} = \frac{O_{ij} \times D_{ij}}{\sum_{i=1}^{m}(O_{ij} \times D_{ij})} \times 100\% \qquad 式(11-12)$$

三 京津冀城市群绿色发展水平分析

基于京津冀城市群 2012—2019 年的统计数据,通过式(11-1)至式(11-11)进行计算,得到 13 个城市的绿色发展相对贴近度,并取其均值,得出各城市绿色发展的空间差异。

京津冀各城市的绿色发展相对贴近度综合排名见表 11-2。从结果来看,京津冀绿色发展整体处于弱势,各城市绿色发展水平差异明显。绿色发展排名处于前三位的是北京市、承德市和秦皇岛市,而邯郸市、衡水市和邢台市处于末 3 位;绿色发展最强及最弱的分别是北京市和邢台市,对应的相对贴近度分别为 0.6012 和 0.1739,北京市是邢台市的 3 倍多。依据京津冀各城市绿色发展相对贴近度,以等间距的方式将各城市绿色发展水平划分为五个层级,分别为强势、较强、中等、较弱和弱势绿色发展城市。北京市是强势绿色发展城市,承德市、秦皇岛市、张家口市和天津市是较强绿色发展城市,廊坊市、唐山市和沧州市是中等绿色发展城市,石家庄市、保定市、邯郸市和衡水市是较弱绿色发展城市,邢台市是弱势绿色发展城市。从空间分布来看,京津冀城市群绿色发展呈现中北部强、南部弱的格局。

表 11-2 **京津冀各城市绿色发展相对贴近度综合排名**

排名	城市	C_j	排名	城市	C_j
1	北京市	0.6012	8	沧州市	0.3176
2	承德市	0.4834	9	石家庄市	0.2642
3	秦皇岛市	0.4488	10	保定市	0.2369
4	张家口市	0.4347	11	邯郸市	0.2334
5	天津市	0.4251	12	衡水市	0.2315
6	廊坊市	0.3999	13	邢台市	0.1739
7	唐山市	0.3197			

四 京津冀城市群绿色发展障碍因素分析

依据障碍度模型计算方法，分别计算出2012—2019年影响京津冀城市群绿色发展空间差异的子系统障碍度（见图11-2）。总体来看，京津冀城市群各子系统障碍度都处于波动状态。根据综合障碍度分析，2012—2019年子系统障碍度：驱动力子系统（Ds）＞状态子系统（Ss）＞影响子系统（Is）＞响应子系统（Rs）＞压力子系统（Ps）。驱动力子系统和状态子系统的差异是造成京津冀城市群绿色发展空间差异的主要原因。

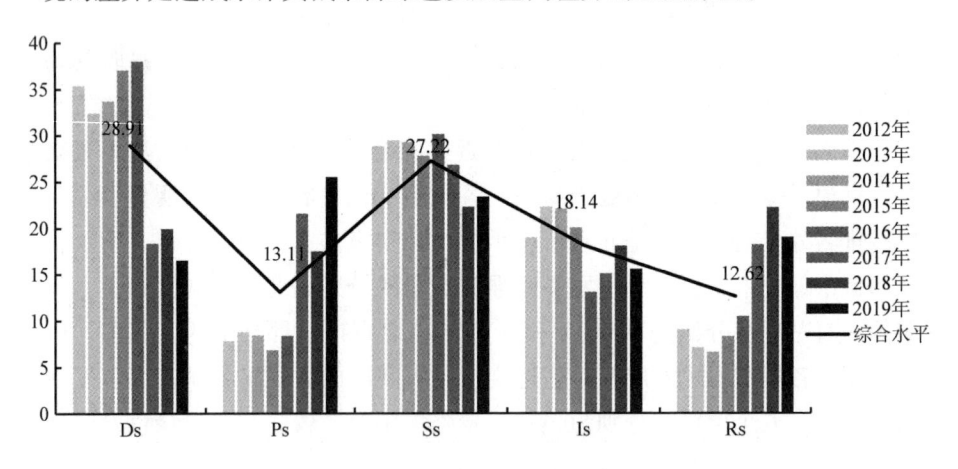

图11-2 京津冀城市群绿色发展子系统障碍度

其中，Ds的障碍度在2012—2019年处于不断上升的状态，而Is的障碍度总体上处于下降状态。经济发展不均衡、资源环境状态不协调致使京津冀城市群绿色发展差异明显。自2013年京津冀及周边地区加大大气污染防治力度以来，京津冀环境空气质量有明显的好转，城市SO_2、NO_2、PM10日均值达标率逐步提高，使得Is整体逐渐改善。

按照五种城市类型，依据单项指标障碍度的计算结果，进一步对2012—2019年各城市绿色发展DPSIR子系统障碍度及障碍因子进行分析。其中，子系统障碍度由子系统中单项指标障碍度相加而得。

（一）强势绿色发展城市障碍度分析

北京市各子系统障碍度变化趋势见图11-3。从中可知，北京市2012—2019年Ds障碍度在波动中下降，Rs和Ss在波动中上升，Ps和Is未发生大幅度变化，响应子系统Rs正逐渐成为北京市主要障碍系统。综合来看，北京市绿色发展的障碍因素正逐渐由环境空气污染转变为资源匮乏、人口密度过大和生态环境承载力不足等。转变经济发展方式、优化经济结构及转换增长动力是北京市高质量发展的迫切需求。同时疏解北京非首都功能责任重大，要做好产业转移和常住人口向津冀的转移，降低北京市人口密度、缓解资源和环境压力，进而推动绿色发展。

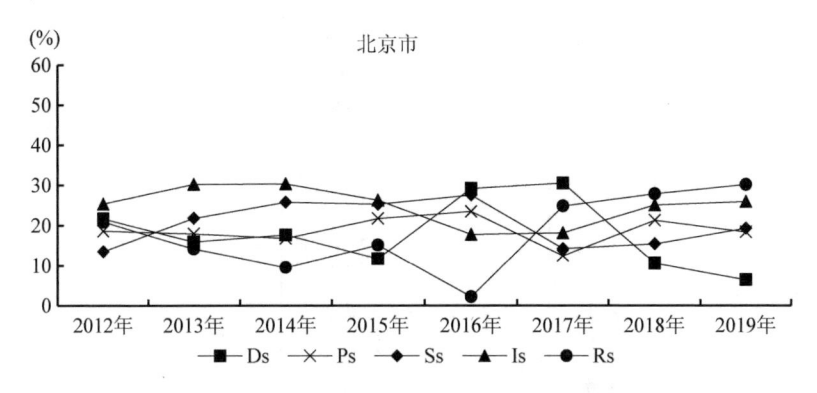

图 11-3 强势绿色发展城市子系统障碍度

（二）较强绿色发展城市障碍度分析

较强绿色发展城市各子系统障碍度变化趋势见图 11-4。较强绿色发展城市 Ss 障碍度自 2012 年起稳步缓慢上升，状态子系统 Ss 正逐渐成为制约较强绿色发展城市绿色发展水平提高的主要因素之一。单独来看，承德市的 Ds 和 Rs 障碍度逐步降低，绿色发展水平稳步提升，但其 2019 年 NO_2 浓度年均值（S_5）为 32 微克/立方米，障碍度达 9.51%，深入推进大气污染综合治理是承德市的主要任务。随着"生态立市、产业强市、开放兴市、文明铸市"发展战略深入实施，秦皇岛市增长动力逐渐增强，经济运行稳中有进，Ds 和 Ps 障碍度逐步下降。张家口市的 Ds 和 Rs 障碍度处于波动震荡态势，人均 GDP（D_1）由 2015 年的 42448 元下降到 2019 年和 35025 元，2019 年人口自然增长率（D_4）和城镇登记失业率（D_6）分别为 1.20% 和 3.09%，位居较强绿色发展城市前列。张家口市应该继续加快产业转型升级，促进全市经济社会持续健康发展。天津市除了 Ds 和 Is 障碍度处于下降态势，Ps、Ss 和 Rs 障碍度都处于波动状态。2019 年其 Rs 和 Ss 障碍度分别高达 31.63% 和 23.48%，大气治理和节能减排是未来天津市绿色发展的重点。

（三）中等绿色发展城市障碍度分析

中等绿色发展城市各子系统障碍度变化趋势见图 11-5。从中可知，

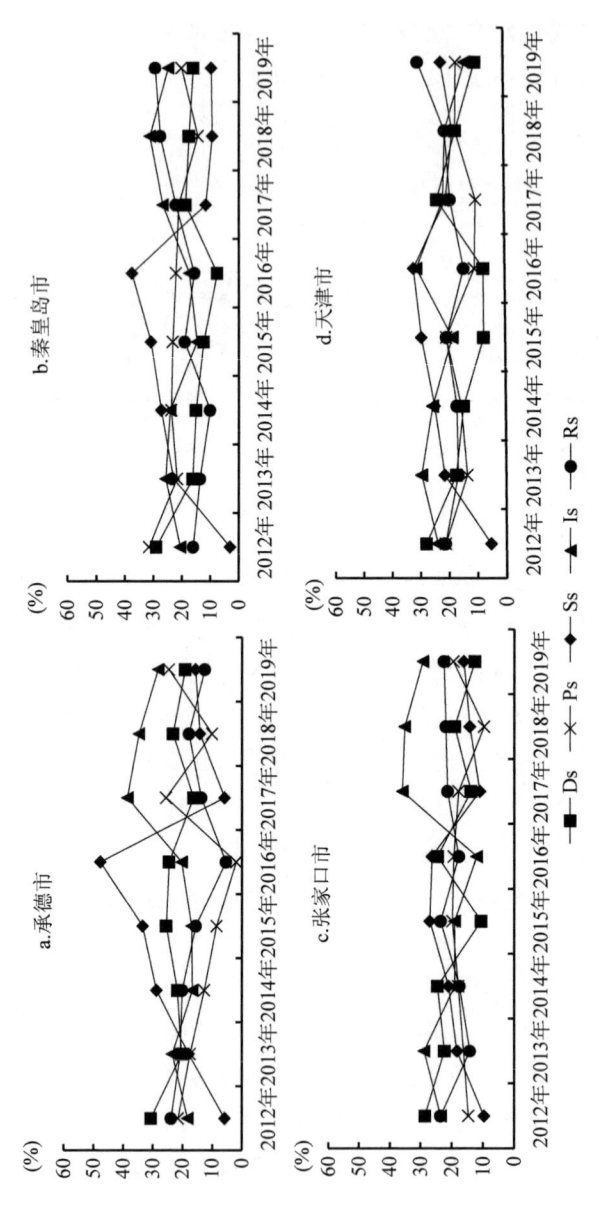

图 11-4 较强绿色发展城市子系统障碍度

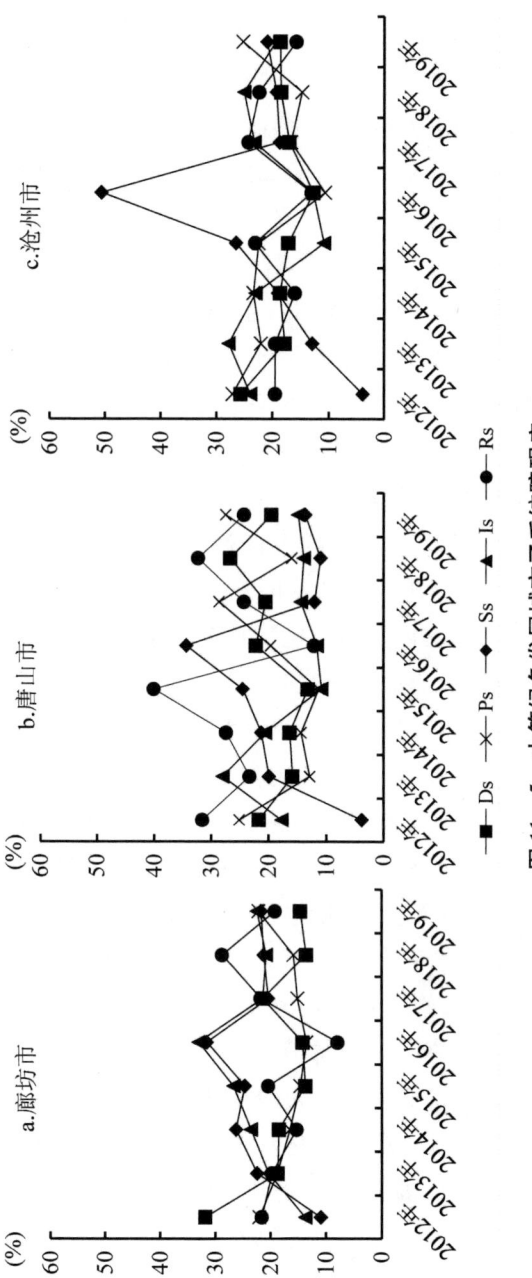

图 11-5 中等绿色发展城市子系统障碍度

中等绿色发展城市状态子系统 Ss 障碍度 2012—2019 年都处于增长态势，资源短缺、空气污染成为制约廊坊市、唐山市和沧州市绿色发展的主要因素。廊坊市 2019 年的 Is、Ps 和 Ss 的障碍度分别为 22.43%、22.14% 和 21.67%，占总体的近七成，产业比重与 SO_2 浓度年均值（S_4）的障碍度分别为 8.42% 和 7.48%。作为京津冀中部核心功能区之一，廊坊市应该把产业转型升级作为主攻方向。唐山市的 Ds、Ps 障碍度呈现先下降后上升的态势，2019 年人口自然增长率（D_4）为 3.43%，障碍度为 3.54%，人口增长、环境治理与经济发展统筹兼顾是唐山市的重要任务。沧州市的 Ds、Ps、Is 和 Rs 都出现波动中下降的态势，生态文明建设成效显著，2019 年 Ps 子系统中 NO_2 浓度年均值（S_5）障碍度为 5.44%，成为制约绿色发展的主要因素，沧州市应制定严格的汽车尾气排放标准。

（四）较弱绿色发展城市障碍度分析

较弱绿色发展城市各子系统障碍度变化趋势见图 11-6。石家庄市绿色发展首要障碍子系统由 2012 年的 Is（27.68%）转变为 2019 年的 Ps（23.88%）。近年为推进京津冀协同发展，石家庄市把治理大气污染和改善空气质量作为全市生态文明建设和经济社会发展的重中之重，并取得阶段性成效。但在 2019 年，石家庄市人口密度（P_1）和万元 GDP 工业烟尘排放量（P_6）的障碍度分别为 6.52% 和 4.23%，位居全省前列，致使 Ps 障碍度持续上升。调整经济结构、提高工业烟尘去除量和进一步合理规划工业布局是石家庄市未来提高绿色发展的首要工作。保定市首要障碍子系统由 2012 年的 Ps（28.31%）转变为 2019 年的 Rs（24.23%）。2012—2019 年，保定市二、三次产业结构由 55.40∶32.30 调整为 34.35∶54.80，万元 GDP 废物排放量也逐年减少。随着"京津保"被写入《京津冀协同发展规划纲要》和河北省雄安新区的建立，保定市要深入实施"协同发展、创新驱动、环境支撑"三大主体战略。2019 年邯郸市人口自然增长率（D_4）为 5.56%，位居河北省第三；人均 GDP（D_1）为 36546 元，位居河北省第七，使得 Ds 成为制约其绿色发展的首要障碍子系统。邯郸市应抓住京津冀协同发展的机遇，加快冀中南功能拓展区建设，优化人口结构。衡水市 2019 年 NO_2 浓度年均值（S_5）障碍度为 6.98%，致使 Ss 成为制约绿色发展的首要因素。衡水市要紧紧锁定"煤、气、尘、车"四大主要污染源，有针对性地实施整改。

第十一章 绿色发展：京津冀城市群绿色发展评价与分析

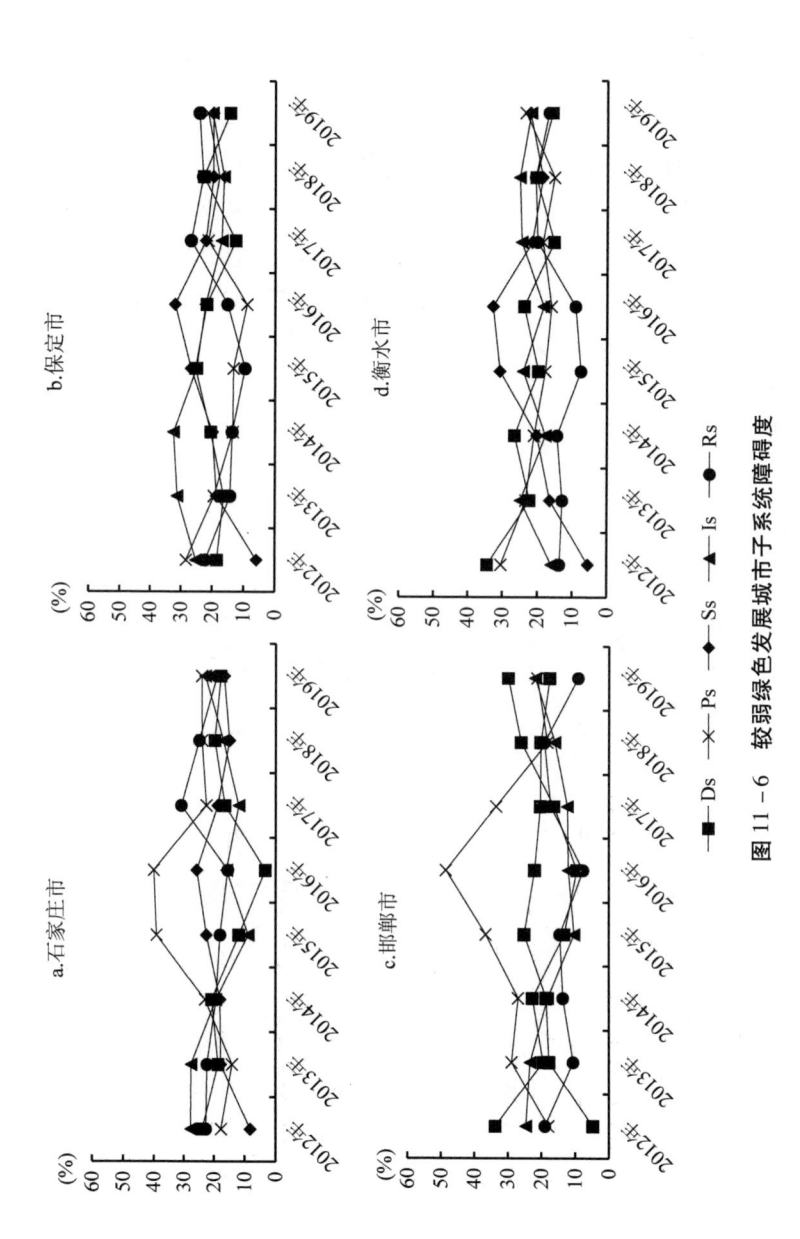

图 11-6 较弱绿色发展城市子系统障碍度

(五) 弱势绿色发展城市障碍度分析

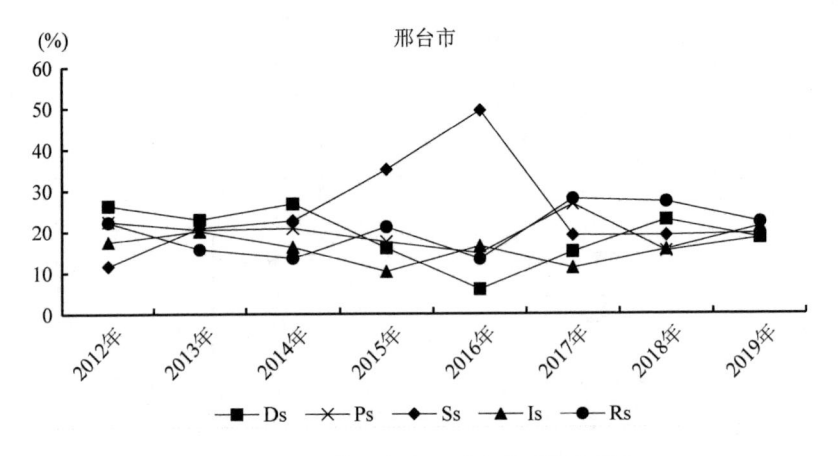

邢台市各子系统障碍度变化趋势见图 11-7。从中可知，邢台市子系统障碍度由 2012 年的 Ds > Ps > Rs > Is > Ss 转变为 2019 年的 Rs > Is > Ss > Ds > Ps。2019 年邢台市 Rs、Is 和 Ss 的障碍度分别为 22.28%、21.26% 和 19.75%，是影响邢台市绿色发展的三个主要障碍子系统。在 Rs 子系统中，邢台市建成区绿化覆盖率（R_2）为 46.70%，其障碍度为 5.77%，在 Rs 子系统中居首位；Is 子系统中，环境空气质量优良率（I_1）为 47.95%，居河北省倒数第三；Ss 子系统中，PM10 浓度年均值（S_6）为 115.00 微克/立方米，是国家二级年平均浓度标准（70 微克/立方米）的 1.64 倍，位居河北省第三。邢台市环境治理形势依然严峻，大气环境污染治理刻不容缓。

图 11-7 弱势绿色发展城市子系统障碍度

第十二章

政策措施：京津冀城市群协同发展政策措施与实施路径

第一节 京津冀城市群协同发展政策措施

一 京津冀协同发展政策现状

2015年6月印发实施的《京津冀协同发展规划纲要》是指导京津冀协同发展的纲领性文件，深刻分析了京津冀协同发展的重大意义、面临的主要问题和发展的有利条件，对协同发展需要坚持的基本原则、总体目标和发展定位，疏解北京非首都功能，产业、交通、生态三个领域率先突破，体制机制改革以及组织领导等方面都进行了部署。《京津冀协同发展规划纲要》下发至今，中央和地方政府都出台了相关的实施政策，本书从产业、生态、交通和民生四个方面对京津冀协同发展的主要政策进行梳理和介绍。

（一）产业政策

产业协同是京津冀协同发展需要突破的重点领域之一，政府颁布了一系列促进京津冀产业协同发展的政策措施。本书整理了京津冀协同发展的主要产业政策见表12-1。2015年6月，财政部、国家税务总局印发了《京津冀协同发展产业转移对接企业税收收入分享办法》，旨在促进京津冀资源要素合理流动，实现京津冀优势互补和良性互动。为了更好地引导京津冀产业合理有序转移和转型，工业和信息化部与京津冀政府共同制定了《京津冀产业转移指南》，并于2016年6月发布实施。《京津冀产业转移指南》基于《京津冀协同发展规划纲要》中京津冀空间布局，强调三地产业联动，从落地实施的角度进一步明确了三地产业的发展方向。为了加快推进京津冀及周边地区工业资源综合利用产业协同转型升级，提升资源利用效率，促进高质量发展，工业和信息化部于 2020 年 7 月发布《京津冀及周边地区工业资源综合利用产业协同转型提升计划（2020—2022 年）》。中央还出台了诸如《京津冀农产品流通体系创新行动方案》《国家邮政局关于京津冀邮政业协同发展的指导意见》《中国保险监督管理委员会关于保险业服务京津冀协同发展的指导意见》等专项政策。

表 12 - 1　　　　　　　　　京津冀协同发展主要产业政策

编号	政策名称	发布机构	发布时间
1	《京津冀协同发展产业转移对接企业税收收入分享办法》	财政部 国家税务总局	2015 年 6 月
2	《京津冀范围内纳税人办理跨省（市）迁移有关问题》	国家税务总局	2015 年 12 月
3	《中国保险监督管理委员会关于保险业服务京津冀协同发展的指导意见》	中国保险监督管理委员会	2015 年 12 月
4	《国家邮政局关于京津冀邮政业协同发展的指导意见》	国家邮政局	2016 年 2 月
5	《京津冀产业转移指南》	工业和信息化部	2016 年 6 月
6	《京津冀农产品流通体系创新行动方案》	国家发展和改革委员会 农业部 商务部	2016 年 6 月
7	《保险公司跨京津冀区域经营备案管理试点办法》	中国保险监督管理委员会	2017 年 1 月
8	《京津冀协同推进北斗导航与位置服务产业发展行动方案（2017—2020 年）》	北京市经济和信息化委员会 天津市工业和信息化委员会 河北省工业和信息化厅	2017 年 3 月
9	《京津冀地区快递服务发展"十三五"规划》	国家邮政局	2017 年 3 月
10	《京津冀及周边地区工业资源综合利用产业协同转型提升计划（2020—2022 年）》	工业和信息化部	2020 年 7 月

资料来源：北大法宝网（http：//www.pkulaw.cn/）。

（二）生态政策

受雾霾等生态环境问题的困扰，京津冀很早就在生态环境保护领域开展多方面的合作。生态环境的保护和治理一直是京津冀合作的重点领域，中央和京津冀政府相继出台和实施了一系列相关的政策，京津冀协同发展的主要生态环境政策见表12-2。2014年6月，《京津冀地区生态环境保护整体方案》明确提出"京津冀一体化将首推环保，三地将逐步实现排污标准统一"；同年9月，京津冀及周边地区大气污染防治协作小组办公室印发《京津冀及周边地区大气污染联防联控2014年重点工作》，提出要成立区域大气污染防治专家委员会，加强京津冀联动，同时启动区域空气质量达标规划编制，明确大气环境承载能力红线。《京津冀协同发展规划纲要》提出，生态环境保护是京津冀协同发展需要率先突破的重点领域之一。2015年12月，京津冀三地环保部门签署《京津冀区域环境保护率先突破合作框架协议》，指出以大气、水和土壤污染防治为环境保护重点，以联合立法、统一规划等10个方面为突破口，加强对京津冀生态环境的保护力度，提升生态环境质量。为贯彻"十三五"绿色发展理念，国家发展和改革委员会、环境保护部于2015年12月底发布了《京津冀协同发展生态环境保护规划》，规划了京津冀生态功能分区，以县（市、区）为基本单元，提出要构建"一核、四区、多廊、多心"生态安全格局，并且在这次规划中，国家首次划出京津冀PM2.5年均浓度红线。2016年11月，工业和信息化部印发《京津冀及周边地区工业资源综合利用产业协同发展示范工程项目》，决定组织实施京津冀及周边地区工业资源综合利用产业协同发展示范工程，确定一批重点项目，内容涉及建筑垃圾资源一体化、废旧家电拆解再生资源回收利用和20万吨氧化铝赤泥综合利用等。

表12-2　　　　　　　　京津冀协同发展主要生态环境政策

编号	政策名称	发布机构	发布时间
1	《京津冀及周边地区重污染天气监测预警方案（试行）》	中国气象局 环境保护部	2013年9月
2	《京津冀及周边地区落实大气污染防治行动计划实施细则》	环境保护部 国家发展和改革委员会 工业和信息化部	2013年9月
3	《京津冀及周边地区秸秆综合利用和禁烧工作方案（2014—2015年)》	国家发展和改革委员会 农业部 环境保护部	2014年9月
4	《京津冀区域环境保护率先突破合作框架协议》	北京环保局 天津环保局 河北环保厅	2015年12月

续表

编号	政策名称	发布机构	发布时间
5	《京津冀协同发展生态环境保护规划》	国家发展和改革委员会 环境保护部	2015年12月
6	《关于统一京津冀城市重污染天气预警分级标准强化重污染天气应对工作的函》	环境保护部 中国气象局	2016年2月
7	《京津冀协同发展毗邻地区林业有害生物协同防控联动工作方案（试行）》	北京市园林绿化局 天津市林业局 河北省林业厅	2016年5月
8	《京津冀大气污染防治强化措施（2016—2017年）》	环境保护部 北京市人民政府 天津市人民政府 河北省人民政府	2016年7月
9	《京津冀及周边地区工业资源综合利用产业协同发展示范工程项目》	工业和信息化部	2016年7月
10	《京津冀平原地面沉降综合防治总体规划（2019—2035年）》	自然资源部	2019年5月

资料来源：北大法宝网（http://www.pkulaw.cn/）。

(三) 交通政策

京津冀交通一体化是京津冀协同发展的设施基础。2015年12月，国家发展和改革委员会与交通运输部联合发布《京津冀协同发展交通一体化规划》，规划提出将在京津冀构建"一核、双城、三轴、四区、多节点"总体空间布局，提升交通智能化水平，打造以首都北京为核心的世界级交通体系。针对铁路、港口、航空、海关和公共交通等方面协同发展的相关政策见表12-3。第一，打造"四横四纵一环"的交通新格局。根据《国家发展改革委关于京津冀地区城际铁路网规划的批复》，以"京津、京保石、京唐秦"三大通道为主轴，基于现有路网连接京津冀内所有地级及以上城市，以较短的通勤圈和交通圈有效地支撑和引导京津冀空间布局调整和产业转型升级。至2030年基本形成以"四纵四横一环"为骨架的京津冀城际铁路网络。第二，促进京津冀沿海港口协同发展。《加快推进津冀港口协同发展工作方案（2017—2020年）》旨在实现天津港、唐山港、黄骅港和秦皇岛港错位发展、优势互补，在加快推进津冀港口协同发展方面发挥了重要作用。第三，推进京津冀民航协同发展。国家发展和改革委员会、民航局联合发布《关于推进京津冀民航协同发展的意见》，旨在形成与京津冀协同发展相适应的民航布局，并指出到2020年基本形成服务体系完善、运行高效，与其他交通体系衔接顺畅的民航系统，更好地促进京津冀协同发展战略的实施，实现民航业与京津冀经济、社会发展相互促进，并达到持续健康发展的良性循环。第四，加强京津冀海关区域通关一体化改革。海关方面出台了《京津冀海关区域通关一体化改革方案》，首次明确提出"京津海关业务一体化"的改革思路和方向，并成立了由北京海关、天津海关组成的改革方案研究起草课题组。第五，实现京津冀交通一卡通互联互通。由北京市牵头，京津冀制定了《京津冀交通一卡通互联互通实施方案》，并开展了区域清分结算中心的建设工作。

表 12-3　　　　　　　　京津冀协同发展主要交通政策

编号	政策名称	发布机构	发布时间
1	《京津冀交通一卡通互联互通实施方案》	交通运输部	2015年9月
2	《京津冀交通一体化发展的标准化任务落实方案》	交通运输部	2015年11月
3	《京津冀协同发展交通一体化规划》	国家发展和改革委员会 交通运输部	2015年12月
4	《京津冀三省市区域交通一体化统筹协调小组工作规程（2016年修订版）》	北京市交通运输委员会 天津市交通运输委员会 河北省交通运输委员会	2016年6月
5	《国家发展改革委关于京津冀地区城际铁路网规划的批复》	国家发展和改革委员会	2016年11月
6	《京津冀跨省市省级高速公路命名和编号规则》	北京市交通运输委员会 天津市交通运输委员会 河北省交通运输委员会	2017年1月
7	《加快推进津冀港口协同发展工作方案（2017—2020年）》	交通运输部办公厅 天津市人民政府办公厅 河北省人民政府办公厅	2017年7月
8	《关于推进京津冀民航协同发展的意见》	国家发展和改革委员会 民航局	2017年11月
9	《中共中央、国务院关于对〈河北雄安新区规划纲要〉的批复》	国务院	2018年4月

续表

编号	政策名称	发布机构	发布时间
10	《京津冀及周边地区运输结构调整示范区建设实施方案》	交通运输部	2018年11月

资料来源：北大法宝网（http://www.pkulaw.cn/）。

（四）民生政策

京津冀协同发展的出发点在民生，落脚点也在民生。为此，中央和地方政府出台了一系列有关社会民生的政策（见表12-4）。《京津冀协同发展规划纲要》审议通过后，京津冀三地在诸如文体教育、医疗养老等事关民生的多方面进行了变革，很多实惠已经落到实处。为了加强京津冀民政事业协同发展，2015年11月，京津冀三地民政部门共同签署了《京津冀民政事业协同发展合作框架协议》，重点规划养老服务、社会组织、社会救助、防灾减灾和殡葬管理等10个领域的合作事宜。京津冀在养老服务协同发展的体制机制创新方面先后签署和出台了《京津冀养老工作协同发展合作协议（2016—2020年）》《京津冀区域养老服务协同发展实施方案》等相关文件，并设立了京津冀养老服务协同发展试点机构。2019年1月，京津冀教育协同发展推进会在雄安新区召开，京津冀三地教育主管部门联合发布了《京津冀教育协同发展行动计划（2018—2020年）》，旨在优化京津冀教育资源布局，其内容涵盖基础教育、职业教育和高等教育等方面。为了满足京津冀群众对健身休闲的需求，推动三地健身休闲运动的协同发展，国家体育总局、发展和改革委员会与旅游局于2017年7月共同编制印发了《京津冀健身休闲运动协同发展规划（2016—2025年）》。在应急管理领域，为了加强协同应对突发事件，京津冀先后合作推行了《京津冀毗邻县（市、区）卫生应急合作协议》《京津冀救灾物资协同保障协议》等政策措施。

表12-4　　　　　　　**京津冀协同发展主要民生政策**

编号	政策名称	发布机构	发布时间
1	《京津冀毗邻县（市、区）卫生应急合作协议》	北京市卫生计生委 天津市卫生计生委 河北省卫生计生委	2015年6月

续表

编号	政策名称	发布机构	发布时间
2	《京津冀语言文字事业协同发展战略协议书》	北京市语言文字办公室	2015年6月
3	《京津冀卫生计生事业协同发展合作协议》	北京市卫生计生委 天津市卫生计生委 河北省卫生计生委	2015年9月
4	《京津冀民政事业协同发展合作框架协议》	北京市民政局 天津市民政局 河北省民政厅	2015年11月
5	《最高人民法院关于为京津冀协同发展提供司法服务和保障的意见》	最高人民法院	2016年2月
6	《京津冀健身休闲运动协同发展规划（2016—2025年）》	国家体育总局 国家发展和改革委员会 国家旅游局	2017年7月
7	《关于推进京津冀人力资源和社会保障事业协同发展的实施意见》	人力资源社会保障部	2017年10月
8	《京津冀区域养老服务协同发展实施方案》	北京市民政局 天津市民政局 河北省民政厅 内蒙古自治区民政厅	2017年12月
9	《京津冀教育协同发展行动计划（2018—2020年）》	北京市教委 天津市教委 河北省教育厅	2019年1月
10	《京津冀救灾物资协同保障协议》	北京市应急管理局 天津市应急管理局 河北省应急管理厅	2019年11月

资料来源：北大法宝网（http://www.pkulaw.cn/）。

二 京津冀协同发展对策建议

（一）强化统筹协调，落实制度保障

在推动京津冀协同发展的进程中，京津冀需要设立三地协同的工作机构，成立有力的领导班子。三地要定期举办联合会议，会议应突破三地部门和区域之间的障碍，主要用于探求协同创新进程中应采取的重要举措，实现三地以创新引领规划发展，促进政策和项目之间的统筹兼顾、联动发展。在顶层设计方面，不仅要制定统一的总体规划，如《京津冀协同发展规划纲要》，还要制定一些专项规划，如关于产业布局优化的《京津冀产业转移指南》。京津冀城市群还应当建立有效规范的信息沟通与协调机制，使各个分部门之间能够有序对接。从城市群发展的全局视野出发，处理好工作之间的协调机制是重中之重。各城市之间互通有无，共同协商解决实际工作中遇到的问题，强化协调对接政策、资金和技术，取长补短，吸取产业发展"长板"，补齐绿色发展"短板"，防止城市群不平衡发展，造成不必要的同质化和同构化竞争。

京津冀协同发展需要进行体制机制改革。行政区划的制约导致许多的问题，如市场保护、要素流动不畅、重复建设及不合理竞争等。解决这些问题应采取以下措施：第一，突破阻碍地区经济发展的束缚，解决制约区域发展的难题。其一是实施正确的激励措施，不把 GDP 作为评价区域经济发展水平的唯一指标。树立正确的新发展理念，充分调动地方政府参与区域协同发展的主动性和积极性。其二是建立约束机制，各地方政府在区域协同发展中的组织活动要在制度约束下规范进行。京津冀就区域治理方面达成统一协定，明确三方的权利与义务，遵守共同的制度规则。当条件成熟后，有关于区域治理的法律法规制定环节将提上日程，地方政府的行为活动得以有效约束。第二，打破行政壁垒，清除协同发展进程中的制度障碍。京津冀应从企业和人才的资质互认、信息互通和数据共享等方面入手推行改革，尽最大可能破除生产要素自由流动的阻碍。在京津冀全面开展创新改革试验，以北京中关村、天津自贸区等为核心发展地带，发挥这些地区的试点检测平台作用，以期辐射带动周边地区进行创新改革。结合三地实际发展情况，在金融投资、产权交易和创业就业等方面建立统一优惠政策，从而深层次推进京津冀的协同发展。

（二）启动区域立法，提供法制保障

根据国家法律以及有关政策措施，京津冀要分别依据实际情况，创新立法项目，对影响科技成果转化的相关法律和政策予以调整，缩小地区之间政策的差距，实现京津冀相关法律法规的整合，如研究制定区域统一的财税、金融投资、产权交易、技术研发、知识保护和政府采购等创新扶持政策。为了更好地推进京津冀协同创新，达成共同体的建设，要逐步统一企业研发费用减免标准和区域高新技术企业互认标准等。

合理的制度机制可有序推进京津冀协同立法项目的实施。第一，北京市、天津市和河北省联合成立区域立法协调机构。该机构专门用于协调三地的立法事项，并长期规范、有效地运作。第二，建立京津冀信息共享平台和立法交流平台。区域立法过程中，三地之间要经常进行协作交流沟通，提高区域立法的可预见性。在立法工作过程中，要及时协商调解碰到的问题与冲突，尽最大可能发挥协同优势与立法制度的规范作用。第三，构建京津冀协同立法工作机制。人民代表大会作为政府和人民沟通的制度平台，有效协调和衔接区域协作立法中的不同立法形式。第四，创新京津冀协同立法备案制度。一是按照立法规定形成合作立法体系，及时报请国家有关部门备案，保障合作立法成果取得成效。二是创新京津冀立法备案制度，在现有立法基础上建立区域合作立法的交叉备案制度。

（三）促进产业升级，推动高质量发展

产业发展的好坏直接决定着国家经济发展的质量，在京津冀协同发展的大背景下，产业转移是区域内实现合理分工的重要手段。目前，京津冀三地经济发展处于不同的阶段，产业发展各具优势，存在一定的互补性。总体而言，北京市作为首都汇集了各种资源和优秀人才，生产性服务业相对发达，可为天津市和河北省提供指导和支持，利用人才、信息和科研等优势建立创新基地，推动地区发展。天津市在现代制造业方面发展较好，尤其是高端装备制造。与其他两地相比，河北省生产成本、人力成本和物价较低，可利用成本较低的优势承接京津两地的制造业转移，在构建完善区域产业链的同时，也助力自身产业升级。

京津冀应以新发展理念为引领，促进产业转型升级，调整产业结构，推动经济高质量发展。首先，三地应根据产业发展现状，精准定位各自的产业特征和优势产业。在总体上制定中长期规划，以协同创新优化产业布局，按照产业对接方式和协同创新路径的特点，制定相应的路线图和时间表，形成梯度合理、有序布局、错位发展的区域产业创新模式。其次，注重项目建设，架起企业、高校和科研机构等之间的桥梁，促进创新项目的区域改造和重大科研、技术改造项目的实施。最后，筹集产业创新支持资金，为产业创新提供支撑。设立跨越地理位置障碍和行业局限的区域产业协同创新平台，改善并维护产业创新的环境。构建京津冀高新技术产业园区战略联盟，形成一批跨省市科技创新产业研究中心或创新战略研究基地，带动建立科技园区和创新社区。以调整整体产业结构和产业转型升级为目标，实现京津冀产业的协同创新与绿色发展。

坚持推动北京市重点发展高科技产业与现代服务业，疏解非首都功能。第一，以北京市作龙头企业总部的聚集地，将高耗能行业、能源密集型行业和生产制造企业等转移到具有大量劳动力的地区。由此既能带动其他地方经济的提升，又能疏解北京市的压力。区别于京津两地，河北省在建的科技创新软件园因受到资本投入的限制，发展陷入瓶颈，京津两地可通过在河北省创建子公司等形式来帮助河北省设立科学技术研发机构，如此不仅可以满足河北省公司机构扩容的需求，还可以大大提升当地的科研水平。第二，将部分第三产业整体迁移到北京市的周边地区。一些大宗商品需要大面积的仓储物流基地和专业市场，北京市的土地利用率已接近饱和，将这些物流功能外迁至河北省，在促进流入地市场交易的同时，也缓解了北京的土地资源压力。第三，疏解部分社会公共服务职能。迁移北京市的部分高校，促进老校区向研究生培养基地、研发创新基地和重要智库等方向转型。医疗和教育机构等的搬迁也会让河北省的人民更近距离的享受到优质的公共服务。第四，疏解部分行政型和事业型的服务机构。将非核心行政职能分散到北京市的周边地区，为北京市的核心行政职能提供有力支撑。

雄安新区在推进京津冀城市群发展的过程中要融合绿色制造和高科技产业，打造新型产业发展模式，将单一型产业培育成绿色现代的复合型产业，转变经济增长方式，加速新旧动能转换，在引领雄安新区发展的同时促进京津冀经济的协调发展。雄安新区作为"千年大计"，目标是成为国际化的现代型绿色新城。雄安新区的创新发展要辐射整个京津冀，三地齐力打造京津冀协同创新共同体，形成京津冀城市群经济联系密切且兼具差异化的发展格局，进而将京津冀打造成具有国际竞争力的世界级城市群。

（四）打造协同创新平台，提供创新支撑载体

打造京津冀城市群协同创新平台。在京津冀实施创新改革试点方案，以三地共建协同创新共同体为发展目标，聚焦于共同发展、共享资源，创新性开发五种不同的合作共赢模式，包括共建园区、共创基地、共搭平台、共设基金和共同攻关。除了合作模式创新之外，还需在创新资源方面实施改革试验。创新资源涵盖范围广泛，为大众所熟知的知识产权、人才

流动、激励机制和市场准入等均属于创新资源。为推动城市群协同创新平台发挥示范作用，应将试验方案在京津冀进行推广。方案实施过程要因地制宜，为协同创新平台的建立提供有力的载体支撑。津冀两地要借助北京市作为国家自主创新主要源头的优势，天津市应努力建设国家自主创新示范区和国家产业创新中心，不断完善"一区多园"的总体布局。发挥中关村示范区领头羊的作用，推动建设天津滨海—中关村科技园、保定·中关村创新中心等，争取将中关村自主创新相关试点政策扩大到京津冀城市群，建设生机勃勃的创新型城市群。

协同创新平台作为推动京津冀协同创新发展的有力支撑，是体制机制改革和政策试点的发展重点。首先，以推进建设区域科技平台为基点，大力开创国家级的创新平台，同时也要使金融机构的创新能力得到充分发挥。其次，在股权交易领域，打造股权交易的平台和市场，建立股权交易市场转移机制，为交易平台的建立提供制度保障。最后，将科技和金融相结合，构建区域科技金融合作平台，形成科技金融服务体系，强化科技金融制度保障和政策方面的创新，丰富该体系的功能性和层次感，使得科技与金融形成横向协同的发展趋势。

建立新型的合作创新组织模式。成立专业性强的高校和科研院所，使其成为区域合作创新的推动者，培养其为京津冀科技合作创新服务的常设职能性机构。创新平台不是凭空打造出来的，而是以国家大学科技园、特色产业园区和众创空间等为依托，逐步发展成为专业基础牢固并兼具自身特性的优质创新平台。应努力将京津冀城市群打造得更智慧化和人性化，以此来吸引高科技人才和资本。城市群内部借助创新平台分享各自的优质产品，互相传授经验、技术、知识等。

（五）构建统一要素市场，激发协同创新活力

京津冀地域辽阔，拥有丰富的创新资源，但是由于创新要素市场不健全，无法保证资源合理有效配置，造成资源统筹受阻，禁锢了协同创新前进的脚步。因此，提出三种方法以期有效解决这一问题。第一，建立公平的人才流动共享保障机制，建立健全灵活的人才流动机制。京津冀拥有各自的人力资源市场管理条例，难以做到管理的统一，也难以推动人才的高效流动。因此，应尽快颁布统一的管理办法，三地遵循同一管理制度，解决好户籍制度、高考录取制度和社会保障制度等现实问题。建设具有专业权威性的区域人才网站，以人才网站为基地，实现人才资源信息的互联互

通、交流共享。第二，组织形成科技资源开放共享机制。京津冀可创立科技联盟组织，打造科技创新平台，一些大型科学仪器设备会耗费大量的资金，三地可共享基础设备资源。构建技术交易网，可通过网络实现技术服务，达成"一站式"科技服务。在京津冀实施科技创新券互认互通，合理配置科技资源，提高科技资源的利用效率。第三，京津冀之间存在市场分割现象，为了打破这一现状，可创立市场体系，这种市场体系需要具有公平性和包容性，能充分协调好要素资源、生产商品和服务企业间的关系。以提升要素资源的市场化程度为目标，发挥市场主导定价作用、政府侧面辅助作用，将政府与市场联合起来创建规范合理的价格体系。该价格体系遵循市场价值规律，既可协调好供需双方关系，也尽可能避免了资源短缺的现状。地区间资源要开放共享，合并独立拆分的市场，形成公平、包容、有序和协调的市场体系。

为了构建统一要素市场，促进创新资源的融合，实现产业技术的开放共享，可创立技术创新战略联盟。天津市清华高端装备研究院和北大信息技术研究院作为行业的高端领军研发平台，在做好本职研发工作的基础之上，要引领帮扶地方高端合作基地的建设。在多重领域实施协同创新工程，主要包括传统产业的绿色转型、战略性新兴产业的创新发展、绿色循环低碳产业的节能发展、节能环保产业的成长和清洁能源的开发利用等。

京津冀共同建立城市群工业云平台。京津两地的工业云平台作为试点项目已有成效，北京工业云平台和天津滨海工业云平台已被列入国家首批"工业云"创新服务试点，工信部可以将两地的工业云平台作为标杆，为京津冀城市群提供项目支持和资金扶持。联合建立"京津冀城市群工业云"创新示范工程。借助智能工业云平台，京津冀城市群可以集合各地区的资源要素。组建区域性云计算产业联盟，汇聚云计算创新发展的凝聚力，将资源要素贯穿于产品的研发、设计、创新、制造和市场营销等环节，提升城市群的绿色、先进和智能制造水准，实现资源要素共建共享，激发协同创新的发展活力。

（六）建立利益分享机制，增强协同创新动力

利益分配制度是影响一个区域实现协同发展进程的核心因素，但当前京津冀的财税体制尚未完全满足协同发展利益分享的要求，当务之急是构建完善合理的利益分配制度。将"利税分配改革"作为抓手，以保证京津冀财税试行存量固定以及增量分成为前提基础，通过设计体制机制，更好

地解决研发部门与生产基地分离、总部经济与异地纳税所产生的税收与税源分离问题。要建立产业转移、技术成果转化以及跨省市投资的区域间税收分享和产值分计制度。同时要形成规范的科技成果价值评价体系，细化创新合作的知识产权共享机制，确保各方的利益诉求，以此有效带动京津冀协同创新积极性。

建立京津冀产业转移利益诱导机制。在京津冀城市群产业转移的过程中，市场对产业转移过程中的资源配置问题发挥了主导决定性作用，通过政策制定来建立产业转移利益诱导机制。《京津冀产业转移指南》明确指出了产业发展格局，京津冀的企业要依据指南所示转移相应的企业项目。一些城市的相关产业需要重点疏解，对于具有转出意愿的企业，可根据法律规定予以适当的补贴奖励；对于具有转入意愿的企业，需要根据接收城市的产业布局规划，重点承接某一产业，积极出台相应的激励政策来吸引企业向本市转移。对于技术要素类的转移，京津冀城市群要鼓励研究院、企业异地建立科技成果转化示范区，技术的输出地和承载地可享受相关的优惠配套政策。

构建京津冀产业协同发展的利益分享机制。京津冀绿色产业和资本跨区自由流动受到了地方利益的影响，地方利益的中枢就是地方财税利益。为了实现产业和资本等生产要素的自由流动，必须努力突破这一障碍，打破行政机制对绿色产业和资本优化配置的体制机制限制。依据2015年6月发布的《京津冀协同发展产业转移对接企业税收收入分享办法》，率先在京津冀城市群开展财税体制改革试验。基于京津冀实际发展状况，全方位推进"存量不变、增量分成"的财税体制，完善利益分配制度，实现城市间的税收分享。对于那些由政府发起也面临转移的企业，可规定一定的期限，在期限内要保证将地方税收基数留在原注册地，多于基数的部分可由两地按照约定比例分成；新增的项目增值税和所得税等，可由地方保留一部分，其余的由投资方所在地和注册地政府按照约定的比例和期限共享。

（七）推进公共服务均等化，提高人民生活质量

京津冀协同发展的目标是为了缩短三地之间的人均收入水平差距，实现基本公共服务的均等化，权衡人口、经济和资源环境三方之间的空间差异。就目前三地发展水平而言，河北省与北京市、天津市的发展水平有明显差距，主要体现在公共服务质量和社会发展水平上，河北省的发展水平

明显落后。当前需要开展大量的工作来推动京津冀的协同发展，以期到2030年三地的公共服务水平趋于均等化。

第一，加强京津两地对河北省发展较落后的地区的对口帮扶工作。要想实现京津冀的基本公共服务均等化的目标，就要在资源配置上补齐河北省的短板，实现资源要素的统一均衡。京津两地需要重点帮助河北省发展较落后的地区提升其基本公共服务水平，与此同时推进生态合作、培养优质人才，强化产经合作，提高发展较落后的地区人民的生活水平质量。

第二，加快教育资源互融共享，医疗卫生联动协作。根据《"十三五"时期京津冀教育协同发展专项工作计划》，京津冀大力推进十个教育重点项目，壮大教育人才队伍，在基础教育和北京非首都功能疏解方面展开深入合作，实现高校的易地搬迁、分校建立以及合作办学，通过多种项目的合作实现高等教育资源共享。在医疗卫生方面，人力资源和社会保障部门进一步推动京津冀在全国远程医疗结算平台上的整体联动，率先实现省际远程医疗直接结算。尽可能支持北京市的学校和医院在雄安新区联合办学、办医联体，促进部分优质公共服务资源从北京市转移到雄安新区，促进京津冀公共服务设施均衡发展。通过行政与市场相结合，尽快消除对户籍、教育和医疗人才流动的限制。尝试在京津冀范围内探索建立"绿卡"制度，以适应京津冀协同发展的需要。对于特殊人才，经相关部门批准，予以发放"绿卡"，持有特定"绿卡"的人可在京津冀享有教育、医疗和社保等多重优惠政策，消除户籍和公共服务资源对人才的限制，免除他们的后顾之忧。

第三，加快"互联网+公共服务"的发展。为了降低地区间公共服务差距，以提高公共服务信息技术水平为抓手，优化互联网技术提供的公共服务方式，促进"互联网+教育""互联网+养老""互联网+健康""互联网+公共服务"等的发展，以智慧、便捷和多样的服务方式助推公共服务的发展。北京市和天津市要着眼于信息基础设施的建设，并利用智能终端、大数据和云服务等信息技术提升公共服务信息水平。根据收集到的地区居民个性化的服务需求，提供准确的服务和信息支持，促进河北省服务资源共享，提高服务便利性和可达性，提高服务的综合质量。

第四，大力推进政府公共服务采购。三地政府要相互协调，对符合条件的公共服务，政府应当提供购买服务，而不是直接承担服务，购买渠道可来源于社会团体、企事业单位等。进一步激发社会团体的活力，增加对社会团体的支持；积极探索社会组织孵化基地建设，支持和培育高素质、规范的社会组织；建立完善社会组织失信惩处制度，引导社会组织全面健康发展；积极推进政府与社会合作模式，对有条件的公共服务项目提供资金支持和政策倾向，资金的支持可来源于社会资本，提高基本公共服务的供给能力，鼓励和引导民间资本参与公共服务项目建设，使公众享受高质量、高效率的公共服务。

第五，建立和完善公共服务绩效评价机制。立足于公共服务的统计数据，对其进行监测和收集，评价范围不仅仅局限于公共服务的投入状况，还要扩展到整个公共服务的供给过程、产出和结果，注重改进公共服务绩效评价机制。政府的财政资金要用在刀刃上，提高资金的利用效率。社会引进第三方来评估公共服务质量，发挥京津冀智库、高校和科研院所等的力量，利用行业信誉和资质良好的第三方和专业人士对公共服务的执行效果进行评估，对基本公共服务进行管理监测，提高公共服务的质量和效率。

（八）优化生态资源市场，构建资源环境交易体系

形成生态产品市场化机制，构建京津冀城市群资源环境交易体系，优化生态资源市场。实现绿色发展需要市场化运作机制，构建区域性生态环境资源交易体系的运作机制有助于推进京津冀城市群绿色发展。从碳交易、水权交易等多方面构建市场化运作机制，有助于优化京津冀生态环境资源配置，构建生态资源产品进入市场交易体系，实现生态资源产品的市场价值。同时通过举办宣传活动，对公众开展宣传，打破"环保不经济"的生态贫困困境。可以鼓励个人和社会组织购买京津冀生态彩票、进行慈善捐赠或者向碳基金组织购买碳汇和采取低碳生活模式等方式，从中获取经济效益。

从碳交易入手构建京津冀生态环境资源交易体系，对京津冀城市群的碳交易市场进行梳理和整合，统一组建并形成区域性碳交易市场。鼓励张家口和承德在植树造林过程中产生的碳汇进入市场展开交易，以区域性碳交易市场为碳汇交易渠道，扩展张家口和承德的碳汇交易规模。以碳交易试点为基底，逐渐发展区域排污权和水权交易等生态资源交易体系。

在建立生态交易体系的同时，还需实行生态补偿机制。现阶段地区生态补偿获取的资金来源仅为当地政府财政资金的投入，京津冀城市群产业、交通、环境和民生等的协同绿色发展仅依赖政府资金支持很难完成，

尤其是在生态环境方面,对补偿资金有较大的需求。在京津冀协同发展的战略背景下,理应结合中国国情,拓展创新思维方式,探索生态补偿资金的来源和途径。①

第一,实行生态补偿累进税,提高区域财政积极性。生态补偿累进税是在保护生态区的基础上,为了改善生态环境质量而产生的生态成本,在生态补偿数量化后,从生态效益水平得来的超额累进税。环保积极性的提高很大程度得益于累进税的刺激,部分税收可以用来保护生态,弥补地区因保护生态所遭受的经济损失。这部分税收不仅可以提高经济效益,而且可以解决生态类横向财政转移支付的资金来源问题。

第二,在顶层设计的基础上,实施专项预算支出。目前地方政府之间的决策都通过政府协商解决,政府之间的博弈可以规范制定出横向财政转移支付的资金规模。京津冀协同发展已上升为一项国家战略,站在国家发展的高度,应以国家的战略地位为中心,进行顶层设计、立法建制,出台京津冀横向生态补偿法律机制,明确京津冀各自所需的资金补偿金额,划入政府预算范畴,列明清单,实行专项专款预算支出。

第三,发行生态保护彩票,提高公众环保意识。体育彩票和福利彩票的成功发行经验可应用于生态保护彩票的发行,除了将彩票最终收益的一部分返还给用户之外,剩余部分用于补充生态保护的横向财政转移资金。这样既增加了生态保护的横向财政资金的来源渠道,又增强了公众的生态保护意识。

第四,实施横向财政转移支付,完善纵向财政转移支付。德国作为世界上实行横向财政转移支付成功的国家之一,借助于横向财政转移支付体系迅速有效地实现了公共服务均等化,这一成功的案例为我国提供了有利的经验。应尽快建立健全横向生态补偿转移支付的相关法律法规,来保障三地横向生态补偿机制的建立。我国目前在生态补偿方面实施的是由中央向地方纵向的财政转移支付措施。此种补偿机制虽然提高了保护生态环境的积极性,但存在明显的局限性。由于过分聚焦于目前的生态补偿量,忽视了质量的保证,极易造成被补偿方专注于多种树而轻视结构建设等现象。因而完善我国现行的纵向财政转移支付生态补偿法律法规和纵向生态补偿转移支付评价指标是十分必要的。

---

① 张惠远等:《京津冀区域环境形势及绿色发展路径分析》,《环境保护》2017年第12期。

第二节　京津冀城市群协同发展实施路径

将京津冀建设成为世界级城市群是京津冀协同发展战略的重要目标，是建设创新型国家、参与全球竞争及提高国家竞争力的战略需要。自京津冀协同发展战略实施以来，京津冀在重点领域的协同发展取得了较大进展，但在产业、生态和公共服务等方面仍然存在不足，如京津冀在科技资源配置、创新资源共享和科技成果转化等方面仍有待加强，水环境恶化、水资源短缺及大气污染等问题依然存在。[①] 协同创新与绿色发展是京津冀协同发展的关键，唯有提高创新能力，提升绿色发展水平，在发展经济的同时保护生态环境，才能促进经济高质量发展。为了全面推进京津冀协同发展，充分发挥三地的比较优势，科学、合理地选择京津冀协同创新与绿色发展的路径具有重要意义。

一　强化北京引领作用，带动区域科技创新发展

重视京津冀的科技创新，构建产业创新生态系统，是实现区域产业协同创新的重要途径之一。国内顶尖高校集聚北京市，为北京市创新和发展提供了高质量人才和创新活力，四大国有银行总行以及国内知名上市企业总部坐落于北京市，使北京市具有独特的资本优势。北京市作为中国最发达的城市之一，可大力发展高新技术、科技、金融和战略性新兴产业。北京市作为科学技术创新能力高、高等学府和科研院所最密集的地区，应充分发挥其技术、人才和知识等资源优势，构建以"高精尖"产业为核心的产业结构，将北京市打造为一个具有全球影响力的科技创新中心和优势产业策源地，以承担京津冀产业产品设计、研究和开发等功能。以中关村为核心，提高北京市自主创新能力与活力，辐射京津冀，加快推进关键核心技术与高端技术研发，促进高新技术产业和生产性服务业等重点行业的发展。

京津冀产业创新发展路径可从不同层面展开。首先，在企业、科研机

[①] 李峰、赵怡虹：《建设京津冀协同创新示范区的路径与保障机制研究》，《当代经济管理》2017年第3期。

构等微观层面进行技术创新，从而在产业聚集地形成产业创新群；其次，在园区层面进行创新并进一步演化为产业创新链条；最后，不同的创新链条之间相互联动形成一个创新网络，即按照"创新点—创新群—创新链—创新网络"的路径促进整个京津冀的产业创新发展。

在产业创新发展的基础上，构建京津冀产业创新生态系统（见图12-1）。从该生态系统可知，北京市作为产业生态系统中的研究群落，是知识、人才和技术等创新资源的集中地，是京津冀产业协同创新生态系统循环往复、螺旋式前进上升的领头羊；天津市作为产业协同创新生态系统的开发群落，具有完备的产业基础，能够承担北京市科研成果转化的重任，促进高端制造业创新发展；河北省作为创新应用群落，是京津冀产业转移、升级优化的基地，能够将科研成果广泛应用，把科技成果推进市场，是整个区域产业创新生态系统中产业技术研发与成果应用之间的助推者，是推动区域产业创新生态系统整体运行的战略支撑区。[①]

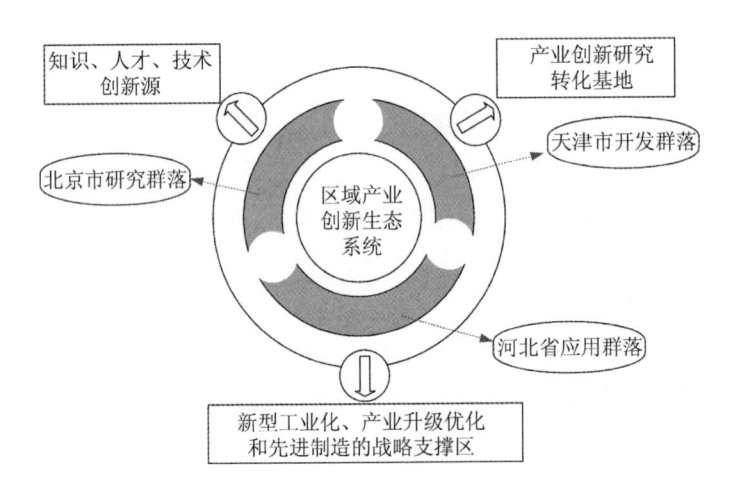

图 12-1 京津冀产业创新生态系统

二 深化产业链协同发展，调整产业结构

加强三地产业对接协作，促进该区域产业整体转型升级，以此推动京津冀协同创新发展。坚持产业转移和升级相统一、注重区域产业链上下游协同、优化三地产业空间布局，推动形成产业链有机衔接、分工协作、优

---

① 边继云：《构建京津冀全产业链协同发展新格局》，《中国社会科学报》2020年第7期。

势互补和协同创新发展的产业格局。要促进京津冀产业整体转型升级，区域资源禀赋、产业结构、产业发展机制和产业基础设施建设都是需要考虑的重要方面。

优化三地资源配置，构建区域利益共同体。具体来说，北京市具有科技资源丰富的先天优势，但是发展空间有限，导致该地产业高度聚集，产业转移是目前疏解北京市产业集聚的重要途径之一。天津市基础设施较好，具有将科研成果转化为生产力、产业技术等被市场广泛接受的能力，天津市最适宜作为京津冀产业技术成果转化基地，因此要充分发挥天津市科技成果转化基地的作用，有必要在人、财、物和技术等资源上与北京市实现共享，以实现协同创新发展。由于基础设施不够完备，河北省与京津两地产业发展水平的差距明显，但是其资源丰富，发展空间广阔，因此将河北省作为创新产业承接基地，以承接京津的转移产业，而京津两地也应该为河北省产业升级提供技术支持。三地优势互补，共建产业利益共同体，促进京津冀在空间上较分散的产业点向产业链发展，进而形成产业集群，以加快该区域产业协同发展。

调整京津冀产业结构，加快区域经济发展方式转型，是创新京津冀经济增长模式的重要方面之一。北京市主要以高新技术产业为中心，应强化和彰显总部优势，大力发展第三产业，以带动整个区域第三产业的发展。天津市主要以工业经济发展为中心，应依靠区域和设施完备等优势，加强发展第二产业。河北省应在做好地区特色产业的同时，也要做好服务和资源的供应。推动区域经济增长方式转型，京津冀应充分认识到自身产业发展的优势和弊端，充分利用优势之处，共同推动该区域产业整体升级和优化。

培育产业创新发展新优势，亟需创新产业协同发展体制。产业健康发展不仅需要市场的驱动，还需要政府发挥引领作用。京津冀产业经过产业结构调整、整体升级优化之后，为避免三地产业利益冲突、各自为本等问题的出现，需提供完善健全的体制机制为产业发展营造良好的环境，这意味着需要激发区域协同发展的内在活力。京津冀各省市政府应以整体利益为重，建立健全产业创新发展机制，避免出现恶性竞争和资源浪费等问题。通过创新产业发展机制激发区域创新资源新活力，使空间上分散的创新资源共同促进区域产业升级优化。此外，创新产业发展机制需要一定的制度保障，因此有必要建立京津冀产业协同发展的运行和保障机制。

加快产业转移承接基地建设，推动区域产业转移发展。基础设施建设是产业发展的基础，也是承接产业转移、促进产业转型升级的路径之一。高标准、高定位和高质量地打造雄安新区、北京城市副中心、四大战略合作功能区以及其他产业转移承接平台，以推动京津冀产业转移。争取在京津冀建设多个产业发展示范区，努力构建区域产业链，形成产业群，从而优化区域产业布局，实现空间上相距较远的产业也能进行资源共享，加快区域产业整体转型升级。

三　联动政府、市场、社会，推进生态协同治理

区域生态协同治理是京津冀协同发展的重要内容。由于区域生态治理具有较突出的市场外部性，使其在区域协同发展中面临更为突出的问题，如跨区域生态补偿等。基于当前京津冀生态环境存在的问题以及治理现状，本书从政府、市场和社会三个角度出发，提出京津冀生态协同治理的路径。[①]

（一）政府协同治理路径

京津冀各地方政府的生态协同治理路径见图12-2，三省市生态治理部门权力移交给跨区域生态治理机构，并由该机构统一决策、管理和协调京津冀的生态治理问题。跨区域生态治理机构由中央政府领导，以防止地方利益冲突影响机构的正常运作，从而确保机构的权威性和独立性。该机构的成立，表明该区域生态问题治理上升到国家层面的高度，也表明中央政府是从整体利益的角度考虑，对该地生态环境进行治理，避免了地方利益影响生态环境治理成效，在决策、管理和协调过程中应以整个区域的利益为重。将京津冀作为整体来治理生态问题，既加强了三地政府在生态治理上的合作，又协调了不同地方政府间的利益冲突。生态问题治理政策运行机制和保障制度由该机构制定和实施。生态治理过程中，地方政府的诉求和有关地方生态治理的情况可以直接反映给该机构。

京津冀生态问题治理包含社会和经济问题，要真正实现生态问题的"标本兼治"，不能只采取一些"治标不治本"的措施。生态治理问题一般会涉及产业生产和人类生活方式的转变，跨区域生态治理机构在生态治理

---

① 王家庭、曹清峰：《京津冀区域生态协同治理：由政府行为与市场机制引申》，《改革》2014年第5期。

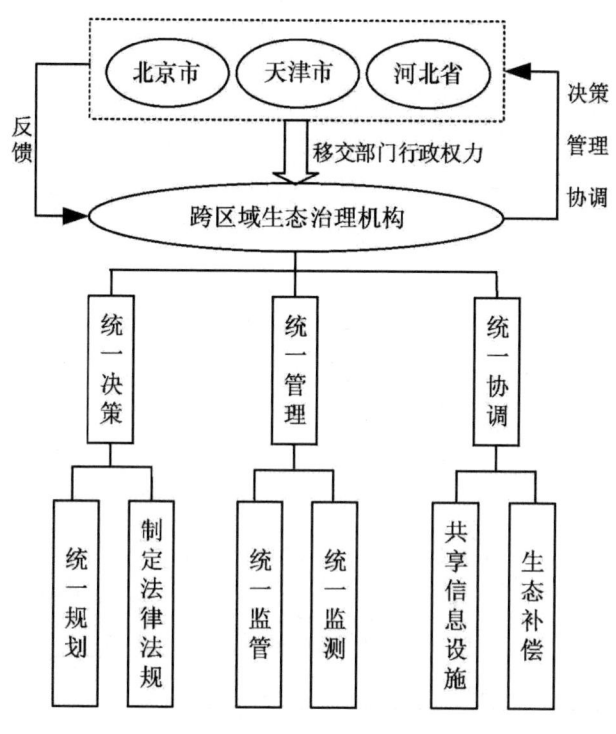

图 12-2 生态治理的政府协同路径

过程中需要对诸多方面进行综合考虑。因此，跨区域生态治理机构应拥有综合性职能，而综合性职能的使用，需要该机构具备足够的权力，才能充分协调好各地方之间的利益关系。

跨区域生态治理机构的具体职能包括统一决策、管理及协调。统一决策是指统一制定京津冀生态管理的目标和规划，并以法律法规的形式制定统一生态保护标准，避免地方政府为追求自身利益，放宽本地生态保护标准。统一管理是在生态治理过程中按照生态保护标准，对生态治理进程进行监督和监测，其中，监督即生态治理机构对整体生态治理情况进行监管，不同地方政府之间互相监督；监测是通过信息披露的方式，将不同地区生态治理情况公开，实现地方生态治理的公开监督，以及对地方政府绩效的公开评估。统一协调包括共享信息和生态补偿。其中，共享信息主要是指通过建设共享信息设施，以实现信息共享，有助于不同地方政府相互了解对方生态治理情况，避免生态治理项目的重复性建设，减少不必要的投入浪费。财政生态补偿机制是针对生态治理成本问题，按照公平原则解决生态治理成本在空间上分布不均等问题，通过财政转移支付，以"谁受益谁补偿，谁亏损谁受偿"为原则，由生态受益区向受损地区进行补偿，实现生态治理成本的区域公平。显然，京津冀生态治理协同难度大，而立法方式具有强制性，因此可以通过立法来确定跨区域生态治理机构的行政权力。跨区域生态治理机构拥有足够的权力，按照整体利益最大化原则公平地对京津冀生态环境问题进行治理。

(二) 市场协同治理路径

京津冀生态问题的市场协同治理路径见图 12 - 3。该路径主要包含两个方面：一是建设由市场主导的跨区域生态资源定价及交易机制；二是建立基于区域市场一体化的经济发展协同机制。

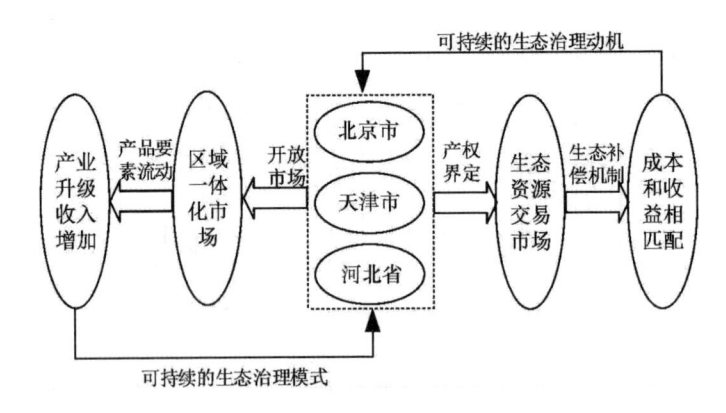

图 12 - 3　生态治理的市场协同路径

具体来说，市场占主导的跨区域生态资源定价及交易机制可以合理配置区域生态资源。水权交易、排污权交易、碳排放权交易以及节能量交易作为中国四大生态产权交易市场，为跨区域生态资源定价及交易机制的建立提供了方向。因此，以水权交易作为基础，以排污权交易作为现阶段生态治理市场化重心，以碳排放权交易引领生态治理市场化进程，以节能量交易作为可选手段，建设跨区域生态资源定价及交易机制，通过市场实现生态资源合理配置，从而提高各地区生态治理的积极性。

尽管目前的生态资源交易市场发展处于起步阶段，但国内现有的交易市场仍对建设京津冀生态资源定价及交易市场具有借鉴意义。2008 年天津市成立国内首家碳排放权交易所，2009 年湖北省进行第一次排污权交易，以及 2013 年 6 月至 2014 年 6 月，北京市、上海市、广东省、深圳市和重庆市陆续启动了碳排放权交易。现有的区域生态产权交易市场表明，在京津冀建立跨区域生态资源交易市场是实现市场协同治理生态的路径之一。

建立市场一体化的经济发展协同机制是京津冀生态治理中"治本"的关键环节。生态问题治理涉及产业生产方式的改变，包括能源结构优化、产业结构调整等问题。因此，市场协同治理生态，一方面通过一体化市场促进要素高效流动，推动产业升级，促进区域经济增长；另一方面，产业升级导致收入增加，促进地区人口流动加快，推动城镇化建设进程加快，缓解生态受损地区的人口压力，从而形成可持续的区域生态治理模式。由此可知，发挥市场在生态资源交易与以一体化市场为基础的经济发展协同机制中的主导作用，是区域协同治理生态环境的重要路径之一。

（三）社会协同治理路径

生态资源对各地方政府来说，只有使用权而不具备所有权，政府和市场治理生态问题则有可能失效。此时，需要发挥社会在生态协同治理中的重要作用。

政府和市场对于生态问题的治理属于外部推动力，要改善生态环境，最根本的方法应该是公众具有自觉保护生态环境的意识。公众自觉养成一种绿色出行、节约资源等有利于环境质量改善的生活习惯，并形成保护生态环境的意识是改善生态环境质量的途径之一。具体来说，公众可以通过自身生活方式转型，积极宣传生态环境保护，以自身行为习惯影响并带动周边人群保护环境，加强公众生态保护意识，从微观层次推动生态治理进程。

为治理生态环境问题，政府颁布一系列生态环境治理政策法规，但治理政策真正落实需要依靠公众的支持与社会监督。治理政策的强制性以及信息不对称等原因，可能导致生态治理效果不佳。公众自愿自觉地保护环境，并对违反环保法律法规的行为给予舆论谴责，从而形成自下而上的生态治理路径，弥补政府生态治理路径的不足，能够在生态治理过程中起到事半功倍的成效。[①]

四　构建交通网络系统，优化生产要素整合

北京市发展程度高，属于吸附型城市，但周边除了天津市并无其他规

---

① 牛桂敏：《健全京津冀城市群协同绿色发展保障机制》，《经济与管理》2017年第4期。

模较大的城市，因此北京市的辐射效应并不明显，无法以自身力量带动整个京津冀经济发展。一个区域的地理位置和交通在一定程度上决定了其发展速度，为促进京津冀快速发展，对该区域生产要素进行整合，亟须构建京津冀交通网络系统。[①]

对生产要素进行优化整合，离不开便捷高效、经济适用的交通网络。以实现"轨道上的京津冀"为目标，建设包含干线铁路、城际铁路、市郊铁路和地铁的交通轨道网。干线铁路主要是依靠现有的干线铁路，解决远距离出行问题，即150千米及以上的地区；城际铁路主要负责将京津冀的主要城市连接起来，服务于区域内人民公务、出差和生活出行等，是京津冀城际客运交通体系的骨干；市郊铁路的建设主要解决同一个地区内短距离的出行问题，运行距离在30千米至70千米；地铁的每个站台之间距离在1千米左右，发车时间间隔一般在5分钟内，主要是针对市区上班族的上下班出行问题，缓解城市交通拥堵，改善人们居住环境。

现代化的经济港口群也是生产要素优化整合的基础条件之一。根据京津冀不同地区的地理条件构建适宜发展的经济港口群，北京市的港口属于无水港，天津港是中国北方重要的港口，河北省境内三大港口拥有最便捷的海运条件。因此，北京市应促进和津冀两地港口的协作发展，结合北京市本地的无水港，构建便于北京市运输的经济港口体系，从而最大程度地发挥天津港和河北省三大港的综合运输作用。

推动交通设施平台建设，构建便捷智能的交通网络，促进京津冀交通一体化。交通设施平台建设是不同运输方式之间进行衔接的必要条件。交通基础设施建设需要合理配置资源。加快交通运输平台建设，逐步改善京津冀公路、铁路、航空和海运等运输方式之间的衔接关系，实现交通信息共享。在交通设施建设规划中要综合考虑各方面问题，如减少区域物资和人员流转环节、不同运输方式之间的衔接等。在建设区域航空时，要将旅客出行需求考虑在内，将其建设在相对便捷的位置，尽量减少旅客出行不便的问题。通过智能化的京津冀综合型交通网络，促进区域生产要素优化整合，推动区域产业高质量发展，实现区域经济又快又好地发展。[②]

---

① 魏义方、张本波：《特大城市公共服务均衡发展的重点、难点与对策——以北京市为例》，《宏观经济管理》2018年第5期。

② 杜彦良、高阳、孙宝臣：《关于京津冀交通一体化建设的几点思考》，《北京交通大学学报》2018年第1期。

五 完善公共服务体系，提升公共服务水平

公共服务涉及科教文卫体等方面，是人民群众最关心的问题。因此，提高公共服务水平，为人民群众提供良好的教育、高水平医疗条件和丰富的文化生活等是推进京津冀协同发展的重要内容。坚持政府、市场和社会相结合，制定促进公共服务共建共享政策，完善公共服务制度，着力健全区域高水平、优质、均衡的公共服务体系。

京津冀在公共服务方面应实现协同发展。在教育方面，提高教育质量，公平配置教育资源，全面实施素质教育，为学生德智体美劳全面发展提供良好的条件，完善教育基础设施建设，为学生营造良好的学习环境。在医疗卫生方面，加强对医疗资源匮乏区的资源投入，实现区域医疗资源的配置均衡，争取各地区都建有三级医院。建立以区域医疗中心和基层卫生机构为重点，以专科、康复和护理机构为辅助的全面、公平、有序的医疗机构体系。为缓解"看病难，看病贵"的问题，应加快医疗体制改革，完善医疗保险制度。在文化方面，应建立内容丰富、发展均衡的文化服务体系，鼓励社会团体组织、企业和事业单位为文化发展服务，实现城市与城镇之间文化的互联互通，以丰富多彩的传播方式进行文化传播，以促进区域文化服务水平的提高。促进京津冀公共服务协同发展，要从科技、教育、文化、卫生和体育五个方面入手，因地制宜地建立高水平、优质、均衡的公共服务体系。

雄安新区已成为京津冀协同发展新的增长极，因此，雄安新区在建设公共服务方面，更应关注与人民群众利益切身相关的问题，为人民群众考虑。一方面，雄安新区应引进北京市和天津市优质的科技、教育及医疗等资源，用于构建雄安新区"城市—组团—社区"公共服务基础设施网络。其中，将城市公共服务设施建设在市中心，用以承接北京市部分公共服务功能；组团性公共服务设施以绿色公园和公共交通枢纽为主，承担城市部分生活服务功能；社区公共服务设施主要建设在社区中心，如健身器材，主要负责服务居民日常生活，从而营造便于生活和工作的适宜环境。另一方面，实现区域城乡公共服务共建共享。在提高学校、医院等公共服务设施在城乡的覆盖面以及城乡公共服务水平的前提下，实现城市郊区与市中心共享优质的教育、医疗和卫生等资源，加快城乡之间公共服务共建共享，同时也应促进京津冀其他区域公共服务共建共享，从而推动整个区域

公共服务体系的建设以及服务水平的提高。

第三节　京津冀城市群协同创新与绿色发展展望

一　形成区域发展新格局

"十四五"时期是我国开启全面建设社会主义现代化国家新征程的重要时期，也是京津冀协同发展爬坡过坎、滚石上山、攻坚克难的关键期。2019年8月，习近平总书记在主持召开中央财经委员会第五次会议时强调，要根据各地区的条件，走合理分工、优化发展的路子，落实主体功能区战略，完善空间治理，形成优势互补、高质量发展的区域经济布局。京津冀需要积极融入国内国际"双循环"格局，构建区域高质量协同发展新格局。京津冀协同发展新格局的构建，需要深入贯彻落实《京津冀协同发展规划纲要》中的区域整体定位，统筹各地区协调发展。

（一）打造现代化都市圈，构建多中心空间格局

现代化都市圈是以经济势能强大的中心城市为核心带动形成的一体化圈域，是提高城市承载能力和运行效率的重要空间战略。京津冀协同发展既要解决北京的"大城市病"问题，又要防范区域内其他城市产生相同的问题，要将现代化都市圈的战略价值提到新的高度。构建功能分散化、多中心且有机联系的都市圈空间格局，处理好城市发展中集聚和效率的关系，避免城市功能、人口在单一空间上集聚而产生拥挤效应。

提高京津冀一体化水平，加强城市间的合作，提高三地整体综合承载能力，缓解产业和人口过度集聚而带来的生态环境压力。未来京津冀空间布局的优化，可增强京津冀城市群内部各节点城市间的政策沟通与协调，将自身优势与城市群整体发展目标相结合，合理规划各节点城市功能定位以及其在城市群中的作用，如在充分发挥北京市和天津市的科技创新辐射作用的同时最大限度地引领其他城市发展。此外，进一步打造以石家庄市、唐山市、保定市等中心城市为核心的城市圈，带动周边小城市发展。这既是京津冀协同发展战略的要求，也有利于京津冀城市群形成多中心、网络化的空间发展格局。

（二）整合三地整体优势，发挥战略支撑作用

京津冀协同发展要以现有基础为依托，整合三地各自优势，充分

发挥京津冀在新发展格局中的战略支撑作用。京津冀协同发展要进一步完善和夯实三地承接平台和载体，使之成为疏解北京非首都功能的坚实依托和有力支撑。加强京津冀产业转移承接重点平台建设，并适时整合各类承接平台。统筹优化承接格局，使天津市、河北省有序承接北京非首都功能疏解。精准定位产业承接点，实现北京市科技创新与津冀产业高质量发展的深度融合。以雄安新区建设为标杆，构建融合发展的大格局。

京津冀是带动环渤海经济圈发展的核心区，处于东北亚经济圈的中心地带和连接欧亚大陆桥的战略要地。加快京津冀的快速发展，可以进一步激活和带动环渤海经济圈的发展，对缩小我国东西和南北差距具有特殊意义；加快京津冀的快速发展，关系国家战略安全大局，有利于实现我国对东北亚、中亚、俄罗斯以及欧洲的全方位开放，有利于扩大中国经济影响范围，形成以中国为核心的亚欧大陆经济圈。

（三）深入推进协同创新，引领高质量发展

京津冀需要突破两市一省行政壁垒，打破"一亩三分地"思想，聚力重点平台建设，积极探索三地协同发展的新路径和新模式。找准自身功能定位，协同推进产业发展，优化三地功能布局，从而深入推进三地协同创新发展。在京津冀协同发展战略落实过程中，北京市作为创新资源最丰富的城市，应牵头发展全产业链、全创新链的世界级先进制造集群，并将之作为发挥京津冀协同发展领头作用的核心途径和重要抓手。加快打造京津冀区域协同创新共同体，构建智能化、信息化和高效便利化的交通枢纽网，加强产业的数字化、网络化和集成化发展。[1]

京津冀可以通过将产业划分为知识密集型、技术密集型、劳动密集型和资本密集型的方式，建立合理的产业梯度结构，在协同创新过程中采取产业技术梯度转移战略，选择重点区域、重点领域进行重点突破，能够有效解决三地创新能力不均衡的问题。同类产业发展联系密切，会产生不必要的资源浪费，而京津冀协同创新发展可从不同的经济基础、市场环境入手，因地制宜地进行差异化的创新功能定位，并在三地开展技术联合开发等合作，从而可以解决北京市产业过度集聚而造成的资源浪费以及生态环

---

[1] 祝尔娟、鲁继通：《以协同创新促京津冀协同发展——在交通、产业、生态三大领域率先突破》，《河北学刊》2016年第2期。

境压力等问题。①

二 打造世界级城市群

在全球化和城市化两大核心动力的推动作用下，世界级城市群是城市未来发展的目标。当前世界经济重心正逐步向亚太地区转移，进一步培育打造京津冀世界级城市群很有必要。将京津冀建设成世界级城市群，从全球视角看，能够成为全球城市网络中的重要节点，提高国家竞争力；从国家视角看，能够成为我国进入经济新常态时期新的经济增长极，以创新驱动我国新旧动能转换；从区域视角看，能够平衡南北经济发展格局，成为拉动北方经济发展新的引擎。②借鉴国外世界级城市群的发展经验，以首都北京为核心，进一步完善功能基础设施，进一步提升生态环境质量，进一步稳定经济发展步伐，发挥北京市的辐射带动作用，打造以首都为核心的世界级城市群。③京津冀城市群建设中仍存在内部城市间联系薄弱、北京市对外辐射作用未得到充分发挥等问题。④因此，京津冀应加快协同创新的步伐，明确自身优势以及在城市群建设中的作用，克服世界级城市群建设过程中出现的各种问题，使得未来的京津冀世界级城市群具有如下典型特征。

（一）促进产业优化升级，建立世界级产业创新中心

构筑京津冀城市群产业供应链。充足的产业承载力、便利的交通通达性及完善的基础设施保障使得天津市具备雄厚的实力来承接北京市产业的转化、转移和生产。天津市在承接北京市科研成果转化和生产环节的同时，还应注重提升自身产业的竞争力和凝聚度，为打造成为全国先进制造研发基地奠定基础。河北省作为京津冀的腹地，重点着力服务于北京市功能建设，根据北京市、天津市产业和人员等的特性需求，有针对性地建设京津生活服务、生态休闲和文旅体验区域，改善交通基础设施和生态环境

---

① 张协奎、林冠群、陈伟清：《促进区域协同创新的模式与策略思考——以广西北部湾经济区为例》，《管理世界》2015年第10期。

② 张贵、刘霁晴、李佳钰：《以京津雄创新三角区领航京津冀世界级城市群建设》，《中共天津市委党校学报》2019年第1期。

③ 沈聪：《世界级城市群与京津冀的崛起——访北京大学首都发展研究院院长李国平》，《前线》2018年第1期。

④ 李兰冰、郭琪、吕程：《雄安新区与京津冀世界级城市群建设》，《南开学报》（哲学社会科学版）2017年第4期。

质量，吸引京津产业转移，实现产业转型升级。

建立世界级产业创新中心。京津冀城市群各城市间具有明确的职能与产业分工，以分工合作为基础形成高度一体化经济结构，通过内外部要素集聚与扩散、产业分工协作提升综合竞争力。调动企业、高校和科研院所等的积极性，加入创新网络，突破行业和地区障碍，全方位实现要素整合。整合创新要素的同时要建设创新环境，不仅要鼓励创新政策的推行，还要促进创新文化的设立，推动技术进一步改革发展。创新要素在创新环境中的流动可实现知识、技术和成果的自由沟通交流，打造的创新体系应具备开放性和包容性，最终将京津冀城市群打造成为未来世界级创新中心和世界级产业协同创新体。

(二) 补齐生态环境短板，统筹协调生态功能布局

生态环境问题尤其是河北省的生态环境问题是京津冀协同发展的障碍之一。河北省地理位置特殊，与京津两地有着紧密的联系，因此河北省的生态环境质量不仅影响自身的绿色发展，同时关乎京津两地的可持续发展命运。

优化产业结构升级，推进能源新型结构优化。河北省经济结构中的主导产业是重化工等传统工业行业，落后的生产工艺造成了大量污染物的排放，加重了污染减排压力。在打造世界级城市群进程中，京津冀各城市应根据各自的功能定位，坚持"产业生态化，生态产业化"的原则，将生态保护和经济发展协调统一发展。同时，健全生态补偿机制，令生态和经济相结合，促进京津冀生态经济良好发展。[1]

全方位修复生态环境，京津冀城市群的生态格局是河北省的生态空间环抱着京津两座特大型城市。河北省应作为生态环保建设的主要支点，统筹协调京津两地的生态功能布局，使京津冀逐渐成为综合发展程度高、经济发展水平全球领先、要素的集聚和扩散能力处于领先水平、基础设施完备、生态环境治理取得明显成效以及公共服务能力处于国际一流水平的区域。

(三) 推动要素高效配置，构筑现代化城镇体系

调整现阶段的人口资源分布现状，协调好人口和环境资源的布局关系。建立城镇化体系的核心是协调好人口空间布局，这是构筑现代化城镇

---

[1] 宋文新：《打造京津冀世界级城市群若干重大问题的思考》，《经济与管理》2015 年第 5 期。

体系的第一步。在调整好人口分布的基础之上,要改善科技资源分布状况,推行顶层设计,探索多元化合作模式,制度的建设围绕共享展开,创立协同创新的市场环境,提供协同创新平台,提高资源共享利用率。

进一步完善河北省的基础设施建设,借助当前工业发展的基础,建立生产性综合服务体系,调整高速交通网络布局,提高区域内联系的紧密度,建设好生活、娱乐、旅游和医疗服务设施,建立以综合职能城市为中心,同时与各种专业化城镇相结合的城镇群。未来京津冀城市群作为世界级城市群,应具备国际交往中心、科技创新中心等多方面功能,能够对京津冀乃至中国经济的发展具有主导以及带动作用。

三 推进雄安新区建设

高质量构筑雄安新区,使之成为促进京津冀协同发展的新增长极。雄安新区作为中国产业高质量发展的样板,要努力提高雄安新区发展质量,打造城市建设新典范。雄安新区最主要的现实意义就是以问题为导向,解决京津冀之间发展的不平衡问题,补齐发展短板,提升区域发展的质量和水平。

(一) 重构京津冀要素资源,建立京津雄创新三角区

雄安新区的设立,不仅能够实现科技创新资源的转移与重新配置,而且能够整合、重构京津两地的创新要素,从而缩小京津与河北省之间创新能力的差距,提升该区域创新驱动的内生动力和活力。雄安新区有效承接北京市疏解的企业、院校及研究所等,使得该地的创新知识吸收和转化能力增强,提升了河北省的创新能力。雄安新区的建设改变了京津冀创新能力的空间分散状态,降低了创新主体的研发成本与风险。通过建设创新知识承接平台,推进人才、技术、资金和信息等创新要素在京津冀集聚及顺畅流动,重塑京津冀创新发展的新空间。[①]

(二) 建设绿色生态宜居之地,构建生态文明和谐城市

雄安新区以绿色作为发展底色,健全生态文明内生动力机制,倡导绿化建设,推动绿色出行,加强污染防治,形成了山青水绿、蓝绿交织和水城共荣的生态格局。

---

① 郭园庚:《雄安新区与京津冀协同创新共同体建设的互联共生》,《河北学刊》2018 年第 4 期。

雄安新区拥有华北平原最大的天然淡水湖——被誉为"华北之肾"的白洋淀。雄安新区河湖水系发达，多条河流汇集于白洋淀，水资源丰富，因此雄安新区的用水需求得以切实保障。同时雄安新区拥有完好的森林、植被和湿地等生态资源，资源环境承载能力强大，地质状况整体稳定，地热资源分布广泛，适宜建设生态宜居城市。

（三）协调经济与生态发展，打造世界级创新发展示范区

在公共服务方面，雄安新区构建多元化、全覆盖和便捷高效的公共服务体系，积极引入京津两地优质的科教文卫体等资源，提高基本公共文化服务标准化、均等化、社会化和数字化水平。[1]

雄安新区作为创新发展示范区，应把创新、协调、绿色、开放、共享五大发展理念贯穿到雄安新区的整个建设过程中。以创新为动力，搭建国际一流的科技创新平台，打造全国创新高地；以协调为特点，实现雄安新区城乡之间、经济社会和生态之间的协调发展；以绿色为底色，建设生态宜居之地；以开放为必由之路，扩大对外开放平台；以共享为目的，实现发展成果共享。[2]

---

[1] 王德利：《首都科技引领京津冀协同发展存在的问题及对策建议》，《科技管理研究》2018年第14期。
[2] 《以新发展理念引领雄安新区规划建设》，2017年5月8日，人民网，http://theory.people.com.cn/n1/2017/0508/c40531-29259525.html。

参考文献

一 中文文献

白俊红、刘宇英：《对外直接投资能否改善中国的资源错配》，《中国工业经济》2018 年第 1 期。

白义霞：《区域经济非均衡发展理论的演变与创新研究——从增长极理论到产业集群》，《经济问题探索》2008 年第 4 期。

边继云：《构建京津冀全产业链协同发展新格局》，《中国社会科学报》2020 年第 7 期。

陈建华：《京津冀一体化与金融合作》，《中国金融》2014 年第 3 期。

陈璐：《京津冀协同发展报告（2018）》，社会科学文献出版社 2018 年版。

陈梦筱：《京津冀城市群经济空间联系研究》，《经济研究参考》2018 年第 21 期。

程芳芳、傅京燕：《区域联防联控环境治理政策对企业生产规模的影响研究》，《中国人口·资源与环境》2020 年第 9 期。

崔丹、吴昊、吴殿廷：《京津冀协同治理的回顾与前瞻》，《地理科学进展》2019 年第 1 期。

崔学海、王崇举：《协作视域下长江经济带创新绩效评价与治理研究》，《华东经济管理》2018 年第 11 期。

代明、刘燕妮、江思莹：《主体功能区划下的生态补偿标准——基于机会成本和佛冈样域的研究》，《中国人口·资源与环境》2013 年第 2 期。

戴艳萍、胡冰：《基于协同创新理论的文化产业科技创新能力构建》，《经济体制改革》2018 年第 2 期。

杜彦良、高阳、孙宝臣：《关于京津冀交通一体化建设的几点思考》，《北京交通大学学报》2018 年第 1 期。

樊开：《煤气化工艺节能减排技术及应用探析》，《山西化工》2020 年第

6 期。

范晨光：《基于距离协同模型的京津冀区域协同度评价研究》，硕士学位论文，天津理工大学，2018 年。

冯冬：《京津冀城市群碳排放：效率、影响因素及协同减排效应》，博士学位论文，天津大学，2020 年。

冯冬、李健：《京津冀区域城市二氧化碳排放效率及减排潜力研究》，《资源科学》2017 年第 5 期。

冯怡康、马树强、金浩：《资源优化视角下京津冀协同发展研究》，《天津行政学院学报》2016 年第 2 期。

冯怡康、王雅洁：《基于 DEA 的京津冀区域协同发展动态效度评价》，《河北大学学报》（哲学社会科学版）2016 年第 2 期。

高素英等：《京津冀城市群空间结构测度与优化路径选择》，《商业经济研究》2017 年第 9 期。

关海玲：《低碳生态城市发展的理论与实证研究》，经济科学出版社 2012 年版。

关溪媛：《辽宁沿海经济带协同发展水平的测度——基于距离协同模型》，《吉林工商学院学报》2019 年第 6 期。

郭姣、李健：《中国三大城市群节能减排效率的变化及测度》，《城市问题》，2018 年第 12 期。

郭旭宁等：《多水源多渠道保障京津冀协同发展供水安全》，《水利规划与设计》2017 年第 11 期。

郭艳花、梅林、佟连军：《产业集聚对绿色发展效率的影响机制——以吉林省限制开发区为例》，《地理科学》2020 年第 9 期。

郭园庚：《雄安新区与京津冀协同创新共同体建设的互联共生》，《河北学刊》2018 年第 4 期。

哈肯、郭治安：《协同学的基本思想》，《科学》1990 年第 1 期。

韩若楠等：《改革开放以来城市绿色高质量发展之路——新时代公园城市理念的历史逻辑与发展路径》，《城市发展研究》2021 年第 5 期。

韩雁、张士锋、吕爱锋：《外调水对京津冀水资源承载力影响研究》，《资源科学》2018 年第 11 期。

韩兆柱、董震：《基于整体性治理的京津冀交通一体化研究》，《河北大学学报》（哲学社会科学版）2019 年第 1 期。

何晏、关桂峰：《协同发展京津冀——京津冀一体化：中国经济第三增长极》，《中国外资》2014 年第 9 期。

姬志恒、于伟、张鹏：《高技术产业空间集聚、技术创新与区域绿色发展效率——基于 PVAR 模型的经验证据》，《宏观经济研究》2020 年第 9 期。

贾姝敏：《京津冀交通一体化发展的现状与存在问题及对策》，《山西建筑》2018 年第 1 期。

姜海鹏：《城市供热自动化节能减排技术探析》，《居业》2021 年第 1 期。

金鹿、王琤：《京津冀建设世界级城市群的发展阶段与对策研究》，《天津经济》2019 年第 5 期。

靳泽凡：《京津冀经济增长与空气质量的关联性研究》，硕士学位论文，天津理工大学，2019 年。

景美婷：《京津冀区域交通运输业碳排放驱动因子分解及预测研究》，硕士学位论文，天津理工大学，2019 年。

李峰：《雄安新区与京津冀协同创新的路径选择》，《河北大学学报》（哲学社会科学版）2017 年第 6 期。

李峰、赵怡虹：《建设京津冀协同创新示范区的路径与保障机制研究》，《当代经济管理》2017 年第 3 期。

李国平：《京津冀协同发展：现状、问题及方向》，《前线》2020 年第 1 期。

李国平、宋昌耀：《"一核两翼"协同发展与现代化大国首都建设》，《行政管理改革》2021 年第 2 期。

李海东、王帅、刘阳：《基于灰色关联理论和距离协同模型的区域协同发展评价方法及实证》，《系统工程理论与实践》2014 年第 7 期。

李健、范晨光、苑清敏：《基于距离协同模型的京津冀协同发展水平测度》，《科技管理研究》2017 年第 18 期。

李健、郭俊岑、苑清敏：《两指数分解下京津冀经济非均衡发展的空间计量分析》，《干旱区资源与环境》2017 年第 12 期。

李健、鲁亚洲：《京津冀创新能力预测与影响因素研究》，《科技进步与对策》2019 年第 12 期。

李健、朴胜任、王铮：《基于 DPSIR – ENTROPY – TOPSIS 模型的省际低碳竞争力评价及空间差异分析》，《干旱区资源与环境》2016 年第 12 期。

李兰冰、郭琪、吕程：《雄安新区与京津冀世界级城市群建设》，《南开学报》（哲学社会科学版）2017年第4期。

李林汉、田卫民、岳一飞：《基于层次分析法的京津冀地区水资源承载能力评价》，《科学技术与工程》2018年第24期。

李龙熙：《对可持续发展理论的诠释与解析》，《行政与法》2005年第1期。

李鹏飞：《京津冀制造业转移路径及调控研究》，硕士学位论文，天津理工大学，2019年。

李雪松、孙博文：《长江中游城市群区域一体化的测度与比较》，《长江流域资源与环境》2013年第8期。

李雪松、曾宇航：《中国区域创新型绿色发展效率测度及其影响因素》，《科技进步与对策》2020年第3期。

李勇：《京津冀医疗卫生协同发展的实践回顾与政策建议》，《北方经济》2019年第4期。

连玉明：《试论京津冀协同发展的顶层设计》，《中国特色社会主义研究》2014年第4期。

廖茂潘：电动车节能减排技术特点及现状研究》，《时代汽车》2021年第6期。

刘德海：《绿色发展》，江苏人民出版社2016年版。

刘法、苏杨、段正：《京津冀城市群一体化发展应成为国家战略》，《中国发展观察》2014年第2期。

刘海云：《以自贸试验区建设为契机推动京津冀协同发展——2020京津冀协同发展参事研讨会综述》，《经济与管理》2020年第6期。

刘洁、姜丰、钱春丽：《京津冀协调发展的系统研究》，《中国软科学》2020年第4期。

刘金雅等：《基于多边界改进的京津冀城市群生态系统服务价值估算》，《生态学报》2018年第12期。

刘潇：《习近平新时代中国特色社会主义思想与雄安新区规划建设》，《领导科学论坛》2018年第24期。

刘雪芹、张贵：《京津冀产业协同创新路径与策略》，《中国流通经济》2015年第9期。

刘岩、张珞平、洪华生：《生态旅游资源管理中社区参与激励机制探讨——以厦门岛东海岸区生态旅游开发为例》，《农村生态环境》2002年第 4 期。

刘遥、吴建南：《简政放权、科技公共服务还是双管齐下》，《中国科技论坛》2018 年第 12 期。

刘政永、刘会静：《京津冀协同发展统计监测指标体系构建与实证分析》，《合作经济与科技》2015 年第 21 期。

鲁春阳、文枫、杨庆媛等：《基于改进 TOPSIS 法的城市土地利用绩效评价及障碍因子诊断——以重市为例》，《资源科学》2011 年第 3 期。

鲁继通：《京津冀区域协同创新能力测度与评价——基于复合系统协同度模型》，《科技管理研究》2015 年第 24 期。

陆大道：《关于"点—轴"空间结构系统的形成机理分析》，《地理科学》2002 年第 1 期。

吕倩：《京津冀地区汽车运输碳排放影响因素研究》，《中国环境科学》2018 年第 10 期。

栾江、马瑞：《京津冀地区经济协同发展程度的统计测度》，《统计与决策》2020 年第 16 期。

骆晓：《京津冀城市群可持续发展评价研究》，硕士学位论文，天津理工大学，2018 年。

马燕坤：《京津冀城市群城市功能分工研究》，《经济研究参考》2018 年第 21 期。

毛汉英：《京津冀协同发展的机制创新与区域政策研究》，《地理科学进展》2017 年第 1 期。

牛桂敏：《健全京津冀城市群协同绿色发展保障机制》，《经济与管理》2017 年第 4 期。

牛文元：《可持续发展理论内涵的三元素》，《中国科学院院刊》2014 年第 4 期。

欧阳志云、王校科、苗鸿：《中国陆地生态系统服务功能及其生态经济价值的初步研究》，《生态学报》1999 年第 5 期。

戚晓旭、何畠彦、冯军宁：《京津冀协同发展指标体系及相关建议》，《宏观经济管理》2017 年第 9 期。

乔花云等：《京津冀生态环境协同治理模式研究——基于共生理论的视角》，《生态经济》2017 年第 6 期。

沈聪:《世界级城市群与京津冀的崛起——访北京大学首都发展研究院院长李国平》,《前线》2018年第1期。

沈洁:《京津冀地区非首都功能转移承接能力评价》,《河北学刊》2020年第4期。

石宝峰、迟国泰:《基于信息含量最大的绿色产业评价指标筛选模型及应用》,《系统工程理论与实践》2014年第7期。

宋文新:《打造京津冀世界级城市群若干重大问题的思考》,《经济与管理》2015年第5期。

宋彦、丁成日:《韩国之绿化带政策及其评估》,《城市发展研究》2005年第5期。

孙虎、乔标:《京津冀产业协同发展的问题与建议》,《中国软科学》2015年第7期。

孙久文:《京津冀协同发展70年的回顾与展望》,《区域经济评论》2019年第4期。

孙军、王先柱:《要素流动的层次演进与区域协调发展》,《云南财经大学学报》2010年第2期。

孙丽文、张蝶、李少帅:《京津冀协同创新能力测度及评价》,《经济与管理》2018第3期。

孙明正等:《京津冀交通一体化发展问题与对策研究》,《城市交通》2016年第3期。

孙鹏、姜雨萌:《中国地级市生态承载力的环境效应研究》,《地理与地理信息科学》2020年第6期。

唐少清、姜鹏飞、李剑玲:《京津冀地区产业协同机制研究》,《区域经济评论》2017年第1期。

田小龙:《服务型政府建设路径的研究述评》,《公共管理与政策评论》2020年第5期。

田学斌、陈艺丹:《京津冀基本公共服务均等化的特征分异和趋势》,《经济与管理》2019年第6期。

田学斌、刘志远:《基于三元协同治理的跨区域生态治理新模式——以京津冀为例》,《燕山大学学报》(哲学社会科学版)2020年第3期。

土木:《公共文化服务巧借"外力"练"内功"》,《区域治理》2019年第15期。

万红莲等：《基于核心—边缘理论的关天经济区旅游圈构建研究》，《地域研究与开发》2019 年第 5 期。

王春杨：《我国区域特色优势产业与科技资源空间布局协同关系研究》，《科技进步与对策》2013 年第 11 期。

王丹等：《循环经济理论下的中国创新创业生态体系的发展研究》，《科学学研究》2019 年第 10 期。

王德利：《首都科技引领京津冀协同发展存在的问题及对策建议》，《科技管理研究》2018 年第 14 期。

王辉、张明：《京津冀协同视角下河北省承接首都功能疏解和产业转移的研究》，《统计与管理》2016 年第 4 期。

王家庭、曹清峰：《京津冀区域生态协同治理：由政府行为与市场机制引申》，《改革》2014 年第 5 期。

王金杰、周立群：《非首都功能疏解与津冀承接平台的完善思路——京津冀协同发展战略实施五周年系列研究之一》，《天津社会科学》2019 年第 1 期。

王士君等：《中心地理论创新与发展的基本视角和框架》，《地理科学进展》2012 年第 10 期。

王兴明：《产业发展的协同体系分析：基于集成的观点》，《经济体制改革》2013 第 5 期。

王郁、赵一航：《区域协同发展政策能否提高公共服务供给效率？——以京津冀地区为例的研究》，《中国人口·资源与环境》2020 年第 8 期。

王中和：《以交通一体化推进京津冀协同发展》，《宏观经济管理》2015 年第 7 期。

魏丽华：《建国以来京津冀协同发展的历史脉络与阶段性特征》，《深圳大学学报》（人文社会科学版）2016 年第 6 期。

魏萌：《浅析京津冀一体化发展的限制因素》，《现代经济信息》2016 年 16 期。

魏义方、张本波：《特大城市公共服务均衡发展的重点、难点与对策——以北京市为例》，《宏观经济管理》2018 年第 5 期。

温善章等：《河流可供水资源影子价格研究》，《人民黄河》1993 年第 7 期。

文魁、祝尔娟：《首席专家论京津冀协同发展的战略重点》，首都经济贸易大学出版社 2015 年版。

文魁、祝尔娟主编：《京津冀发展报告（2015）：协同创新研究》，社会科学文献出版社 2015 年版。

吴恒安：《关于影子水价计算方法的讨论》，《水利规划》1997 年第 4 期。

吴季松：《以协同论指导京津冀协同创新》，《经济与管理》2014 年第 5 期。

吴建忠、詹圣泽：《大城市病及北京非首都功能疏解的路径与对策》，《经济体制改革》2018 年第 1 期。

仵凤清、徐雅静：《基于粒子群优化算法的区域协同创新能力预测模型构建及验证》，《统计与决策》2018 年第 23 期。

武义青、柳天恩：《雄安新区精准承接北京非首都功能疏解的思考》，《西部论坛》2017 年第 5 期。

肖德、于凡：《中国城市群经济高质量发展测算及差异比较分析》，《宏观质量研究》2021 年第 3 期。

谢高地等：《青藏高原生态资产的价值评估》，《自然资源学报》2003 年第 2 期。

邢子政、马云泽：《京津冀区域产业结构趋同倾向与协同调整之策》，《现代财经》（天津财经大学学报）2009 年第 9 期。

薛蕾、申云、徐承红：《农业产业集聚与农业绿色发展：效率测度及影响效应》，《经济经纬》2020 年第 3 期。

鄢波、杜军、潘虹：《珠三角区域科技协同创新的现状、问题及对策》，《科技管理研究》2019 年第 1 期。

闫卫阳、王发曾、秦耀辰：《城市空间相互作用理论模型的演进与机理》，《地理科学进展》2009 年第 4 期。

阎东彬、范玉凤、陈雪：《美国城市群空间布局优化及对京津冀城市群的借鉴》，《宏观经济研究》2017 年第 6 期。

杨开忠：《京津冀大战略与首都未来构想——调整疏解北京城市功能的几个基本问题》，《人民论坛·学术前沿》2015 年第 2 期。

杨永平等：《中国区域轨道交通发展的宏观政策思考》，《城市交通》2017 年第 1 期。

杨竹莘：《区域经济差异理论的发展与演变评析》，《工业技术经济》2009 年第 8 期。

姚晓芳、赵恒志：《区域优势产业选择的方法及实证研究》，《科学学研究》2006年第S2期。

伊然：《京津冀确定打造"五区五带五链"》，《工程机械》2016年第8期。

尹彦：《区域协同创新能力成熟度评价》，《统计与决策》2017年第4期。

游士兵、苏正华、王婧：《"点—轴系统"与城市空间扩展理论在经济增长中引擎作用实证研究》，《中国软科学》2015年第4期。

袁旭梅、张旭、王亚娜：《中国高新技术产业区域协同创新能力评价与分类》，《中国科技论坛》2018年第9期。

苑清敏、孙恺溪：《基于虚拟水足迹的京津冀合作生态补偿机制研究》，《节水灌溉》2018年第4期。

苑清敏、张枭、李健：《基于投入产出表京津冀虚拟足迹生态补偿机制研究》，《统计与决策》2018年第18期。

苑清敏、张枭、李健：《京津冀协同发展背景下合作生态补偿量化研究》，《干旱区资源与环境》2017年第8期。

臧宏宽等：《京津冀城市群二氧化碳排放达峰研究》，《环境工程》2020年第11期。

臧淑英、智瑞芝、孙学孟：《基于生态足迹模型的资源型城市可持续发展定量评估——以黑龙江省石油城市大庆市为例》，《地理科学》2006年第4期。

臧秀清：《京津冀协同发展中的利益分配问题研究》，《河北学刊》2015年第1期。

曾德高、张燕华：《区域优势产业选择指标体系研究》，《科技管理研究》2011年第5期。

曾刚、王丰龙：《长三角区域城市一体化发展能力评价及其提升策略》，《改革》2018年第12期。

翟爱梅、马芳原、罗伟卿：《区域金融一体化的阶段水平与发展轨迹的测度方法》，《数理统计与管理》2013年第5期。

张董敏、齐振宏：《农村生态文明水平评价指标体系构建与实证》，《统计与决策》2020年第1期。

张贵、梁莹、郭婷婷：《京津冀协同发展研究现状与展望》，《城市与环境研究》2015年第1期

张贵、刘霁晴、李佳钰：《以京津雄创新三角区领航京津冀世界级城市群

建设》,《中共天津市委党校学报》2019 年第 1 期。

张国俊等:《广东省产业绿色发展的空间格局及影响因素分析》,《自然资源学报》2019 年第 8 期。

张惠远等:《京津冀区域环境形势及绿色发展路径分析》,《环境保护》2017 年第 12 期。

张可云、沈洁:《生态约束下的京津冀地区非首都功能疏解承接能力评价》,《河北学刊》2017 年第 3 期。

张可云、董静媚:《首尔疏解策略及其对北京疏解非首都功能的启示》,《中国流通经济》2015 年第 11 期。

张满银、全荣:《京津冀区域协同发展评估》,《统计与决策》2020 年第 4 期。

张宁、贺姝峒、王军锋:《碳交易背景下天津市电力行业碳排放强度与基准线》,《环境科学研究》2018 年第 1 期。

张枭:《基于生态经济学的京津冀生态补偿合作研究》,硕士学位论文,天津理工大学,2018 年。

张协奎、林冠群、陈伟清:《促进区域协同创新的模式与策略思考——以广西北部湾经济区为例》,《管理世界》2015 年第 10 期。

张宇、赵雲泰:《京津冀协同发展如何优化土地开发》,《中国土地》2016 年第 1 期。

张贞冰等:《基于中心地理论的中国城市群空间自组织演化解析》,《经济地理》2014 年第 7 期。

赵丛霄、金广君、周鹏光:《首尔的扩张与韩国的城市发展政策》,《城市问题》2007 年第 1 期。

赵弘:《京津冀协同发展的核心和关键问题》,《中国流通经济》2014 年第 12 期。

赵莉琴、刘敬严:《京津冀交通运输系统协同发展程度的 DEA 评价》,《北京交通大学学报》2016 年第 1 期。

赵琳琳、张贵祥:《京津冀生态协同发展评测与福利效应》,《中国人口·资源与环境》2020 年第 10 期。

赵领娣等:《人力资本、产业结构调整与绿色发展效率的作用机制》,《中国人口·资源与环境》2016 年第 11 期。

郑红霞、王毅、黄宝荣:《绿色发展评价指标体系研究综述》,《工业技术经济》2013 年第 2 期。

郑季良等：《高耗能产业群循环经济发展的多绩效协同效应调控研究》，《中国管理科学》2015 年第 S1 期。

郑文江等：《区域科技协同创新体系分析框架研究——以珠江三角洲地区与香港的区域合作为例》，《科技管理研究》2019 年第 24 期。

郑玉雯、薛伟贤：《丝绸之路经济带沿线国家协同发展的驱动因素——基于哈肯模型的分阶段研究》，《中国软科学》2019 年第 2 期。

周桂荣、任子英：《区域产业功能定位重构及协同发展机制创新——以京津冀为例》，《区域经济评论》2017 年第 1 期。

周麟、古恒宇、何泓浩：《2006—2018 年中国区域创新结构演变》，《经济地理》2021 年第 5 期。

周伟：《缓解北京大城市病的几点思考》，《北京规划建设》2019 年第 S1 期。

周永恺：《京津冀城市生态环境竞争力评价及空间效应研究》，硕士学位论文，天津理工大学，2020 年。

周永恺、李健：《京津冀城市大气环境竞争力评价》，《城市问题》2020 年第 2 期。

朱公先：《役使原理的探讨》，《北京师范学院学报》（自然科学版）1990 年第 3 期。

诸大建、朱远：《生态文明背景下循环经济理论的深化研究》，《中国科学院院刊》2013 年第 2 期。

祝尔娟：《推进京津冀区域协同发展的思路与重点》，《经济与管理》2014 年第 3 期。

祝尔娟、鲁继通：《以协同创新促京津冀协同发展——在交通、产业、生态三大领域率先突破》，《河北学刊》2016 年第 2 期。

［俄］阿尼金：《改变历史的经济学家》，晏智杰译，华夏出版社 2007 版。

［英］大卫·李嘉图：《政治经济学及赋税原理》，劳英富译，金城出版社 2020 版。

《北京城市总体规划（2016 年—2035 年）》，2017 年 9 月 29 日，北京市人民政府，http：//www.beijing.gov.cn/gongkai/guihua/wngh/cqgh/201907/t20190701_100008.html。

《北京市国民经济和社会发展第十四个五年规划和二〇三五年远景目标纲

要》，2021年1月27日，北京市人民政府，http：//czj. beijing. gov. cn/ztlm/zfzqgl/202201/p020220112521349363244. pdf。

《河北省"三区一基地"功能定位专项规划编制完成》，2016年3月1日，河北新闻网，http：//hebei. hebnews. cn/m/2016 - 03/01/content_5366845. htm。

《河北省国民经济和社会发展第十四个五年规划和二○三五年远景目标纲要》，2021年2月23日，河北新闻网，http：//hbrb. hebnews. cn/pc/paper/c/202105/29/content_ 86825. html。

《河北雄安新区规划纲要》，2018年4月23日，河北省人民政府，http：//www. hebei. gov. cn/hebei/14462058/14471802/14471750/14227946aa/index. html。

《就〈天津市贯彻落实《京津冀协同发展规划纲要》实施方案〉答记者问》，《天津日报》2015年9月15日第1版。

《天津市人民政府关于印发天津市国民经济和社会发展第十四个五年规划和二○三五年远景目标纲要的通知》，2021年2月7日，天津市人民政府，http：//www. tj. gov. cn/zwgk/szfwj/tjsrmzf/202102/t20210208_ 5353467. html。

《以新发展理念引领雄安新区规划建设》，2017年5月8日，人民网，http：//theory. people. com. cn/n1/2017/0508/c40531 - 29259525. html。

二 英文文献

Bruno Notarnicola et al. , "Industrial Symbiosis in the Taranto Industrial District： Current Level, Constraints and Potential New Synergies", *Journal of Cleaner Production*, Vol. 122, No. 5, 2016.

Christian Longhi et al. , "Modeling Structural Change in the European Metropolitan Areas During the Process of Economic Integration", *Economic Modelling*, Vol. 37, No. 2, 2014.

Christina Mitsakou et al. , "Environmental Public Health Risks in European Metropolitan Areas within the EURO - HEALTHY Project", *Science of the Total Environment*, Vol. 658, No. 1, 2019.

Hugo Pinto, Joao Guerreiro, "Innovation Regional Planning and Latent Dimensions： the Case of the Algarve Region", *Annals of Regional ence*, Vol. 44,

No. 2, 2010.

Harvey Alexander, *Nature's Services: Societal Dependence on Natural Ecosystem*, Washington, D. C: Island Press, 1997.

Junfeng Wang et al. , "Spatially Differentiated Effects of Socioeconomic Factors on China's NOx Generation from Energy Consumption: Implications for Mitigation Policy", *Journal of Environmental Management*, Vol. 250, No. 15, 2019.

Katharina Karner et al. , "Energy Efficiency for Industries Through Synergies with Urban Areas", *Journal of Cleaner Production*, Vol. 119, No. 4, 2016.

Mathis Wackernagel, William E Rees, "Perceptual and Structural Barriers to Investin in Natural Capital: Economics from an Ecological Footpripective", *Ecological Economics*, Vol. 21, No. 1, 1997.

Michelle jane Burger et al. , "Heterogeneous Development of Metropolitan Spatial Structure: Evidence from Commuting Patterns in English and Welsh City – Regions, 1981 – 2001", *Cities*, Vol. 28, No. 2, 2010.

Muhammad Halley Yudhistira et al. , "Transportation Network and Changes in Urban Structure: Evidence from the Jakarta Metropolitan Area", *Research in Transportation Economics*, Vol. 74, No. 5, 2019.

Raffaele Carli et al. , "Multi – Criteria Decision – Making for Sustainable Metropolitan Cities Assessment", *Journal of Environmental Management*, Vol. 226, No. 1, 2018.

Roman Cybriwsky, "Changing Patterns of Urban Public Space", *Cities*, Vol. 16, No. 4, 1999.

Robert Costanza et al. , "Changes in the Global Value of Ecosystem Services", *Global Environmental Changes*, Vol. 26, No. 4, 2014.

Xiaoting Li et al. , "Application of DPSIR Model in Prediction of Ecological Sustainable Development Capacity in Bohai Sea", *Arabian Journal of Geosciences*, Vol. 14, No. 7, 2021.